FORMAÇÃO ÉTICA

L111f   La Taille, Yves de
           Formação ética : do tédio ao respeito de si / Yves de La Taille. –
           Porto Alegre : Artmed, 2009.
           315 p. ; 23 cm.

           ISBN 978-85-363-1692-5

           1. Moral – Psicologia. 2. Ética – Psicologia. I. Título.

                                                                                               CDU 159.9:17

Catalogação na publicação: Renata de Souza Borges CRB-10/Prov-021/08

FORMAÇÃO ÉTICA

DO **TÉDIO** AO **RESPEITO DE SI**

Yves de La Taille

Professor Titular do Instituto de Psicologia
da Universidade de São Paulo

2009

© Artmed Editora S.A., 2009.

Capa
Gustavo Macri

Preparação do original
Osvaldo Arthur Menezes Vieira

Leitura final
Lara Frichenbruder Kengeriski

Supervisão editorial
Mônica Ballejo Canto

Projeto e editoração
Armazém Digital Editoração Eletrônica – Roberto Vieira

Reservados todos os direitos de publicação, em língua portuguesa, à
ARTMED® EDITORA S.A.
Av. Jerônimo de Ornelas, 670 - Santana
90040-340 Porto Alegre RS
Fone (51) 3027-7000 Fax (51) 3027-7070

É proibida a duplicação ou reprodução deste volume, no todo ou em parte,
sob quaisquer formas ou por quaisquer meios (eletrônico, mecânico, gravação,
fotocópia, distribuição na Web e outros), sem permissão expressa da Editora.

SÃO PAULO
Av. Angélica, 1091 - Higienópolis
01227-100 São Paulo SP
Fone (11) 3665-1100 Fax (11) 3667-1333

SAC 0800 703-3444

IMPRESSO NO BRASIL
PRINTED IN BRAZIL
Impresso sob demanda na Meta Brasil a pedido de Grupo A Educação.

Para Yann e Nicole

Apresentação

Nas conclusões do livro *Moral e ética: dimensões intelectuais e afetivas*, publicado em 2006, anunciei que pretendia debruçar-me sobre aspectos educacionais implicados pelas reflexões então apresentadas. Anunciei também o título do livro que planejava escrever: *Moral e ética: dimensões educacionais*. Abandonei o título, mas não o projeto cuja realização agora submeto ao leitor.

Cuidado: não sou educador (não empregaria esse conceito para quem, como eu, ministra aulas na universidade) nem especialista em educação. Sou pesquisador na área de Psicologia Moral, e é enquanto tal que procuro dar minha contribuição para a formação das novas gerações. Não serei o primeiro "estrangeiro" a fazê-lo: muitos, antes de mim, oriundos da própria Psicologia, mas também da Filosofia, da Sociologia, da Matemática, da Biologia e de outras áreas mais, decidiram *falar* sobre educação por julgar que é tarefa de todo e qualquer adulto se debruçar sobre essa atividade, talvez a que mais caracterize o ser humano e certamente a de que mais depende o porvir das civilizações. Logo, não se encontrarão neste livro propostas de didática, mas sim reflexões inspiradas em minha prática profissional e também oriundas de minhas inquietações a respeito do andar errático da nossa sociedade ocidental.

O presente texto é dividido em duas partes: uma dedicada ao plano ético; outra, ao plano moral. Chamo, por convenção, plano ético o referente à busca da *"vida boa"* e plano moral aquele referente à eleição de *deveres*. A abordagem teórica que desenvolvi em *Moral e ética* leva-me a afirmar que, do ponto de vista psicológico, ambos os planos se relacionam, sendo que as opções morais de uma pessoa dependem das respostas que forneceu no plano ético. Portanto, uma educação moral deve vir acompanhada de uma formação ética.

Todavia, para que uma formação ética e uma educação moral possam dar seus frutos, faz-se necessário analisar o *contexto cultural* no qual elas serão implementadas. Imagino que o ensino de Matemática ou de Biologia possa ser proposto levando em conta, sobretudo, as dimensões psicológicas que presidem a construção desses conhecimentos. No entanto, isso é impossível quando se trata de ética ("vida boa") e de moral (deveres). Por essa razão, cada uma das partes é dividida em dois capítulos. Nos capítulos de número ímpar, debruço-me sobre as características da sociedade atual; naqueles de número par, apresento alguns "apontamentos" do que se poderia fazer na educação dos jovens.

Assim, a parte dedicada ao plano ético é composta de um capítulo de análise da contemporaneidade, que intitulei "cultura do tédio", e de outro, de cunho educacional, "cultura do sentido". Na mesma lógica, os capítulos que compõem a parte dedicada ao plano moral são "cultura da vaidade" e "cultura do respeito de si".

Como o leitor poderá notar ao longo do texto, as observações que faço, acompanhado de vários especialistas fartamente citados, a respeito do mundo atual não são favoráveis a este. Aliás, os próprios títulos que cunhei permitem antecipar meu desconforto: tédio, vaidade.

Entretanto, se descontente com os rumos sociais da atualidade, permaneço otimista em relação aos potenciais do ser humano, notadamente dos jovens. Creio que, com a nossa ajuda adulta, eles podem reverter uma "cultura do tédio" em uma "cultura do sentido", reverter uma "cultura da vaidade" em outra do "respeito de si".

Antes de avaliar se isso é, de fato, possível, precisões devem ser dadas a respeito de alguns conceitos empregados.

O plano ético se refere à busca da "vida boa". No entanto, nem todo projeto de vida boa merece o nome de *ética*. Neste livro, assim como ocorreu no anterior, será assumida a seguinte definição de ética, que tomo do filósofo Paul Ricoeur (1990, p. 202): "uma vida boa, para e com outrem, em instituições justas".

O plano moral refere-se a deveres. Mas quais? Permaneço com aqueles eleitos em *Moral e ética*: ser justo, ser generoso, ser digno (ou honrado, no sentido da "honra-virtude").

Última precisão conceitual. No livro *Moral e ética: dimensões intelectuais e afetivas*, não emprego o conceito de "*respeito de si*", mas falo em "autorrespeito" ou "honra-virtude". Todavia, não há, entre os três conceitos, diferença de sentido: todos eles remetem ao sentimento pessoal do próprio valor moral. Não empreguei aqui o conceito de "honra" em razão da sua extensão semântica (fala-se, por exemplo, em "crimes de honra", cometidos para salvar uma reputação supostamente atingida – não se trata, portanto, de "honra-virtude") e das possíveis confusões que poderiam ocorrer no contexto educacional. E preferi "respeito de si" a "autorrespeito" por uma razão meramente literária.

Falta dizer que a sigla ME refere-se ao livro *Moral e Ética: dimensões intelectuais e afetivas*, que às vezes cito, pois é referência teórica e fonte inspiradora deste que se inicia.

Sumário

Apresentação vii

parte I
Plano ético

1. Cultura do tédio 15

    O peregrino e o turista 19
    Vida em migalhas 25
    Identidade palimpsesto 36
    Enxame 49
    Cultura do tédio 66
    Porém... 75

2. Cultura do sentido 79

    Cuidar do mundo 81
    A verdade como valor 86
    Memória 115
    Conhecimento e sentido 131
    Cuidar das crianças e dos jovens 146

parte II
Plano moral

3. **Cultura da vaidade** 159

    Vaidade 163
    Vencedores e perdedores 164
    O olhar do outro 174
    Superficialidade e vazio 182
    Crepúsculo do dever 187
    Violência 201
    Cultura da vaidade 207
    Porém... 217

4. **Cultura do "respeito de si"** 223

    A moral e a razão 224
    Métodos de educação do juízo moral 238
    O "querer fazer" 274
    Educação sentimental? 278
    Virtudes morais 281
    Personalidade ética 300

Referências 311

parte I
Plano ético

1
Cultura do tédio

É de Benjamin Disraeli o aforismo "a vida é curta demais para ser pequena". Acrescentaria eu: "para quem sofre de tédio, ela é longa demais, porque pequena".

A vida é curta! Expressão corrente. Mas por que é empregada? Será uma avaliação objetiva do tempo de que dispomos para habitar o planeta Terra? Será uma queixa relativa à brevidade de nossa permanência no mundo? Um espanto diante do ritmo em que se sucedem dias e noites? Uma maneira de expressar nosso medo da morte?

Sim, essas razões são válidas, mas não esgotam o sentido da brevidade da vida. Durasse nossa vida tanto quanto aquela de alguns répteis, ainda seria curta demais, pois finita. Durasse ela vários séculos, ainda seria breve, pois não eterna. Para quem teme a morte, a vida é sempre curta demais. Quem emprega a referida expressão para lamentar nossa condição provisória pensa em viver apenas para não morrer.

Há, porém, quem tema a morte, não apenas porque ela nos priva da vida, mas porque a brevidade desta nos impede de fazer tudo aquilo que gostaríamos. Há quem pense que a vida é curta demais, não tanto como angústia diante do absurdo da morte, mas como frustração existencial. Para eles, a vida é curta demais porque desejariam fazer mais coisas, conhecer mais coisas, desenvolver mais projetos, criar mais obras, ter e proporcionar mais alegrias. Desejariam sempre dispor de mais um dia para realizar mais uma tarefa. Para eles, não é tanto a vida que está em jogo, mas o viver. Para tais pessoas, ativas, subjetivamente a vida de fato parece curta, porque constantemente ocupada com atividades significativas. Paradoxalmente, para aqueles que apenas temem a morte, que vivem por viver, a vida pode subjetivamente parecer longa demais, pois fixada na angústia ou no vazio.

A bela frase de Disraeli é um alerta para esse últimos, e para todos aqueles para quem viver se reduz ao existir, ao não morrer. Vida pequena: vida sem sentido, vida sem aprendizagem, vida sem conhecimento, vida sem criação, vida sem projeto, vida sem fluxo, vida sem energia, vida sem potência.

Vida vivida no *tédio*.

Tédio! Alfred de Vigny, escritor francês do século XIX, dizia que o tédio é a grande doença da vida. E, quando pensamos nesse triste vocábulo, vem-nos à mente a referência ao tempo, um tempo longo, um tempo lento, um tempo que não passa, um tempo que tem tempo demais. O entediado olha incessantemente para o relógio na esperança de que os ponteiros tenham andado o máximo possível, na esperança de que o amanhã chegue logo, que o depois de amanhã chegue logo, que o mês que vem chegue logo. O entediado não ocupa seu tempo, pois é ocupado por ele. Ele não domina o tempo, pois é dominado por ele, é seu prisioneiro. Essa prisão, todavia, não é uma pequena cela, mas sim um vasto deserto do qual ele não enxerga as fronteiras. O entediado se arrasta porque o tempo, para ele, se arrasta. O entediado vive o tempo em fragmentos, em pequenos momentos que se sucedem por pequenos sobressaltos, como aqueles dos ponteiros de um relógio. Para ele os segundos, os minutos e as horas não se sucedem em um fluxo contínuo: há justaposição de instantes desconectados.

Quando experimentamos o tédio? Quando não temos nada para fazer, ou quando estamos fazendo algo que, para nós, carece de significação.

Não ter nada para fazer é diferente do não querer fazer nada. O não fazer nada porque assim se quer corresponde ao ócio. É uma decisão. No ócio não há tédio. Há tédio quando somos obrigados a nada ter o que fazer, quando somos obrigados a esperar que o tempo passe.

Todos nós passamos por situações nas quais apenas nos resta esperar. De pé em uma fila para entrar em um teatro, em um estádio, em um avião, em um ônibus, em um trem; de pé na fila do banco, do cartório, do correio; de pé na esquina esperando a pessoa amada que se atrasou. Sentados em uma sala de espera de um consultório, sentados na espera de que o meio de transporte que nos leva chegue a seu destino, sentados aguardando nossa vez de jogar, sentados de olho no painel no qual aparecerá o número de nossa senha. Deitados enquanto ainda não nos recuperamos de uma doença, deitados na espera de o sono chegar, deitados na espera de o sol se levantar. Nesses casos, é como se o tempo não passasse, de tão demorados que se tornaram os segundos. Somente uma virtude pode nos ajudar: a paciência. Devemos nos revestir dela para suportar o tédio. Também podemos, enquanto esperamos, fazer algo para "passar o tempo", como se diz: refletir, rememorar, cantar em voz baixa, observar as pessoas a nosso redor, observar cenas, reparar em detalhes do lugar onde estamos e, quase sempre a melhor opção, ler. Assim suportamos o tédio, ou até o suprimimos, porque conseguimos ocupar o tempo. Crianças também passam por situações como essas, mas, de modo diferente de muitos adultos que permanecem inertes com olhar fixo no além, costumam inventar alguma atividade: andam, correm, falam, desenham, brincam. Elas querem ser donas do tempo, não suas escravas.

Há, todavia, situações nas quais até mesmo as crianças não conseguem escapar do tédio. São aquelas durante as quais está se fazendo algo, mas esse algo é desinteressante. Quem já não viu uma criança debruçada sobre uma lição de casa, o lápis na boca, os olhos perdidos no horizonte, os ombros caídos, o corpo sem energia? Trata-se de tédio, tédio decorrente da obrigação de realizar uma tarefa que não se deseja fazer. Nesses casos também o tempo parece lento, parece não passar, parece fragmentado em momentos desconexos.

Tal forma de tédio, porém, não ocorre apenas quando uma atividade carece de interesse e significação: ocorre também quando a vida, em si, carece dessas qualidades. Quem diz "minha vida é um tédio" está afirmando que ela é morna, insípida, vazia, insignificante, triste, melancólica, monótona, rebarbativa, sombria, insuportável, longa demais. *Longa demais porque pequena*. Não são apenas momentos que não passam, é a vida inteira que se arrasta. Não são apenas horas penosas a vencer, são anos a fio a suportar. Não é por acaso que existe a expressão "tédio mortal".

Várias razões podem levar alguém a associar sua vida ao tédio. Às vezes, trata-se de um destino infeliz que prendeu a pessoa a atividades repetitivas e sem interesse, um destino que a desviou de lugares, de pessoas, de trabalhos mais ricos. Todavia, não apenas os destinos cruéis podem trazer o tédio. Até mesmo com a possibilidade de realizar atividades variadas, conhecer pessoas e lugares diferentes, é possível sentir tédio porque a vida carece de sentido. Nesse caso: cai-se na melancolia, na depressão. Ou então, para fugir desse mal, procura-se ocupar freneticamente o tempo, correr de lá para cá, realizar mil atividades diferentes, verificar a toda hora se chegaram *e-mails*, recados, torpedos, toda hora mandar *e-mails*, mensagens, torpedos, ligar do celular para falar de qualquer detalhe, manter incessantemente a televisão ligada na esperança de que notícias graves façam cair do céu um novo assunto que dará a impressão de viver intensamente por alguns dias, comer, malhar, comer novamente, divertir-se, desviar constantemente a atenção com pequenas atividades justapostas. Dessa forma, engana-se momentaneamente o tédio, mas não se o vence, e o tempo acaba voltando a parecer melancolicamente longo porque a vida permanece pequena.

Pergunto-me: será que, nos dias de hoje, não estaremos acometidos de tédio? Não estaremos procurando tapar buracos de uma vida vazia?

Não estaremos saltando de momentos para outros momentos? De espaços para outros espaços? De fragmentos para outros fragmentos? Não estaremos *"vivendo o dia a dia em vez de a vida inteira"*, como bem o expressa Paulo Vanzolini em sua canção "Cara Limpa"? Não estaremos nos queixando de estresse porque correndo em várias direções, mudando abruptamente de direção em vez de andar firme e calmamente em um sentido só? Não estaremos em busca inquieta de notícias e de informações porque estamos carentes de nossas próprias perguntas? Não estaremos nos queixando de falta de tempo justo porque o desperdiçamos? E não o estaremos desperdiçando porque temos urgência em vê-lo passar? Por que, na verdade, ele nos domina? Afinal, por que será que há tantos relógios que se erguem nas ruas, nas praças, nas avenidas e povoam carros, celulares, escritórios, lojas, aeroportos, rodoviárias, quartos, salas, cozinhas, banheiros? Por que essa aparente necessidade de saber, a toda hora, que horas são?

Eu tenderia a responder afirmativamente à pergunta que fiz: estamos em uma *cultura do tédio*. É esse ponto que gostaria de desenvolver, arriscando-me, com outros autores, em uma análise da contemporaneidade. Digo "arriscar-me" porque, de fato, é sempre um risco refletir sobre o mundo em que vivemos, mundo esse que, por mais que nos esforcemos, não temos o devido distanciamento para fazermos julgamentos realmente objetivos. Falo em risco também porque, como escreve Sébastien Charles (2004, p. 13) "a condenação do presente é provavelmente, se a analisamos a longo prazo, a crítica mais trivial proposta pelos escritores, filósofos e poetas desde a noite dos tempos". Sim, existe o perigo de sempre ver o presente com maus olhos, só ver seu lado sombrio e negar suas riquezas. Procurarei não cair nessa cilada e reservarei o final dos capítulos 1 e 2 ao resgate de pontos que vejo como positivos e que como tais devem ser assimilados e ampliados pela educação. Todavia, pontos negativos também existem – e é papel de quem dedica sua vida à academia mostrá-los, analisá-los e, se for o caso, denunciá-los. Escritores, filósofos, cientistas e artistas não deixam de representar a consciência crítica de uma sociedade. Ou, pelo menos, deveriam representá-la. Afinal, há bastante gente interessada em apenas mostrar os lados positivos, ou, não raro, em inventar, sem escrúpulos, sua existência. Costuma ser o caso dos políticos que ocupam os governos. Também é o caso dos publicitários que inevitavelmente nos mostram pessoas felizes, sorridentes, cada vez mais risonhas, bonitas, saudáveis. Não se pode angustiar o cobiçado consumidor. Como tais mensagens de felicidade total invadem a mídia, notadamente a televisão,[1] a crítica talvez seja mais urgente do que quando não havia tanta propaganda. Em uma de suas canções, Tom Zé – como sempre irônico e crítico – escreveu:

"– Sorrisos, creme dental e tudo
Mas por que é que a felicidade anda me bombardeando? Diga Zezé?
– É pra saber que ninguém mais tem o direito de ser infeliz, viu Dodô".[2]

Tom Zé cantava isso na década de 1970! Desde então o bombardeio de "felicidade" foi aumentando de intensidade e hoje, com efeito, sentir-se infeliz é visto mais como incompetência social do que como resultado de uma tomada de consciência implacável. Sentir tédio é visto mais como fraqueza de caráter do que como humilde reconhecimento do vazio da vida. No entanto, como bem o afirma Minois (2005, p. 388) em seu belo livro sobre a história da melancolia:[3] "o contexto sociocultural contemporâneo produz depressivos e, ao mesmo tempo, os exclui". De minha parte, concordo totalmente com esse diagnóstico e voltarei a ele. Então, falemos um pouco de infelicidade, falemos, portanto, daquilo que proíbe toda e qualquer ética. Então, falemos da "cultura do tédio".

O PEREGRINO E O TURISTA

Quando se aborda um tema novo, ou um "mundo novo", é prudente começar por empregar *metáforas* e não conceitos. Não se criam conceitos com facilidade. Para que possam se mostrar precisos e adequados, é preciso tempo, maturação e reflexão. Enquanto isso, sabe-se que as metáforas desempenham um papel importante na ciência – contanto, é claro, que os cientistas tenham a consciência de que se trata de metáforas. Os conceitos podem nascer de abordagens metafóricas que se mostraram portadoras de sentido.

Contudo, será que estamos realmente vivendo em um "mundo novo", cujas características, diferentes daquelas do passado próximo, impedem-nos de empregar conceitos que já fizeram suas provas? Tudo leva a crer que, pelo menos em parte, tal é o caso. Quem já não ouviu falar em "pós-modernidade"? Estaríamos em tempos não mais modernos, ou não mais exatamente como eles eram, mas sim pós-modernos, em tempos, portanto, que não poderiam mais responder por um antigo adjetivo, mas sim por um novo. É verdade que, quando se nomeia algo com os prefixos "pós" ou "neo", é que ainda não se sabe muito bem o que é esse algo, mas que se reconhece que não é mais como era no passado. A pós-modernidade, o que é exatamente? Ninguém sabe ao certo. E, quando se souber, certamente será inventado um novo conceito. Todavia, que ela não é mais pura "modernidade" parece não haver dúvida. Então, veremos a quais metáforas ela pode corresponder.

Começarei por duas, "peregrino" e "turista", que empresto de um dos mais importantes estudiosos da referida pós-modernidade, Zygmunt

Bauman (2003). Esse pensador polonês não hesita em empregar metáforas para comparar o homem moderno ao pós-moderno. Para Bauman, a própria expressão "pós-modernidade" não passa de uma expressão prática para falar da contemporaneidade. Quanto a mim, vou levar a comparação entre o peregrino e o turista a várias dimensões não contempladas por Bauman que, espero, me perdoará a ousadia.

Ambas as figuras do peregrino e do turista trazem-nos as dimensões do espaço e do tempo. A figura do peregrino evoca alguém que viaja, que anda longamente para lugares distantes. Seus motivos podem ser de ordem religiosa, política ou existencial. A figura do turista, também, evoca-nos viagens a lugares distantes ou não. Entretanto, o motivo do deslocamento não é de ordem religiosa, política ou existencial, mas da ordem da curiosidade, da busca de alguns conhecimentos e, sobretudo, da ordem da diversão. É o que sublinha a definição dada pelo *Dicionário Houaiss* no verbete "turismo": "ação ou efeito de viajar, basicamente com fins de entretenimento, eventualmente com outras finalidades (por exemplo, culturais)".

Logo, o que é semelhante entre o peregrino e o turista é o fato de terem uma meta geográfica: eles querem se deslocar até algum lugar e, para tanto, viajam. As semelhanças, no entanto, param por aqui.

A *escolha da meta* se dá de forma diferente para um e para outro.

Para o peregrino, ela é escolhida tendo como base, como acabamos de ver, uma busca existencial. Portanto, para ele há *relação entre a viagem e a própria vida*. Ele pode ir para Santiago de Compostela porque lá há algo a ver, há algo a experimentar, há algo que faz falta para a completude de sua existência. Ou ele poderá ir a vários cantões para levar a boa palavra, para convencer as pessoas de que tal orientação política é necessária, de que tal movimento deve ser fortalecido. O peregrino também poderá se deslocar na intenção de conhecer pessoas que – ele sabe – lhes trarão alguma riqueza de vida de que ele carece. Repito, para o peregrino, há relação entre a viagem e o sentido da vida.

Para o turista, isso raramente acontece. Como ele escolhe suas metas? Em geral em razão da fama turística do lugar ou de seu lugar na história. Paris, Londres, Veneza, Nova York, Rio de Janeiro, Xangai, Tóquio, etc., ele muito ouviu falar dessas cidades famosas, colegas cantaram-lhe a beleza, são incontornáveis para o turista minimamente abastado. Vai-se a elas, é um hábito cultural, tanto que é preciso reservar com muita antecedência as passagens e os hotéis. A escolha do turista também pode ser devido a suplementos que viu nos jornais, em prospectos coletados aqui e ali, por recomendação de uma agência de turismo. O fator moda é importante. E, naturalmente, ela também costuma se dar em função do dinheiro e do tempo disponíveis para viajar. Trata-se de avaliar a exequibilidade do deslocamento: aqueles possíveis serão realizados, os outros, não. Como se verifica, não há relação entre sentido da vida e a viagem. As escolhas das metas se dão por fatores, por assim dizer, exteriores a ela, ou, pelo menos, não intimamente relacionados a ela. O turista costuma viajar durante suas férias, e férias significam parênteses, uma suspensão do tempo durante o qual se trabalha, se luta pela vida, se procura sentido para ela. A viagem do turista é um pequeno fragmento de tempo. A do peregrino é uma ponte entre um antes e um depois.

Decorre do que acabamos de ver que a viagem do peregrino é uma espécie de *ato de fé*. A do turista, um *ato de consumo*.

A viagem do peregrino é um ato de fé porque movida por uma busca. Como o sublinha Bauman (2003, p. 36), "para os peregrinos do tempo, a verdade está alhures: o verdadeiro lugar está sempre um pouco mais longe, um pouco mais tarde". Para o peregrino, atravessar o espaço e o tempo, ir além, é necessário. Ele está à busca de um encontro – e, enquanto esse encontro não acontecer, a viagem deve continuar. O que importa é ir, andar, avançar, não voltar de onde se veio.

Para o turista, voltar é necessário. A volta tem data marcada. A viagem é algo a ser consumido durante um tempo determinado, e nem um dia a mais. Um possível atraso na volta é visto com contratempo. É desprazer. O lugar visitado, tão apreciado na véspera, torna-se prisão depois do prazo previsto. "Fiquei retido em ...", diz o turista vítima de uma greve dos transportes. Pois aquele lugar não contém uma verdade e aqueles dias a mais são perda de tempo. Se há algo verdadeiro, ele se encontra onde mora, em seu fuso horário. O prazer de tomar o avião de volta é tão grande, se não maior que o de tomá-lo na ida. O critério do turista é estar saciado, satisfeito com seu consumo e voltar para seu nicho. Houve curiosidade, não busca.

Um aspecto importante da busca do peregrino é o da *identidade*. O turista delicia-se com a *alteridade*.

Eu escrevi acima que, para o peregrino, há uma relação entre a viagem e o sentido da sua vida. A pergunta do plano ético, "Que vida viver?" está, portanto, presente em sua empreitada. Todavia, tal pergunta implica outra: "Quem eu quero ser?". Não é possível pensar no sentido de nossa vida sem pensar, ao mesmo tempo, em quem somos ou queremos ser. É por isso que associo à viagem do peregrino uma busca de identidade, uma busca de si.

Nada disso costuma acontecer com o turista. Ele não busca sua identidade, ele leva a sua, em geral vacilante, para todos os lugares visitados. O que ele busca é a alteridade, a diferença, o curioso, o exótico: lá se comem pratos diferentes dos seus, ali as roupas usadas pelos habitantes são estranhas, acolá a arquitetura é típica do local, etc. É bem verdade que existem turistas que nem a alteridade percebem e que preferem encontrar nos locais onde vão semelhanças reconfortantes com o que estão acostumados a conviver: os *fast foods* universais com seus sanduíches planetários, os hotéis cinco estrelas parecidos no mundo todo, os refrigerantes multinacionais, etc. Há outros, no entanto, que realmente procuram, percebem e apreciam as diferenças e sacam a máquina fotográfica ou a filmadora cada vez que uma delas salta-lhes aos olhos. Eles procuram algumas experiências de estranhamento, de novidade, de situações inusitadas. Tal procura, entretanto, em nada deve afetar suas identidades. O projeto não é *morar* em um outro lugar, é apenas *visitá-lo*.

Do peregrino, é possível dizer que ele vai morar durante algum tempo no lugar para onde ele caminha. Morar, aqui, tem também sentido metafórico. Não estou querendo dizer que ele não mais voltará para sua casa, mas sim dizer que o lugar onde ele chega, alvo de busca de sentido e identidade, contém elementos que ele procurará assimilar, tornar seus. Ele vai se deixar penetrar por eles, como se fosse um espaço no qual ele passaria a morar. O tempo que ele passa no lugar-alvo de sua peregrinação equivale a uma adaptação. Para o turista, não. Ele visita os locais, as ruas, os museus, os restaurantes, as praças. Ele não se adapta a elas. Aliás, no mundo do turismo, é o contrário que costuma acontecer: as ruas, as praças, os museus, os restaurantes é que se adaptam para receber os cobiçados visitantes. O turista visita e vai embora. O peregrino, antes de ir embora, vive, um pouco, com se não fosse mais partir. Foi para isso que ele foi para lá, que ele viajou: para *ser* do lugar.

No entanto, ele também vai embora. O que ele traz de volta para sua casa? Se a peregrinação foi bem-sucedida, o que nem sempre acontece, ele traz consigo experiências transformadoras, aprendizagens significativas. Ele leva consigo toda uma memória. O turista, é claro, também pode trazer experiências, aprendizagens e memória, mas não com a mesma intensidade. O que o turista mais traz são recordações, imagens e, quase sempre, *souvenirs* (essas recordações/objetos), badulaques mil, *t-shirts*, fotos, filmes – e, para os mais cultos, alguns discos e livros. O peregrino não costuma trazer nada de material, apenas sentimentos e sensações que o fazem sentir-se mais leve. O turista traz as malas mais cheias do que na ida.

Falemos agora da viagem em si, do percurso.

Peregrinação está associada ao *andar*, ao *ir a pé*. No Finistère, por exemplo, região do Noroeste da França, veem-se até hoje placas indicando a direção a ser tomada para ir até Santiago de Compostela. Trata-se de pequenos caminhos de terra a serem percorridos a pé. Eles seguem toda a costa atlântica da França, atravessam os Pireneus e tomam a costa norte da Espanha. Centenas e centenas de quilômetros a serem corajosamente percorridos. Todavia, o que importa na metáfora do peregrino não é tanto a referência ao andar a pé, mas sim a referência ao tempo. O andar a pé implica *ter tempo*. O peregrino tem tempo, não tem pressa, não tem dia certo para chegar. Pode até, se quiser, se dar o luxo de alguns desvios. Sua viagem não é mero meio para chegar ao local desejado. Ela não é um intervalo de tempo sem significado. Não é simples locomoção sem relação com o ponto de chegada. Ela faz parte da busca de sentido, de identidade. A viagem é, ela mesma, importante, significativa. Não é somente chegar que importa. O caminho que se percorre é parte integrante da peregrinação. O peregrino aprecia a viagem em si, desfruta-a. Seus olhos observam as paisagens que atravessa, seus ouvidos ouvem as pessoas com as quais cruza. A viagem é oportunidade de contemplação. O peregrino se adapta aos diversos lugares que atravessa. E o tempo, e os quilômetros que faltam para a chegada são vividos intensamente. A viagem é querida por si própria. Não é detalhe, não é, como dito, intervalo de tempo inevitável, tedioso e sem significado.

Para o turista, a viagem é intervalo de tempo dissociado de seu objetivo. Por isso deve ser rápida. Quanto mais rápida, melhor. Ela é preprogramada: tem dia e hora certa para a chegada e também para a volta para casa. Ela é calculada, é antevista como momentos penosos, longos demais por mais veloz que seja o meio de transporte. Ela deve ser o mais confortável possível. Aliás, conforto é um item essencial para o turista: ele o exige durante a viagem e também nos lugares que visita e, não raro, esse conforto equivale a ele encontrar pelo planeta todo elementos que ele mesmo tem em sua própria casa. Se a viagem for longa, ele quer divertimento. Nos navios, há festas todas as noites. Nos aviões, há filmes, como também há filmes em alguns ônibus. Enfim, o turista sofre na viagem e quer esquecer o tempo durante o qual ela dura. Para ele, a viagem está desconectada do ponto de chegada. Ela é um mal necessário. Não tem significação. Enquanto ela dura, o turista procura dormir. Ele a nega.

De tudo que vimos até agora, pode-se dizer que o peregrino é alguém que tem uma *vontade*, e que o turista é alguém que tem uma *esperança*.

Verbo "esperar". Dois sentidos, esperar o tempo passar e esperançar.

É verdade que a sina do turista com frequência é esperar o tempo passar, esperar a sua vez! Ele espera na fila do consulado para obter seu visto, na poltrona da agência de turismo, nos saguões da rodoviária e do aeroporto, no assento de seu meio de transporte, diante da esteira das malas, diante dos guichês das casas de câmbio, nos museus, no Louvre, para passar na frente da Mona Lisa, e outras ocasiões mais. Pensando bem, todo o processo de uma viagem turística implica horas e mais horas de espera. Não há turismo sem paciência. Mas pode, é claro, também acontecer de o peregrino ter de esperar. A diferença entre ele e o turista encontra-se no outro sentido do verbo esperar, aquele que remete à esperança. O peregrino pouco espera, e o turista espera muito.

Para entender o que quero dizer, é necessário lembrar o belo texto de André Comte-Sponville, intitulado *A felicidade desesperadamente* (2001). Não se deve entender a expressão "desesperadamente" como relacionada ao sentido habitual de desespero, situação-limite próximo da decadência, da depressão ou da morte. Deve-se entendê-la como contraponto à esperança definida como "desejo que ignora se foi ou se será realizado" (Comte-Sponville, 2001, p. 53). Como o sublinha o filósofo francês, não raro empregamos a palavra "esperança" para falar de uma espera, de uma expectativa, do desejo de que algo aconteça, sendo que esse algo não depende de nós, não depende de nossas ações, não depende de nossa vontade. Exemplo clássico: esperamos ter ganho na loteria. Que podemos fazer senão "torcer"? A figura folclórica do "torcedor" é outro claro exemplo de esperança: deseja-se que o time ganhe, mas nada se pode fazer para tal senão esperar que os jogadores desempenhem da melhor forma possível seu papel. Quanto a eles, faz mais sentido dizer que *querem* ganhar, e fazem tudo para isso, do que apenas dizer que *esperam* ganhar. Por essa razão Comte-Sponville (2001, p. 56) acrescenta que "a esperança é um desejo cuja satisfação não depende de nós, diferentemente da vontade, a qual, ao contrário, é um desejo cuja satisfação depende de nós". Não devemos interpretar o "depende de nós" da vontade como onipotência, ou apenas como opções simples totalmente autônomas. A rigor, sempre somos em parte dependentes de eventos sociais e físicos. O jogador que tem vontade de ganhar depende, é claro, da competência do adversário. Todavia, sua posição é diferente da do torcedor, a quem somente resta esperar. "Esperar é desejar sem poder", diz corretamente Comte-Sponville (2001, p. 57). Em compensação, quando se trata de *vontade,* há uma busca ativa para que o desejo se realize. A vontade é potência. A esperança é apenas falta. Citemos mais uma vez o filósofo francês que se vale de uma metáfora que opõem fome a apetite: "Fome é uma falta, um sofrimento, uma fraqueza, uma desgraça; o apetite, uma potência, uma felicidade" (Comte-Sponville, 2001, p. 78). Na esperança há espera angustiada. Na vontade há procura, ação.

Voltemos agora a nosso peregrino e a nosso turista. Quanto a esse último, é claro que há um desejo e há um poder. Há a vontade de viajar, de conhecer lugares, de perceber alteridades, e há o poder de decidir realizar o deslocamento. Todavia, para além de decidir e de poder viajar, pouca potência tem o turista. Sua viagem está quase inteiramente sob o signo da esperança: ele espera que seu avião ou ônibus não sofram um acidente, que o tempo esteja bom, que não chova, que faça calor, que o hotel escolhido seja confortável, que os lugares visitados correspondam a suas expectativas, que não seja roubado, que não haja imprevistos desagradáveis, que possa cumprir o cronograma preestabelecido, que possa voltar para casa a tempo, etc. O grande inimigo do turista é o imprevisto, sob o qual ele não tem poder algum. Ele espera que "tudo corra bem". Será o turista movido a apetite ou à falta? Para alguns há apetite, há real motivação para conhecer este ou aquele lugar. Para um número não-negligenciável, no entanto, há apenas falta: há uma necessidade de sair por algum tempo do quadro do dia-a-dia, há a necessidade de descansar, de tirar férias, há a necessidade de "mudar de ares", de se "oxigenar". Há fome, portanto. Nesses casos, a escolha de para onde ir não corresponde a um real apetite. Quem tem fome come qualquer coisa, quem tem apetite escolhe seu prato com cuidado, pois o próprio apetite o orienta para tal. O turista que se torna turista para "sair" sofre de fome. O lugar para onde irá, a rigor, pouco importa contanto que seja longe, que seja diferente, que seja possível. Ele abre os prospectos e pergunta-se: "Aonde irei?". O turista com apetite já sabe aonde ir.

O peregrino sempre tem apetite, pois sua busca tem um sentido e uma significação. Ele não se pergunta "aonde irei", pois sabe para onde se deslocar. Ele tem esperança? Em parte sim, uma vez que nada nunca depende inteiramente de cada um. A esperança, entretanto, desempenha papel menor em sua viagem do que na do turista. Ele não tem grandes expectativas, pois sabe que o sucesso de sua viagem, de sua busca depende essencialmente dele. Ele sabe que, se algo acontecer de errado, se não conseguir achar o que procurava, se não conseguir enriquecer sua identidade, a culpa terá sido sua. Ele terá se perdido em sua busca. Seu *medo* é o de falhar, é o de não ter força de vontade o bastante para chegar onde quer, o de se ter enganado de busca, de meta, de sentido. O turista também sente medo, mas ele é de natureza bem diferente. Não se trata do medo de se decepcionar com ele mesmo, mas sim com o que encontra, com os outros. Se a viagem não tiver sido boa, será culpa dos outros, ou do destino. Seu medo é correspondente a suas esperanças, é o medo de elas não se concretizarem. A rigor, o peregrino não tem muito a perder, tem muito a ganhar. O turista tem a ganhar, mas também tem muito a perder. Por essa razão ele contrata um seguro, seguro-saúde, seguro-acidente, seguro-malas, etc. O peregrino nem pensa nessa possibilidade. Ele nada tem a "segurar". Somente tem a acrescentar.

VIDA EM MIGALHAS

Qual a metáfora que mais retrata o homem contemporâneo? A do peregrino ou a do turista? Já fiz essa pergunta a várias pessoas em diversas ocasiões, e a resposta costumeira é: a do turista.

Será porque o peregrino evoca imagens de um passado longínquo, medieval até? Será porque o turista é um sujeito da contemporaneidade, que lota, a cada mês de férias, a cada semana de folga, a cada feriadão, aviões, hotéis, cidades? Não se deve, é claro, descartar essa hipótese. Todos nós somos ou fomos turistas. Uns foram mais longe, mais vezes, outros mais perto, menos vezes. Todavia, quem ainda não fez pelo menos uma viagem turística? Contudo, não se trata, nessa hipótese, de metáfora. Ora, o que importa é saber se o turista corresponde, não às nossas viagens reais, mas sim a uma metáfora de nossas vidas cotidianas. Mesma pergunta se coloca para o peregrino. No sentido primeiro da palavra, eles ainda existem. Bem menos hoje, é verdade, mas até um passado próximo eram figuras um tanto quanto familiares à paisagem. Na década de 1960, jovens se deslocavam até a Índia, como George Harrison, em busca de algo que lhes faltava no mundo ocidental. Outros iam até o Tibete, não para admirar as altas montanhas, mas sim para se alimentar de filosofia oriental. Alguns voltavam budistas, outros membros do Hare Krishna, outros ainda imbuídos de música indiana. Alguns nem voltavam, e aqueles que regressavam sentiam-se diferentes. Havia também os jovens que iam até a Califórnia para viver a vida *hippie*. Alguns chegavam a ficar por lá. Conheci pessoas que foram para o Nordeste brasileiro, não para se deitarem nas praias, mas para respirar os ares de uma cultura diferente, para experimentar relações sociais diferentes ou para montar comunidades alternativas. E lembremos de Stefan Zweig, que, durante a Segunda Guerra Mundial, imigrou para o Brasil, país esse que ele considerava "país de futuro", não apenas em razão de suas riquezas naturais, mas, sobretudo, porque julgava que a sociabilidade desse lugar seguia os ideais de uma sociedade tolerante, sem fronteiras étnicas ou religiosas. Ele, que muita viajara para visitar tantos países e continentes, veio para cá como peregrino. Enfim, assim como o turista é realidade social, o peregrino também o é, embora em menor escala.

Mas voltemos à pergunta: nossas vidas assemelham-se mais à imagem do peregrino ou a do turista? Mesmo no sentido estritamente metafórico, a resposta ainda permanece: a do turista. É a resposta de Bauman (2003, p. 41), que escreve: "O mundo não é mais acolhedor para os peregrinos". É também a minha e, creio, a de muitas pessoas. Vamos aprofundar a questão abordando características que se aplicam tanto ao turista quanto à vida contemporânea, a chamada "pós-modernidade" ou "hipermodernidade".

Comecemos pela ideia de *fragmento*.

A vida de turista remete a pedaços de espaço e pedaços de tempo. Vai-se a uma cidade. Depois, vai-se a outra. E, depois, a outra ainda. Pula-se de um lugar para outro. Há, é verdade, turistas que estabelecem um caminho sabiamente pensado, percorrido de carro ou de bicicleta, tomando às vezes de improviso desvios para conhecer regiões em detalhes. Esses turistas realizam uma espécie de peregrinação em uma parte determinada do planeta. Todavia, os "turistas-peregrinos" são raros e, por conseguinte, não caracterizam o turista habitual, metáfora da contemporaneidade. Esse último não raro segue o itinerário preestabelecido por uma agência, e se desloca, em sobressaltos, de lugar para lugar, de cidade para cidade. Durante a viagem, acontece de ele ser despertado por uma voz que lhe diz ao microfone que o lugar pelo qual está passando é digno de nota. Em seguida, a voz silencia. De repente volta para chamar a atenção do viajante para outro pedaço de espaço: "À *sua direita*...". Os pedaços de espaço não costumam ter, para o turista, relações entre si. Eles equivalem a fragmentos que têm valor por si só, sem referência a um todo maior que os relacionem. E, como vimos, raramente os lugares visitados possuem alguma conexão com o lugar de origem do turista. Logo, do ponto de vista espacial, ele vê o mundo como fragmentos.

E ele vive o tempo também por fragmentos. Comentamos que, para o turista, os deslocamentos para os lugares a serem visitados raramente fazem parte da viagem. Por isso ele quer que eles passem o mais rápido possível ou que sejam o mais divertido possível. Como acontece para o espaço, o tempo é dividido em fatias que não se relacionam entre si. A fatia do deslocamento não se relaciona com a fatia da visita ao lugar de destino, fatia essa que tampouco se relacionará com as outras fatias de deslocamento e de visitas. O tempo assemelha-se mais a uma sucessão de momentos do que a um fluxo contínuo. A própria ideia de "férias", essa conquista inestimável dos trabalhadores no século XX e progressivamente ocupada por atividades turísticas, não deixa de remeter à ideia de fragmento: suspende-se tempo, suspende-se o trabalho, suspende-se a vida de todo dia, cria-se um intervalo, intervalo esse que em nada se relaciona com o antes e com o depois. Férias: um vazio, como o lembra a palavra francesa para designá-las, *vacances*, de mesma origem etimológica que "vacante". Há quem resista à ideia de tirar férias, a seccionar o tempo, a suspendê-lo. Comenta Chico Buarque de Hollanda: "Nasci para fazer isso (música). Se eu não estiver fazendo isso, se não estiver criando alguma coisa, minha vida não vai ter utilidade nenhuma. Não vou nem me divertir (...) Eu não tenho prazer muito grande em tirar férias. Férias, não existe muito isso. Ah, então agora não existe nada (no sentido de não há nada para se fazer)! Passam dois, três dias, não vou fazer nada! Tenho que botar a cabeça para funcionar. Tem que estar se sentido ativo".[4] Não são palavras de um *workahoolic*, de uma pessoa que está todo dia em um estúdio de gravação ou em um palco cantando. Não são palavras de alguém que nunca descanse, que nunca viaje, que nunca se divirta. São palavras de alguém que não quer estancar o fluxo do tempo, de alguém que não quer fragmentá-lo. Há algo do peregrino nessa postura. Aliás, o artista que viaja, mesmo sem contrato de trabalho, costuma ter atitude peregrina: sua arte sempre o acompanha, e ele a alimenta de inspirações colhidas aqui e ali. Mesmo viajando sem compromisso, ele nunca deixa de ser artista. O turista típico ficaria provavelmente horrorizado de pensar que suas férias são perpassadas por um fio de sentido que reata o vínculo entre o antes e o depois. Ele não quer se alimentar, quer se desconectar. É verdade que, hoje, graças aos celulares de última geração que permitem ter acesso à internet, certas pessoas não param de trabalhar mesmo nos acampamentos mais distantes. Sim, pode se tratar de uma vontade de não perder o fluxo do tempo contanto, é claro, que tal trabalho seja fruto de uma decisão pessoal (e não um controle a distância exercido pela empresa em que trabalha) e traduza uma atividade significativa, produtiva, e não apenas acúmulo de tarefas. Todavia, pode também ser outra coisa: a urgência em fazer passar o tempo, em esquecer sua existência. Voltarei a essa possibilidade.

Por enquanto, fiquemos com a imagem de um espaço e de um tempo fragmentados vividos e queridos pelo turista. Ora, tal fragmentação do tempo, do espaço, e também das relações humanas, do conhecimento, da afetividade, etc., é típica da contemporaneidade. Por essa razão, Bauman (2003) escolheu para título de um livro seu a expressão "vida em migalhas".

Em um texto dedicado à análise do perigo da "ditadura do relativismo", no qual disserta sobre a pós-modernidade, que se inicia, *grosso modo*, na década de 1980, Gilberto de Mello Kujawsky propõe-nos uma comparação entre o fotógrafo moderno e o fotógrafo pós-moderno. Escreve ele: "O fotógrafo "moderno", ao focalizar uma cidade histórica, Veneza, por exemplo, fixa os grandes conjuntos, com a Praça São Marcos, a catedral, os canais e as pontes, os velhos edifícios, etc. O fotógrafo "pós-moderno", ao contrário, toma somente *flashes* parciais da cidade e de seu movimento, detalhes nem sempre significativos, não a catedral, mas o rosto pela metade de um turista, não a estátua inteira, mas um detalhe de seus pés, por exemplo, organizando um mosaico estilhaçado do tema, em uma visão não-integrada, uma mixagem de sintaxe duvidosa".[5] A comparação, na qual pesam suas implicações estéticas, não visa apenas descrever formas de arte, mas sim opor posturas existenciais diferentes: uma que busca a apreensão do todo, os eixos organizadores dos eventos e das coisas, a inteligibilidade, a síntese, e outra que se preocupa com a observação do detalhe, com a dispersão, com a evocação, com a colagem. Uma postura parece procurar a "chave" do entendimento, outra parece procurar estilhaços, justapô-los, sobrepô-los, em uma ordem compósita. Reencontramos aqui a ideia de fragmento. A sociedade pós-moderna apreende o mundo por intermédio deles. Na modernidade, o todo domina a parte; na pós-modernidade, a parte desintegra o todo.

Kujawski bem lembra que, no campo da estética, há precursores dessa atitude. Ele cita, entre outros, Fernando Pessoa e Carlos Drummond de Andrade. Eu citaria os surrealistas, Salvador Dalí, James Joyce, os da Tropicália, e outros mais. Todavia, tratava-se de algo novo, desafiador e, creio eu, destinava-se a engendrar novas sínteses. Hoje não parece ser o caso. É a regra, não a exceção. Do ponto de vista estético, a referida atitude pode permitir a criação de obras de grande valor. Penso, por exemplo, na trilha sonora de espetáculo do Cirque du Soleil, *Love*, composta de músicas dos Beatles. O produtor da banda, George Martin, retomou as gravações originais, separou os instrumentos, as vozes, e sobrepôs trechos de músicas diferentes. Escuta-se *Yesterday* introduzida pelos acordes de *Blackbird*, ouve-se o solo de guitarra de *Taxman* no meio de *Drive my car* e vozes de estúdios misturando-se a *All you need is love*, descobrem-se fases diferentes das gravações de *Strawberry fields forever* sucedendo-se umas às outras e acabando em um *pot-pourri* superposto de várias outras canções. O resultado é esteticamente convincente. O que importa, entretanto, sublinhar aqui é o fato de esse tipo de colagem traduzir o foco contemporâneo. É difícil dizer que o disco *Love* é um todo. Não tem nem começo, nem meio, nem fim, pois seria possível "colar" trechos da excelente música de Lennon, McCartney, Harrison e Starkey indefinidamente. Ainda no campo da música, a forma atual dos videoclipes não deixa de lembrar o efeito colagem de fragmentos: imagens variadas se sucedem na tela, sobrepõem-se, misturam-se, desfilam rapidamente, não permitindo ao telespectador fixar-se sobre nenhuma delas.

Estamos falando de arte, mas, como o afirma Baumann (2003, p. 155), ela serve de modelo para a apreensão contemporânea da própria realidade: "Pode-se dizer que, sob a condição pós-moderna, o "mundo lá fora", o "mundo real", adquire em grau cada vez maior os traços tradicionalmente reservados ao mundo ficcional da arte. O mundo "lá fora" afigura-se ao indivíduo como um jogo, ou antes, como uma série de jogos infinitos e episódicos, sem nenhuma sequência definida e com consequências que não vinculam necessariamente os jogos que se seguem". Em outro lugar, o sociólogo polonês observa que o homem pós-moderno trocou a avaliação ética do mundo pela avaliação estética. O mundo seria uma espécie de espetáculo, mas um espetáculo fragmentado.

Pensemos um instante nos jornais apresentados na televisão. São verdadeiros *shows*, muito bem cuidados do ponto de vista da imagem, da sonoplastia, da decoração dos estúdios, são cuidados até na escolha do físico dos apresentadores, todos de rosto se não bonito, pelo menos agradável. E o que nos dão para ver e para escutar? Uma sequência de eventos que se sucede sem transição. Uma sequência de eventos que não se relacionam entre si e que o jornalista apresenta em um mesmo tom de voz. Começa-se falando de alguma guerra em algum lugar do mundo, depois se comenta um escândalo na política, em seguida se fala em um crime cometido em alguma cidade, prossegue-se falando da alta ou da queda das bolsas de valores para imediatamente anunciar a estreia de um novo filme ou a contratação de um novo jogador, tudo isso entremeado de propagandas que nos cantam as glórias de um banco, de um cosmético, de um carro, de um celular. Cada jornal é um caleidoscópio, tudo é fragmento: fragmento de espaço (as notícias percorrem cidades, aldeias, países, bairros), fragmento de tempo (fala-se do aqui-agora, do dia de hoje), fragmentos de atividades humanas (guerra, política, arte, esporte, etc.), fragmentos de conhecimentos (notícias diversas amputadas de seu sentido, de sua história, de suas possíveis consequências).

Trata-se do "mundo da informação", informações essas que também nos vêm torrencialmente por inúmeras fontes, agora acrescidas da poderosa internet. Vivemos em uma espécie de "planeta *google*" no qual um simples clicar nos coloca em contato com milhares de estilhaços de conhecimento. A informação é o fragmento do conhecimento (ver La Taille, 2006b). Conhecer a data da Revolução Francesa é possuir uma informação. Saber que Rousseau existiu é possuir outra informação. Saber que Maria Antonieta foi uma rainha da França e que foi casada com Luis XVI é ter mais uma informação. Conhecimento é colocar em relação essas informações, bem como outras. É entender o papel das ideias de Rousseau para a confecção dos ideais revolucionários do século XVIII, é avaliar em que medida as atitudes de Luis XVI e de sua esposa podem ter influenciado os rumos da política francesa, é compreender por que foi no século XVIII, e não em outro, que a tomada da Bastilha foi possível, e assim por diante. O fragmento em si, a informação em si faz pouco sentido. São as informações, porém, que, nos dias de hoje, dominam a cena, notadamente na televisão. Os comentários explicativos que às vezes as acompanham são tão ridiculamente breves que nada mais são do que um simulacro de conhecimento. O homem pós-moderno parece se contentar com tais simulacros, pois já saciado de informações. Ele quer saber o que aconteceu, não o porquê. Creio que foi Rubem Alves que escreveu que as pessoas são ávidas por notícias não tanto para conhecer a marcha do mundo, mas para ficar sabendo *o que é notícia hoje*. Há algo do turista nessa atitude: ver, ficar sabendo e mudar de assunto. Olhar e partir. Não se fixar.

Aliás, fixar-se em que, quando há tantas imagens, tantos pedaços de sentido espalhados? E como se fixar quando tais pedaços desfilam em nossa frente? O que é notícia hoje não o é mais amanhã. Quase nunca sabemos como acabaram eventos que nos apresentaram com grande pompa. Caem no esquecimento, substituídos por outros. Uma urgência desaloja outra. Como o diz Maffesoli (2000, p. 33): "Retomando a oposição modernidade e pós-modernidade, pode-se dizer que para a primeira a história se desenrola, para a segunda, o evento acontece". Pulamos de um evento para outro. Maffesoli (1998, p. 194) diz ainda: "A história se encolhe em histórias vividas no dia-a-dia". Lipovetsky (2004, p. 111) julga que "damos prioridade ao urgente em detrimento do importante, à ação imediata em detrimento da reflexão". Jeambar e Remy (2006, p. 32) deploram "a ditadura do instante". Bauman (2003, p. 42) sugere que nossa vida "é descrita como uma sequência de pequenas urgências".

Vivemos o "eterno presente". Escreveu a esse respeito o historiador Hobsbawn: "A destruição do passado – ou melhor, dos mecanismos sociais que vinculam nossa experiência pessoal às das gerações passadas – é um dos fenômenos mais característicos e lúgubres do final do século XX. Quase todos os jovens de hoje crescem em uma espécie de presente contínuo, sem qualquer relação orgânica com o passado público da época em que vivem (1995, p. 13).

A citação que acabo de transcrever aponta para um aspecto da maior importância para a contemporaneidade: a falta de passado e, também, acrescentaria eu, a ausência de futuro, de porvir. Em vez de ser ponte entre tempos idos e tempos a vir, o presente se torna fragmento de tempo, entregue a ele mesmo. Falemos um pouco mais dessa questão.

Vários autores, como Hannah Arendt (1972) e Alain Finkielkraut (2005), entre outros, assinalaram o fato de que a modernidade abandonou a referência ao passado para se voltar ao futuro. Os antigos concebiam o mundo como um sistema onde tudo tem seu lugar desde e para o todo sempre. Os modernos passaram a conceber o mundo como algo a ser construído. Como o diz Finkielkraut (2005, p. 30), "a curiosidade toma o lugar da contemplação". A verdade não mais é revelada, mas sim demonstrada. O passado perde seu papel de referência exclusiva para a moral, para a verdade, para o belo, para a vida. Nas palavras de Hannah Arendt, ele deixa de ser *tradição*, logo, fonte de autoridade. Para o homem moderno, o passado "pesa" (Finkielkraut, 2005) e é preciso liberar-se dele. A humanidade deixa de ser pensada como vasta obra de conservação para ser vista como grande obra de criação, de construção, de progresso. Há uma clara desvalorização do passado, da tradição. Em compensação, essa nova postura frente os tempos idos é acompanhada de grande otimismo em relação aos tempos a vir. Confia-se na capacidade criadora e construtora do homem. Graças a ela a humanidade deverá progredir, se aperfeiçoar, caminhar triunfalmente para seu apogeu. Nesse cenário aparecem as utopias políticas, que prometem tempos de felicidade e de fraternidade; aparece a ciência, que promete a compreensão humana do universo; aparece a tecnologia, que promete a emancipação do homem em relação às agruras da natureza. O fluxo do tempo não é mais concebido como riquezas herdadas. É concebido como riquezas a serem conquistadas, como marcha para frente, para mais além, para mais alto.

Para o homem moderno, não se trata, portanto, de "eterno presente", pois – se houve uma desvalorização do passado – ela foi compensada por uma valorização do futuro. O tempo deixa de se estirar para o passado, porém se estira para o futuro, projeta-se. O tempo permanece fluido.

Há apenas algumas décadas – eu diria até o fim dos anos de 1970 –, tal cenário ainda era realidade. Era frequente ouvir que "amanhã há de ser outro dia". O conhecido verso de Chico Buarque, embora se encontre em uma canção identificável a uma crítica a um regime político ditatorial, pode perfeitamente se aplicar ao espírito daquele tempo. Amanhã havia de ser melhor que hoje. As novas gerações haviam de viver melhor que as anteriores. A ciência e a tecnologia haviam de fazer recuar os limites que nos separam da conquista do universo. O amanhã havia de superar o hoje.

Festejava-se cada evento que parecia confirmar essa superação. Mais de um bilhão de pessoas ficaram atentas para não perder o primeiro passo do homem na Lua que as televisões transmitiram para o mundo inteiro. "*Esse é um pequeno passo para o homem, mas um grande salto para a humanidade*", disse Neil Armstrong ao pôr o pé no solo lunar. Metáfora clara do progresso, do avanço, da superação.

A famosa frase foi proferida em 1969, no dia 20 de julho, e cada um foi dormir orgulhoso e mais confiante. Trinta anos depois, trinta e dois, para sermos exatos, o grande espetáculo televisivo mundial, com imagens assistidas pela quase totalidade dos habitantes do planeta, e repetidas à exaustão por todos os canais, também teve como estrela frutos da tecnologia triunfante: dois gigantescos aviões se chocando com as Torres Gêmeas de Nova York, dia 11 de setembro de 2001, data que, para alguns, marca o início, trágico, do século XXI.

O famoso atentado talvez aponte para o novo arranjo político do mundo, para novas guerras, para novas tragédias, para um inevitável "choque de civilizações". Veremos. Mas certamente simboliza um novo desencanto: *o desencanto em relação ao futuro*. Amanhã há de ser outro dia! Mas que dia será esse? Ele "há de ser"? Escreveram Jean-François Revel e Matthieu Ricard (1997, p. 254): "No século XIX, entramos na era das grandes utopias, que querem reconstruir o mundo da cabeça aos pés. (...) Todos esses grandes sistemas fracassaram".

Entre esses grandes sistemas, impossível não se lembrar da utopia política mais importante do século XX: o comunismo, esse projeto de igualdade e justiça, idealizado na primeira metade do século XIX, e, em seguida, assentado na teoria filosófica, sociológica e econômica de Karl Marx. A década de 1980 assiste ao fim da União Soviética, potência mundial que, para muitos, desde 1917, era a encarnação dessa nova opção de gestão da economia e de organização social. É verdade que notícias inquietantes a respeito desse "império" já haviam começado a chegar desde os anos que sucederam ao fim da Segunda Guerra Mundial e que pairavam sérias dúvidas sobre o suposto destino invejável da população soviética. O otimismo, porém, permaneceu forte até as definitivas denúncias de injustiça e tirania trazidas por, entre outros, Alexandre Soljenitsine, Prêmio Nobel da Paz, e o espetáculo do flagrante esfacelamento do bloco soviético. Por fim, em 1989, cai o triste Muro de Berlim. Os alemães fazem festa ao derrubá-lo: estão festejando a reunião das "duas Alemanhas", a do Leste, ex-comunista, e a do Oeste, capitalista. Estão também celebrando a democracia. Cada pedaço do muro derrubado, entretanto, não deixa de simbolizar os estilhaços de um mundo utópico. A queda do Muro de Berlim é mais a data do fim de uma época do que o começo de outra.

Aliás, que outra? É verdade que partidos que se dizem de esquerda, socialistas, comunistas, permanecem existindo e ganhando eleições. Todavia, serão partidos que, de fato, implementam políticas de esquerda? Se definirmos "esquerda", não necessariamente como opção pelo socialismo ou comunismo, mas como ideologia que preza, prega e prepara um mundo alternativo ao atual, ainda prenhe de injustiças e desigualdades, se definirmos esquerda como movimento que valoriza, portanto, a justiça e a igualdade e que aponta para um mundo melhor, creio que ela não mais exista. Melhor dizendo: há pessoas de esquerda, não mais políticas de esquerda. Não sou especialista em Ciência Política, e, portanto, fico intelectualmente confortado quando vejo meu diagnóstico do fim dos governos de esquerda também feito por intelectuais como Gilles Deleuze (2004). Em compensação, causa-me desconforto ético ouvir ícones oriundos da matriz socialista desacreditarem, eles próprios, a ideia de esquerda. Consta, por exemplo, nos jornais do dia 12 de dezembro de 2006 que o Presidente do Brasil, Luiz Inácio Lula da Silva, afirmou em uma palestra para empresários que "se você conhecer uma pessoa muito idosa que seja de esquerda, é porque ela tem problemas".[6] Digo que fico triste, pois se os próprios políticos que pertencem a partidos nascidos sob o signo do socialismo e que seriam, portanto, responsáveis pela implementação das ideias de esquerda reconhecem que esse ideário não mais existe, a não ser como sonho adolescente, como "problema", é que, de fato, ele não existe mais. Aliás, basta ver as políticas que, concretamente, tais políticos conduzem nos quatro cantos do mundo para se convencer de que, com efeito, parecem pensar não haver nada mais a ser feito a não ser gerir o *status quo* e resolver as "urgências" colocadas por ele. As políticas assistencialistas – como, no Brasil, o programa Bolsa-Família – traduzem bem a sequência de urgências referidas por Bauman. Resolve-se a fome no dia após dia, não se apresenta um projeto político para erradicá-la. Segundo a famosa expressão: dá-se o peixe, mas não se ensina a pescar. É por essa razão, aliás, que se diz não haver, hoje, real diferença de prática entre os partidos de esquerda e de direita. O atual sistema econômico, globalizado, é um "real" ao qual não se consegue mais opor um "possível". O amanhã não mais "há de ser": ele será como hoje. "Não acreditamos mais no progresso", sentencia Touraine (2005, p. 28).

Em uma palavra: não há projeto, não há domínio do tempo. Andamos na cerração, tentando enxergar meio palmo diante do nariz. O futuro advém, não é construído. O futuro deixa de ser referência. É simples sucessão de dias e anos a virem. Como o passado já tampouco é referência, fica-se no "eterno presente".

Acabamos de ver que o futuro deixa de ser referência porque carente de planos, de possibilidade de mudanças, de alternativas à realidade vigente. Todavia, ele pode também deixar de ser referência porque assustador, porque ave de mau agouro. Creio que qualquer pessoa atenta ao cenário político internacional contemporâneo não deixa de se preocupar com a probabilidade de "choque de civilizações" se tornar realidade bélica. Aconselha o autor da famosa expressão que acabo de empregar, com a qual ele intitulou um livro seu que se tornaria leitura incontornável após os atentados de 11 de setembro de 2001, que devemos "admitir que toda intervenção do Ocidente nos problemas de outras civilizações é provavelmente a mais perigosa causa de instabilidade e de conflito generalizado em um mundo de civilizações múltiplas" (Huntington, 1997, p. 345). Sabe-se que a tese de Hutington é polêmica e que vários são aqueles que discordam do referido "choque", porém o tema está aí para todos, e não é dos mais reconfortantes. Na prática, como o escreve Alain Touraine (2005, p. 23), "a vida das sociedades, até mesmo das mais ricas, das mais complexas e das mais protegidas, permanece dominada pelo medo, a violência, a guerra".

Tampouco são reconfortantes as perspectivas econômicas. Outro livro polêmico, mas cuja fama é prova de que pouca gente está confortavelmente pensando que tudo caminha para dias de vacas gordas (com exceção dos governantes, pelo menos se ousarmos acreditar no que dizem), é o de Viviane Forrester, sintomaticamente intitulado *O horror econômico*. Trata-se de uma análise severa e sem complacência do chamado "neoliberalismo", que tem inspirado as políticas econômicas de variados países. Segundo a autora, tal opção político-econômica causa "o desemprego (que) invade hoje todos os níveis de todas as classes sociais, acarretando miséria, insegurança, sentimento de vergonha" (Forrester, 1997, p. 125). Em outro trecho, escreve ela com humor negro: "Se o Padre Eterno lançasse hoje a maldição: 'ganharás o pão com o suor de teu rosto', isso seria entendido como uma recompensa, uma benção" (p. 112). Para ela, não é a riqueza que se globaliza, mas sim a miséria, e isso, devido à ausência de trabalho. Com efeito, a grande discussão e temor atuais giram em torno do trabalho. Não é mais a inflação ou os baixos salários que dominam os debates, mas sim a criação de empregos, inevitavelmente prometida em cada eleição. Na França, por exemplo, no ano de 2005 assistiu-se a uma grande mobilização de jovens para protestar contra uma lei que previa tornar precária a estabilidade no emprego. Não esqueçamos que são os jovens os primeiros a sofrer dos efeitos do desemprego. Para aqueles das décadas de 1960 e de 1970, essa triste perspectiva não era tema. Eles se preocupavam em saber se trabalhariam no que queriam e se seriam felizes em suas profissões. Hoje, o problema é anterior: não ser excluído, estar no mercado. É notável que a exclusão tem algo de cruel: enquanto o pobre, apesar de pobre, tem utilidade social, o excluído não tem. O rico precisa do pobre; ninguém precisa do excluído. Vê-se que o futuro parece sombrio, e que os jovens franceses que citei foram às ruas *não para reivindicar direitos* – como o fizeram seus pais, da chamada geração de 1968 – mas foram para *não perder direitos*. A perspectiva futura, se não for morna repetição do presente, é de perda. Quem pode inspirar sua vida por um futuro desse?

É claro que se pode dizer que as perspectivas políticas e econômicas não são tão ruins assim, que análises como as de Hutington e Forrester, para citar apenas essas duas, são tendenciosas, ou até francamente erradas. Sim, é verdade. No entanto, não é menos verdade que, a despeito de seus possíveis exageros ou erros, traduzem bem o ânimo (seria melhor dizer a "falta de ânimo") com o qual a maioria das pessoas – com destaque para os jovens, que "têm a vida pela frente", como se diz – vislumbra o futuro.

Outro ponto que obscurece o porvir é a "saúde" do nosso planeta. Dessa vez, infelizmente, as vozes pessimistas, para não dizer desesperadas, não encontram muitos detratores, pois os cientistas mostram dados confiáveis. O cotidianamente citado "aquecimento global", diagnóstico antes pouco aceito, parece traduzir um desastre iminente. O problema da água potável para todos, outro desastre. Yves Pascalet (2006) nos lembra de que as previsões demográficas projetavam 6,5 bilhões de terrestres para 2006, por volta de 8 bilhões para 2020 e 12 bilhões para 2050 (se a tendência permanecer, seremos 36 bilhões em 2300 – se chegarmos lá). Como nutrir tanta gente? Como abastecer de água tanta gente, sobretudo lembrando que os padrões de consumo são desiguais porque a riqueza é distribuída de forma desigual? Pascalet traz o seguinte dado: enquanto os americanos (Estados Unidos) e os europeus consomem por dia, respectivamente, 700 litros e 330 litros de água por pessoa, os africanos consomem apenas 30 litros por dia e por pessoa, e um quinto dos habitantes da Terra não tem acesso à água potável. Imaginando que as populações mais pobres consigam se aproximar dos padrões de consumo dos mais ricos, haverá recursos naturais para tanto? Sobretudo em um planeta maltratado e em parte "desertificado", como acontece na Amazônia? Pascalet (2006, p. 188) fecha seu livro dizendo que "nesse começo de século XXI, se todos os homens consumissem como os europeus, precisaríamos nada menos do que três planetas para satisfazer nossas necessidades. Se eles tivessem o modo de vida dos americanos, seriam necessários seis". Não por acaso ele intitulou seu último livro de *L'humanité disparaitra: bon débarras*. A tradução aproximada do título seria: "a humanidade vai desaparecer: bem feito". Bela perspectiva! Falta lembrar, no entanto, que habitualmente se associam as feridas do meio ambiente às consequências perversas daquilo que era o florão do otimismo em relação ao futuro, ao progresso: a ciência e suas aplicações tecnológicas. Escreveu Luc Ferry (2004, p. 120), filósofo francês e ex-ministro da educação daquele país: "a ciência, infelizmente, tende, hoje, no espírito de inúmeros de nossos contemporâneos, a ser mais associada à ideia de risco do que à de progresso (...) Nas antípodas do otimismo das Luzes, descrevemos os avanços da ciência como queda para fora de um paraíso perdido".

Em suma: o passado não é atraente há muito; o futuro tampouco.

Fica o presente, que se torna única referência, fica esse fragmento de tempo que esquarteja o fluxo do tempo.

A sociedade se torna hedonista, em busca desses fragmentos de alegria que são os prazeres.

As pessoas se tornam consumistas: não herdam bens, os adquirem; não deixam bens, os consomem, como o fogo.

Elas aderem ao descartável, àquilo que não vem do passado e que não irá para o futuro.

Vários acabam até por sentir certo deleite em ver que nada dura, que tudo é efêmero, que nada é sólido, que a obras humanas são quimeras, que a vida é pequena. Como o escreve Finkielkraut (2005, p. 170, grifo meu): "Os românticos tomam partido pelo que cai. Os pós-modernos, pelo que *faz cair*. Aqueles choram, estes *debocham*".

Seria cometer injustiça afirmar que cabe na metáfora do turista esse deboche, esse prazer em assistir às derrocadas humanas. Porém, pode-se dizer que, se ele não adere ao que "faz cair", ele costuma ser indiferente ao fato de as coisas caírem. Ele não tem relação especial com os lugares que visita. Não sabe o que lhes aconteceu antes de chegar e não se preocupa com o que poderá acontecer depois de partir. E, se algo ruim acontecer enquanto ele estiver lá, precipita-se ao aeroporto para deixar o lugar. Ele é indiferente porque sua relação com os lugares visitados é epidérmica. Ninguém investe muita afetividade em fragmentos de espaço e tempo. Para ele, a Terra é uma espécie de "planeta dormitório". O mesmo parece acontecer com o homem pós-moderno: sem passado e sem futuro, ocupa o planeta para seus fins pessoais imediatos. O turista não se apega aos lugares, apenas os ocupa. Mesma coisa com o homem contemporâneo. Ele não deseja *se fixar*. Não quer se fixar em lugares, em ideias, em pessoas, em projetos. Afirmam Sloterdijk e Finkielkraut (2003, p. 90): "Todos nós somos veículos, procuramos um estacionamento, não um país".

O homem contemporâneo tampouco quer se fixar em *identidades*. E nem é fácil, para ele, fazê-lo. Falemos um pouco dessa questão, que se relaciona à construção de projetos de vida.

IDENTIDADE PALIMPSESTO

A viagem do peregrino traduz, como vimos, uma *busca*, pois, para ele, a verdade está alhures, mais longe no espaço e no tempo. A viagem traduz uma *vontade*, um *projeto*, um *apetite*. E nesse projeto há sempre uma *busca de identidade*. O turista viaja com metas limitadas e com frequência aleatórias, pois dependem da moda, do tempo e do dinheiro disponíveis. Não há real busca e tampouco há real projeto. A esperança, e não a vontade, preside suas decisões. Ele tem uma fome a ser saciada, não um apetite a ser satisfeito. Sua viagem, portanto, não advém de um projeto de vida, tampouco de uma busca identitária. Pelo contrário, ele mais procura a alteridade.

Ora, nesses pontos também ele pode servir de metáfora para o homem contemporâneo.

Acabamos de ver que o homem contemporâneo vive em um mundo fragmentado, em um mundo que se apresenta a ele em migalhas. As informações se sucedem umas às outras, se substituem umas às outras; o espaço é um mosaico compósito e o tempo é uma sequência de eventos e de pequenas urgências. Ele vive no "presente contínuo", pois privado do passado, há alguns séculos destituído de sua função de fecundar o futuro, e também privado da função inspiradora desse futuro: um porvir amputado da ideia de progresso da humanidade, um futuro sem utopias, um futuro condenado a repetir monotonamente o vazio ideológico do presente; e, se não visto como mesmice, é visto como perigoso, com sombrias perspectivas políticas, econômicas e ambientais.

Porém, esse mesmo "presente contínuo", mesmo essa pequena fatia de tempo, também carece de solidez, de mínimas referências, de balizas confiáveis, pois está, como vamos ver, sob o signo da imprevisibilidade, da arbitrariedade, da horizontalidade dos valores.

Mário Sérgio Cortella (Cortella e La Taille, 2005) emprega a expressão "tacocracia", a ditadura da velocidade, para falar de uma faceta desse "eterno presente": tudo se sucede em velocidade estonteante, o que vale hoje talvez nada valerá amanhã. O presente é eterno, porque única referência temporal, e efêmero, porque o que nele é feito está sob o signo do descartável. Apagar, negar o minuto passado e, de antemão, recusar real valor ao minuto que virá, eis o efeito de tal "tacocracia". Como o escreve Bauman (1998, p. 32): "O mundo pós-moderno está se preparando para a vida sob a condição da incerteza, que é permanente e irredutível". Acrescenta ele: "Nenhum emprego é garantido, nenhuma posição é inteiramente segura, nenhuma perícia é de utilidade duradoura (...) carreiras sedutoras com muita frequência se revelam suicidas (...) Neste mundo, tudo pode acontecer e tudo pode ser feito, mas nada pode ser feito de uma vez por todas, e o que quer que aconteça chega sem se anunciar e se vai embora sem aviso. (...) Desse modo, há pouca coisa, no mundo, que se possa considerar sólida e digna de confiança" (p. 35). Na mesma linha, observa Robert Castel (2006, p. 153): "Como pode um assalariado que, hoje, assina um contrato, mas pode ser demitido de uma hora para outra, como pode ele pensar sua vida daqui três anos, quem sabe daqui seis meses ou quinze dias?".

Com efeito, em um mundo assim concebido, como construir projetos pessoais? Como conceber projetos de vida? Como ter critérios para eleger vontades, ter apetite? Como fazer para não se limitar a esperançar e esperar? Se as formas de adaptação ao mundo são inventadas a cada instante, como pensar sobre *o que* se fará amanhã? Como refletir sobre *quem* se será amanhã? Escreve ainda Bauman (1998, p. 36): "esquecer, mais do que aprender, é a condição de contínua adaptação".

Esquecer! Ou seja, *não dar valor*. Não se fixar em valores. Mas o que são valores? São, do ponto de vista psicológico, investimentos afetivos, portanto, mediação afetiva entre o sujeito e o meio natural e social em que vive. Há a mediação cognitiva: aquela que permite perceber a existência de variados objetos, entendendo por "objeto" todo e qualquer elemento captado pela percepção e toda e qualquer representação construída pela mente. Pode se tratar de objetos no sentido habitual da palavra (objetos físicos), mas também de pessoas, de conceitos, de sentimentos. A cognição permite conceber o mundo. A afetividade tem outro papel: permitir que nos "apeguemos" ao mundo, que ele, além de ser percebido e concebido, tenha alguma relevância. Nossas competências cognitivas nos possibilitam estruturar o mundo, nossa energia afetiva nos leva a estabelecer prioridades entre seus elementos, ela nos guia entre as inúmeras possibilidades de ação. A cognição, disse eu, nos permite conceber o mundo, a afetividade permite nos interessarmos por ele.

Ora, a memória, o "não-esquecer" depende tanto da cognição quanto da afetividade. Sem cognição, não teríamos o que lembrar. Sem investimento afetivo, não teríamos *por que* lembrar. Qualquer um de nós sabe muito bem que é muito mais fácil memorizar elementos importantes para nós do que reter aqueles que carecem de interesse. Sabemos isso desde nossos tempos de escola, fazendo a experiência de quanto era difícil aprender o que não fazia vibrar nossas emoções. Acabamos por memorizar vários conteúdos porque momentaneamente interessados em passar de ano ou entrar na faculdade. Porém, uma vez esse interesse saciado, esquecemos aquilo que armazenamos de forma instrumental. Mas não esquecemos tudo. Lembramo-nos daquilo que, por alguma razão, foi significativo. No âmbito escolar, talvez a primeira nota 10 que tiramos e que significou para nós um atestado de excelência; talvez a professora ou o professor que nos encantou; e certamente pontos de matéria que despertaram nossa paixão. E nos lembramos também de variados eventos extraescolares: o primeiro beijo, grandes sustos, pequenos sucessos sociais, canções que marcaram nossa vida, etc. Penso que todo mundo (de certa idade!) se recorda de uma propaganda de marca de sutiã na qual se dizia: "o primeiro Valisère, ninguém esquece". Eis uma bela frase que, falando do invólucro, nos faz pensar no conteúdo. A veia erótica explica tanto a veracidade dessa mensagem quanto o fato de se tratar de uma propaganda inesquecível.

Em suma: se a memória depende de investimento afetivo, equivale a dizer que ela depende do universo dos valores. Logo, quando Bauman nos diz que, para se adaptar ao mundo contemporâneo, o homem pós-moderno mais deve esquecer do que lembrar, ele também está afirmando que deve incessantemente "desvalorizar" aquilo a que teve de se apegar em um determinado momento. Viveríamos, por conseguinte, não em um mundo sem valores, pois a afetividade está inevitavelmente presente e atuante, mas sim em um mundo sem valores estáveis, em um mundo de valores que se equivalem e que se revezam.

Ora, é fácil verificar que tal diagnóstico não é raro entre os autores que se debruçam sobre a contemporaneidade. Escolho uma citação que não deixa dúvidas sobre a opinião de seu autor, Finkielkraut (2005, p. 171): "Nesse epílogo, não é uma cultura que leva a melhor sobre outra cultura, é o cultural que leva tudo, que engole tudo, que faz uma mesma massa indiferenciada do aqui e do alhures, do fora e do dentro, do espontâneo e do refletido, do feio e do belo, do clichê e do pensamento, do trivial e do raro, e que leva ao esquecimento, roubando-lhe seu nome, o duplo trabalho de construção de si e da elucidação do si".

Há vários elementos nessa citação e todos giram em torno da oposição cultura/cultural.

O conceito de cultura recebe pelo menos dois sentidos. Um primeiro é valorativo e tem como correspondente o adjetivo "culto". Uma pessoa considerada culta é aquela que conhece e aprecia determinados elementos criados pela sociedade. No mundo ocidental será, por exemplo, aquela pessoa que conhece Mozart, Beethoven, Debussy e outros grandes compositores, que sabe reconhecer suas respectivas obras, que é capaz de compará-las, etc. A pessoa culta será aquela que leu os grandes autores da literatura de seu país e de outros, que tem noções históricas e geográficas precisas e amplas, que sabe transitar entre conceitos científicos. E assim por diante. Da pessoa culta diz-se, portanto, que "tem cultura", o que implica afirmar que certas criações sociais, e não outras, merecem pertencer à referida "cultura". Nem sempre há perfeito consenso a respeito de tal merecimento. Se costuma haver total concordância em atribuir a escritores como Victor Hugo, James Joyce, John Steinbeck, Guimarães Rosa, Vargas Llosa obras que toda pessoa terá de ler ou se dispor a ler para merecer ser chamada culta, outros não são objeto de tal unanimidade. Penso em Alexandre Dumas, criador de livros como *Os três mosqueteiros* e o *Conde de Monte Cristo*, lidos por milhões de pessoas desde o século XIX. Durante muito tempo, ele não foi reconhecido como grande autor, apenas como "autor popular", competente para divertir as massas, mas não para edificar uma obra consistente. Apenas recentemente Dumas foi admitido no Panteão da literatura e muitas pessoas cultas perderam a vergonha de admitir que o leram e o apreciaram. O mesmo vale para Júlio Verne e seus romances futuristas. No Brasil, discute-se se obras de autores como Paulo Coelho são, ou não, cultura. Discussão parecida encontra-se em relação à chamada Música Popular. Ela é simples divertimento? Ou é cultura? Fato interessante, há alguns anos lia-se nos discos editados no Brasil a seguinte frase: *disco é cultura*. Qual era o sentido dessa mensagem? O de sublinhar a nobreza artística que alguns recusavam à música em geral e que muitos recusavam às canções populares em particular. Em suma, na primeira definição da palavra "cultura", está em jogo uma *hierarquia de valores*.

Isso não acontece com a segunda definição, que podemos chamar de definição antropológica: é cultura tudo aquilo que foi criado por uma determinada sociedade. Assim, ouvir Villa-Lobos, mascar chiclete, torcer por um time de futebol, fazer ciência de ponta, etc., tudo isso é cultura pelo simples fato de existir, de ser expressão dos membros de um grupo social, de maior ou menor magnitude. Assim, fala-se em cultura brasileira, ou em cultura americana, francesa, inglesa, nigeriana, chinesa, iraniana, etc., fala-se em cultura de periferia, em cultura dos afrodescendentes, em cultura popular, em cultura indígena, e em tantas outras. Nenhuma hierarquia está em jogo, pois *tudo é cultura*. Trata-se de uma descrição, não de uma avaliação. O adjetivo que corresponde a esse segundo sentido é *cultural*. Diferentemente do adjetivo "culto", que se aplica quase sempre a pessoas (às vezes é empregado para se referir a uma obra, sendo sinônimo de erudito), a qualidade de "cultural" somente se aplica a obras e ações: por exemplo, a Literatura de Cordel é expressão cultural do nordeste brasileiro, beber chimarrão é hábito cultural dos gaúchos, amar futebol é paixão cultural de (quase) todos os brasileiros (fala-se em "pátria de chuteiras"), fazer compras no *shopping* é prática cultural do mundo globalizado. E assim por diante. Não faz sentido dizer que uma pessoa é "cultural", mas é possível aplicar esse adjetivo a tudo o que ela faz, realiza, pensa, sente, a tudo que é atribuível às influências de seu entorno social (não de seu patrimônio genético).

Isso posto, voltemos ao diagnóstico de Finkielkraut segundo o qual não é uma cultura que leva a melhor sobre outra cultura, mas é o cultural que leva tudo, que engole tudo. Dizer que uma cultura leva ou levou a melhor sobre outra implica admitir uma hierarquia de valores, hierarquia essa presente no primeiro sentido da palavra "cultura". Podemos pensar em variados exemplos. Um deles é o embate entre ciência e religião: qual dos dois sistemas de ideias explica melhor o universo? Como é sabido, os religiosos cristãos resistiram às teorias de Newton, Copérnico, Galileu e outros, opondo às provas empíricas e matemáticas a sabedoria das santas escrituras. A Ciência acabou levando a melhor, e hoje ninguém duvida de que a Terra gira em torno do Sol e são raros aqueles que ainda pensam que os coelhos são ruminantes. A única área na qual ainda há certo litígio refere-se à origem dos homens: enfrentam-se as teorias criacionistas (Bíblia) e evolutiva (Darwin). Tal litígio, entretanto, é alimentado apenas por religiosos fundamentalistas e em nada atrapalha os avanços da biologia. Outro exemplo de cultura que leva a melhor sobre outra pode ser encontrado na política: paulatinamente a Democracia acabou, no mundo ocidental, impondo-se a outras formas de organização do poder (absolutismo, ditadura, etc.). Poderíamos multiplicar os exemplos e, em cada um deles, verificaríamos a presença de um debate, de uma discussão, de uma avaliação: Que cultura é melhor? Qual é superior? Que cultura supera a outra? Tal debate implica *julgar*, implica, portanto, assumir valores.

Em relação ao "cultural", como vimos, não há valores em jogo, apenas descrição. Ora, quando Finkielkraut nos diz que o cultural engole tudo, está afirmando que perdemos critérios para julgar, ou que achamos errado empregá-los: o que importa é o que existe, não o que deveria existir. O que importa é reconhecer uma presença, não avaliá-la. O que importa é o fato, não o valor. Ou, melhor dizendo, tudo o que existe tem valor pelo simples fato de existir. Ora, privado de critérios para "separar o joio do trigo", temos a *massa indiferenciada* a que se refere o filósofo francês. Poderíamos falar em "achatamento de valores". Tudo se vale. E acaba sendo mal vista a pessoa que "ousa" dizer que certas expressões culturais são melhores do que outras, ou que algumas carecem de valor. O chamado "politicamente correto" com frequência traduz essa postura de negar hierarquias, de proibir a crítica. Conta Ivan Rioufol (2000) que Ray Charles não hesitava em dizer que o *rap* "não valia nada". Não importa aqui discutir se ele tinha razão, mas perceber nessa crítica uma postura que se recusa a achar que tudo que se produz tem igual valor. Mas é atualmente rara tal postura. Rara seja porque as pessoas temem emitir seus juízos, seja porque não possuem mais critérios para formá-los. E, sem tais critérios, cai-se no *relativismo*, no *subjetivismo*. Cai-se em apegos passageiros, em emoções pontuais, em amores fugazes. "A idade do entusiasmo sucede à da perfectibilidade", escreveu ainda Finkielkraut (2005, p. 299). Assim, o refletido, o belo, o raro, o pensamento, construções laboriosas da mente humana, acabam se equivalendo ao espontâneo, ao feio, ao clichê, ao trivial, àquilo, portanto, que não nasce de uma intenção de perfeição, mas sim de arroubos momentâneos e efêmeros.

Alguém poderá aqui dizer que não deveríamos ter saudade da época na qual algumas culturas levavam a melhor sobre outras porque tal afirmação de superioridade às vezes levou à barbárie. É verdade. Impossível não lembrar aqui a suposta superioridade da "raça ariana" sobre as demais, ideologia que levou à loucura muitos homens e desencadeou a pior guerra já realizada pela humanidade. Tampouco é impossível não lembrar outra barbárie: aquela friamente realizada pelos regimes totalitários comunistas que, em nome de um ideal de organização social, massacraram impiedosamente quem a ele se opunha. O mesmo valeu para seus opositores que, notadamente na América Latina, não hesitaram em instalar ditaduras ferozes cujos soldados atiravam em qualquer coisa que parecesse ser vermelha. É verdade, portanto, que – em nome de hierarquia de valores – injustiças sejam cometidas.

Melhor, então, não hierarquizar? Dizer que sim equivaleria a jogar fora o bebê com a água do banho. Em primeiro lugar, porque não há relação necessária entre julgar e massacrar. Trata-se de uma questão moral: julgar inferior não implica desrespeitar. Por exemplo, podemos achar que as canções de fulano são superiores àquelas de beltrano, sem que pensemos que essas últimas deveriam ser proibidas ou que seu autor deva ser execrado. Respeitamos seu trabalho, a liberdade de criar, mas nem por isso vamos colocá-lo em pé de igualdade com todos os demais compositores.

Desistir de qualquer hierarquização de valores por medo de cometer injustiças equivaleria, em segundo lugar, a não fazer diferença entre diversos motivos que levaram à barbárie. Podemos retomar aqui os exemplos do nazismo e do comunismo. Ambos são considerados responsáveis pelos piores crimes cometidos contra a humanidade durante o século XX. Com efeito, podemos colocá-los em pé de igualdade quanto à matemática dos massacres. Mas ficar nesse nível de comparação implicaria negar uma diferença essencial entre ambas as ideologias. Uma, a nazista, baseada em uma pseudociência que tomava como base a ideia de raça para diferenciar pessoas, visava ao domínio de uma sobre as outras (a ariana sobre as demais), e o aniquilamento puro e simples de uma em particular, a judaica. Nada havia, portanto, no nazismo, que apontasse para ideias de justiça, de igualdade, de fraternidade. Em compensação, tais ideais estavam presentes na ideologia comunista. O fato de esses ideais terem levado à barbárie deve nos fazer refletir sobre o enorme perigo implicado pela crença de que certos regimes políticos seriam a pura e única encarnação de determinados ideais morais, crença em nome da qual se aniquilam sem maiores crises de consciência todos aqueles que não aderem aos referidos regimes. Muitas pessoas cometeram esse terrível e nefasto erro: se alguém não era comunista ou socialista, inevitavelmente se posicionava contra a justiça e a igualdade. Que pretensão insensata! Todavia, é matar o juízo e se negar à compreensão política e ideológica da história não fazer diferenças e hierarquias de valor entre o nazismo e o comunismo. E o mesmo vale para outras opções políticas.

Por fim, se recusar hierarquia de valores é válido ou prudente em alguns casos, aplicar tal nivelamento para *todos* os elementos culturais é se privar de balizas para a construção do próprio sentido da vida. Pergunta Bauman (1998, p. 112), com toda razão: "como pode alguém investir em uma realização de vida inteira, se hoje os valores são obrigados a se desvalorizar e, amanhã, a se dilatar?".

Chegamos a um ponto essencial: o investimento em uma vida inteira, ou seja, a construção de um *projeto de* vida, e sua inevitável relação com os valores.

Ter um projeto, seja lá qual for, implica ter uma *intenção* de realizar alguma coisa. Há um propósito, um alvo, uma finalidade. E há, naturalmente, uma *projeção* no futuro: algo deverá ser feito, ser conquistado, ser adquirido, algo deverá se tornar realidade. Mas há muitas coisas que podem se tornar projeto. Logo, entre as diversas possibilidades, uma ou umas devem ser *escolhidas*, e outras devem ser descartadas. Uma ou umas devem ter *prioridade* sobre outras. Ter um projeto implica, portanto, *hierarquizar* possibilidades de realização. É claro que o mesmo se aplica a esse projeto especial que é o de vida. O que fazer da própria vida? Para responder, é necessário projetar-se no futuro, ter intenções, alvos, fazer escolhas, hierarquizar alternativas. Há, é verdade, pessoas que, desde pequenas, parecem já ter seu rumo traçado: são precocemente apaixonadas e talentosas para determinadas atividades, as quais realizarão a vida inteira. Um famoso exemplo desse caso é o de Mozart, aficionado por música, que aos 4 anos já sabia tocar cravo e aos 5 já compunha. Certamente o músico austríaco não teve muitas dúvidas a respeito de a que dedicaria a vida. Mas Mozart é uma exceção. A maioria de nós deve ou teve de fazer escolhas, hierarquizar alternativas, eleger algumas e desconsiderar outras. Alguns talvez tiveram a felicidade de realizar boas e definitivas escolhas na adolescência, outros tiveram de corrigir o rumo durante a vida adulta. Todavia, cedo ou tarde, escolhas foram feitas.

Para realizar escolhas, são necessários critérios. A inteligência comparece para concebê-los e elegê-los. Mas são tantas as possibilidades e, logo, tantos os critérios, que ela precisa de um rumo. Ora, esse rumo lhe é dado pela afetividade. Imaginem alguém escolhendo que profissão exercer. Há inúmeras. Imaginem agora que resolva pensar em todas elas e, portanto, avaliar todas elas por intermédio de todos os critérios disponíveis. Seria uma tarefa insana e impossível de realizar. Talvez nem mesmo um computador desse conta de processar tantas informações. Damásio (1996) nos relata um caso parecido: um homem, com lesões cerebrais graves, nunca conseguia resolver qual seria a data de sua próxima consulta médica pela simples razão de que se limitava a levar em conta o grande número de dias e horas livres de sua agenda, e ficava perdido diante desse vasto leque de possibilidades. Problema intelectual desse pobre paciente? Não, pelo contrário, pois Damásio verificou que ele possuía um quociente de inteligência acima da média. Qual era seu problema então? Segundo Damásio, tal problema se encontrava na dimensão afetiva. Sua lesão tornara-o insensível ao mundo, que se apresentava a ele como uma grande grade de possibilidades de ação, mas sem que nenhum elemento dessa grade tivesse mais saliência a seus olhos do que outros. Dito de outra forma, em sua relação com o mundo, não lhe faltava a mediação cognitiva, mas sim a mediação afetiva. Ele não investia afetividade em nada, apenas observava e concebia. Ora, vimos acima que o investimento afetivo equivale a estabelecer valores.

Voltemos, então, ao exemplo da escolha de uma profissão. Como é impossível realizar tal escolha por intermédio da análise combinatória de todas as possibilidades, a razão precisa de um rumo, e esse rumo é fornecido pelos investimentos afetivos, pelos valores. Algumas profissões terão mais saliência do que outras, despertarão mais interesse do que outras, em síntese, terão mais valor do que outras. E é nessas profissões que se vai pensar, são essas profissões que serão avaliadas, é entre estas que se vai escolher.

O que acaba de ser dito vale para todo e qualquer projeto de vida. Trata-se de uma busca, e ela é orientada por valores. Trata-se do exercício de uma vontade, e esta somente desperta se houver valores.

Isso posto, podemos voltar à afirmação de Bauman segundo a qual fica difícil alguém investir em uma vida inteira dado que os valores presentes em sua cultura são instáveis: de repente nascem, de repente morrem, para em seguida voltar a existir.

Pode-se dizer aqui que o sociólogo polonês está pensando em um sujeito heterônomo: seu projeto de vida dependeria irremediavelmente dos valores que circulam no meio em que vive. Mas será que alguém, mesmo com tal "valsa" de valores, não pode, de forma independente, ter os seus e, com eles, investir em sua vida? Quanto a isso, duas ponderações devem ser feitas.

A primeira diz respeito ao fato de que pesquisas e reflexões psicológicas mostram que a maioria das pessoas é heterônoma, ou seja, que elas tendem a aderir às ideias e aos valores que circulam no meio social em que vivem. Milgram (1974), por exemplo, defende a tese segundo a qual o homem é um "animal obediente": suas crenças e seus comportamentos variam, e muito, na dependência do contexto. Suas pesquisas mostraram que boa parte dos chamados pacatos cidadãos é capaz de infligir sofrimentos a outrem se uma figura de autoridade assim o ordenar. Gustave Le Bon (1963), na Sociologia, trazia o mesmo diagnóstico. Dizia ele que os homens não se comportam da mesma forma quando sozinhos e quando imersos em uma multidão. Tal imersão costuma enfraquecer sobremaneira suas crenças pessoais e fazê-los se comportarem de maneira mais primitiva, não raro violenta. Pense, por exemplo, nas atitudes agressivas das torcidas de futebol: cada torcedor, tomado individualmente, não oferece perigo para seus semelhantes, mas, se imerso em uma torcida, ele pode depredar, ferir e até matar. Eis um exemplo claro de heteronomia: o comportamento de cada um dependeria mais de fatores contextuais do que de íntimas convicções pessoais. É por essa razão, aliás, que muitos pensam que os estudos sociológicos são mais explicativos do comportamento humano do que estudos psicológicos de indivíduos tomados isoladamente. O tema da violência, por exemplo, que tanto tem inquietado as Ciências Humanas nos dias de hoje, tem recebido tratamento essencialmente sociológico. Trata-se de explicar que condições contextuais levam muitas pessoas a agir de forma agressiva: desemprego, pobreza, características geográficas de moradia, alta concentração populacional, imagens veiculadas na televisão, falta de vínculos com a comunidade, etc. Por trás da busca das variáveis sociais que desencadeariam a violência, há – implícita – uma tese psicológica: os indivíduos são facilmente influenciáveis pelo contexto e momento histórico em que vivem. Dito de outra maneira: os indivíduos carecem de autonomia.

O fenômeno "moda" parece comprovar essa tese. Duas são as características da chamada "moda": é passageira e é coletiva. De repente, grande número de pessoas passa a gostar de tal tipo de música, a se vestir de determinada maneira, a comer em determinados lugares, a assistir a certos programas, a viajar para certos lugares, etc. Pode-se até mesmo falar em moda na política: subitamente alguns homens e mulheres chamam para si todas as atenções, têm suas fotografias estampadas em todos os lugares e não raro ganham eleições. Ora, como poderia haver o fenômeno moda se os seres humanos não fossem dotados de grande "porosidade" em relação às influências externas? Note-se que a moda não incide apenas sobre aspectos superficiais da vida. Às vezes tal superficialidade existe: é o caso da moda indumentária. Todavia, quando ela incide sobre música, literatura, cinema, política, quando influencia formas de relacionamento interpessoais, não se pode mais falar em superficialidade. Ora, somente a tese de uma disposição humana à heteronomia é capaz de explicar o fenômeno moda e muitos outros.

Porém, alguém haverá de dizer aqui que o que acabamos de ver se aplica *à maioria das pessoas, mas não a todas*. É verdade. Milgram, que citamos acima, verificou que uma porcentagem de sujeitos não obedecia a autoridades que lhes pediam para infligir sofrimentos a outrem, mas permaneciam "pacatos cidadãos" em todas as situações. A porcentagem era pequena, mas existia! Gustave Le Bon também era forçado a admitir que nem todos os indivíduos sofriam igual influência da multidão na qual se encontravam. Sabe-se que há homens e mulheres impermeáveis aos fenômenos de moda. Em uma palavra, há pessoas autônomas. Na área da moralidade, coube a Jean Piaget e a Lawrence Kohlberg verificar que a autonomia é fato raro, mas real. Logo, nem tudo é heteronomia na vida dos homens, ou, pelo menos, na vida de alguns deles.

Voltando à afirmação de Bauman e após aceitar o diagnóstico de que há uma "valsa" de valores, é claro que tal dança deve prejudicar sobremaneira as pessoas que buscam em seu entorno os critérios para guiar suas vidas. Mas será que, para aqueles dotados de poder de autonomia, a situação é a mesma? Certamente não, todavia devemos lembrar que a autonomia é uma conquista laboriosa, que pressupõe um longo percurso de desenvolvimento pessoal. Dito de outra forma, a autonomia, sobretudo no que tange a ideais ideológicos, morais e éticos, é característica de pessoas mais velhas, pessoas que conseguiram superar parte de suas dependências heterônomas. E, se elas, hoje, conseguem eleger valores, conservá-los a despeito da desvalorização constante que eles sofrem, é que, em um momento anterior de suas vidas, quando ainda eram heterônomas, tiveram a oportunidade de viver em um contexto mais estável, no qual havia vetores que apontavam para certas opções de vida, e não outras, em um contexto em que o culto não se confundia ainda com o cultural. Gilles Deleuze dizia que *atravessar* o deserto é bem diferente de *nascer* no deserto. O deserto em que pensava era esse de que fala Bauman e outros autores: falta de referências, falta de valores claros, falta de balizas. Para o filósofo francês, quem não nasceu no referido deserto pode ter provisões para atravessá-lo, para resistir psicologicamente enquanto dura o vazio. Porém, "o que é terrível é nele nascer, é crescer no deserto" (Deleuze, 2004). Aceita essa tese, o problema que Bauman aponta mais concerne aos jovens do que aos adultos. Adultos podem ter algumas provisões, reservas de valores para orientar suas vidas, seus filhos não. Voltarei a esse aspecto quando me dedicar às dimensões educacionais.

Devemos ainda fazer uma segunda ponderação a respeito da possível exceção representada pelas pessoas autônomas em relação ao atual ambiente valorativamente instável. A ponderação é a seguinte: não vamos esquecer que traçar planos de vida e procurar realizá-los implica a presença de outras pessoas, e isso pela simples razão de que vivemos em sociedade e de que, portanto, não há êxito possível em buscar rumos para a vida sem a participação de outrem. Isso, evidentemente, vale tanto para os heterônomos quanto para os autônomos. E também vale tanto para os chamados "individualistas" – entendidos aqui como aqueles cujos propósitos de vida dizem respeito apenas a eles, sem incluir mais pessoas ou interesses sociais – quanto para os demais, pois o êxito de cada um está fatalmente condicionado ao trânsito social que lhe é reservado. Quando Bauman diz que nenhum emprego é garantido, é claro que isso vale para todos. Mesmo alguém que tenha claro para si que determinada atividade tem valor, pode ficar em dúvida se *vale* a pena nela investir, não porque teme desprezá-la um dia, mas porque desconhece se a sociedade permanecerá lhe atribuindo valor, porque teme fazer uma opção profissionalmente suicida. Quando Bauman diz que tudo pode ser feito, mas nada de uma vez por todas, mais uma vez fica claro que o mais autônomo dos seres fica irremediavelmente condicionado a tal instabilidade, pois nada pode fazer se não for ao menos objeto de reconhecimento social. Pouco adianta ele permanecer pensando que o que faz tem valor perene se seus contemporâneos pensam o contrário, pois depende deles as possibilidades de realização de seu trabalho. E, finalmente, quando Bauman diz que há pouca coisa que possa ser considerada digna de confiança, ele não se refere apenas a tomadas de posição pessoais, mas também a opções coletivas: novamente, o mais autônomo dos seres fica na dependência, para poder estabelecer projetos de vida, das condições objetivas de sua realização e, é óbvio, tais condições dependem não apenas dele, mas também de pautas existenciais colocadas pela sociedade em que vive. E, se tais pautas inexistem, se não há previsão possível, esforçar-se em elaborar projetos a longo prazo se torna um exercício temerário. É mais prudente, então, se ater ao curto prazo, à adaptação momentânea, mais prudente se dispor a esquecer tudo e a tudo aprender de novo. "A memória", escreve Bauman, "é como uma fita de vídeo, sempre pronta para ser apagada a fim de receber novas imagens" (ME, p. 37). Em poucas palavras, mais prudente é não ter reais projetos de vida e trocá-los por estimativas de curto prazo, colocar a própria vida em uma espécie de bolsa de valores, avaliando a cada dia se o rumo tomado está em alta ou em baixa.

Em suma, em uma cultura que não conserva valores ou, o que dá na mesma, em uma cultura na qual todos eles se valem, construir projetos de vida fica muito difícil. Não há "céu de brigadeiro", mas sim uma névoa espessa que obriga a todos a avançar a pequenos passos. Alguns teriam até bagagem psicológica para traçar planos de voo mais arrojados, mas os efeitos da névoa valem tanto para eles quanto para aqueles cujos horizontes pessoais se confundem com aqueles que a cerração permite enxergar. Se acrescentarmos a esse quadro o fato de o futuro não ser mais visto como portador de promessas coletivas e de até mesmo ser concebido de modo ecológico e social sombrio, o cenário pós-moderno condena seriamente a possibilidade e a vontade de cada um em *se fixar* no que quer que seja, fixar-se em valores.

E tampouco se fixar na própria *identidade*.

Lembremos que, para Finkielkraut, o fato de o "cultural" engolir o "culto" leva não somente a uma "massa indiferenciada" de valores, como também à impossibilidade de um "*trabalho de construção de si e de elucidação de si*". Logo, o achatamento dos valores não apenas acarretaria sérios prejuízos para a eleição de planos de vida, mas também a construção da própria identidade.

Ora, tal tese é perfeitamente compreensível do ponto de vista psicológico, e isso de duas maneiras complementares, como procurei mostrar (ver ME). Por um lado, a pergunta do plano ético "Que vida eu quero viver?" implica outra: "Quem eu quero ser?". Escolher que "vida viver" e "quem ser" são os dois lados de uma mesma moeda. Por outro, a identidade é formada, na sua dimensão consciente, por um conjunto de representações de si, e *essas são sempre valor*. Conhecer a si próprio é inevitavelmente se julgar. Portanto, falando em identidade, reencontramos o tema dos planos de vida e dos valores. Ora, aceito o cenário pós-moderno acima descrito, com seu achatamento de valores ou com as súbitas valorizações e desvalorizações dos elementos da cultura, e aceitas as decorrências de tal cenário para o estabelecimento de planos de vida, somente há um passo para se pensar que a própria identidade provavelmente é, ela também, vacilante.

Vimos esse passo ser dado por Finkielkraut (2005, p. 273), para quem "a necessidade de estabilidade não tem mais direito de existir". E cabe a Bauman se expressar claramente sobre a questão da identidade. Comparando com tempos idos, escreve ele que "se o problema da identidade moderna era o de construir uma identidade e assegurar sua solidez e sua estabilidade, o problema da identidade pós-moderna consiste essencialmente em evitar as fixações e em deixar as questões abertas. No caso da identidade, como em muitos outros, a palavra de ordem da modernidade foi 'criação', a da pós-modernidade é 'reciclagem'" (2003, p. 33). Acrescenta ele: "Em vez de construir sua identidade, gradual e pacientemente, como se constrói uma casa – mediante a adição de tetos, assoalhos, aposentos, ou de corredores –, há uma série de 'novos começos', que se experimentam com formas instantaneamente agrupadas, mas facilmente demolidas, pintadas umas sobre as outras: uma identidade palimpsesto" (1998, p. 36).

Como é sabido, o palimpsesto era um manuscrito em pergaminho reaproveitado: apagava-se o que fora escrito para escrever por cima. Tal objeto se tornou metáfora para falar de camadas sobrepostas, sendo que a última deixa aparecer alguns resquícios dos elementos da anterior. Ao criar a expressão "identidade palimpsesto", Bauman aponta para o fato de as identidades pessoais contemporâneas, bem como as atribuições de valor e os projetos de vida, serem passageiras e sobrepostas umas às outras. "Como tudo o mais, a imagem de si mesmo se parte em uma coleção de instantâneos (Bauman, 1998, p. 36). Escreve Touraine (2005, p. 165), na mesma direção: "o eu se tornou frágil, mutante, submetido a todas as publicidades, a todas as propagandas e às imagens da cultura de massa".

Será que tal opção – ou tal falta de opção – identitária pode *satisfazer* os homens e as mulheres? Será que a realização de uma *"vida boa"* pode se nutrir de fragmentos de tempo e de espaço, de pequenas urgências, de projetos de vida toda hora abandonados e reformulados, de identidades efêmeras e constantemente recicladas? É o que procurarei responder mais adiante. Por enquanto, fiquemos com essa imagem da identidade palimpsesto, que, em parte, resume todas as outras, e que se associa à metáfora do turista. O indivíduo pós-moderno vive como eterno turista: anda de lá para cá, não deixa que os elementos dos variados cenários que visita penetrem-no, cada viagem se resume a um efêmero projeto rapidamente consumido, caminha de estranhamento em estranhamento, coleciona recordações que se substituem umas às outras, apega-se momentaneamente, mas não se fixa, não se sente pertencente a nada.

Nem a ninguém.

ENXAME

Falta falarmos da qualidade das relações sociais.

O peregrino não raro anda sozinho. Porém, como, para ele, o deslocamento, longe de corresponder à travessia de espaços ignorados e gasto indesejável de tempo, é parte integrante da viagem, o peregrino não se limita a passar pelos lugares, neles "mora" e, por conseguinte, trava contato com os habitantes, aceita sua hospitalidade, compartilha sua comida e bebida. No caminho, também acontece de ele se juntar a outros peregrinos, que se tornam companheiros de viagem, com os quais compartilha mantimentos e expectativas. Assim como seu contato com os lugares pelos quais passa não é superficial, tampouco costumam ser superficiais os contatos humanos que estabelece ao longo da viagem e, sobretudo, no lugar de destino.

Não se pode dizer a mesma coisa do turista.

Como vimos, para ele os deslocamentos correspondem a "tempos mortos", e as demais pessoas que, por acaso, se encontram no mesmo meio de transporte, praticamente inexistem para ele. Ou pior: podem até ser empecilhos para seu conforto. Inevitável lembrar aqui das longas viagens de avião, que – pelo menos para quem viaja em classe econômica – correspondem a horas de certa promiscuidade. Os demais passageiros são anônimos atrás dos quais se gastam horas nas filas, ao lado dos quais se fica desconfortavelmente sentado, pessoas cuja poltrona reclinável limita sobremaneira o espaço, cujas luzes de leitura impedem os outros de dormir, cujas conversas interrompem cochilos, cuja demora nos banheiros leva a novas filas, cuja utilização desses mesmos banheiros deixam pias e vasos sanitários sujos, cujas bagagens ocupam todo o espaço, etc. Quando chega o avião, é um alívio afastar-se de todos esses "companheiros" de viagem, e irritante reencontrá-los impedindo o livre acesso às bordas das esteiras de bagagens. E basta ter um pouco mais de dinheiro para optar por viajar em primeira classe, cuja única real vantagem é poder usufruir de uma maior distância entre uns e outros.

Das relações com as pessoas dos lugares visitados, não se pode dizer que elas incomodam o turista. Mas cabe observar que são superficiais. Raramente o turista entra em contato com os habitantes das cidades e regiões visitadas. Quase sempre, ele se limita a falar com as pessoas dedicadas ao sucesso de sua viagem: os recepcionistas de hotel, os motoristas de táxi ou ônibus turísticos, os garçons, as garçonetes, os vendedores de bilhetes de museu, os guias. Ele quer ser bem-servido, não importa por quem. E será mais provável ele travar mais íntimo contato com pessoas encontradas por acaso, contanto que venham do mesmo país que ele.

À superficialidade que caracteriza seus contatos humanos com os "nativos" deve-se acrescentar o pouco caso que ele costuma fazer da qualidade de vida destes e de seus destinos. Já comentamos que o turista praticamente nada sabe do que aconteceu ao lugar visitado antes de sua chegada, e de sua indiferença a respeito do que poderá acontecer depois de sua partida. E, se algo de ruim ocorrer durante sua estada, ele se precipita ao aeroporto e vai embora o mais rápido possível. Ele não costuma sentir responsabilidade alguma pela vida das pessoas que moram por onde ele passa. Há miséria? Há trabalho infantil? Há mulheres privadas de direitos mínimos? Há um regime ditatorial que prende, tortura e mata? Há epidemia de AIDS? Com efeito, ele não tem responsabilidade pelas mazelas dos habitantes dos lugares que visita. Todavia, nada o impediria de eleger critérios mínimos para decidir se um país merece ser visitado, se governantes e comerciantes merecem ficar com o dinheiro que inevitavelmente é deixado no país visitado. É verdade que há turistas que mostram possuir uma sensibilidade moral que influi em suas decisões de viagem, pois não aguentariam passear de modo despreocupado em lugares nos quais a população sofre males diversos. Sentiriam desconforto, pois de certa forma cúmplices daqueles que provocam a miséria, a injustiça, a infelicidade. E tal cumplicidade, ou, no mínimo, indiferença, feriria sua própria dignidade. Mas, convenhamos, tais turistas são ínfima minoria. A maioria prefere ignorar soberbamente as condições de vida de seus hospedeiros. Alguns chegam até a transformar sua miséria em programa. Acontece, por exemplo, no Rio de Janeiro: há *tour* para a favela da Rocinha, dos barracos se tiram fotos que serão, depois, confortavelmente contempladas em algum vasto apartamento. Sabe-se também que, nos Estados Unidos, existe o "*Tour* Katrina", na cidade de New Orleans, que leva gentis turistas para admirar a destruição causada pelo furacão do mesmo nome. Ocorre-me outro exemplo desse tipo de indiferença, que, no caso, beira a insolência: turistas foram vistos tomando cerveja tranquilamente nas praias da Indonésia, poucos dias depois de elas terem sido varridas por um *tsunami* devastador e mortal. Alguns hotéis poupados da tragédia estavam em condições de abrigá-los, então esses senhores e essas senhoras de *shorts* não tinham porque mudar os planos do passeio. Foram vistos outros turistas ajudando na busca de nativos desaparecidos. E viu-se a grande maioria nos aeroportos.

Em resumo, como escreve Bauman (2003, p. 114), o turista realiza "a façanha de não pertencer ao lugar que está visitando: é dele o milagre de estar dentro e fora do lugar no mesmo tempo".

Ora, esse aspecto da vida social do turista também pode servir de metáfora para a sociabilidade do homem pós-moderno. Acabamos de ver a posição moralmente problemática do turista indiferente às condições de vida da população visitada. Voltarei a esse aspecto no Capítulo 3. Agora quero falar da *liquidez das relações interindividuais* contemporâneas, segundo a expressão de Bauman.

Nas páginas anteriores, vimos que a vida atual é fragmentada, fatiada, que nem o passado nem o futuro fertilizam o presente, que tal presente é, ele mesmo, privado de solidez, que o homem contemporâneo caminha sem visibilidade em uma espessa bruma, caminha sem reais projetos, sem real memória, sem hierarquia clara de valores ou com valores efêmeros, emprestando aqui e ali identidades descartáveis que se sucedem e se sobrepõem umas às outras. Se tal quadro corresponde, nem que seja de forma aproximada, à realidade de nossos dias, não é de se estranhar que as relações interindividuais tenham características semelhantes. Afinal, por qual milagre elas escapariam à deliquescência do ambiente? Se o imperativo pós-moderno é "não se fixar", não se fixar em projetos, em valores, em lugares, por que o homem contemporâneo haveria de se fixar em pessoas? Se, como o diz Bauman, há o "*horror de estar amarrado*", por que tal horror não se estenderia às relações interpessoais? E o sociólogo polonês é o primeiro a constatar tal extensão: "nos compromissos duradouros, a líquida razão moderna enxerga a opressão, no engajamento, percebe a dependência incapacitante" (2004, p. 65).

Aprofundemos a questão, começando por analisar um aparente paradoxo: como é possível dizer que as relações interindividuais atuais caracterizariam-se, pelo menos em parte, pela fragmentação, pela efemeridade, pela liquidez se, como nunca antes na história da humanidade, graças a variados apetrechos tecnológicos, estamos em constante contato com nossos contemporâneos? Como podemos afirmar que as relações sociais padeceriam, como outros aspectos da vida, de inconsistência, quando vigora uma ideologia que tem em altíssima conta a importância da comunicação interindividual? Como podemos sugerir que o homem contemporâneo estaria essencialmente *só* se a solidão não goza de prestígio algum, muito pelo contrário, aos olhos da grande maioria? Porém, salta aos olhos que não há real paradoxo, pois, "quando se é traído pela qualidade, tende-se a buscar a quantidade", como bem escreve Bauman (2004, p. 13). Estamos em época de *muita comunicação*, sim, mas de *pouca troca*.

Comunicação! Eis o imperativo dos tempos atuais. Como o observa Rioufol (2000, p. 21), "para existir, hoje, é preciso aceitar as exigências da comunicação". E o objeto que simboliza de maneira mais flagrante a relação entre a existência e a comunicação é o *celular*. Como comentam Sayão e Aquino (2006, p. 67), "hoje ninguém mais se imagina vivendo sem ele". Aliás, é fácil observar o quanto as propagandas que cantam as virtudes dessa nova e onipresente engenhoca visam convencer o usuário de que sua posse e uso se relacionam com a "vida boa". Por exemplo, associam-no às relações familiares, procurando elegê-lo como o melhor presente para dias das mães e dos pais. Veem-se crianças, algumas que ainda mal sabem andar, irem compenetradas a lojas para escolher o precioso telefone portátil e, depois, dá-lo a pais embevecidos. Mas, mesmo fora desses tempos de festas inventadas ou recuperadas pelos comerciantes, os anúncios de celulares, presentes 365 dias por ano, não raro falam de valores existenciais como a liberdade, a imaginação, o amor, a amizade. Em um deles, veem-se um homem e uma mulher magicamente transportados para lugares idílicos graças a um simples toque. Em outra, cenas do cotidiano vistas pela câmera do pequeno aparelho transformam-se em cenas grandiosas ou mirabolantes. De forma interessante, a mágica com frequência se associa, nas propagandas, a esse novo instrumento de comunicação, embora tal associação possa parecer estranha: afinal o celular é fruto de tecnologia de ponta e, portanto, nada tem de mágico. Mas o que é mágico é justamente a associação entre ele e a qualidade de vida. E, se tal mágica tem efeitos incontestes sobre os cobiçados compradores, é que, de alguma forma, toca em um ponto sensível, é porque, de certa forma, soa convincente.

Ora, tal força de convencimento está associada à suposta *relação entre qualidade de vida e comunicação*. Dito de outra forma, faz todo sentido, para muitos, um aparelho feito para falar com outrem ou escrever a outrem, ser concebido como instrumento de uso incontornável e profundamente "humano". E faz todo sentido também ele se tornar um objeto que parece revestir as qualidades do sagrado. Sempre me chamou a atenção o quanto várias pessoas, a toda hora, olham para o celular, mesmo que não tenha tocado. Parecem olhar para um ícone. "Você nunca perde de vista seu celular", também nota Bauman (2004, p. 78). Mas como não se apegar a essa pequena caixa eletrônica na qual são colocados variados elementos da vida pessoal, como os endereços dos amigos e as fotos dos filhos? Como não admirar esse pequeno aparelho que permite a qualquer um estar em contato com qualquer outro a qualquer momento e em qualquer lugar? Como não adorar esse pequeno mutante que tanto evolui que, quanto menor seu tamanho, mais funções possui para "torpedear" o mundo? E como não reverenciá-lo quando se sabe que permite exercer formas de comunicação diferentes do "falar", como o emprego das mensagens eletrônicas que são mandadas paras caixas postais e para "comunidades virtuais".

Mas a comunicação não é apenas uma atividade considerada interessante e importante: ela acaba se tornando, como sublinhado por Rioufol, uma *exigência*. "Comunico-me, logo existo." Tal parece ser a máxima contemporânea. Logo, se não me comunico, simplesmente desapareço.

Poderia argumentar aqui que, de fato, a comunicação com outros seres humanos é condição *sine qua non* do *ser* humano. O homem é, por natureza, um ser social. Logo, é por intermédio de seu contato e sua comunicação com outros seres humanos que ele ganha sua humanidade. Um bebê privado de tal convivência, se sobrevivesse, não se alçaria à condição de humano, e permaneceria em um estado animal, como o atestam os famosos "meninos lobos" encontrados nas florestas. Assim colocada a questão, seria uma platitude dizer que a existência humana exige a comunicação. Mas, naturalmente, não é essa dimensão ontológica a que se refere Rioufol. Ele quer simplesmente dizer que quem se furta à comunicação constante com as demais pessoas acaba perdendo seu lugar social, acaba exilado do mundo dos homens e das mulheres. A "existência" à qual se refere não é aquela que nos confere estatuto de humano, mas sim aquela que nos permite estar presente frente a nossos semelhantes, que nos permite participar da vida social. Rioufol ele próprio sublinha que as exigências de comunicação chegaram a tal ponto "que é o silêncio, agora, que aparece como valor em baixa: calar-se parece suspeito" (2000, p. 21).

Exagero da parte do autor? Não creio. Tomemos o exemplo da escola. Se o bom aluno de antigamente era o aluno "quieto", hoje tal louvor costuma recair sobre o "aluno comunicativo", e as exigências pedagógicas exigem dos discentes que tomem a palavra, que apresentem seus pontos de vista, que falem de suas vidas e da vida de suas famílias, que revelem seus sentimentos e suas autoavaliações, enfim, que comuniquem seus sentimentos e pensamentos (voltarei a esse tema no Capítulo 4). Júlio Groppa Aquino, em uma pesquisa realizada junto a professores para saber deles que qualidades identificam o que pensam ser um "bom aluno", recolheu o seguinte depoimento: "O aluno muito quieto incomoda também. Você não sabe o que está pensando, e isso incomoda a gente (...) O aluno quieto demais não é legal também porque, pelo menos, ele tem de participar em termos de perguntar, de questionar" (Aquino, 1996, p. 74). Calar-se parece suspeito, eis o que diz esse docente. E, quando o silêncio não é suspeito, ele é uma "deficiência" que compromete sobremaneira o trânsito social. Pensemos na timidez. Antes considerada traço banal de personalidade, a timidez é considerada hoje por alguns como "transtorno" ou "fobia". Não sei se já chegaram a considerá-la uma real patologia, mas sei que há vários profissionais que oferecem seus serviços para que as pessoas "vençam" sua timidez. Não me surpreenderia se acolhessem um bom número de clientes, pois, hoje, é preciso falar, mostrar-se, reunir-se, etc., para poder participar da vida social e esperar obter um mínimo de consideração. Tal capacidade de comunicação acaba sendo vista como sinal de saúde mental. Em relatórios a respeito do desempenho das crianças de Educação Infantil, não é raro ler que tal ou tal aluno está "melhorando", pois está "se soltando", está se comunicando mais com seus colegas. Se, como dizia Bauman, o mundo contemporâneo não é acolhedor para os peregrinos, também podemos dizer que não o é para os introvertidos, para os tímidos, para os silenciosos, para os solitários.

Mas de onde virá tal exigência de comunicação? Há várias explicações. Certas abordagens psicológicas, por exemplo, dão ênfase ao "falar-de-si", associando essa disposição e capacidade ao bem-estar existencial, quando não ao próprio equilíbrio psicológico. Tal ponto de vista não é recente, pois já existia na década de 1960, mas parece ter vida longa e, hoje robustecida (ver La Taille, 1998). Variados são os programas de televisão nos quais as pessoas, famosas ou não, são convidadas a contar aspectos recônditos de suas vidas, e pouca gente parece estranhar o fato de alguns cidadãos aceitarem passar dias a fio sob a vigilância de câmeras que veicularão por todo o planeta o que fazem e dizem da manhã até a noite e da noite até a manhã. "Quando a violação da intimidade ocorre, o sucesso é garantido", observa Rioufol (2000, p. 42). E, se nem todas as pessoas aceitam falar de si, pelo menos aceitam ser achadas a qualquer momento e em qualquer lugar, graças ao já citado celular. Afrouxar as fronteiras da própria intimidade parece ser o *modus vivendi* considerado como saudável, simpático e, logo, desejável. Outra explicação para a exigência de comunicação pode ser encontrada na nova organização econômica, chamada "pós-industrial". Como observa Daniel Cohen (2006, p. 14) "hoje, a maioria dos empregados trabalha no comércio ou em serviços para particulares. O cliente se torna uma figura central de sua existência e passa a ser, a seus olhos, quem, de fato, dá ordens, até mais às vezes que o patrão em pessoa". Ora, para sobreviver nesse "mundo novo", é preciso entrar em contato com os clientes o tempo todo, é preciso falar, cantar as glórias dos produtos, dos serviços, se apresentar, estar disponível, e tal prática acaba por se universalizar aos demais tipos de relação social. Não se pode tampouco negligenciar a dimensão do poder, do controle. Há não muitos anos, a produção industrial era feita em lugares nos quais se concentravam os trabalhadores e, por conseguinte, eles podiam ser controlados visualmente. Hoje em dia, tal claustro não corresponde mais às formas de produção, que são cada vez mais descentralizadas e obrigam as pessoas a se mover de um lugar para outro. Como controlá-las? Ora, pelas novas tecnologias de comunicação. Pelo celular, pelas mensagens eletrônicas, se atinge o indivíduo e, assim, este é controlado. Trata-se de uma forma de controle até mais poderosa do que a vigilância ocular, pois, se é possível se esconder da visão alheia, não se vê muito bem como justificar o não atendimento a mensagens múltiplas que aguardam pacientemente nas caixas postais (ver La Taille, Pedro-Silva e Justo, 2006). Ainda na dimensão do poder e do controle, pode-se fazer a hipótese de que a exigência de comunicação decorre da vontade de conhecer as ideias e os pensamentos alheios, para não ser surpreendidos por eles. Tal é a hipótese que Aquino faz a respeito do depoimento docente transcrito anteriormente. Ele interpreta o incômodo frente ao aluno quieto como tradução de um medo, o medo de ficar sem saber o que o aluno pensa, de não poder "capturar" suas intenções. Essa explicação faz sentido. Todavia, ela esbarra em uma dificuldade: exigir de outrem que seja "falante" com o objetivo de conhecer seus pensamentos implica a crença de que, de fato, a comunicação será sincera, de que ela tornará públicos os reais conteúdos do pensamento. Quem, entretanto, garante tal sinceridade? E será que é o conteúdo que importa na comunicação contemporânea? Ou será que o que mais importa é essencialmente o fato de haver comunicação? Importará a forma ou o conteúdo?

Creio ser verossímil fazer a hipótese de que, com frequência, é a forma que é importante, não o conteúdo. É o *falar* que é valorizado, não tanto *o que se diz*. Observa Rioufol (2000, p. 11): "Não é mais necessário ter algo a dizer para se fazer escutar". O autor francês está, nessa citação, referindo-se à televisão. Porém, creio que tal diagnóstico pode ser em parte generalizado para as comunicações interpessoais em geral. Digo que pode "em parte" ser generalizado porque, por um lado, seria passar um atestado de radical pobreza intelectual à humanidade afirmar que ela abdicou definitivamente de suas virtudes intelectuais que lhe permitem tecer raciocínios e transmitir ideias. Por outro lado, a rigor, nada podemos saber de fato a respeito do que as pessoas dizem quando se comunicam. No entanto, o simples bom senso permite deduzir que não há conteúdos articulados em quantidade suficiente para alimentar os constantes atos de comunicação. Será que todas essas pessoas penduradas no celular estão, a cada ato comunicativo, transmitindo mensagens de real interesse intelectual para quem as recebe? Será que todas as mensagens passadas para os membros das comunidades virtuais, a exemplo do Orkut, trazem informações relevantes? Será que todas as mensagens eletrônicas contêm informações incontornáveis? Ou será que tais tipos de comunicação traduzem mais a simples vontade ou a simples necessidade de *estar em contato* com outrem, mesmo que não haja nada de relevante a ser dito?

Tendo a pensar que a última interpretação é a melhor. Volto a dizê-lo, não sempre, mas com frequência apreciável.

Por essa razão, escrevi anteriormente que estamos em época de *muita comunicação*, mas de *pouca troca*. Jean Piaget (1992) observava que as crianças pequenas brincam mais umas *ao lado* das outras do que umas *com* as outras. Para elas, a vontade de estar com outrem e o prazer que retiram dessa situação social não exigem real troca de idéias, real coordenação de pontos de vista, real coordenação de ações. Elas se contentam com o "estar junto a", com o simples contato, com a simples presença alheia. Mais tarde, essas mesmas crianças serão capazes de estabelecer trocas intelectuais, pois capazes de se colocar no ponto de vista alheio, de coordenar pontos de vista diferentes, aderir a definições compartilhadas e se assegurar de que há um trânsito intelectual profícuo para os interlocutores. Tal é a conquista intelectual e afetiva das crianças no final da chamada pequena infância. Todavia, como sempre enfatizou Piaget, novas capacidades intelectuais criam novas demandas, mas não necessariamente fazem desaparecer as anteriores. Em uma festa, por exemplo, costumam ser mais frequentes e apreciadas as relações que traduzem um "estar ao lado de outrem". Não se costuma ir para uma reunião social desse tipo para estabelecer trocas intelectuais, mas sim para estar em contato com outras pessoas. "Joga-se conversa fora", como bem o traduz essa bela expressão brasileira. Em compensação, tal não é o caso (ou não deveria ser) das participações em reuniões científicas, em aulas, em conferências, etc. Espera-se, nesses contextos, que as pessoas tenham vontade e capacidade de realizar trocas intelectuais.

Isso posto, tem-se a impressão de que, hoje em dia, muitos dos inúmeros atos de comunicação traduzem mais uma vontade de estar em contato com outrem do que estabelecer trocas com ele. Por exemplo, Ana Cristina Garcia Dias, em seu estudo sobre as motivações dos jovens usuários dos *chats* na internet, verificou que, para muitos deles, não se tratava de participar de diálogos edificantes, mas apenas de atividade de divertimento (Dias e La Taille, 2006). É como se se tratasse de uma grande e constante "festa", de uma grande e constante reunião social que se basta. Em poucas palavras, o imperativo contemporâneo de comunicação parece mais traduzir um *novo estilo de convivência social*, do que a simples ampliação, por intermédio da tecnologia, de antigos estilos. No entanto, por que o imperativo? Por que a exigência? Por que a rejeição ou suspeita em relação aos silenciosos, aos tímidos, aos solitários? Ora, entre outras razões plausíveis, que já arrolamos, porque, em geral, as pessoas não apreciam aquelas outras que não agem como elas, que não seguem as mesmas trilhas. Como escreveu o cantor francês Georges Brassens:

> "Les braves gens n'aiment pas que
> On suive une autre route qu'eux"[7]
> ("As pessoas não gostam que
> Sigamos um outro caminho que não o seu")

Acabei de falar em um novo estilo de convivência social. Como Bauman, a ele vou me referir empregando outra metáfora: a do *enxame*.

Ao pensar em enxame, visualizamos um grande número de seres, juntos, mas de organização instável, trombando uns com os outros, avizinhando-se de forma efêmera, movendo-se rapidamente e emitindo uma massa sonora indiferenciada. O enxame em nada se assemelha a uma esquadrilha de aviões, ou aos bandos de aves migrantes no céu. Nesses casos, visualiza-se um desenho organizacional e uma direção. Olhando para um enxame, não: a massa de que é composto sobe, desce, estira-se para um lado, para o outro, volta a se concentrar, se aproxima, se afasta, rodopia, parece se desfazer para se recompor em seguida. E uma lufada pode cindi-lo, exilando parte de seus membros que passam a ziguezaguear freneticamente. A esquadrilha ou o bando de aves migratórias inspiram um sentimento de previsibilidade; o enxame, um sentimento de imprevisibilidade.

Embora não sendo economista ou sociólogo, creio que a imagem do enxame se aplica à organização atual do trabalho. Estávamos acostumados a empresas que, como esquadrilhas no céu, avançavam inexoravelmente rumo a seus objetivos, assumiam todas as etapas da produção, desenhavam um todo orgânico de contornos claros, com hierarquias identificáveis nas quais os empregados podiam se mover de forma ascendente. Hoje, assistimos à chamada terceirização, a vendas e compras de empresas umas pelas outras, à "deslocalização" (empresas que mudam seu lugar de produção para outros países, em geral de mão-de-obra mais barata), ao nascimento e à morte precoce de muitos pequenos negócios, a uma "valsa" de trabalhadores que mudam de emprego conforme a música do mercado, às escolhas das profissões que seguem a mesma música, etc. A fragmentação da produção, sua disseminação geográfica, as parcerias efêmeras, a obsolescência dos produtos, a instabilidade dos empregos, mais lembram um enxame do que uma esquadrilha. A configuração na qual se apresenta em um determinado momento não permite prever como se apresentará em um momento seguinte, as relações entre os membros são de geometria variável, nada garante que o companheiro de voo de agora seja o mesmo do instante posterior nem que o rumo da viagem permaneça o mesmo. É preciso se adaptar *on-line*, permanecer no fluxo contínuo, estar continuamente atento às repentinas guinadas causadas pelos caprichos das leis de mercado e esperar que nenhuma lufada imprevisível, uma crise aqui ou acolá, venha a desmanchar a frágil organização. Ora, para participar e sobreviver em tal mundo, é preciso estar, a todo momento, disponível para a *conexão* com outras pessoas, e também estar pronto para *se desconectar*. O preço que se paga por estar desconectado no momento errado é a exclusão do enxame: ele se desloca para longe, e fica-se sozinho. Logo, é preciso estar constantemente atento a novas conexões, é preciso se dispor a não recusar *a priori* alguma delas, pois ela pode ser importante, pode ser a boa, nunca se sabe. Mas o mesmo preço se paga se a conexão mantida for a errada, se houver insistência em perseverar comunicações obsoletas ou que simplesmente não deram os frutos esperados. Permito-me dar um exemplo pessoal desse último tipo de desconexão. Quando recebo mensagens eletrônicas me convidando para proferir uma palestra e que, por algum motivo, comunico minha impossibilidade de aceitar o convite, em 90% dos casos não recebo retorno de quem me convidou. Nada impediria a pessoa que me contatou de acusar recebimento de minha resposta, mas quase nunca acontece: como a conexão estabelecida não deu os frutos esperados, a desconexão é imediata e inexorável. Passa-se a outra, ou a outras. Como observa Bauman: "para se adaptar, nos dias de hoje, é preciso mais esquecer do que lembrar. O botão 'desligar' tem tanta importância quanto o botão 'ligar', ou até mais".

Isso posto, a metáfora do enxame também é útil para pensar a sociabilidade contemporânea, para descrever o atual estilo de convivência social.

Voltemos à questão da comunicação, sobre a qual fizemos a hipótese de que com frequência seria um fim em si mesma. É claro que, no que diz respeito à inserção no mundo do trabalho, a comunicação é meio para se manter incluído no sistema econômico. Importa o que se diz e a quem se fala. Tais relações comunicativas costumam ser, como vimos, efêmeras, porque as relações de trabalho são, elas mesmas, efêmeras: conectar-se é tão útil quanto se desconectar. Mas quero agora falar das relações pessoais estranhas ao trabalho, quero falar daquelas que contemplam a "convivialidade". Ora, o frenesi comunicativo parece também se encontrar nesse tipo de relação social, e parece também corresponder à imagem do enxame.

Em geral, não se trata de atos de conexão interindividual programados, de interlocução entre pessoas que sabiamente escolheram umas às outras de antemão, de discursos orais ou escritos com paciência, pensados e elaborados, mas sim de atos de comunicação repentinos, realizados em função de urgências particulares, de proximidades vivenciais aleatórias, de parcerias momentâneas. Redes de comunicação se estabelecem e se desfazem. Membros de comunidades efêmeras se conectam em uma sala de '*chat*' e, ao belprazer dos afetos pessoais, das circunstâncias, dos interesses, se desconectam, para se conectarem novamente a outras pessoas, para falar de outras coisas. O perigo não está tanto em errar o discurso, em falar alguma impropriedade, mas sim em se encontrar desconectado, sem ter a quem falar ou a quem ouvir. O perigo não é tanto ser criticado, mas ser silencioso e excluído, voar solitário longe do enxame. Como diz Bauman, é preciso "manter o *chat* funcionando" (Bauman, 2004, p. 52), ou manter o celular em atividade, a caixa de mensagens aberta, o micro conectado. E que tristeza deve ser para alguns verificar que, até o final do dia, ninguém ligou, que não há nada na caixa postal do celular, nenhuma mensagem no computador, ninguém disponível para um "bate-papo" eletrônico. A frustração depende mais da ausência de comunicação do que de tomar consciência de que nada de relevante foi dito durante o dia, de que nenhuma genuína troca aconteceu. É preciso estar em conexão com alguém, sem grandes critérios para eleger quem será o interlocutor e que tipo de comunicação será travada. A solidão não é sentida em razão da ausência de uma *alma gêmea*, mas sim em função da carência de uma *alma disponível*.

Aceita nas grandes linhas, essa tese das relações de comunicação como fim em si mesmas, decorrentes da necessidade de se manter integrado no voo errático do enxame, podemos verificar que não apenas ficam comprometidas as trocas intelectuais, mas também muda de figura a *qualidade das relações entre as pessoas*. Elas mesmas se tornam fragmentadas e efêmeras.

Voltemos ao uso desse onipresente ícone cultural que é o celular, pois a maneira como a maioria das pessoas o emprega ilustra, de forma benigna, certa fragmentação das relações sociais. "Não houvesse enxame, qual seria a utilidade do celular?", pergunta Bauman (2004, p. 80). Sim, ele é precioso instrumento para manter as pessoas conectadas nos imprevisíveis turbilhões que as levam de lá para cá e de cá para lá. Todavia, seu uso tem implicações na própria sociabilidade. Quem já não passou pela seguinte situação: estar conversando com uma pessoa e esta romper subitamente a relação "cara a cara" para atender ao celular cujo toque invade despudoradamente o ambiente. Fica-se esperando que a "relação alternativa" chegue ao fim, para retomar (se é que alguém se lembra onde parou) a conversa interrompida. Tal intervalo demora o tempo que os dois novos interlocutores resolveram dedicar um ao outro, ficando a relação interrompida em *stand by*. Tais interrupções são frequentes e acontecem em variados tipos de relação social. Já vi várias vezes um jogador, e até mesmo um treinador, interromper um jogo de tênis para atender o celular que, fielmente, espera ao lado da quadra. Real urgência? Quase nunca. "Oi, tudo bem? O que conta? Etc.", eis o habitual teor das conversas. Trata-se das "pequenas urgências" de que já falamos, pequenas necessidades de contato. E acredito que cada um de nós tenha exemplos nos quais fomos momentaneamente colocados no escanteio da relação ou nos quais nós mesmos colocamos nosso parceiro na lateral do campo comunicativo. Bauman (2004, p. 80) observou o mesmo fenômeno: emprega-se o celular, "não importa onde você esteja, quem são as pessoas a sua volta e o que você está fazendo nesse lugar onde estão essas pessoas". Nem quero falar aqui das pessoas que não se perturbam em deixar seus celulares ligados em salas de cinema e no teatro, ou durante as aulas, e menos ainda daquelas que não se limitam a deixá-los ligados, mas que atendem ao repentino interlocutor, atrapalhando a concentração das demais pessoas. Tal privatização do espaço público implica avaliações morais, que deixo para um próximo capítulo. O que interessa aqui é essa tolerância a interrupções constantes das relações de convívio, a tolerância a esse constante aproximar e afastar, essa ausência de hierarquia de valores que levaria a preferir uma relação social à outra.

Mas são apenas pessoas com celulares...

Sim, embora não se deva subestimar as pequenas agruras do cotidiano, pois podem acabar por envenenar uma vida inteira, o uso "selvagem" do celular e seus inconvenientes para as relações pessoais ainda permanecem benignas, para não dizer folclóricas. Porém, por mais folclóricas que sejam, não deixam de apontar para a fragmentação das relações sociais e para a não-discriminação do valor de cada relação humana, pois todas parecem se valer.

Todavia, será que devemos nos surpreender? A fragmentação, como vimos, em muito caracteriza o mundo contemporâneo, assim como o caracteriza a falta de horizontes, a falta de hierarquia, a falta de perenidade dos valores. Volto a perguntar: como poderiam as relações sociais escapar dessa sina? Como poderiam escapar até relações básicas, tradicionais e importantes, como o amor e a amizade? Como poderia a experiência do voo em um exame favorecer relacionamentos criteriosamente escolhidos e estáveis? Nicole Aubert (2006, p. 161) faz a mesma indagação: "como será que o horizonte, a curtíssimo prazo, que estrutura um bom número de ações do indivíduo contemporâneo se traduz em sua maneira de entrar em contato com os outros e nas trocas que pode estabelecer com eles?". E ela responde: "As relações sociais são bem mais numerosas que antigamente, ou pelo menos mais facilmente estabelecidas, mas são muito mais frágeis" (2006, p. 162). Bauman (2006, p. 116) concorda: "As relações humanas estão verdadeiramente frágeis e, em uma situação de mudanças constantes, não podemos esperar que permaneçam incólumes". Tais diagnósticos apontam para um fenômeno mais profundo que as intempestivas conexões eletrônicas.

A primeira ideia que ocorre quando se pensa em fragilidade das relações humanas é o fenômeno do *divórcio*. O próprio Bauman se remete a ele lembrando que, por volta da metade da década de 1990, a duração média de um casamento era de 7 anos, e que, dez anos depois, baixou para 18 meses. Conclui ele que "o amor está entre os primeiros a sofrer os prejuízos causados pela modernidade líquida" (2006, p. 117). No Brasil, segundo o IBGE, de 1993 a 2003 as separações aumentaram 17% e os divórcios, 44%. Na França, observa-se que as uniões entre homens e mulheres duram cada vez menos tempo. Por exemplo, no ano 2000 houve por volta de 15 mil separações depois de cinco anos de união. Quatro anos depois, esse número subiu para quase 20 mil. O período crítico desse tipo de relação amorosa é, portanto, cada vez mais precoce. Acrescente-se a esse dado o aumento do número de pessoas que resolvem morar sozinhas. E ainda: segundo o IBGE, no Brasil a média de idade ao casar tem aumentado sistematicamente de 1990 até 2003. Enquanto em 1990, a média de idade das mulheres ao casar era de 24 anos, em 2003 foi de 27,2. No mesmo período de tempo, para os homens a média passou de 24 para 27,5 anos. Portanto, eles e elas demoram mais para resolver casar, e demoram menos para romper o matrimônio.

Tais dados mostram que, objetivamente, as relações amorosas se tornaram, de fato, mais frágeis, mas fáceis de serem rompidas. Todo o problema reside em saber se tal fragilidade se deve à "liquidez" ambiente das relações humanas – liquidez no sentido de que seus contornos, como para a água, dependem de forças externas, no caso, a fragmentação do mundo pós-moderno – ou se as causas devem ser buscadas em outras dimensões.

Com efeito, outras causas para o aumento e a precocidade das separações de casais podem ser aventadas. Pode-se indagar, por exemplo, se tal fenômeno não seria simples decorrência do enfraquecimento da influência da moral religiosa cristã que reza que "o que Deus une somente Deus separa", sentença fatal que os padres ainda proferem quando celebram casamentos. É lícito se perguntar se, antigamente, muitas uniões duravam uma vida inteira, não em razão de laços pessoais fortes entre os cônjuges, mas sim em respeito a uma regra moral. Hoje, com o flagrante enfraquecimento desse imperativo, homens e mulheres teriam a liberdade de acabar com um convívio que se tornou pesado e sem razão de ser. Se tal for o caso, a novidade não seria a deliquescência das relações interpessoais, mas sim o ganho de autonomia para gerir a própria vida amorosa. Outra hipótese para explicar a "epidemia" de separações seria a de lembrar que, hoje, a lei permite seu rompimento, rompimento esse proibido, ou sobremaneira dificultado em décadas anteriores. É, portanto, possível pensar que, décadas atrás, as pessoas permaneciam juntas, não tanto por querer, mas por imposição jurídica. A esse respeito, o IBGE traz um dado relevante: em 2003, a maioria das separações e dos divórcios aconteceu de modo consensual (77,9% para as separações e 68,6% para os divórcios). Tal consenso tende a mostrar que as uniões adquiriram o caráter de real contrato entre pessoas livres, portanto, para rompê-lo. Haveria, nesse caso, antes ganho de autonomia do que perda de capacidade de sustentar uma relação. Em suma, podemos pensar que, em vez de entrar em estruturas sociais "constituídas", as pessoas participariam de estruturas "constituintes". Nas primeiras, assumem-se papéis definidos de antemão pela sociedade: ser marido corresponde a tais e tais papéis, ser esposa a tais e tais outros, e o desempenho desses papéis interessa não apenas a seus atores, mas à sociedade como um todo. Nas segundas, os papéis são definidos e contratados pelos próprios participantes da relação: em um casal os papéis serão uns, em outro serão outros, e assim por diante. E tais contratos interessam prioritariamente (para não dizer exclusivamente) às pessoas envolvidas. Se tal for o caso, estamos novamente na presença de um ganho de autonomia e não seria o caso de deplorá-lo. Muito pelo contrário.

De minha parte, creio que as hipóteses aqui mencionadas merecem atenção, pois explicam, pelo menos em parte, não somente o aumento do número de separações, mas também variados aspectos da vida contemporânea. Elas remetem ao que se chama "individualismo", ao qual voltarei quando tratar do "plano moral". Todavia, não me parecem suficientes a ponto de nos fazer abandonar explicações outras da atual fragilidade das relações humanas. Afinal de contas, *por que contratos livremente firmados deveriam durar tão pouco?* Dito de outra forma: se é verdade que imposições jurídicas e religiosas podem explicar a perenidade do casamento, o fato de ele, hoje, equivaler a contratos definidos e assumidos de forma autônoma em nada implica sua cada vez mais curta duração. A razão da fragilidade desse tipo de relação social, e de outros tipos, deve ser, portanto, também procurada em outras direções. Penso haver duas dignas de nota: a *primazia da afetividade sobre a razão* e a *resistência a se engajar*, ambas coerentes com os aspectos já analisados da chamada pós-modernidade.

Comecemos pela questão da afetividade, citando alguns autores que, à sua maneira, identificam um mesmo fenômeno: a presença de uma afetividade pouco ou nada regulada pela razão.

Escreve Maffesoli (1998, p. 23): "Assiste-se à tendência da substituição de um social racionalizado por uma sociabilidade dominantemente empática". Escreve Jurandir Freire Costa (2004, p. 171): "O importante não é pensar no que se faz ou acredita, mas na leveza, no alto-astral". Escreve Luc Ferry (2002, p. 458): "Da noção de felicidade passamos àquela de bem-estar". Jurandir Freire Costa (2004, p. 166) novamente: "O cultivo das sensações passou a concorrer, ombro a ombro, com o cultivo dos sentimentos". Bauman (2004, p. 27) observa que retardar a satisfação "é o sacrifício mais detestado em nosso mundo de velocidade e aceleração".

Verifica-se que em todas as citações, retiradas de autores que se debruçam sobre características da sociedade contemporânea, há uma oposição entre dimensões racionais e afetivas. Maffesoli opõe um "social racionalizado" à "empatia". Costa opõe o "pensar" ao "alto-astral". Na outra citação do mesmo autor, opõem-se "sentimentos" a "sensações". Ferry opõe a "felicidade" ao "bem-estar". Finalmente, Bauman, ao falar em retardar as satisfações, opõe a "força de vontade" a "desejos momentâneos". Portanto, na leitura que esses autores fazem da realidade, haveria uma primazia da dimensão afetiva em relação à dimensão racional.

Na avaliação de Maffesoli, as relações sociais estariam baseadas não tanto em uma avaliação racional do valor das pessoas com quem se entra em contato e de possíveis projetos que poderiam ser elaborados em conjunto, mas sim afinidades empáticas, ou seja, em simpatias ou antipatias imediatas. Ora, as simpatias e antipatias são, por definição, instáveis, pois dependem, entre outras coisas, de variações de humor. Piaget chegou a tratar dessa questão quando refletiu sobre a moralidade. Dizia que, na criança pequena, tais disposições afetivas dominam a socialização e a moralidade, fazendo-a julgar as pessoas como "boas" ou "más", não em razão de avaliações objetivas baseadas em regras de conduta ou virtudes, mas sim em razão dessas passageiras afinidades interindividuais. Para Piaget, segundo quem a moral é uma lógica da ação, somente quando há regulação da afetividade por parte da razão é que pode haver certa estabilidade nas relações sociais. Enquanto uma afetividade, por assim dizer espontânea, permanecer dominante, as relações de convívio são flutuantes e instáveis. Ora, o que nos diz Maffesoli é que tal flutuação e instabilidade caracterizam a sociabilidade de nossos dias. Se voltarmos ao tema do contrato, tratado anteriormente, vê-se que não há contrato durável possível se apenas as disposições afetivas em estado bruto fazem a mediação entre os indivíduos. O contrato (se é que merece esse nome) somente dura enquanto há afinidades afetivas, e se rompe quando estas desaparecem. No caso do casamento, enquanto há paixão intensa, ele dura, quando ela enfraquece-se ou passa por turbulências, ele é rompido.

Passemos agora ao que nos diz Jurandir Freire Costa. Em uma citação ele opõe o "pensar no que se faz ou acredita" ao querer se sentir "leve", em "alto-astral". A citação fala por si. Pensar implica a dimensão racional, implica explicitar problemas, procurar resolvê-los, implica, portanto, nem que seja de forma passageira, *preocupar-se*, passar por momentos de *incerteza*, quem sabe até mesmo de *angústia*. Em compensação, procurar a "leveza" e o "alto-astral" implica o contrário: fugir do que é problemático, do que pode preocupar, do que pode angustiar. Em uma palavra, implica fugir do desprazer, garantir sensações afetivas positivas, sempre ameaçadas pelos veredictos da reflexão. Na segunda citação, Costa nos fala em sensações e sentimentos. Ora, o que são sensações? São experiências afetivas imediatas. Podem ser negativas ou positivas, e é claro que são procuradas as positivas. Pense-se, por exemplo, nos chamados esportes radicais, aqueles que garantem a seus praticantes momentos de "alta adrenalina". Contrários aos jogos como o tênis, que exigem uma paciente acumulação de pontos e não oferecem perigo de vida para os jogadores, os esportes radicais proporcionam picos intensos de sensações e, não raro, pedem performances que fazem seus praticantes flertarem com perigos mais ou menos importantes (e eles parecem apreciar tais flertes). O fato de tais esportes serem, hoje, muito procurados, depõe a favor do diagnóstico de Costa. Quanto aos sentimentos, Costa tem toda razão em falar em "cultivo", ou seja, em um trabalho de reflexão e aperfeiçoamento, trabalho esse que pede a participação da razão. E, quando o psicanalista brasileiro escreve que sentimentos e sensações concorrem ombro a ombro, ele está nos dizendo que a busca de emoções passageiras faz concorrência à busca de uma vida afetiva mais sofisticada e profunda. Se definirmos "prazer" como experiência afetiva positiva e passageira, e "alegria" como sentimento de "estar de bem com a vida", temos que a busca dos prazeres estaria prestes a tomar o lugar da busca da alegria. Aplicadas às relações humanas, as características apontadas por Jurandir Freire Costa apontam para uma maior disposição a conviver com pessoas que não nos façam pensar muito na vida, que não nos aborreçam com questionamentos de difícil solução, que nos proporcionem sensações fortes, momentos de prazer. E, quando isso se torna impossível, procuramos outras pessoas que possam nos ajudar a voltar ao "alto-astral".

Tal vitória dos prazeres sobre a alegria aparece no diagnóstico de Luc Ferry. Sendo a felicidade uma disposição positiva em relação à vida, e o "bem-estar" uma sensação momentânea de conforto material e psíquico, temos que, para o filósofo francês, estaríamos preferindo evitar as dores a buscar formas outras de vida. O bem-estar é uma forma de contentamento, e pede pouca reflexão. A felicidade é uma busca de sentido e aperfeiçoamento, e pede muita reflexão. Se tal for o caso, a decorrência para as relações sociais é clara: queremos estar com pessoas de convívio leve e agradável, não com pessoas com as quais trilhamos longos caminhos, com as quais construímos projetos de vida, com as quais procuramos desvendar os mistérios da existência.

Finalmente, quando Bauman nos diz que retardar as satisfações corresponde ao mais detestado dos sacrifícios, quando, portanto, nos diz que ter "força de vontade" é coisa rara hoje em dia, ele também diagnostica que a razão pouco regula a afetividade. Com efeito, o que é ter força de vontade? É priorizar certas ações em detrimento de outras, não em razão do prazer que elas, em si, nos proporcionam, mas sim porque antecipamos as alegrias que elas poderão nos proporcionar a médio prazo. Dito de outra forma, a força de vontade equivale a preterir certos prazeres momentâneos em nome de um prazer maior a ser usufruído no final de uma sequência de ações. Trata-se, portanto, de uma hierarquia, e somente a razão pode estabelecê-la. Querer, a todo momento, experimentar satisfações, é se deixar levar pelos acontecimentos, é não antecipar, não hierarquizar, é deixar disposições afetivas momentâneas dirigirem nossa vida. Ora, tal fuga do referido sacrifício, que pode se aplicar a variadas situações de vida, pode se aplicar às relações sociais: queremos que elas sejam imediatamente prazerosas, e desdenhamos aquelas que não o são de imediato, abandonamos aquelas que deixaram de sê-lo.

Aceitas as observações que, em companhia de estudiosos da contemporaneidade, acabo de fazer, temos uma razão a mais para explicar os casamentos cada vez menos duradouros. Não somente os cônjuges desfazem contratos porque liberados de antigos mandamentos, leis e tradições, como também os desfazem porque colocam em primeiro plano de suas relações disposições afetivas instáveis insuficientemente passadas pelo crivo da razão. E, se esse é o caso dos casamentos, é natural que também deva ser o caso de outros tipos de relacionamento social, como a amizade. Lembro que, durante uma mesa-redonda da qual tive o prazer de participar ao lado da psicóloga Rosely Sayão, ela discorreu sobre a confusão que as pessoas têm feito entre ter amigos e ter colegas. Dizia ela que, nos dias de hoje, se chamam todos os conhecidos de "amigos", mesmo quando se mantêm relações apenas superficiais com eles. Concordo com Rosely e creio que tal generalização do conceito de amigo, que deveria servir para falar das pessoas criteriosamente escolhidas para um convívio intenso, deve-se à liquidez ambiente: não se sabe mais o que é a amizade, talvez porque ela esteja se tornando ave rara. A moda está mais para as reuniões povoadas de gente, para os grandes espaços nos quais se acumula uma massa de pessoas (pensemos nos *shows*, apresentados em lugares cada vez maiores, como estádios de futebol), está mais para o "ficar", ou o "pegar", como vêm dizendo adolescentes, do que para o "permanecer".

Se tal for o caso, reencontram-se, no seio das relações sociais, elementos que analisamos no item "vida em migalhas": a fragmentação, a urgência, a efemeridade. E encontramos também elementos tratados no item dedicado à "identidade palimpsesto": a falta de perspectivas para o futuro prejudica a construção de projetos de vida e de identidade. O lema é *não se engajar*, nem com projetos nem com pessoas. Já citei Bauman quando fala do horror de estar amarrado e da associação entre compromissos duradouros e opressão, dependência. Em um mundo em rápida mutação, no qual desaprender é tão ou mais importante que aprender, fixar-se deixa de ter valor, ou até adquire valor negativo. Então, contentamo-nos com relações passageiras, com comunicações epidérmicas, com contatos sem muitas trocas, com conexões. Como o observa ainda Bauman (2004, p. 82): "Estar conectado é menos custoso do que estar engajado". É perfeitamente compreensível e coerente com o mundo atual.

Porém, não deixa também de ser paradoxal, como o analisa o próprio Bauman (2006, p. 117) quando escreve que: "de um lado, em um mundo instável cheio de surpresas desagradáveis, cada um tem grande necessidade de um parceiro leal e dedicado. De outro lado, no entanto, cada um fica assustado com a ideia de se engajar (sem falar de se engajar de forma incondicional) em uma lealdade e uma devoção desse tipo". Conclui ele em outro livro: "Em nosso mundo de furiosa individuação, os relacionamentos são bençãos ambíguas" (2004, p. 8).

Ainda bem que sobram ambiguidade e paradoxos no mundo contemporâneo: é neles que nasce a criação, e com eles que uma educação libertadora pode ter sucesso.

Aqui acabam as observações que, por intermédio de algumas metáforas e inspirado por analistas da contemporaneidade, fiz da sociedade na qual vivemos. Fragmentos, migalhas, efemeridade, "tacocracia", pequenas urgências, ausência de sonhos, de projetos, amnésia, deserto, palimpsesto, enxame, comunicações, conexões, desconexões, sensações, fragilidade, deliquescência, ambiguidade, eis algumas das figuras que empreguei para falar de variados aspectos da chamada pós-modernidade. A leitura apresentada é crítica? Sem dúvida. É exagerada? Sim, em parte, pois é preciso forçar o traço para salientar aspectos que se julgam relevantes. É reducionista? Provavelmente, pois toda tentativa de descrição leva inevitavelmente a sacrificar os detalhes, a complexidade. É falsa? Minha convicção é de que não é. Tenho certeza de que somos demasiado "turistas".

Escrevendo estas páginas, lembrei da letra de uma música assinada por John Lennon e Paul McCartney, chamada *Nowhere Man*. Diz a letra:

> He's a real Nowhere Man
> Sitting in his nowhere land
> Making all his nowhere plans for nobody

Doesn't have a point of view
Knows not where he's going to
Isn't he a bit like you and me?
He's blind as he can be
Just see what he wants to see
Nowhere Man can't you see me at all?

(Ele é um verdadeiro Homem de Nenhum Lugar
Sentando na sua terra de nenhum lugar
Fazendo todos os seus planos de nenhum lugar para ninguém
Ele não tem um ponto de vista
Não sabe para onde está indo
Não será ele um pouco como você e eu?
Ele é tão cego quanto pode ser
Vê apenas o que quer ver
Homem de nenhum lugar, afinal de contas, pode me ver?)

Essa canção foi gravada há mais de 40 anos (em 1965). Profética? Talvez. Mas certamente fruto de mentes criativas e observadoras, como costumavam ser as de Lennon e McCartney. Deixo para o leitor julgar se o nosso "turista", se nosso homem pós-moderno não é uma espécie de *Nowhere Man* (que nem *nowhere plans* faz!).

Em um outro trecho da letra, ouvem-se os Beatles dizerem ao Homem de Nenhum Lugar:

The world is at your command
(O mundo está sob seu comando)

Eis mais uma notável antecipação, pois os "turistas" hoje estão em todo lugar, e em lugares de mando, nas empresas, nos meios de comunicação, nos governos. Sim, pelo jeito, eles têm poder.

Mas serão felizes? Creio que não.

CULTURA DO TÉDIO

Todo mundo terá reparado que o tema da "felicidade" tem voltado à tona ultimamente. Digo que tem voltado porque a questão da "vida boa" é clássica na filosofia. Leia-se, por exemplo, a *Ética a Nicômaco*, de Aristóteles. Leia-se também a *Ética*, de Spinoza, ou textos variados de Nietzsche. Se, hoje, o referido tema volta a ser objeto de reflexão, é provavelmente porque as pessoas se sentem infelizes, porque suas vidas perderam ou nunca tiveram rumo, porque estão insatisfeitas com suas existências, sofrem do que os franceses chamam de *mal de vivre* (mal de viver).

Com efeito, fala-se em meio ambiente quando este está prejudicado, fala-se em moral quando esta faz falta e fala-se em felicidade quando esta se torna problemática. Então, as pessoas vão à busca de reflexões, de ideias, de conselhos. E há literatura disponível para elas. Há livros bons e honestos como, por exemplo, o texto de Fernando Savater intitulado *Ética pra meu filho* (1997). Nele o filósofo espanhol se dirige ao filho adolescente e, de maneira leve e bem-humorada, procura guiá-lo em busca de uma vida tanto significativa quanto inspirada pelo respeito devido aos outros. Podemos citar também o livro do escritor brasileiro Eduardo Giannetti (2002), intitulado *Felicidade*, no qual cria quatro personagens que discutem entre si variados aspectos da "vida boa". Na França, Luc Ferry (2002) lançou um livro ao qual deu o título *Qu'est-ce qu'une vie réussie?* (O que é uma vida bem sucedida?). No mesmo país, Comte-Sponville (1995) escreveu seu *Petit traité des grandes vertus* (Pequeno tratado das grandes virtudes), sucesso de vendas lá e no Brasil, no qual se debruça sobre diferentes virtudes que têm como papel o aperfeiçoamento da vida moral e o enriquecimento da existência. Na Psicologia, nasce uma nova abordagem chamada "Psicologia Positiva", cujo objetivo é pensar os aspectos psíquicos da felicidade para poder pesquisá-la e incrementá-la. Martin Seligman, um dos principais autores dessa nova empreitada, não hesita em colocar como subtítulo de seu livro *Felicidade autêntica* a seguinte frase: "Usando a nova Psicologia Positiva para a realização permanente" (Seligman, 2002).

Porém, ao lado desses textos e de outros escritos com a mesma seriedade, há aqueles outros cujos autores procuram inescrupulosamente ganhar dinheiro e fama a custa dos infelizes. Penso nos livros de "autoajuda", que ajudam apenas a quem os escreve. Esses últimos são mais lidos que os primeiros. É uma pena, porque, em vez de promover a reflexão, se limitam a dar conselhos fadados ao fracasso. Eles prometem felicidade sem esforços, empreendimento impossível de ser realizado. Aliás, se houvesse um livro de autoajuda que de fato ajudasse, não seria necessário publicar tantos.

Bons ou não, o fato é que livros sobre felicidade estão entre nós, o que parece não deixar dúvidas de que nossa sociedade ocidental está envolta em um clima de mal-estar existencial. Haverá, entretanto, dados objetivos que atestem a presença de um *mal de vivre* entre nós? Haverá claros indícios de que há algo de insatisfatório na forma atual de levarmos nossa vida?

Penso haver dois indícios: a alta incidência da *depressão* e a alta frequência de *suicídios*.

Se escolho a palavra "depressão", é porque é a mais empregada hoje para falar, de forma genérica, de estados de ânimo caracterizados pelo abatimento, pelo desânimo, pela tristeza, pela falta de real interesse em viver. Contudo, há outros nomes que foram dados a tal sofrimento psíquico. Georges Minois (2005), já citado no início deste capítulo, que se dedicou a traçar a história desse *mal de vivre*, para retomar a bela expressão francesa, encontrou vários outros nomes: *taedium vitae*, ou cansaço de viver, melancolia, tristeza, acídia, desespero, pessimismo, niilismo, náusea (lembremos do livro de Jean Paul Sartre, do mesmo nome), desgosto, tédio. As variadas expressões que nomeiam esse mal-estar existencial atestam sua presença em todas as épocas históricas: ele existe hoje e sempre existiu, o que leva a crer que se trata de um tipo de sofrimento inerente à condição humana. A variedade de nomes atesta também o fato de ele se apresentar e de ser interpretado de formas diferentes ao longo dos séculos. Minois (2005, p. 45) verificou que durante a Idade Média, por exemplo, "o desespero é proibido porque traduziria uma falta de confiança em um Deus que nos ama e que quer nos salvar". Tratava-se, portanto, aos olhos dos homens e mulheres da época, de um vício, e não dos menores. Emprega-se, então, o nome de *acídia*, que é intimamente relacionada à preguiça, um dos sete pecados capitais. Em compensação, durante a Renascença, a *melancolia* passa a ser vista como "o humo no qual nasce a genialidade" (2005, p. 101), apreciação não distante daquela do filósofo grego Aristóteles que via em todos os homens excepcionais manifestações de melancolia. Minois (2005, p. 108) assim interpreta o fenômeno: "Essa progressão do individualismo na religião como na cultura e na economia traduz-se por um interesse crescente de cada um pela sua própria imagem". A melancolia estaria, portanto, relacionada a uma tomada de consciência de si solitária. Na época das Luzes, é feita uma distinção entre duas formas de *mal de vivre*: a forma dinâmica e a forma apática. A primeira, única valorizada, é vista como motor motivacional para a busca existencial e para a ação. "O século das Luzes depreciou a melancolia em benefício da inquietação" (2005, p. 212). No século seguinte, a melancolia é em parte associada à perda das políticas e esperanças morais semeadas pela Luzes (lembremos das promessas da Revolução Francesa). "Uma juventude que sofre de tédio, à qual se retiram toda exaltação, todo sonho político de grandeza. Desde 1815, as esperanças, ou as ilusões, de liberdade, de igualdade, de fraternidade esvoaçaram" (p. 169). Sempre segundo Minois, é justamente durante o século XIX que começa a ser elaborado o conceito de depressão, hoje mais empregado que os demais.

Hoje mais empregado e muito presente!

Segundo a Organização Mundial da Saúde, há 121 milhões de pessoas acometidas desse mal em todo o planeta, e ele é uma das principais causas mundiais de incapacidade para o trabalho. Segundo a mesma organização, a saúde mental em geral é um dos problemas maiores que devem ser enfrentados pela Comunidade Europeia, pois uma família sobre quatro enfrenta ou enfrentou algum problema desse tipo. Entre os transtornos a que se referem, a depressão tem crescido sistematicamente. Nos Estados Unidos, acredita-se que pelo menos 25 milhões de pessoas tomam ou tomaram antidepressivos, o que representa quase 10% da população. Na Inglaterra, de 2000 a 2002, houve nada menos que 68% de aumento na busca por antidepressivos. No Brasil, de 2000 a 2002, houve 48% de aumento no consumo de antidepressivos por parte de crianças, e, segundo reportagem publicada pela Folha de São Paulo (em 25 de novembro de 2006), a hipermedicação psiquiátrica de crianças alarmam os Estados Unidos.

Estatísticas como essas, e outras mais, no mínimo apontam para um "mal-estar" contemporâneo, para a suspeita de que a felicidade parece não estar, enquanto realidade, tanto na ordem do dia quanto querem nos fazer crer os publicitários e os governantes.

Mas há um outro dado, talvez mais fidedigno indicador de sofrimento psíquico: o número de suicídios.

Segundo a Organização Mundial da Saúde, no ano de 2000 houve 815 mil suicídios, contra 510 mil mortes ocasionadas por crimes e 310 mil por guerras. Ou seja, é preciso somar os números de mortes por crimes e guerras para chegar à cifra atingida pelas mortes voluntárias. Note-se, ademais, que aos países desenvolvidos devemos tal distância entre os suicídios e as duas outras formas de morte violenta e intencional. Em países antigamente chamados subdesenvolvidos, prevalecem os crimes, e, em outros, quando é o caso, a guerra.

Em estudo recente sobre o dramático fenômeno, Christian Baudelot e Roger Establet (2006, p. 7) constatam que "no conjunto do planeta, o suicídio mata em torno de 100 pessoas por hora", dado coerente com aquele da OMS, mas que não se restringe ao ano de 2000. Segundo os autores, desde 1975 até hoje se assiste a uma progressão contínua do número de pessoas que coloca voluntariamente fim a sua existência. Outro dado por eles apresentado também vai ao encontro dos números apresentados no parágrafo anterior: "quanto mais um país é rico, mais alto é o nível de suicídios" (p. 29). Mais ainda: "a taxa de suicídio aumenta à medida que o nível de diplomas se eleva". Ou seja, não se vê correlação entre suicídio e pobreza ou falta de formação acadêmica. Pelo contrário. Mas, então, que correlações existem? Baudelot e Establet citam, por exemplo, o número de filhos: há menos suicídios entre os que têm mais descendentes diretos. Outra correlação: a frequência dos divórcios acompanha a dos suicídios. Outra ainda: "quanto mais o trabalho é associado à realização de si e à sociabilidade, menos ele é associado a sua dimensão de puro ganha pão, mais a taxa de suicídio diminui" (p. 101). Há correlação entre distanciamento em relação às tradições religiosas, familiares e políticas e alta da frequência da morte voluntária, e há também correlação entre suicídio e falta de confiança em outrem.

Haveria vários outros números a apresentar, porém um deles não pode deixar de ser citado. Escrevem nossos autores que "o último quarto do século XX alterou drasticamente uma relação que mais de 150 anos de estatísticas haviam incitado a interpretar como dado universal: o crescimento regular da taxa de suicídio com o aumento da idade (...) A taxa de suicídios entre os jovens de 15 a 24 anos triplicou na segunda metade do século XX, enquanto, no mesmo período de tempo, o suicídio de adultos de pessoas idosas diminuiu" (Bawdelot e Establet, 2006, p. 138).

Em resumo, vivemos, hoje, um momento de alta na frequência dos suicídios, sendo que tal frequência não está correlacionada a fatores como miséria, pois é nos países ricos que ela mais está presente. Em compensação, a frequência dos suicídios parece estar associada a fenômenos recentes da vida da humanidade, como aumento de divórcios, a associação entre trabalho e poder aquisitivo, a desconfiança entre as pessoas e o abandono de certas tradições. Além da frequência em si, deve ser sublinhado esse novo e terrível fenômeno que é a maior incidência de suicídio entre os jovens.

Como o sublinham Baudelot e Establet, os estudos sociológicos do suicídio não explicam tudo, pois há variações importantes que fogem das correlações habituais. Por exemplo, na China as mulheres se suicidam mais do que os homens, enquanto a lei geral aponta o fenômeno contrário. Outro exemplo: embora o Japão seja um país no qual a busca de diplomas é acentuada, se excluídos os últimos anos, assiste-se nesse país uma queda do número de suicídios na segunda metade do século XX, fato que contraria a tendência na maioria dos outros países. Portanto, todo cuidado é pouco para analisar as causas dos suicídios. Mas uma coisa é certa: seja quais forem as diversas causas, tal ato de desespero quase sempre traduz o fato de que a vida perdeu sentido. Digo quase sempre, pois pode haver casos em que sofrimentos demasiado insuportáveis levam a um desespero incontornável. Porém, na maioria dos casos, o suicídio é o infeliz final de um longo processo de perda de sentido. Ora, as diversas formas de depressão em geral têm a mesma causa: a vida perde seu nexo e não se sabe mais por que levantar de manhã e desenvolver atividades. A depressão paralisa. O suicídio é a decisão da paralisia definitiva. E não deve ser por acaso que a contemporaneidade deve lidar tanto com a depressão quanto com o suicídio. A depressão leva ao suicídio. Ele é o último ato, cometido por poucos, mas que certamente passa pela cabeça de muitos, que acabam por se matar a pequenos goles ou tragos de diferentes drogas, ou "se esquecendo da vida" em maratonas de divertimento.

Terá o *mal de vivre* contemporâneo causas no estilo de vida da pós-modernidade? Minois, após seu consciencioso estudo de sua história desde a Antiguidade, no qual tece relações entre os diferentes estilos de vida e crenças e as diferentes formas e interpretações da *acídia*, da melancolia, da depressão, Minois, dizia eu, chega à conclusão de que a resposta é afirmativa. Escreve ele que "a máquina hedonista é uma máquina que produz depressivos, os quais ela recicla com antidepressivos" (2005, p. 5). Tal sociedade hedonista é a nossa, com sua busca de incessantes prazeres, de bem-estar momentâneo, de conforto, de formas de socialização leves e agradáveis. Em outro lugar, o historiador diagnostica: "Enquanto na Antiguidade o *mal de vivre* era fruto da perspectiva de um destino implacável, o *mal de vivre*, hoje, depende de um sentimento de absoluta liberdade e da gratuidade de todos os atos" (p. 375). Reconhecemos nessa afirmação uma leitura parecida com aquela que fizemos da pós-modernidade. Para Minois, depressão e suicídios não são fenômenos que devem nos espantar em uma sociedade na qual vigora um modelo "no qual tudo parece possível, o pior como o melhor, no qual tudo vale, no qual os limites entre o verdadeiro e o falso, entre o real e o virtual, entre o bom e o ruim, entre o horrível e o banal, tornam-se cada vez mais vagos, mundo da indiferenciação e do 'por que não?'" (p. 390).

Mas há o pior: além de produzir os depressivos e candidatos ao suicídio, a sociedade atual os marginaliza, pois são incapazes de seguir seu ritmo "instável, no qual o espírito de iniciativa, a capacidade de comunicação, os movimentos coletivos, a solidariedade e o dinamismo intelectual são percebidos como fatores positivos" (Minois, 2005, p. 388). Vimos que a pós-modernidade não é acolhedora para os peregrinos, os silenciosos, os tímidos, os solitários, tampouco o é para os depressivos que ela produz. Além de não conseguirem se adaptar às modas, à "tacocracia", às exigências de comunicação, aos enxames, às constantes conexões e desconexões, à ditadura das pequenas urgências, aos imperativos do "alto-astral", eles são, segundo Minois (2005, p. 406), "considerados de forma tão negativa porque representam a má consciência da sociedade hedonista".

Eu acrescentaria que escancaram as mazelas de uma *cultura do tédio*.

Voltemos ao tédio, essa "doença da vida", como se referia Alfred de Vigny, dessa vez com a ajuda de um dos poucos textos que tratam do tema: *Petite philosophie de l'ennui* (Pequena filosofia do tédio), escrito por Lars Fr. H. Svendsen, filósofo norueguês. Vamos verificar que algumas das características que atribuímos ao homem contemporâneo, a nosso "turista", lembram esse esmorecer da alma.

Svendsen tipifica dois tipos de tédio: o tédio *situacional* ou *superficial* e o tédio *existencial*, ou *profundo*.

O primeiro corresponde às duas situações ilustradas no início do capítulo: o não ter, passageiramente, o que fazer ou ter de fazer algo desinteressante. Como experimentar esse tipo de tédio é inevitável, uma vez, portanto, que ele não depende de disposições pessoais ou culturais perenes, ele não nos interessa no quadro da presente análise.

Em compensação, o segundo tipo, que Svendsen chama de tédio profundo ou existencial, interessa-nos, pois remete a algo que não se limita a momentos passageiros ou atividades aborrecidas, mas sim a uma maneira de "viver a vida". Escreve o filósofo norueguês: "É uma emoção quando se está entediado por alguma coisa determinada, e é uma tonalidade afetiva quando é o mundo inteiro que entedia" (2003, p. 158). A oposição feita entre "emoção" e "tonalidade afetiva" mostra bem o caráter passageiro, pontual, do tédio situacional e, pelo contrário, o caráter perene e, como o seu próprio nome indica, profundo do tédio existencial. Nesse tipo de tédio, não é uma coisa ou outra que nos deixa desalentados, mas, como bem o nota Svendsen, é "o mundo todo", ou seja, tudo, e nada de facilmente identificável. "O tédio é, antes de mais nada, algo *dentro* do qual se está", ainda escreve nosso autor (p. 11, grifo original).

Trata-se de uma experiência existencial benigna? A resposta é, claramente, não. Para alguns, como para Schopenhauer, o tédio é condição incontornável do ser humano. Não é, portanto, decorrente de uma situação cultural específica. Logo, entender o tédio remete ao entendimento da própria vida. Para outros, como para Svendsen, o tédio é uma questão colocada pela modernidade e pela pós-modernidade. Pessoalmente, admitirei que, de fato, o tédio começa a se colocar como angustiante tema para a modernidade, mas que ele se torna agudo nessa sua fase avançada que é a pós-modernidade, também chamada de hipermodernidade. Por quê?

Escreve Svendsen (2003, p. 21) "quem fala em tédio fala em perda de sentido". Em outro trecho, reafirma: "que o tédio e a perda de sentido estejam de alguma forma relacionados, isso parece indiscutível" (p. 24). Essas afirmações nos colocam no centro do problema: *a questão do sentido*.

Como o afirma Charles Taylor (1998, p. 34), em seu belo livro sobre as "fontes de si mesmo", "mesmo que isso não nos agrade, o problema do sentido da vida é inevitável, seja porque tememos perdê-lo, seja porque dar um sentido a nossas vidas é objeto de uma procura". Como assinalei em *Moral e ética: dimensões intelectuais e afetivas*, a pergunta "que vida viver?" implica responder outra, "para que viver?". E não há felicidade possível se não forem encontradas mínimas respostas para essa indagação. O problema do sentido da vida pode ser colocado de duas maneiras. A primeira: *eu sei que a vida tem sentido, mas preciso saber qual é*. A segunda: *será que a vida tem mesmo sentido?* Segundo Taylor, os homens pré-modernos se faziam a primeira indagação e sua angústia era a de se enganar na escolha do sentido da vida e de, assim, se perderem e serem condenados a se tornar almas errantes. Porém, para eles, não havia dúvida de que a vida tinha *um* sentido. Era preciso saber qual. Quanto à segunda indagação, que consiste em saber se existe, ou não, algum sentido para a vida, Taylor (1998, p. 34) afirma que "o dilema existencial no qual se teme a perdição é radicalmente diferente daquele no qual o que mais se teme é o vazio de sentido". E acrescenta: "a predominância do vazio talvez defina nossa época" (p. 34).

Medo do vazio ou medo de errar, o fato é que a questão do sentido é incontornável e, como acabamos de dizer, a razão principal do tédio existencial ou profundo é justamente a carência de sentido. "O tédio tem um efeito de 'desumanização' porque ele retira da vida do homem o sentido que justamente a constitui como vida", ainda escreve Svendsen (p. 184).

Ora, cabe nos perguntarmos se alguns aspectos que, nas páginas anteriores, atribuímos ao homem contemporâneo não atestariam tal falta de sentido e, logo, seu viver entediado. Para isso, devemos lembrar que a palavra "sentido" remete a dois aspectos existenciais complementares. Um primeiro é o de *direção*, outro é o de *significação*.

O conceito de direção costuma ser associado ao espaço: vai-se para a esquerda, para a direita, para cima, para baixo, rumo ao sul, ao norte, etc. Ora, a vida pode, ou não, ter um rumo. Todavia, nesse caso, trata-se mais de referência ao tempo. Quando um homem ou uma mulher se pergunta "para onde estou indo?", pode se referir ao espaço. Mas, se a pergunta incide sobre sua própria vida, a indagação é temporal. O que pretendo fazer amanhã? Depois de amanhã? No ano que vem? Quando crescer? Quando tiver um diploma? Quando casar? E assim por diante. O rumo temporal pode ter como referência o passado: o futuro será a conservação desse referencial, será inspirado pelas tradições. E pode ter como referência a construção do futuro, a criação de novas formas de viver e de conviver. Portanto, do ponto de vista espacial, bem como temporal, a direção, o rumo pressupõem uma projeção, uma extensão do espaço e do tempo. Ora, como vimos, são justamente tal projeção e tal extensão que fazem falta ao homem contemporâneo.

Falamos em "negação do passado", em "desconfiança em relação ao futuro", falamos em "eterno presente", em "aqui agora", em "fragmentos", em um tempo vivido não de maneira contínua, mas como sequência de "eventos", de "pequenas urgências", falamos em "modas", falamos, portanto, em características que atestam a falta de uma direção existencial, que mostram um ser atado à linha do presente. Também falamos em "enxame", nessa turba que se move erraticamente e cujos membros parecem trocar de lugar social de maneira incessante e imprevisível: as direções são efêmeras, se sucedem, se anulam, se compõem e se decompõem. Se nossa leitura for correta, fica prejudicado um dos elementos essenciais para se dar um sentido à vida, pois falta direção, ou há total falta de controle sobre essa direção. Encontramos, portanto, um dos elementos do tédio existencial. Escreve Svendsen (2003, p. 161): "O tempo e o espaço estão intimamente imbricados, e no tédio o horror *vacui* (horror do vazio) temporal se torna também um horror *loci* (horror do lugar), no qual, precisamente, a vacuidade desse lugar atormenta (...) Da mesma forma que o tempo literalmente implode no tédio existencial para deixar o lugar a uma espécie de eterno aqui agora sem relevo, tudo o que está no entorno se torna também sem relevo, e a diferença entre o próximo e o longínquo apaga-se inteiramente".

O outro elemento do conceito de "sentido existencial" diz respeito à "significação". Uma vida com sentido é uma vida significativa. Mas a que remete tal significação? Remete aos *valores*, por intermédio dos quais se estabelecem hierarquias, escolhas, metas. Ora, também verificamos que uma das características do mundo de hoje é a ausência de valores, ou a presença de valores que se inflacionam e desinflacionam constantemente. Tal inconstância complica sobremaneira a construção de projetos de vida e, consequentemente, a construção da identidade. Tal inconstância leva a uma falta de vontade, que, segundo o filósofo escandinavo, é característica do tédio. Escreve ele: "Quando tudo se torna intercambiável, quando nada nos importa, quando tudo é indiferente, as verdadeiras preferências ficam impossíveis e nos vemos em um mundo onde reina o arbitrário, ou, pelo contrário, uma paralisia total da ação" (p. 64). Esse é o mundo do tédio existencial.

Em resumo, tudo leva a crer que as duas condições para que a vida faça sentido estão cruelmente ausentes, ou, pelo menos, claramente prejudicadas. E, se o tédio provém da falta de sentido, estamos em uma *cultura do tédio*. Escreve ainda Svendsen "se o tédio aumenta, isso significa que a sociedade ou a cultura como instâncias portadoras de sentido apresentam um grave defeito" (p. 31).

Cabe se perguntar se, ao olharmos para nossos contemporâneos, eles parecem, de fato, acometidos pelo tédio existencial. As estatísticas sobre depressão e suicídio parecem atestar a presença dessa "doença da vida". Para Svendsen, não há fronteiras claras entre tédio existencial e depressão. Para Minois, tédio não apenas é, às vezes, empregado como sinônimo do *mal de vivre*, como é um dos sintomas fortes da depressão. Quanto ao suicídio, resultado trágico da falta definitiva de sentido para a vida, sua relação com o tédio é óbvia. Porém, por mais inquietantes que sejam os números atinentes a essas duas formas de morbidez, alguém poderá dizer que elas estão longe de acometer a maioria das pessoas. Então, também sofrerá de tédio essa maioria? A rigor, é impossível responder empiricamente a essa pergunta. Contudo, um indício pode nos fazer crer que o tédio, talvez mais leve, mas mesmo assim existencial, é experimentado por muitas pessoas. O indício é a frenética busca de ocupar, a todo instante, o tempo.

Verificamos esse fato no caso das relações interindividuais: todos, a toda hora, estão se conectando e se desconectando, ligando e desligando celulares, verificando se há mensagens, se há torpedos, se há *e-mails*, se há pessoas disponíveis nas salas de bate-papo virtuais, etc. Como vimos, tal faina comunicativa, não raro intempestiva, pode ser causada pelas novas relações de trabalho, que obrigam as pessoas a estar sempre disponíveis para novos contatos. Porém, nem sempre as frenéticas comunicações têm esse objetivo pragmático, longe disso. Com frequência, elas parecem estar associadas a uma necessidade de ocupar o tempo. Páginas atrás, dei o exemplo das pessoas que, mesmo de férias, permanecem ligadas a seu trabalho, se conectando a seu escritório por intermédio de celulares ou *laptops*. Pode se tratar de uma feliz necessidade de não interromper o fluxo do tempo e de permanecer pensando em atividades significativas. Pode acontecer também de serem obrigadas, por algum "patrão", a trabalhar incessantemente. Mas, por fim, pode acontecer de ser simplesmente tédio: em vez de se deleitar no ócio (a resolução de nada fazer), não suportam não ter nada a fazer. O tempo pesa, e é preciso "gastá-lo" de alguma forma.

Ora, essa busca de ocupar desesperadamente o tempo é uma das características do tédio, característica essa que não passa despercebida de Svendsen. Escreve ele: "por falta de sentido pessoal, procuramos em toda sorte de divertimentos o fornecimento de um sentido substituto, um sentido que tem a função de substituição" (2003, p. 37). Tal procura pode incidir sobre o próprio trabalho: "se, hoje, o trabalho traz um remédio ao tédio, é como podem fazê-lo uma bebida ou uma injeção: ele permite escapar ao próprio tempo" (p. 51). Porém, as formas mais procuradas para "enganar" o tempo são aquelas ligadas aos chamados lazeres. Cito mais uma vez Svendsen: "o êxito da indústria do divertimento e o uso de diversas drogas não serão indicações da amplitude do fenômeno (do tédio)?" (p. 33). Creio que a resposta seja, infelizmente, sim.

Vivemos uma "cultura do tédio", e este é sintoma de infelicidade. Remeto o leitor ao meu já citado livro *Moral e ética: dimensões intelectuais e afetivas*. Nele procuro explicar que duas das condições para se viver uma vida feliz é, por um lado, se sentir evoluir no "fluxo do tempo" e, por outro, atribuir sentido à existência. Essas duas condições parecem fazer cruelmente falta nos dias de hoje. Então, povoa-se o mundo de relógios, de divertimento, de trabalho, de informações, de idas e vindas, de emoções, de remédios, de comunicações.

Povoa-se a vida de mil atividades porque, sem elas, o tempo pareceria longo demais, insuportável. Longo e insuportável porque uma vida sem sentido, sem rumo e sem significação, é uma *vida pequena*.

PORÉM...

Porém, se é verossímil afirmar que vivemos em uma cultura do tédio, seria um erro também afirmar que, no ambiente social e cultural contemporâneos, estamos fadados ao tédio, à infelicidade. Creio que há mais descarte de oportunidade do que falta delas.

É verdade que vivemos em um mundo de comunicações superficiais, passageiras, intempestivas. *Porém*, o fato de podermos, graças a mil apetrechos tecnológicos, entrar em contato com uma variedade de instituições e pessoas deveria nos permitir um enriquecimento impensável décadas atrás.

É verdade que vivemos no mundo do divertimento, que somos, a cada momento, chamados a esquecer o tempo. *Porém*, nunca antes pudemos ter acesso a tantas as formas de arte existentes, a tantas obras de valor criadas pela humanidade.

É verdade que vivemos em uma sociedade hedonista, à busca estonteante de prazeres, às vezes baratos. *Porém*, isso não deve não nos fazer reparar que vivemos uma época de "desculpabilização" do prazer, e isso representa um ganho de inteligência e liberdade.

É verdade que vivemos em uma sociedade tão dilacerada por inúmeros mundos virtuais que a própria realidade acaba por se inclinar perante imagens. *Porém*, o mundo real está, como nunca antes, a nosso alcance.

É verdade que vivemos momentos de volta de diversas formas de misticismo. Georges Minois (2005, p. 429) acredita que há relação entre um mundo sem sentido e a "progressão desalentadora de crenças irracionais". *Porém*, a ciência permanece entre nós, firme e forte, e não tem perdido as batalhas que travou contra a irracionalidade.

É verdade que vivemos momentos de perigosa volta de interpretações fundamentalistas da religião e da política, e que, como o afirma Svendsen (2003, p.114), "em um mundo de vacuidade, o extremismo torna-se alternativa muito sedutora". *Porém*, não há como negar que a Democracia é sistema político forte que vigora em todo o mundo ocidental, até mesmo na América Latina, tão maltratada, no passado, por tantos regimes despóticos.

É verdade que, não raras vezes, se tornar turista é se limitar a passar olhos desinformados sobre monumentos, quadros, ruas, pessoas. *Porém*, quem haverá de negar que tal acesso a praticamente todos os lugares do planeta pode nos oferecer uma oportunidade ímpar de sair do nosso pequeno mundo, de abrir horizontes regionais sempre limitados?

E há outros *"poréns..."*.

É neles que a educação deve trabalhar. É nas ambiguidades e paradoxos que ela deve intervir. É tomando seu lugar nos jogos de forças contraditórias que pode ter sucesso. Mas sucesso no quê? Sucesso para ajudar as novas gerações a penetrar em uma *cultura do sentido*, sucesso para darlhes a oportunidade de viver uma vida que, por ser curta demais, não pode ser pequena.

Procurarei dar minha contribuição no próximo capítulo.

NOTAS

1. Existe, por exemplo, um supermercado que se diz o "lugar de gente feliz".
2. *Dodô e Zezé*, gravada no LP *Tom Zé Dos Olhos* (1973).
3. O livro intitula-se "*L'Histoire du mal de vivre*", sendo que a expressão "*mal de vivre*" (traduzida ao pé da letra: "mal de viver") é uma forma poética para se referir à tristeza, à depressão e à melancolia.
4. Fala de Chico Buarque a que se assiste no documentário *Chico Buarque, uma palavra* (DVD, da EMI, 2005).
5. Artigo publicado pelo jornal *O Estado de São Paulo*, em 9 de junho de 2005 (p. 2).
6. Frase citada pelo jornal *O Estado de São Paulo*, em 12 de dezembro de 2006 (p. A5).
7. Trecho da canção *La Mauvaise Réputation*, de Georges Brassens.

2

Cultura do sentido

Fechei o capítulo anterior afirmando que somente uma *cultura do sentido* pode vencer uma cultura do tédio. Afirmei também que tal batalha é possível de ser travada com provável sucesso. Nunca uma cultura é um todo coeso. Em todas elas há sempre paradoxos, tensões, oposições, ambiguidades, contradições, que permitem o movimento, a evolução, a superação. O mesmo vale para os indivíduos. A abordagem construtivista, à qual me filio, vê no homem ricas capacidades de adaptação, de autorregulação, de equilibração, que lhe permitem criar novas formas de pensar e de sentir, que lhe permitem criar novas estruturas mentais que podem dar novos rumos à compreensão que tem do mundo e da vida. A abordagem construtivista vê no sujeito recursos para superar insatisfações, resolver problemas, sair de situações desconfortáveis ou até mesmo insuportáveis. Para tanto, duas condições devem ser contempladas. A primeira: que o sujeito esteja, de fato, em uma situação que considera problemática. A segunda: que tenha a seu alcance elementos para alimentar a construção de novas soluções.

Estarão, hoje, satisfeitas essas duas condições? A primeira, creio que sim. Uma cultura do tédio não pode se sustentar durante muito tempo, pois os indivíduos acabam por não suportar o vazio de sentido no qual se debatem inconscientemente. O desconforto psíquico é desencadeador de tomadas de consciência. E se, como comentado, o tema da felicidade tem voltado à baila, é porque muitas pessoas intuem que a vida contemporânea carece de elementos necessários a uma "vida boa".

A segunda condição para a construção de novas alternativas de vida se encontra nos elementos culturais disponíveis. Creio que eles existem, como sugeri no final do capítulo anterior. Aliás, nunca se sabe ao certo de onde pode vir o impulso para guinadas ideológicas. Pessoalmente, não ficarei surpreso se tal impulso vier da tomada de consciência de nossa problemática relação com a natureza. A consciência ecológica não é nova: e há pelo menos três décadas que pessoas, instituições e até partidos políticos (os "verdes") pretendem colocar o meio ambiente no centro das preocupações humanas. Entretanto, penso que a inquietação ambiental universalizou-se recentemente com as revelações sobre o fenômeno do "aquecimento global", atribuído às atividades humanas. Estamos indo rumo a uma catástrofe sem precedentes, avisam alguns (e não poucos). O mais "desmiolado" dos homens não pode não se preocupar com essa perspectiva. Todavia, como será resolvida a questão? Pode ser que a solução se resuma à tomada de medidas estritamente técnicas. Mas pode ser também que ela pressuponha mudanças drásticas em nossa forma de viver. Pode ser que ela desencadeie reflexões sobre essa questão básica da ética: que vida queremos viver? Pode acontecer, portanto, que as inquietações ecológicas atuais permitam tomadas de consciência e novas construções de sentido que vão além dos problemas concretos e objetivos assinalados pelos especialistas.

O que acabo de escrever é mera conjectura. Em compensação, o que não é conjectura é afirmar que, seja qual for o cenário, a *educação* é atividade incontornável para que se torne realidade a segunda condição para a construção de uma cultura do sentido. Falo aqui na educação *lato sensu*, que tem como objeto todos os membros de uma sociedade, independentemente de sua idade. Mas penso, sobretudo, na formação das novas gerações que, por um lado, em função de estarem em pleno desenvolvimento psicológico, têm mais flexibilidade para a construção de ideias e ideais alternativos e que, por outro, dirigirão o planeta, tomarão decisões políticas e criarão as gerações subsequentes. É à educação das crianças e dos jovens que será dedicado o presente capítulo. Ele é, por conseguinte, dirigido a todos os adultos, pois todos têm alguma influência sobre a juventude. E ele é dirigido aos educadores profissionais, ou seja, àqueles que trabalham em instituições de ensino.

Mas antes de encetar minhas reflexões e proposições, preciso tomar posição sobre um "eterno" problema: cabe à instituição escola tomar parte na formação existencial de seus alunos? Ou cabe a ela apenas a transmissão dos conhecimentos necessários ao ingresso no mundo do trabalho? Opto pela primeira alternativa. Em primeiro lugar porque me parece inconcebível que instituições nas quais as crianças e os jovens passam anos e anos possam não se preocupar com dimensões de vida que vão além da aprendizagem de determinadas disciplinas. E, em segundo lugar, porque os próprios conhecimentos transmitidos na escola são portadores de sentido que transcendem a especificidade de cada matéria. A escola é uma verdadeira *usina de sentidos*, sentidos de vida (ética) e de convivência (moral), e não há outra instituição social de que se possa dizer o mesmo. No entanto, para que essa "usina" realmente produza algo de bom, algo de rico, é preciso que quem a dirige, quem nela trabalha, se disponha a fazê-lo.

E a primeira tarefa que lhes cabe, e que cabe a todos os adultos, é a de *cuidar do mundo*.

CUIDAR DO MUNDO

"Uma sociedade que não cuida de seu futuro é uma sociedade que não ama seus filhos." A sentença é retirada de um livro recém-publicado na França cujo título é *Nos enfants nous haïront* (Nossos filhos nos odiarão). Os autores, Denis Jeambar e Jacqueline Rémy (2006), desenvolvem a seguinte tese: estamos deixando para nossas crianças jovens um planeta e uma sociedade em péssimo estado. A Terra está doente, as cidades estão anárquicas e violentas, o trabalho é escasso e desvalorizado, há abuso do uso de medicamentos para todo e qualquer problema real ou imaginário, as aposentadorias futuras estão ameaçadas pelos rombos da Previdência, as dívidas do Estado ameaçam sua sobrevivência, a educação está cada vez mais abandonada e de má qualidade, eis o diagnóstico apresentado. No último capítulo, os autores clamam pela "reinvenção de um bem comum".

Embora dedicado a pensar a sociedade francesa, o livro de Jeambar e Rémy traz diagnósticos que valem para variados países, entre os quais o Brasil. A quem ele se destina? A todos os adultos, é claro, e mais precisamente àqueles que pertenceram às chamadas "gerações de 60 e 70", ou seja, àqueles que foram jovens naquela época. São eles que, há trinta, quarenta anos, constroem o mundo, e são eles que, hoje, o comandam. São eles, portanto, os principais responsáveis pelo estado de nossa sociedade (quem mais o seria?) – e, se tal estado é visto como lamentável, são eles, por estarem nas posições de mando, que podem e devem, urgentemente, começar a reverter o estrago.

Mas será que os adultos oriundos dessas "gloriosas" gerações estão dispostos a reconhecer suas responsabilidades? Nada é mais incerto, pois se trata de gerações peculiares cujos membros ainda costumam guardar orgulho de suas investidas contra as gerações anteriores, orgulho de suas investidas contra a moral, orgulho de suas reivindicações de criatividade e liberdade.

Tal orgulho tem, em parte, razão de ser.

Quando jovens, os adultos que hoje têm entre 45 e 65 anos, contestaram o conformismo de seus pais. Lembremos de canções como *Panis et circences*, de Caetano Veloso e Gilberto Gil, na qual se ouviam os Mutantes cantar:

"Soltei os tigres e os leões nos quintais
Mas as pessoas na sala de jantar
São ocupadas em nascer e morrer"

Gilberto Gil, em sua canção *Ele falava nisso todo dia,* ironizava os jovens que seguiam os passos de seus prudentes pais:

"Ele falava nisso todo dia
A herança, a segurança, a garantia
Para a mulher, para a filhinha, para a família (...)
Era um rapaz de 25 anos
Hoje ele morreu atropelado
Na frente da companhia de seguros
Ó que futuro,
Era um rapaz de 25 anos"

Quem haverá de negar a validade de críticas como essas que denunciavam vidas mornas e repetitivas?

As gerações de 1960 e 1970 também clamaram em alto e bom tom a necessidade do reconhecimento, por parte dos adultos, do valor dos jovens, e criticaram a cegueira, a surdez, a incompreensão dos mais velhos em relação aos anseios de seus filhos e filhas. Em uma canção que marcaria época, *She's leaving home,* os Beatles, em 1967, cantavam a história de uma menina que fugira de casa com um namorado, deixando os pais abismados se perguntando em que haviam errado. Dizem eles:

"We gave her most of our lives
Sacrified most of our lives
We gave her everything money could buy"
(Nós lhe demos o melhor de nossas vidas
Sacrificamos o melhor de nossas vidas
Nós lhe demos tudo que o dinheiro poderia comprar)

Mas a filha queria algo que o dinheiro não pode comprar. Novamente, quem há de negar o importante papel desempenhado pelos jovens dos anos de 1960 e 1970 para a crítica à arrogância dos adultos e pelo reconhecimento do valor dos jovens, valor esse, aliás, demonstrado no campo da arte, notadamente da música. A década de 1960 (mais que a de 1970) revelou artistas cujas obras, longe de serem meros modismos, permanecem até hoje como referência definitiva: Beatles, Bob Dylan, Pink Floyd, Leornard Cohen, Chico Buarque, Tom Zé, Elis Regina, Nara Leão, Milton Nascimento, para citar apenas alguns. Eles tinham pouco mais de 20 anos (alguns nem isso) quando criaram obras inesquecíveis e mostraram às gerações anteriores que não somente tinham algo a dizer como o diziam com talento.

Os jovens das décadas de 1960 e 1970 não apenas reclamavam da indiferença dos mais velhos em relação às suas ideias, anseios e talento, como também reivindicaram serem submetidos a um número menor de limites, de imposições, reivindicaram serem poupados do autoritarismo paterno e materno. Queriam liberdade. Liberdade de se vestir de formas diferentes, de usar cabelo comprido para os rapazes, de usar minissaias para as meninas, liberdade de ouvir as músicas de seu gosto, de voltar mais tarde para a casa, e liberdade de viver, antes do casamento, uma vida sexual intensa e desculpabilizada. Mais uma vez, quem não teria orgulho de ter recuado limites sem sentido, proibições arbitrárias? Quem não teria orgulho de ter colocado em xeque regras morais cujo valor mais se devia à tradição do que aos princípios estabelecidos de forma autônoma? Sim, esses jovens clamaram por autonomia. Lembremos o *slogan* "é proibido proibir", que acabou se tornando título e tema de uma canção de Caetano Veloso.

Na mesma época, jovens criticavam a sociedade individualista, e alguns propunham (e realizavam, como os *hippies*) uma vida comunitária, onde tudo seria dividido, até mesmo a educação das crianças. A isso acrescentavam críticas à sociedade do consumo, e idealizavam reduzir ao máximo as compras em benefício de uma produção própria. Mais uma vez, não se vê porque lhes negar o direito ao orgulho por opções comunitárias e naturalistas de vida, assim que não se vê porque não admirá-los por ter pregado ideias de paz e de justiça social. Quem, de fato, descia às ruas para manifestar contra a Guerra do Vietnã? Sobretudo os jovens. Quem, no Brasil, se mobilizou para reclamar o fim da ditadura militar? Entre outros, e com destaque, o movimento estudantil do final dos anos de 1960 e durante os anos de 1970. Quem sacudiu um mundo com o célebre "maio de 68"? Os jovens, cujo lema era "paz e amor" e cujo ideal era "faça amor e não a guerra". John Lennon, em seu hino à concórdia, *Imagine*, de 1971, falava em um mundo sem posses, sem raiva, sem guerras, sem paraíso ou inferno, sem fronteiras, sem países. E, no refrão, cantava ele: "*You may say I'm a dreamer*" (você pode dizer que sou um sonhador).

Pois é...

O mesmo John Lennon, um ano antes, em 1970, havia criado outro verso, de mau augúrio: "*The dream is over*" (o sonho acabou). A que ele se referia? Certamente a várias coisas, entre elas o fim dos Beatles. Mas o fato é que essa simples frase seria interpretada, anos depois, como profética.

O sonho acabou, não em 1970, mas pelo fim dos anos de 1970. E como acabou! Esses jovens cresceram, ocuparam seu lugar no mundo do trabalho, criaram famílias, desenharam contornos de convivência, se alimentaram do planeta, dirigiram a educação. E os resultados efetivos de suas ações podem ser avaliados, em vários aspectos, como diametralmente opostos aos ideais que pregavam.

Criticaram o egoísmo e o individualismo em nome de ideais comunitários: mas deixaram que se instalasse uma sociedade hiperindividualista e de relações sociais fragmentadas.

Criticaram o mundo do consumo: mas, 30 ou 40 anos depois, nunca a vontade de consumo foi tão grande, verdadeira bulimia.

Clamaram por paz e amor: mas hoje a agressão e a violência fazem-se onipresente, não tanto sob forma de guerras, mas, sobretudo, nas relações interindividuais, no crime organizado e no terrorismo.

Zombaram da busca de segurança de seus pais, e faziam o elogio de vidas vividas com intensidade e autonomia: mas hoje vivem protegidos, com casa (em geral herdadas de seus próprios pais), emprego e aposentadoria certos, e fazem a alegria das companhias de seguro. Em compensação, seus filhos não sabem muito bem o que vai lhes acontecer amanhã, não por gosto de aventura, mas por falta de escolha, por falta de autonomia.

Exigiram que os jovens fossem valorizados e inventaram o culto da juventude: mas, paradoxalmente, descuidaram daquilo que corresponde ao direito maior dessa faixa etária, a educação.

Exigiram liberdade: mas hoje está na ordem do dia o famoso tema dos "limites".

Como escrevem Jeambar e Rémy (2006, p. 8), que pertencem a essa estranha geração: "Tivemos todos os trunfos na mão, exercemos sem piedade nosso direito de inventário sobre os valores que as gerações anteriores nos haviam transmitido, crescemos em uma sociedade em plena expansão econômica. E que futuro preparamos para nossos filhos? Somos a primeira geração que legará à próxima menos do que recebeu da anterior". Como também pertenço a ela, faço minhas as palavras dos dois autores. Não somente o sonho acabou, como, em vários aspectos, a realidade tornou-se pesadelo.

O que terá acontecido? Difícil saber. É certo que, para muitos jovens de antanho, os ideais proclamados eram a expressão do que Piaget chamava de "egocentrismo adolescente". Escreve ele em 1955, portanto antes dos chamados "anos rebeldes": "Para falar concretamente, o egocentrismo próprio do adolescente se manifesta por uma espécie de messianismo tal que as teorias por intermédio das quais ele representa o mundo estão centradas sobre as atividades reformadoras que ele sente ser chamado a realizar no futuro" (1955, p. 306). Piaget acrescenta: "O adolescente passa por uma fase na qual atribui um poder ilimitado a seu pensamento, na qual sonhar com um porvir glorioso ou transformar o mundo pela Ideia (mesmo se esse idealismo toma a forma de um materialismo variado) parece não somente um ato de conhecimento positivo, mas ainda uma ação efetiva modificando a realidade como tal" (p. 307). Houve, sem dúvida, messianismo juvenil nas décadas de 1960 e 1970. E, passados os anos, a dura realidade desencadeou o processo de descentração. Todavia, a descentração não implica o abandono dos ideais assumidos anteriormente. A descentração, quando ocorre, leva a uma tomada de consciência dos limites impostos pela realidade e, logo, a um redimensionamento das ações para que se tornem mais efetivas. A descentração leva ao abandono da onipotência, não à impotência. A descentração leva à maturidade. Ora, no caso das gerações a que nos referimos, não foi bem isso que aconteceu.

Por um lado, houve, por parte da maioria, não um redimensionamento dos ideais, mas seu puro e simples abandono: em um piscar de olhos, os *yuppies* se sucederam aos *hippies*, a "discoteca" aos "*woodstocks*", o conformismo à contestação, a agressão à concórdia. A chamada "indústria cultural" transformou em produto de consumo tudo aquilo que justamente visava criticar tanto a indústria quanto o consumo. Ou seja, de forma assustadoramente rápida, o comércio assimilou em seu proveito aquilo que tinha sido criado para contestá-lo, e a "rebeldia" juvenil tornou-se antes "grife" do que ação social. E quem promoveu tal assimilação? Os próprios "ex-jovens" das referidas décadas. Em suma, não apenas o sonho acabou como partiram em fumaça seus ideais oníricos.

Por outro lado, e paradoxalmente, parece ter escapado do processo de descentração a esperada maturidade típica dos adultos. Como o comentam Jeambar e Rémy (2006, p. 9), "seremos, até a morte, eternos adolescentes". Com efeito, se nós, os jovens daquela época, acabamos por abandonar nossas lutas pela emancipação da humanidade, relutamos em emancipar a nós mesmos, relutamos em sair de certo estado de "menoridade". Quisemos e queremos permanecer eternamente jovens. Fomos referência para o mundo, fomos belos, criativos, rebeldes, libertários e não quisemos e não queremos perder, a nossos próprios olhos, esse estatuto. O orgulho de ser jovem foi tão forte para nós que não quisemos mais sair dessa condição, pois a descentração seria sentida como perda e não como ganho. Nossa juventude marcou tanto nossa identidade que relutamos em adotar outra. Quisemos e ainda queremos ser lembrados como os "famosos jovens" dos anos de 1960 e 1970. Uma autoestima inabalável nos manteve, e mantém, a despeito dos rumos erráticos tomados pela sociedade real, orgulhosos de nossas origens reformistas ou revolucionárias que, acreditamos, permanecem alimentando nossas decisões e atitudes. Permanecemos atribuindo as mazelas do mundo aos "mais velhos", a uma "herança maldita", à tradição, em suma, aos "outros". Somos sempre "oposição", mesmo quando, de fato, somos a situação. Resultado: nos desresponsabilizamos do mundo e deixamos, sem sentir culpa, o barco correr e fazer água.

Isso posto, é claro que as características sociais e culturais não devem ser apenas atribuídas às opções realizadas pelos homens, seja de que geração forem. Há várias "mãos invisíveis" que conduzem os rumos de uma sociedade, de uma cultura. Todavia, reconhecer as limitações práticas dos intentos humanos não implica clamar por inocência, não implica negar as responsabilidades. Portanto, parafraseando Chico Buarque, nós que inventamos a despreocupação para com o mundo, tenhamos a fineza de desinventá-la, porque, como bem o dizem Jeambar e Rémy, quem ama os filhos deve cuidar do futuro. Não há "cultura do sentido" possível se a miséria persiste e cresce. Não há "cultura do sentido" possível se o planeta ameaça ruir, fato que, antes de provocar problemas de sobrevivência, levará a graves conflitos entre nações, as mais fortes indo buscar, à força, em outros países, os recursos naturais que lhes fazem falta, ou os mais desprovidos optando por ondas irrefreáveis de migração. Não há "cultura do sentido" possível se não houver uma política de distribuição de renda equitativa, e se não houver possibilidade de trabalho para todos. Não há "cultura do sentido" possível se não houver condições mínimas de se criar projetos de vida, e isso depende de um mundo humanamente viável. Não há "cultura do sentido" possível se as pessoas se sentirem impotentes. Como escrevem Jeambar e Rémy (2006, p. 233), "os filhos dos *baby-boomers* receberam em herança a cultura da impotência". Ora, a potência deve ser reencontrada, e isso implica assumirmos nossas responsabilidades de adultos e retomarmos as rédeas da cultura.

Isso implica também, sobretudo, retomarmos as rédeas da educação, cada vez mais desvalorizada pelos estados ou transformada em mercadoria por empresas. *Não há "cultura do sentido" sem educação para o sentido.* Falemos dela, começando por realçar um valor que deve, ou deveria, lhe ser caro: a *verdade*.

A VERDADE COMO VALOR

Nós vimos, no capítulo anterior, que o tédio é decorrência da falta de um sentido para a vida. Tal falta de sentido compõe-se de duas dimensões: a falta de uma direção e a falta de uma significação. Quando há falta de direção, nos sentimos fora do fluxo do tempo; quando há falta de significação, não sabemos muito bem quais são as formas de vida que valem a pena ser vividas, não sabemos bem o que tem valor e o que não tem.

É dessa segunda dimensão da falta que quero tratar agora, procurando mostrar sua relação com o tema da *verdade*.

O tema da verdade – sua definição, suas reais possibilidades de ser, suas condições objetivas e subjetivas, os métodos para encontrá-la, suas diversas relações com os diversos objetos sobre os quais pode incidir, e outros aspectos mais – é clássico da Filosofia, notadamente da Epistemologia e da Gnosiologia. Será que a verdade existe? A resposta é obviamente sim quando se trata de simples afirmações sobre fatos claramente perceptíveis.

Por exemplo, é verdade que estou, neste momento, escrevendo um texto, como também é verdade que, hoje de manhã, meus filhos foram para a escola. É verdade que, no município de Embu, o sol está raiando, e, portanto, é falso afirmar que está chovendo. A verdade também se impõe no campo da matemática e da lógica. A operação 2 + 2 tem como resultado 4, eis o que é verdade no sistema dos números naturais. A parte é menor ou igual ao todo, eis o que é verdade na lógica das classificações. Creio que o mais cético não contestará o que acabo de afirmar. Mas ele se reservará o direito de contestar outros tipos de verdade, como, por exemplo, aquelas referentes às crenças ou à fé: Deus existe? A rigor, ninguém sabe. Ele também jogará suas dúvidas sobre a validade, no campo da ciência e da filosofia, de afirmações teóricas: por exemplo, corresponderá à verdade a afirmação de Freud segundo a qual somos em parte determinados pelos desejos inconscientes? Aqui, também, cabem dúvidas.

Mas cuidado: o ceticismo pode ser interpretado de duas maneiras. A primeira se traduz pela afirmação de que as afirmações julgadas verdadeiras são sempre subjetivas, relativas, e que, portanto, a verdade propriamente dita não existe, pelo menos nos casos de crenças e teorias. A segunda, conforme Bernard Williams (2006, p. 13), consiste em uma "atitude de desconfiança generalizada, um cuidado de não se deixar enganar, uma determinação a desmentir as aparências para atingir as construções e as motivações reais que se escondem atrás dela". Tal forma de ceticismo não provém da negação da verdade e de seu valor, mas ao contrário, nasce "de um apego imenso à veracidade" (p. 13). Pensa-se que ela é acessível, mas que pode estar muito bem escondida ou traída por falta de método adequado de averiguação ou de sinceridade por parte de quem a proclama. A indagação do primeiro tipo de ceticismo é "Para que procurar a verdade?"; a indagação da segunda é "Será que achei a verdade?".

Não pretendo entrar na discussão que opõe os dois tipos de ceticismo, notadamente porque, para levá-la a sério, é preciso definir sobre o que a verdade incide. Como eu disse, não há motivo para ter dúvida sobre a veracidade de afirmações do tipo "está chovendo agora", ou "Gustavo Kuerten é tricampeão de Roland Garros". Mas pode-se discutir, e muito, a validade de afirmações teóricas e de crenças. Todavia, entre teoria científica e crença ou fé há também uma diferença importante: a primeira pode se valer de provas empíricas para justificar suas afirmações, e as segundas, por fazer jus aos próprios nomes, não. Deixo, portanto, de lado a reflexão epistemológica para me dedicar à relação entre busca da verdade e a significação da vida.

E faço a pergunta: "Pode a vida fazer sentido sem algum grau de apego à ideia de verdade?".

A resposta é "não", por uma razão até que bem simples: o sentido da vida implica busca de significação, e a busca de significação implica *pen-*

sar. Ora, o próprio pensar implica se preocupar com a verdade. Não apenas com a verdade, é claro: o pensar pode incidir sobre a legitimidade de regras morais, sobre o belo, sobre o saboroso, etc. Mas a verdade é uma de suas mais importantes e bonitas obras.

Ora, essa obra é necessária à busca de significação para a vida. Com efeito, para construir significações, que poderão se tornar objeto de investimento afetivo, portanto, valores, é preciso eleger pelo menos dois temas do pensar: o si próprio e o meio físico e social no qual se vive.

Pensar sobre si próprio equivale a tomar consciência de si, consciência da própria história de vida, dos possíveis talentos, dos próprios valores, dos próprios sentimentos, das próprias aspirações, das próprias potencialidades. Não estou falando aqui da busca de algum "eu profundo", de um mergulho no abismo do inconsciente, de uma procura laboriosa das raízes mais recônditas da identidade. Aliás, nem sei se tal "eu profundo" existe. Mas o que sei é que, sem minimamente pensar sobre si mesmo, sem se conhecer razoavelmente, fica difícil se situar no mundo e dar sentido às ações que se realizam e às atitudes que se tomam. Como comentado, decidir "que vida viver" caminha junto com resolver "quem se vai ser". Logo, reflexões sobre o "eu" são incontornáveis.

E são incontornáveis também reflexões sobre o meio no qual se vive. Por um lado, porque a existência precede a essência, como o afirmava Jean Paul Sartre. O "eu" está sempre "em situação", está sempre agindo e interagindo. Logo, tomar consciência do que ele é deve ser acompanhado da compreensão das interações nas quais ele está inserido. Por outro lado, como construir sentido para a existência implica elaborar projetos de vida, não se vê muito bem como elaborá-los sem conhecer o mundo no qual se vai procurar evoluir: que condições econômicas o caracterizam, que sistema político o rege, que recursos naturais possui, que valores norteiam seus habitantes, que potenciais ele tem, que previsões sobre o futuro são possíveis, etc.

Em resumo, não se imagina alguém tendo êxito em conferir sentido para sua própria vida se inconsciente de si mesmo e ignorante das características do mundo que habita. Deve-se, portanto, pensar sobre si e pensar sobre o mundo.

E é aqui que reencontramos o tema da verdade. O que acabei de dizer pressupõe naturalmente que os produtos do pensamento sobre si e sobre o meio correspondam à verdade, ou seja, que as tomadas de consciência de si e os conhecimentos sobre o mundo não sejam falsos. Pois, se o forem, parte-se de bases errôneas e, inevitavelmente, vai-se em direções erradas. Pode acontecer que tais erros ou ilusões permitam, durante um tempo, conferir sentido à vida, mas a realidade retomará seus direitos e o sentido se esvairá.

Alguém poderá dizer aqui que ilusões e erros são inevitáveis, e não serei eu a discordar. Mas tal diagnóstico, longe de desmerecer a busca da verdade, reforça-a, pois, como acabo de dizer, erros e ilusões são perigosos para a busca do sentido da vida. A verdade é sempre limitada? Sim. Novas descobertas retificam afirmações anteriores? Sim. Porém, reconhecer as fragilidades do empenho humano em estabelecer verdades não condena ao calabouço tal empenho. Pelo contrário, mostra o quanto ele é necessário e difícil.

Como diz Bernard Williams (2006, p. 107), "a verdade deve ser considerada valor".

A verdade no mundo contemporâneo

Cabe, então, nos perguntarmos se, no mundo contemporâneo, a verdade é, de fato, considerada valor. Ora, creio que a resposta seja um sonoro "não".

É o que as análises feitas no capítulo anterior nos levam a pensar. Dizia Bauman que o esquecer é mais adaptativo que o lembrar: se assim for, para quê se importar com a verdade, fino produto da memória? Dizia Finkielkraut que o cultural se sobrepõe à cultura e que, decorrente disso, tudo vale, nada merece se destacar: se assim for, como achar critérios que separem o joio do trigo, o verdadeiro do falso? Diziam todos os autores citados que vivemos em um mundo fragmentado no qual a efemeridade é a regra e a conservação, a exceção: se assim for, como dar valor à verdade, uma vez que ela pressupõe a busca do que merece permanecer? Diziam eles também que vivemos em um mundo hedonista, no qual se comover prevalece sobre o pensar: se assim for, como ter energia para buscar a verdade, uma vez que tal busca implica esforço de reflexão? Vivendo sob a tirania da superficialidade e da moda, como dar valor à verdade, que pressupõe a profundidade e a perenidade?

Com efeito, *considerar a verdade como valor não é tarefa fácil nos dias de hoje*. Todavia, se a "cultura do tédio" acarreta, como vimos, infelicidade, é *absolutamente necessário reabilitar a verdade*.

E essa tarefa é ainda mais importante se atentarmos para o fato de que a falta de precisão nos enunciados e, às vezes, a pura e crua mentira são artífices empregados por parte daqueles que dominam o mundo, por parte daqueles que são chamados "formadores de opinião".

Penso, por exemplo, na *política*. Não raro, políticos – alguns, não todos, felizmente – dizem uma coisa hoje e, no dia seguinte, dizem o oposto. Afirmam que seus odiáveis adversários são fulanos e beltranos, e na eleição seguinte eis que os fulanos e beltranos se tornam queridos aliados.

Afirmam que vão realizar essa ou aquela reforma e, em seguida, nada fazem ou fazem o contrário. Cercados de microfones, falam a primeira coisa que lhes passa pela cabeça, e se desdizem no dia seguinte sem a menor cerimônia. Em alguns casos, trata-se de puro descaso em relação à verdade: bem ao gosto pós-moderno, se valoriza o ato de comunicar, não o que é comunicado. Contudo, em outros casos, trata-se de flagrante intento de enganação, de manipulação inescrupulosa da opinião pública. Tal manipulação fica clara nos períodos eleitorais, quando dominam não as plataformas políticas, mas a busca de sedução. Não é por acaso que as campanhas são dirigidas pelos chamados "marqueteiros", pessoas oriundas da área da publicidade, cuja missão primeira é vender produtos. A política e os políticos se tornaram produtos. Se a afabilidade "não vende", o mais cortês dos candidatos se mostrará agressivo. Mas, se a agressividade for considerada um empecilho para a "boa imagem" a ser vendida, o mais durão dos candidatos procurará estampar em seu rosto um sorriso angelical. Assim sendo, como saber, de verdade, quem são esses homens e mulheres que se candidatam a presidir nossos destinos? O que eles realmente pensam? O que realmente pretendem? Será que, eles mesmos, o sabem?

Resultado: a perda de crédito da política e dos políticos por parte da população, notadamente dos jovens. Em uma recente pesquisa realizada por minha esposa, Elizabeth Harkot-de-La-Taille, e eu, com mais de 5 mil alunos do ensino médio da Grande São Paulo, verificamos que as instituições políticas têm péssima imagem junto aos jovens. Por volta de 72% dos sujeitos não confiam, ou confiam pouco no Congresso Nacional. Esse número sobe para 80% em relação ao Poder Judiciário, e para 95% em relação aos partidos políticos. Com minhas colegas da USP, Maria Isabel da Silva Leme e Maria Thereza Costa Coelho de Souza, replicamos a pesquisa junto a estudantes universitários, os quais se mostraram até mais severos: 96% não confiam ou confiam pouco no Congresso Nacional, 86% no Poder Judiciário e 98% nos partidos políticos.

A razão dessa grande desconfiança está em parte associada, como é sabido, às constantes denúncias de corrupção que maculam a imagem dos representantes políticos. Nesse caso, trata-se de uma avaliação moral. Porém, não creio que o fato de alguns políticos serem suspeitos de trapacear – para alimentar suas contas bancárias e/ou para obter maiores fatias do poder – seja suficiente para explicar a referida desconfiança. Avaliações sobre sua competência em dirigir o país pesam, como também pesa o fato de seus pronunciamentos serem suspeitos de pouco compromisso para com a verdade.

Ora, tal situação é duplamente perigosa. É perigosa, pois coloca em xeque o valor da democracia e, por conseguinte, o porvir político do país. Note-se que, na pesquisa citada, verificamos que 66% dos alunos do ensino médio e 80% daqueles do ensino superior consideram os políticos importantes ou muito importantes para o progresso da sociedade. Não se trata, portanto, da negação da política: pelo contrário, ela é considerada relevante, mas vista como conduzida por pessoas pouco merecedoras de crédito. Até quando tal situação pode durar?

A situação também é perigosa para os próprios jovens. Por um lado, sentem-se indefesos porque submetidos a discursos políticos que não sabem se correspondem, ou não, à verdade. E, por outro, porque, queiramos ou não, sendo os políticos figuras públicas de grande visibilidade, as liberdades que parecem tomar com a verdade podem minar ainda mais o valor que ela deveria ter.

Em suma, eleger a verdade como valor não somente é um bem em si mesmo para a procura de sentido para a vida: a capacidade de a ela chegar é também ferramenta necessária para se situar com um mínimo de precisão em um universo político de tantas mensagens dúbias, de tantas afirmações imprecisas, de tantas análises confusas, de tantas promessas duvidosas, e também de claras tentativas de enganação. Para sobreviver em tal ambiente equívoco, se faz necessário a chamada capacidade de *crítica*, não entendida como disposição a julgar negativamente, mas sim como vontade de passar o que se ouve, se vê, se pensa e se diz pelo crivo da razão, para debelar possíveis erros, possíveis mentiras, possíveis ilusões. Não há crítica honesta sem amor à verdade.

Outra área da cultura na qual se encontram formadores de opinião é a da *publicidade*. Quando não ocupados em nos contar as vantagens de vereadores, deputados, senadores e presidentes, ou as realizações, não raro apresentadas como faraônicas, dos governos, estão ferozmente dedicados a nos fazer comprar objetos e serviços mil. Será que os anúncios por eles criados para nos seduzir e convencer estão inspirados pela verdade? Perguntado de forma mais direta: tais anúncios dizem a verdade?

A questão é delicada. Sabe-se que existe legislação que proíbe as chamadas propagandas enganosas, cujo exemplo mais famoso e folclórico é aquele dos comerciais de loções capilares que, em pouco tempo, fariam os carecas recuperarem vistosas cabeleiras. Sim, a lei proíbe que se diga de um produto coisas falsas. Em bom português, os publicitários não podem mentir. Mas não é somente a mentira que se opõe à formulação da verdade. Pode-se induzir alguém a acreditar em algo falso sem faltar com a verdade. Bernard Williams (2006) dá um exemplo dessa forma de estratégia se referindo a uma secretária que, tendo aberto sem permissão a correspondência pessoal de seu chefe, lhe diz "alguém abriu sua correspondência". Como se vê, o enunciado da secretária diz uma verdade incontestável: com efeito, alguém abriu as cartas. Todavia, tal enunciado é interpretável como denúncia de que *outrem* cometeu a transgressão, pois ninguém costuma referir a si mesmo empregando o pronome "alguém". O chefe em questão provavelmente não apenas não desconfiará de sua funcionária como a considerará como valiosa aliada e cuidadosa defensora de seu sigilo postal. Esse pequeno exemplo mostra que se pode "mentir sem mentir", enganar sem nada dizer de falso. Somente o ouvido e um olhar atentos à verdade podem debelar tais estratégias.

Podemos dizer que os criadores de anúncios publicitários lançam mão desse tipo de estratégia? Creio que sim. Por exemplo, em embalagens de suco de laranja, às vezes lê-se que o produto "não tem adição de açúcar": tal mensagem é verdadeira, mas seu efeito pode ser o de levar o consumidor a pensar que *não tem açúcar*, embora suco de laranja o contenha. Não estou acusando os responsáveis por anúncios e rótulos de querer sempre vender gato por lebre, mas afirmo que às vezes o fazem, notadamente quando se dirigem ao público infantil. Penso, por exemplo, em certos anúncios de carrinhos e bonecas. Eles são feitos de tal modo que os brinquedos apresentados parecem possuir qualidades que, uma vez em casa, nas mãos das crianças, se mostram bem inferiores àquelas filmadas: a frustração é inevitável, e, após algumas horas, carrinhos e bonecas vão para o baú dos brinquedos desprezados. Tais propagandas não mentem, no sentido estrito da palavra, pois não dizem que os objetos cobiçados fazem coisas que, na realidade, não fazem. Todavia, a montagem das imagens e o som que as acompanha despertam a fantasia e induzem o pequeno consumidor a acreditar que ele poderá usufruir de prazeres, na verdade, impossíveis. Para se defender de tais manipulações, a criança deveria poder dimensionar, na escala do real, as reais possibilidades de brincar com esses objetos: ou seja, opor às fantasias a verdade dos fatos.[1]

E isso vale para todas as propagandas. Se, às vezes, mesmo sem mentir, os publicitários vendem gato por lebre, isso não é o que mais fazem. O que mais fazem é criar demanda, e para isso associam o produto veiculado ao que eles imaginam ser os anseios de vida de seus potenciais consumidores (e realizam pesquisas de mercado para isso). Você quer ter visibilidade social? Seja cliente de tal banco. Você quer se sentir poderoso? Compre tal carro. Você quer irradiar felicidade? Use tal celular. E assim por diante. Para se situar perante o incessante proselitismo da publicidade, é preciso ter bem claro se é verdade que se quer ter visibilidade social a todo custo, se é verdade que se quer ter poder ou irradiar felicidade para a plateia. E é necessário saber se é verdade que esses ou aqueles produtos vão ajudar nessa busca existencial.

Acabamos de ver que o valor verdade é, além de incontornável para a busca de sentido da vida, imprescindível para navegar com razoável consciência no mundo da política e digladiar com o universo da publicidade. Mas também o é em nossa relação com a *mídia*.

Os editores e jornalistas que fazem jornais, revistas, programas de rádio e de televisão certamente são os mais importantes formadores de opinião. "Deu no jornal", eis uma expressão bem conhecida que frequentemente significa "eis a verdade verdadeira". Ter a foto em um jornal, ser citado em uma revista, aparecer na televisão, dar entrevista no rádio, são fatos que costumam dar prestígio aos olhos de muitos. A mídia é, como se diz, nossa "janela para o mundo". Mas tal janela nos traz um mundo *interpretado* por quem a abre e a fecha. Logo, a relação de tais interpretações com a verdade deve ser cuidadosamente examinada, sob pena, se esse exame não for feito, de sermos às vezes induzidos ao erro, à ilusão.

Com frequência, a mídia nos traz informação que não apresentam problema algum em relação à verdade. Os Estados Unidos e seus aliados invadiram o Iraque, o trem-bala francês (TGV) andou a mais de 500 km por hora, houve um terremoto no Afeganistão, Guinga lançou um CD com o nome de "Casa de Vila", uma atriz sofre de unha encravada, outra se divorciou, outra ainda prefere brócolis a nabos, houve uma chacina no Rio de Janeiro, houve rebelião nos presídios de São Paulo, haverá greve de funcionário da Previdência na semana que vem, o horário de verão começará no próximo domingo, etc. Não há razões sérias para duvidar que tais eventos, que vão de fofoca a notícias graves, aconteceram, ou vão acontecer. Todo o problema reside em avaliar sua relevância.

O apreço pela verdade se coloca para avaliar outras manifestações presentes na mídia, a começar pelos editoriais nos quais os mais altos responsáveis pelos meios de comunicação, e pessoas escolhidas a dedo por eles, colocam suas posições a respeito de temas variados. A esse respeito, comenta Ivan Rioufol (2000, p. 62), "o descrédito sistemático é atualmente a linha editorial da maioria dos meios de comunicação (...) A ordem é, antes de tudo, desancar". Não sei se o leitor concorda com Rioufol. Eu, sim. É raro ler um editorial elogioso. É raro ler um texto de apoio a decisões políticas. São raros articulistas que refreiam suas diatribes. Não é raro críticos de arte avacalharem obras e comprometerem reputações. Tal "indisposição" para com outrem tem, às vezes, motivos políticos e ideológicos, pois cada jornal, cada revista, cada estação e cada canal têm seus interesses próprios, e por eles zelam. No entanto, creio que as constantes críticas, muitas vezes virulentas, também são expressão do clima cultural contemporâneo. No capítulo anterior, citei Finkielkraut, o qual dizia que os pós-modernos tomam partido, não pelo que cai, mas pelo que *faz cair*. Creio que encontramos essa postura também na mídia. Se tal for o caso, não se devem ler as análises presentes nela sem a preocupação com a verdade: serão a análises corretas? As críticas merecidas? As diatribes sinceras?

Mas o tema da verdade não se coloca apenas quando somos confrontados a análises: também se coloca em relação a certos fatos objetivamente apresentados pelos meios de comunicação. O leitor certamente lembra-se do episódio da Escola Base. Em 1994, professores dessa escola do Município de São Paulo foram acusados de abuso sexual contra alunos. A mídia paulistana, incentivada por pais compreensivelmente irados pelos supostos atos de pedofilia, deram grande eco à denúncia, e, como era de se esperar, a opinião pública se dispôs a linchar moralmente os educadores acusados. Contudo, logo foi verificado que nada havia acontecido. Porém, a verdade chegou tarde demais, a escola foi depredada e a reputação dos donos da escola ficou irremediavelmente maculada. Esse episódio levanta problemas para a ética jornalística. Note-se que os jornalistas nunca afirmaram, eles mesmos, que os educadores eram culpados: os jornalistas "apenas" divulgaram as denúncias. Porém, como vale o "deu no jornal", pessoas sem apego real à verdade se dispuseram, sem maiores análises, a vituperar os pobres inocentes.

Caso parecido aconteceu no final do ano de 2006, logo após a trágica colisão entre dois aviões, causando a queda de um deles e a morte de mais de cem pessoas (o outro, um Legacy, conseguiu milagrosamente pousar). A mídia começou por noticiar que os pilotos do Legacy estavam pilotando a sua aeronave a uma altitude errada, fato que teria causado a tragédia. Como no caso da Escola Base, a mídia não afirmou que essa informação era verdadeira: teve acesso a ela e a divulgou. Resultado esperado: a opinião pública imediatamente julgou os pilotos sãos e salvos responsáveis pelo acidente. Como, para piorar as coisas, eles eram naturais dos Estados Unidos, certo antiamericanismo fortaleceu ainda mais a crença em sua responsabilidade. Fatos posteriores – o chamado "apagão aéreo" – tornaram sobremaneira relativas as primeiras suspeitas. Note-se que a própria imprensa, em diversos editoriais, clamou por prudência nas avaliações, lembrando que cada acidente aéreo depende de tantas variáveis que o precoce linchamento moral dos pilotos americanos era muito provavelmente um erro e, logo, uma injustiça. Não me lembro de tal cuidado ter sido tomado no caso da Escola Base, mas, de qualquer forma, deve ser louvado. O que importa para meu intento é mostrar que até mesmo fatos veiculados pelos meios de comunicação devem ser cuidadosamente ponderados para não se fazer avaliações erradas da realidade e não se cometer injustiças. Isso só é possível se houver um apreço especial pela verdade.

Falta falar de outro elemento da cultura que deve tornar ainda maior o referido apreço: a internet. Fenômeno recente, a internet já se apresenta como a "grande dama" dos meios de comunicação. Não apenas tende a englobar os outros meios, como permite novas formas de comunicação e já assume ares de "biblioteca universal". Com efeito, os formadores de opinião já citados empregam cada vez mais a internet para passar suas mensagens. Cada político pode ter seu *blog*, publicidades inundam *sites* e caixas postais, revistas, jornais, estações de rádio e televisão já possuem os seus *sites*, por intermédio dos quais veiculam suas informações e análises. Logo, tudo o que foi dito há pouco a respeito dos cuidados necessários para avaliar na justa medida o caráter verdadeiro do que nos é apresentado vale para quem resolve navegar na rede telemática internacional. Mas, como ela vai além, outras dimensões devem ser contempladas.[2]

Há, é claro, os perigos inerentes às redes de comunicação interindividuais: como não se sabe ao certo quem "entra" nas salas de bate-papo, todo cuidado é pouco para não ser enganado por pessoas desonestas e criminosas. Houve casos de assédio de pedófilos que, aproveitando a ingenuidade de crianças, procuram marcar encontros com elas. Nesse caso, não é tanto o apego à verdade que está em jogo, pois dificilmente se poderia ter acesso a ela. A virtude necessária é a prudência, notadamente por parte dos pais. Alguns permitem que seus filhos tenham pleno acesso à internet e se descuidam dos *sites* e contatos que possam travar. Esse descaso parental é criminoso. A internet, espaço ainda carente de regras de uso, é uma verdadeira "selva", e não se entende como certos adultos deixam seus filhos aventurarem-se nela sem auxílio. Aliás, eles próprios devem ficar atentos para sua segurança, tendo em vista o grande número de mensagens eletrônicas enganosas que chegam incessantemente, mandadas com o objetivo de penetrar contas bancárias, ter acesso a informações íntimas, ou introduzir "vírus" destruidores.

Entretanto, o mais preocupante do emprego da internet está justamente naquilo que representa talvez a sua maior riqueza: a divulgação de informações e conhecimentos de toda ordem. Com programas poderosos como o *Google*, acessam-se milhares de *sites* e de *blogs* que falam de praticamente tudo: filosofia, biologia, medicina, matemática, esporte, política, etc. Minha prática docente tem me mostrado que vários alunos preferem apelar para tais *sites* a ir às bibliotecas para terem acesso a conhecimentos de que precisam. Todo o problema reside em saber o quão confiáveis são os *sites* visitados. Para tanto, é preciso ter uma bagagem sólida de conhecimentos e, é claro, uma atitude de seriedade para com a verdade. Mais uma vez, se a verdade não for um valor, o risco é grande de ser enganado, de enganar-se e de, por tabela, enganar terceiros.

Em suma, espero ter convencido o leitor de que, sem o valor verdade, é difícil construir projetos de vida. Tal construção pressupõe sincera tomada de consciência de si e também pressupõe conhecimentos precisos a respeito do entorno natural e social no qual o "eu" vai se mover e evoluir. Sendo que vivemos em tempos de "identidade palimpsesto", em um entorno cultural no qual imperam os fragmentos, a efemeridade, a falta de balizas, acrescidos de tantos discursos, de tantos anúncios, de tantas análises, de tantas informações, de tantas mensagens, o valor verdade torna-se ainda mais crucial.

Mas o que é, na prática, dar valor à verdade? Quais são os métodos e as atitudes necessárias? Tratemos dessa questão agora.

Obstáculos exteriores e interiores

Na busca da verdade, enfrentamos dois tipos de obstáculos: os obstáculos *exteriores* e os *interiores* (*ver* Williams, 2006).

Os *obstáculos exteriores*, como seu nome indica, correspondem às resistências oferecidas pelo objeto sobre o qual queremos saber a verdade. Bons exemplos se encontram nas enquetes policiais que dão lugar a tantos deliciosos romances. Houve um assassinato, e os policiais querem achar o culpado. Naturalmente, este empregará variados artifícios para que não cheguem até ele: dará falso testemunho, apagará pistas, esconderá indícios. Eis exemplos de obstáculos externos aos quais serão confrontados os Poirot e Maigret da vida real. Acontece de eles não serem vencidos, e, então, a verdade permanecerá desconhecida e o culpado, em liberdade. Na Ciência, enfrentamos incessantemente obstáculos externos. Não se trata de falsos testemunhos (embora, no caso das Ciências Humanas, eles também aconteçam), mas de dificuldades inerentes à busca desse tipo de conhecimento: nem sempre a realidade física e social se deixa prontamente conhecer e interpretar. Cada um de nós, no cotidiano, enfrenta obstáculos externos que desafiam nossa busca de verdades variadas. Eles são inevitáveis, e são de maior ou menor monta. Não obstante, como não dependem do sujeito que procura a verdade, mas sim do objeto da pesquisa, nada podemos fazer diretamente em relação a eles. Eles são o que são. Em compensação, podemos ajudar o sujeito a se preparar para enfrentá-los. E isso equivale a ajudá-lo, na medida do possível, a *transpor os obstáculos interiores*.

Os *obstáculos interiores* são inerentes ao sujeito. Eles podem ser de três tipos: *lacunas no conhecimento*, fragilidade ou insipiência das *ferramentas intelectuais*, ausência de determinadas *virtudes*. Falemos de cada um desses três tipos de obstáculos interiores na busca da verdade, apreciando em que medida a educação pode ajudar a superá-los.

Lacunas no conhecimento

O primeiro tipo de obstáculo interior, *lacunas no conhecimento*, é o mais evidente dos três. Por exemplo, para sabermos se é verdade, ou não, que o clima planetário está apresentando aquecimento progressivo, precisamos de dados químicos e físicos. Precisamos de outros elementos mais para avaliar se procede afirmar que tal aquecimento é decorrência de atividades humanas ou fenômeno devido a um ciclo climático natural. O mesmo para a medicina: somente podemos saber se tal doença tem cura rápida ou lenta se dispormos dos conhecimentos apropriados. Também vale para os problemas do dia-a-dia. A geladeira tem conserto? Precisamos saber como ela funciona. Votaremos no candidato que promete fim do desemprego? Para avaliar se ele não está fazendo promessas vazias, precisamos entender um pouco que seja de economia. E assim por diante.

Naturalmente, é impossível alguém possuir os conhecimentos necessários para resolver os mais diversos problemas que se apresentam. O ideal seria que ele dominasse uma área do saber na qual a busca da verdade fosse possível, para ele, que ele tivesse bastante cultura geral para poder minimamente se situar perante um número variado de situações estranhas a sua especialidade, e também que tivesse as informações necessárias para saber a quem se dirigir quando a busca pela verdade for, para ele, impossível.

Isso posto, as instituições a quem compete o essencial da tarefa de fazer que as pessoas possuam conhecimentos variados são as instituições educacionais: escola e universidade. Digo o "essencial" porque elas não são as únicas responsáveis. Há outras: a família, e também os variados meios de comunicação. Deveria haver uma espécie de divisão de tarefas, cabendo à família e aos meios de comunicação fornecer os conhecimentos necessários ao trânsito nas diversas instituições sociais (mundo do consumo, o mundo das leis, da política, etc.) e conhecimento de nível filosófico e científico às instituições educacionais. Cabe ao ensino superior a especialização e aos ensinos fundamental e médio a cultura geral. Os limites entre o que deve e pode fazer a família, os meios de comunicação e as instituições educacionais não são sempre claros nem rígidos. Pode acontecer, por exemplo, de a escola ter de compensar o que se esperaria que a família fizesse. Penso no caso da educação sexual. Pessoalmente, não creio ser tarefa da escola, entre outras coisas porque envolve dimensões privadas e íntimas difíceis de se tratar em um espaço público. Porém, se é verificado que muitas famílias falham nessa tarefa e que as consequências dessa falha são desastrosas (gravidez precoce, doenças sexualmente transmissíveis, etc.), creio que a escola não pode se furtar a dar sua contribuição. Isso, no entanto, deve ser a exceção, não a regra. Do ponto de vista do conhecimento, cabe a ela transmitir aqueles que são valiosos para todos e para variadas situações de vida, e não aqueles mais pontuais e contextualizados. Se ela tomar para si a transmissão de um número demasiado grande de conhecimentos, corre o sério risco de se sobrecarregar, de se perder e, logo, corre o risco de nada ensinar.

Mas o que é inadmissível é que ela não consiga ensinar corretamente nem o que lhe cabe de direito. Ora, infelizmente, não são raros os diagnósticos que apontam, no Brasil e no resto do mundo ocidental, uma decadência da qualidade do ensino. No caso particular do Brasil, nem é preciso lembrar os vergonhosos índices de aprendizagem de numerosos alunos. Mas, insisto, a crise não assola apenas o Brasil. Queixas muitos parecidas são ouvidas com frequência na França, por exemplo, país que foi o "templo" da cultura e da educação. Se tais diagnósticos forem corretos, quais serão as razões do atual colapso pedagógico?

A maior responsabilidade costuma ser atribuída à chamada "má-formação" de numerosos professores. Entretanto, o que seria, ao certo, essa má-formação?

Pode ser, por exemplo, a dificuldade, para não dizer a incapacidade, de os professores lidarem com uma população jovem, que apresentaria características inéditas e, portanto, desconhecidas nos anais didáticos acumulados ao longo dos séculos. Creio que essa tese é em parte verdadeira. Com efeito, "ser jovem", que antigamente caracterizava apenas um momento do desenvolvimento, passou a ser visto como identidade (cobiçada pelos próprios adultos, como vimos). Dito de outra maneira, os jovens na sala de aula, até um passado não muito distante, consideravam-se *alunos*, ou seja, pessoas em fase de aprendizagem e transição. Hoje, consideram-se antes *jovens* do que alunos. Dão mais valor à idade do que à inserção institucional. Isso coloca em xeque a autoridade dos professores, autoridade essa que possuíam não apenas por serem docentes, mas também – e talvez essencialmente – por serem adultos. As coisas mudaram e parece que os professores ainda não sabem muito bem como gerir a nova situação e estabelecer novos contratos de convívio com seu público discente. "O que é ser professor hoje?", eis a pergunta que muitos se fazem. Não saber responder a ela é problemático e corresponde, sem dúvida, a uma lacuna de formação.

Outra razão apresentada e apontada para explicar a baixa de qualidade do ensino é a suposta má-formação docente no que se refere às *estratégias didáticas*. Aliás, tal razão costuma ser a mais lembrada. E também parece ser a mais evidente: os professores não sabem ensinar, logo, os alunos não aprendem. "Elementar, meu caro Watson", como diria Sherlock Holmes. Porém, não penso que seja tão elementar assim. Penso até que a ênfase dada na didática, que se verifica até nas universidades, é contraproducente e explica, em parte, os maus resultados escolares.

Antes de mais nada, devemos observar que nunca os professores dispuseram de tantos recursos: livros didáticos de toda ordem, cada qual rivalizando em qualidade da arte gráfica, televisões, vídeos, retroprojetores, *datashow*, computadores. Parecem desprovidos os professores de antigamente, que apenas dispunham de lousa e giz, e que faziam seus alunos lerem livros sem apelo gráfico, quase sem ilustrações, de letras miúdas e parágrafos apertados. Mas, pelo jeito, esses professores conseguiam melhores resultados que seus sucessores aquinhoados com vasta gama de apetrechos didáticos eletrônicos. Diga-se de passagem, é interessante notar que, a cada novo recurso introduzido na sala de aula (recursos esses em geral inventados para outros fins, – é o caso da televisão, do vídeo, do computador, etc.), são cantadas suas glórias como a ferramenta que, finalmente, vai permitir um ensino estimulante, dinâmico, democrático e eficaz. Interessante notar também que certa amnésia acomete os apaixonados por tecnologia: não raro apresentam um novo recurso com os mesmos argumentos favoráveis com os quais foi apresentado um recurso anterior, que acabou sendo abandonado por falta de eficiência. Tal fenômeno acaba de acontecer com o computador, para o qual se repetiram os mesmos elogios que haviam sido dirigidos, na década de 1960, à televisão. Como se sabe, o emprego da televisão não cumpriu as promessas pedagógicas esperadas, e pouco se emprega esse aparelho hoje em dia. Que futuro será reservado aos computadores?[3] Não sei, mas o que sei é que, nos dias de hoje, recursos didáticos não faltam.

Pode-se dizer que o problema está no fato de os docentes não saberem empregá-los? Talvez. Por exemplo, no caso do *datashow*, tenho reparado que muitos o empregam apenas como apoio mnemônico: limitam-se a ler o que é projetado. Tal emprego, no mínimo inútil para a aprendizagem de quem assiste à aula ou à conferência, pode chegar a ser prejudicial, pois dispersa o aluno, que deve passar da escuta à leitura, da leitura à escuta. Não há mais tempo para *pensar* no que está sendo ensinado. Os apelos visuais tendem a "hipnotizar" o público. A voz, sozinha, raramente tem esse efeito, e uma aula apenas falada permite ao aluno se desligar momentaneamente do discurso, refletir e a ele voltar. O que ele tiver perdido da fala professoral poderá ser recuperado nos livros. Críticas parecidas poderiam ser feitas a respeito do uso de outros recursos didáticos. Todavia, não creio que aí esteja a questão maior.

Estará ela em uma suposta precariedade das abordagens didáticas desenvolvidas ao longo do tempo pelos educadores? Certamente não. Itard, Froëbel, Freinet, Montessori, Paulo Freire, eis alguns nomes de educadores de obras valiosas: não faz sentido afirmar que todos eles erraram em suas propostas pedagógicas.

Será então a referida má formação docente decorrência de uma suposta ignorância a respeito dos processos de aprendizagem das crianças e adolescentes? Tampouco creio que seja esse o maior problema: afinal, autores como Piaget, Vygotsky, Wallon, Freud, Winnicott, para citar apenas alguns, estão bem presentes nos cursos de pedagogia e fala-se deles em todos os encontros, simpósios e congressos de educação.

Em suma, não acredito que a propalada má-formação dos professores se traduza por limitações didáticas, pela ausência de propostas educacionais válidas, nem por falta de noções de psicologia da aprendizagem e do desenvolvimento.

Penso que o problema da má formação está essencialmente em uma *apropriação lacunar dos conteúdos a serem ensinados.*

É muita ênfase dada à didática e pouca ao conteúdo. É muita ênfase dada ao como ensinar Matemática, mas pouca ênfase na Matemática em si. É muita importância dada ao como ensinar História, mas pouca importância atribuída à própria História. É muito empenho em conhecer quais seriam as melhores formas para ensinar Língua Portuguesa, mas pouco empenho em conhecê-la a fundo e empregar sua norma culta. E assim por diante.

Acabo de me remeter à Língua Portuguesa: não raro reparo com tristeza o quanto docentes (muitos e de todos os níveis de ensino) falam ou redigem mal a língua materna. E me pergunto: se forem professores polivalentes ou exclusivamente de português, como podem eles ensinar uma matéria que não dominam? Pergunto-me também: mesmo se forem professores de outras matérias, por que será que tratam com tanto descaso o falar com correção? Afinal, o domínio de uma língua é condição necessária à clareza da elaboração e da transmissão de todo e qualquer conteúdo. Não estou me referindo, é claro, ao domínio profundo da norma culta. Refiro-me à correção sintática, à escolha de certas palavras, ao emprego judicioso de sinônimos, à expressão clara das relações lógicas, os quais fazem parte do mínimo exigido de uma comunicação que visa transmitir conhecimentos, ideias, reflexões. Boileau, já no século XVII, dizia com toda razão: *"Ce qui se conçoit bien s'ennonce clairement, et les mots pour le dire arrivent aisément"* (o que é bem concebido é expresso com clareza, e as palavras para dizê-lo chegam com facilidade). Há uma dialética entre "pensar bem" e "falar bem". Se o "pensar bem" leva a querer se expressar com clareza, por sua vez, o "falar bem" permite ao pensamento fluir, pois não se pensa sem palavras, sem frases, sem relações entre palavras e frases.

Detive-me um pouco sobre a Língua Portuguesa, mas creio que lacunas devem existir nas demais matérias. E, admitindo a existência de tais lacunas, qual será sua origem? Trata-se de um círculo vicioso: tendo os professores de hoje recebido um ensino precário, eles reproduzem essa precariedade? Tal hipótese não pode ser descartada. Mas vejo outra: *o pouco valor atribuído por eles próprios ao conhecimento que procuram transmitir.*[4] Parece ocorrer uma inversão. Professores seriam especialistas em transmitir uma matéria, mas não seriam, eles mesmos, especialistas na referida matéria. Reencontramos aqui uma característica já apontada para a comunicação no mundo atual: o importante é comunicar, e não o conteúdo do que é comunicado. Mesma coisa aconteceria com o ensino: o importante seria sofisticar didaticamente o modo de transmissão do conhecimento, não aprofundar o próprio conhecimento. Ora, por mais elaboradas que sejam as estratégias didáticas, elas surtem pouco efeito se quem as emprega não domina o conteúdo veiculado. E pouco adiantam ao professor preciosas noções sobre processos psicológicos de aprendizagem se ele não conhece intimamente as matérias a serem aprendidas pelos alunos.

Em suma, creio que uma das razões centrais da baixa de qualidade do ensino em várias instituições educacionais está na *perda de valor* que o conhecimento vem sofrendo na sociedade como um todo, e nas referidas instituições em particular. Ora, como a busca da verdade passa pela superação desse obstáculo interior que é a lacuna de conhecimentos, cabe às famílias, aos meios de comunicação e, sobretudo, às instituições de ensino transmitirem às novas gerações uma bagagem intelectual sólida.

Ferramentas intelectuais

Falemos agora do segundo obstáculo: a *fragilidade ou incipiência das ferramentas intelectuais*. Para desvendar verdades de todo tipo, são necessários conhecimentos (conteúdo) e formas precisas de raciocínio (forma). De nada adianta ser capaz de raciocinar bem, mas não possuir conhecimentos que alimentem a reflexão. Mas tampouco adianta possuí-los sem ser capaz de organizá-los de forma a chegar a diversas conclusões.

Para raciocinar, ou seja, para produzir conclusões fiáveis, o ser humano dispõe de duas ordens de ferramentas intelectuais: as *operações* e os *procedimentos*.

O conceito de operação deve ser entendido aqui no sentido piagetiano: *ações interiorizadas reversíveis*. Fala-se em "ação" porque todo pensar é uma ação. Fala-se em "ação interiorizada" porque o pensar incide sobre representações (símbolos, palavras, enunciados, etc.). Por exemplo, chutar uma bola é uma ação, pensar sobre como se vai chutar uma bola é uma ação interiorizada. Fala-se em "ação interiorizada reversível" porque a operação é um pensar organizado pela lógica, e que todo pensamento lógico pressupõe a reversibilidade, ou seja, a capacidade de se ter consciência da qualidade das transformações realizadas, consciência dos passos reflexivos que foram dados e, logo, capacidade de se voltar ao ponto de partida da reflexão. Por exemplo, se obtemos o número 10 por intermédio da adição de dois outros números, 6 e 4, a reversibilidade nos permite partir do resultado de nossa operação (o número 10) e voltar ao ponto de partida (10 menos 6 devolve-nos ao número 4, e 10 menos 4 devolve-nos ao número 6). Acabei de dar um exemplo matemático, mas podemos pensar em exemplos nos quais não há números. É o caso da lógica das classificações: sabemos que a parte é menor (ou igual, em certos casos) ao todo porque sabemos que o todo é formado de adição de classes e, logo, podemos desmembrar o todo construído e voltar às classes singulares que o compõem. Em resumo, as operações correspondem a ferramentas mentais que nos permitem pensar de forma lógica, fazer deduções e evitar (ou corrigir) contradições nos nossos raciocínios. Não houvesse operações, não haveria critérios que nos permitissem afirmar que um raciocínio é válido ou não. A lógica corresponde a uma organização profunda do pensar, que lhe garante consistência, objetividade e possibilidade de comunicação.

Falemos agora da relação das operações com a verdade. Quando se trata de afirmações fruto de puras observações, as operações não precisam ser empregadas. Por exemplo, se digo, depois de ter olhado pela janela, que "a rua está molhada", o caráter verdadeiro ou falso desse enunciado depende da qualidade de minha observação (pode ter havido uma ilusão de ótica, e nesse caso o enunciado não corresponde à realidade e é, portanto, falso). Admitindo que minha observação esteja conforme à realidade, imaginemos que eu prossiga dizendo: "a rua está molhada, logo choveu". Nesse caso, estou tirando uma conclusão de minha observação. Ora, vê-se que meu raciocínio é falho porque, se é verdade que chuva implica rua molhada, a recíproca não é necessariamente verdadeira: é falso dizer que rua molhada implica que houve chuva (pode haver outras causas, como alguém ter usado uma mangueira). Pode acontecer de meu enunciado corresponder à verdade (de fato choveu), mas é mera probabilidade, não necessidade lógica. E, se eu permanecer pensando que sempre que "a" implica "b", "b" também implica "a", cometerei erros e a verdade, às vezes, me escapará. Em suma, as operações são necessárias para organizar raciocínios e avaliar se as conclusões às quais chegamos são verdadeiras ou não.

Isso posto, cabe se perguntar se as operações correspondem a um patrimônio intelectual que todo ser humano naturalmente possui, ou se tal posse decorre de processos de aprendizagem desencadeados por estratégias pedagógicas em especial concebidas para esse fim. Pode-se dizer que a resposta está, de certa forma, entre as duas alternativas.

Se interpretarmos a expressão "naturalmente possui" seja como afirmação de que a criança já nasce com o poder de pensar por intermédio de operações, seja como tese de que tal capacidade é decorrência inelutável da maturação nervosa, estaremos cometendo um erro teórico. Por um lado, sabe-se que uma criança de 0 a 7 anos, em média, não raciocina por meio de operações. De 0 a 2 anos, a questão nem se coloca uma vez que o bebê ainda não tem a capacidade de representação e, logo, não efetua ações interiorizadas. Dos 2 aos 7 anos, ela efetua tais ações, mas ainda não domina as relações lógicas que, mais tarde, organizarão seus raciocínios. É por essa razão que Jean Piaget deu a esse período do desenvolvimento cognitivo o nome de *pré-operatório*. Durante esse período, a criança é boa observadora, mas afirma muitas coisas sem procurar e sem poder demonstrá-las. Portanto, não se pode afirmar que o pensar de maneira operatória seja inato no sentido de capacidade intelectual que acompanharia o ser humano desde o nascimento. Mas tampouco é possível dizer que seja inato no outro sentido da palavra: capacidade decorrente apenas da maturação nervosa e, portanto, disponível a partir de alguma idade de modo independente das experiências e das aprendizagens ocorridas durante os anos anteriores. Na abordagem teórica de Piaget – que aqui assumo –, as operações são estruturas mentais *construídas* pelo próprio sujeito, e, embora tal construção seja condicionada pela maturação orgânica, a ela não se reduz, pois é o resultado dos esforços que toda criança naturalmente envida para conhecer o mundo físico e social e a ele se adaptar. Em outras palavras, as operações são estruturas construídas em um processo paulatino de interação com o meio. Poderiam não ser construídas? A rigor, pode acontecer, se a criança não tiver acesso ao mundo social e não desenvolver a capacidade de pensar por representações. Com efeito, a referida capacidade é uma construção desencadeada pela necessidade de a criança se comunicar com seus semelhantes. Porém, como todas as crianças – com as trágicas exceções dos chamados "meninos lobos" – vivem em sociedade, elas não só acabam por aprender a se comunicar como desenvolvem ferramentas para se comunicar de forma objetiva. Nesse sentido, pode-se dizer que construir e empregar operações corresponde a um potencial natural: em condições normais de vida, todo e qualquer sujeito alcança esse nível de desenvolvimento cognitivo.

Decorre do que acabo de dizer que é errado pensar que a aprendizagem das operações é decorrência de estratégias pedagógicas especiais. Todas as experiências de vida, todas as procuras espontâneas de conhecimento, todos os momentos de comunicação interpessoal são oportunidades para a paulatina construção das operações. Também, é claro, contribuem as práticas sistemáticas de ensino promovidas pela escola. Porém, não há matéria a ser privilegiada, pois há lógica na matemática, e também há na Língua Portuguesa, na História, na Geografia, na Música, nas Ciências, etc. Não cabe, portanto, à escola "ensinar" as operações mentais, mas sim facilitar sua construção (que, forçosamente, acontecerá). Para tanto, os professores precisam lembrar do alerta de Jean-Jacques Rousseau (1966, p. 157) contra as estratégias didáticas que "ensinam a muito acreditar e a nada saber". Tais estratégias nefastas dão ênfase ao produto e não ao processo. Por exemplo, fica-se satisfeito porque o aluno decorou que nove vezes nove é oitenta e um, mas não se procura saber se ele compreendeu o processo pelo qual tal resultado foi obtido. Ora, as operações são ferramentas para se apoderar dos processos de produção do conhecimento. Para se apoderar do produto final, basta a memorização, e decorar não implica realmente pensar, e menos ainda pensar bem. Na memorização, corre-se o risco de ficar com a "verdade do outro", sem poder estabelecer uma convicção própria. Cabe, portanto, à escola promover uma aprendizagem que estimule o aluno a construir suas operações, para que este, em seguida, faça delas bom uso.

Prossigamos falando, agora, dos *procedimentos*.

Se as operações são construções endógenas e correspondem a estruturas profundas e organizadoras do pensar como um todo, o mesmo não se pode dizer dos *procedimentos*. Como seu nome o indica, os procedimentos são sequências de ações (interiorizadas, ou não), realizadas para se chegar a determinados resultados. Vejamos dois exemplos de relação entre operação e procedimento. Podemos saber conceitualmente que a raiz quadrada é a *operação* inversa da multiplicação de um número por ele mesmo, mas, mesmo assim, não sabermos como, de fato, extrair uma raiz quadrada. Se nós entendemos o conceito de raiz quadrada, é que somos capazes de realizar um pensamento operatório (reversibilidade); se não sabemos extrair a referida raiz, é que nos falta o procedimento adequado para esse fim. Vejamos um outro exemplo. Um menino que, vendendo coisas nas esquinas, dá o troco correto para seus clientes, certamente entendeu a relação inversa entre adição e subtração – tem, por conseguinte, pensamento operatório. Esse menino também conhece um procedimento para chegar ao resultado certo. Provavelmente emprega o método dos comerciantes que usam um procedimento aditivo: se receberam R$ 50,00 para pagar R$ 25,00, vão somando a essa última quantia as notas até chegarem ao valor recebido (25 mais 5, 30, mais 10, 40, mais 10, 50). Não obstante, pode acontecer de esse mesmo menino não conseguir resolver subtrações em sala de aula, não porque não compreendeu operatoriamente a relação entre adição e subtração, mas porque ainda não domina o procedimento exigido pela escola, que é diferente daquele que emprega na rua (ver Carraher et al., 1993). Nesse caso, o perigo está em a escola chegar à conclusão de que ele "não entende de matemática": ele entende, sim (do contrário, como daria troco?), mas não se apropriou de um procedimento específico, que lhe parece muito distante daquele que emprega em seu trabalho.

Vemos, portanto, que operações e procedimentos, embora as primeiras sustentem os segundos, não se confundem. Como acabamos de verificar, por um lado, pode haver vários procedimentos correspondentes a uma só operação e, por outro, ser capaz de pensamento operatório não é sempre condição suficiente para se chegar aos resultados desejados. Podemos dizer que, enquanto a operação corresponde à lógica interna do pensamento, os procedimentos correspondem aos passos por ele percorridos.

Analogia: a operação está para a *teoria* como o procedimento está para o *método*. Como é sabido, para verificar se uma teoria é válida, é preciso criar métodos de pesquisa, e estes não são redutíveis à teoria em si. Logo, se não há busca da verdade possível sem postura teórica, tampouco é possível chegar a ela sem procedimentos adequados. A falta deles corresponde a um dos obstáculos exteriores de que nos falou Williams.

Isso posto, embora variados procedimentos possam ser criados pelos alunos para dar vida prática a suas operações e chegar a verdades múltiplas, na maioria das vezes eles são ensinados pela escola. Melhor dizendo: aqueles atinentes à ciência são apresentados pela escola. Ou deveriam.

Aqui, devemos voltar ao alerta de Rousseau: para que os alunos não sejam coagidos a se limitarem a acreditar nas verdades produzidas pelos cientistas, é preciso que tenham acesso aos variados procedimentos por intermédio dos quais os pesquisadores colocam à prova suas teorias. Não se trata de postura de desconfiança em relação a eles, mas sim da necessidade de se apoderar, na medida do possível, dos procedimentos que eles criam e empregam para chegar a suas respectivas verdades.

Alguém poderá aqui dizer, com toda razão, que procedimentos não são generalizáveis de uma disciplina para outra e que, portanto, cada busca específica de uma verdade depende de procedimentos especialmente criados. Com efeito, não há um ou alguns procedimentos de ordem geral que se aplicariam a todos os problemas. Cada problema exige o seu próprio. Porém, ao chamar a atenção do aluno sobre a dimensão procedimental da busca de verdades particulares, também se ensina a ele que procedimentos são sempre necessários. Trata-se de mostrar a ele que a busca da verdade depende de uma "disciplina" da reflexão, disciplina essa que se traduz pela criação e emprego de procedimentos. Trata-se de mostrar que a busca da verdade é tarefa árdua (não apenas no âmbito científico) e que, para realizá-la, deve tanto se dar valor à lógica (operações) quanto aos passos singulares que o raciocínio deve efetuar (procedimentos).

À guisa de exemplo para reforçar o que acabo de dizer, posso falar dos bons resultados que a iniciação à pesquisa científica costuma dar com os alunos que, durante a graduação, resolvem se dedicar a esse trabalho. Nessa atividade (que deveria ser generalizada para todo o ensino superior), o aluno é levado a fazer três coisas. A primeira: debruçar-se sobre a teoria elaborada para seu objeto de investigação – e, para isso, ele deve ler artigos e livros. A segunda: conhecer os passos metodológicos que foram dados para comprovar a teoria à luz dos dados empíricos. A terceira: ele mesmo deve elaborar procedimentos para realizar sua própria pesquisa. Os alunos que se dispõem a complementar sua formação com a iniciação científica terão adquirido duas qualidades. Em primeiro lugar, uma familiaridade em elaborar procedimentos, familiaridade essa que lhe dará a capacidade de criar outros procedimentos para outras áreas ou situações problemáticas. A segunda qualidade que terão adquirido é a de dar valor aos processos de produção da verdade. Se a prática de iniciação científica for bem-sucedida (às vezes não o é, pois certos orientadores se contentam em empregar os alunos como "mão-de-obra" para realizar pesquisas de antemão prontas), os alunos certamente não se contentarão em "muito acreditar sem nada saber".

Pode a escola de ensino fundamental e médio fazer o mesmo? Todas as proporções guardadas, parece-me exequível. Os bons professores costumam iniciar seus alunos aos procedimentos empregados em suas respectivas disciplinas: demonstrações em Matemática, busca e classificação de documentos em História, experimentos em Física e Química, percursos reflexivos em Filosofia (por exemplo, *tese*, *antítese* e *síntese*), análise de textos em línguas, etc.

Deve ser também lembrada essa prática pedagógica, bastante empregada, que consiste em pedir aos alunos para que façam pesquisas bibliográficas sobre determinados temas. Trata-se de uma excelente ideia, *contanto que os professores ajudem seus alunos a elaborar procedimentos de busca*. De nada adianta os professores se limitarem a apenas mandar os alunos "se virarem", limitando-se a dizer "procure na internet". É necessário que eles ensinem que passos seguir, que prudência ter, como juntar e comparar os dados obtidos, etc. Ensinar a fazer pesquisa bibliográfica não equivale a jogar os alunos no mar das informações, no qual provavelmente se afogarão. Equivale a lhes ensinar procedimentos de busca e verificação. Sairão dessa experiência instrumentalizados para buscar variadas verdades e, também, dela sairão dando valor à verdade e à sua paciente busca.

Virtudes: boa-fé, exatidão, paciência, simplicidade e humildade

Falta agora nos debruçarmos sobre o terceiro obstáculo interior na busca da verdade: ausência de determinadas *virtudes*. Sem conhecimentos, operações e procedimentos, a pessoa *não pode* chegar à verdade. A verdade pode até ser, para tal pessoa, um valor, mas ela não possui os instrumentos que permitiriam procurá-la e achá-la. Em compensação, sem virtudes como a *boa-fé*, a *exatidão* e, também, a *paciência*, a *simplicidade* e a *humildade*, por mais conhecimentos e procedimentos que, por ventura, possua, a pessoa não *se dispõe* a buscar a verdade e, logo, compraz-se com pensamentos vagos, com ideias prontas, com fatos não-comprovados, com preconceitos de toda ordem, com reflexões brumosas e afirmações peremptórias. Ora, os erros, as ilusões, a indigência intelectual são sérios empecilhos para a construção de significações para a vida, pois quem padece de tais fraquezas dificilmente pode refletir consistentemente sobre si e sobre sua situação no mundo. Repito a afirmação de Bernard Williams: "a verdade deve ser considerada como valor", o que equivale a dizer que é preciso haver *amor e respeito pela verdade*.

Ora, dedicar amor e respeito à verdade é, para André Comte-Sponville (1995), o que caracteriza a pessoa dotada de *boa-fé*.

A boa-fé pode ser entendida de várias formas. Não raro, associa-se essa virtude à sinceridade, que Bernard Williams (2006, p. 120) define como "disposição a se assegurar que o que expressamos corresponde ao que realmente pensamos". Assim definida, a boa-fé corresponde a uma virtude moral, pois é outrem que está contemplado. A pessoa de boa-fé é sincera, pois diz a outrem o que realmente pensa no intuito de não enganá-lo, de não induzi-lo ao erro, de não ludibriá-lo, de não fazê-lo acreditar em falsos enunciados. Nesse caso, a boa-fé opõe-se, não tanto à veracidade, mas à mentira.

Entretanto, a definição que nos interessa aqui não é a definição moral, mas sim a ética: dar valor à verdade em si. A boa-fé, para Comte-Sponville (1995, p. 259), equivale a "amar a verdade mais do que a si próprio". E acrescenta o filósofo francês: "(na boa-fé) a verdade não pertence ao 'eu', é o 'eu' que pertence a ela, ou que é contido por ela" (1995, p. 259). Uma pessoa de boa-fé não mente, tampouco se sente confortável se ela pressentir que o que ela pensa e afirma não está de acordo com a verdade. Ela pode, como todo mundo, errar, é claro, mas ela toma precauções para que isso não ocorra, pois ela tem *um apego imenso à veracidade*. Uma pessoa de boa-fé não mente, e procura *não mentir a si própria*.

Isso posto, vê-se que a boa-fé é virtude incontornável para a construção de uma "cultura do sentido". Como o escreve Williams (2006, p. 123) "a procura lúcida da verdade exige que não cedamos a movimentos de autointoxicação e de ilusões gratificantes". Ora, tais movimentos podem ter como consequência, para quem se deixa levar por eles, a perda de sentido e, logo, o tédio.

Cabe nos perguntarmos, agora, se todo ser humano possui alguma disposição para a boa-fé.

Tal indagação pode ser feita para todas as virtudes. E a resposta é afirmativa. Virtudes não correspondem a talentos inatos ou a traços de personalidade de raízes biológicas recônditas. Virtudes são qualidades de caráter decorrentes de um trabalho de autoaperfeiçoamento. Estão, portanto, *ao alcance de cada um*, contanto que os esforços necessários sejam envidados. Às vezes, tais esforços se traduzem em uma *superação* de tendências paralisantes ou antissociais. É o caso, por exemplo, da virtude coragem, que implica a superação do medo. Experimentar o medo é natural, notadamente na infância, mas ser dominado por ele atrofia a vida e compromete a moral. É o caso também da virtude temperança, que implica a superação da tendência à desmedida ou ao exagero. A desmedida também é tendência natural e, como o medo, a encontramos nas crianças (por exemplo, quando não conseguem se conter ao comer guloseimas ou ficar horas perante a televisão). Poderíamos dar mais exemplos de virtudes que implicam superação. Porém, outras são decorrências de tendências precoces devidamente cuidadas, educadas e fortalecidas. Nesses casos não se trata de superação, mas sim de ampliação e sofisticação de atitudes espontâneas da infância.

Ora, creio ser esse o caso da virtude boa-fé, entendida como apego à verdade (é também o caso da generosidade e da justiça, como procurei mostrá-lo no livro ME).

Todo mundo terá reparado o quanto as crianças são movidas pela *curiosidade*. "Fuçam" em toda parte, montam e desmontam objetos, fazem perguntas de toda sorte, observam animais, plantas, aparelhos, livros, pessoas, prestam atenção ao que se diz em torno delas, etc. Tal faina exploratória já pode ser observada nos bebês, que pegam todos os objetos a seu alcance, balançam, agitam, jogam, batem. E ela permanece ativa nos anos subsequentes, pelo menos até a puberdade. Tal curiosidade tem evidente relação com a busca da verdade. A criança não somente quer saber como as coisas são, mas também se elas são como pensa que são. Ela quer saber se as pequenas hipóteses que faz sobre o mundo são dignas de fé. E, para tanto, ela testa suas ideias à luz da realidade. Um bom exemplo dessa busca franca e conscienciosa da verdade é o paulatino abandono da crença na existência do Papai Noel. Inspiradas pela cultura, as crianças costumam começar por acreditar que esse velhinho generoso existe de fato, que mora em algum lugar longínquo, que faz os brinquedos e os distribui na noite de Natal. Mas, pouco a pouco, dúvidas começam a minar essa simpática crença. Mas de onde elas vêm? Ora, de observações que não são coerentes com essa hipótese natalina. A criança verifica que os brinquedos que ganha estão nas lojas. Ora, se lá estão, como será possível que sejam construídos pelo Papai Noel? Ela sabe que as crianças ganham seus presentes na mesma noite. Mas como será possível tal Papai realizar a proeza de entregar tanta coisa em tão pouco tempo? A criança verifica que certos papéis que servem de embalagem vem com o nome de certas lojas. Por que será que o velinho os usa? Ela também verifica que os adultos tomam ares misteriosos cada vez que o assunto é a origem dos presentes. Não terão eles algo a esconder? Essas reflexões e outras mais levam a criança a, um dia, abandonar a hipótese da existência do Papai Noel: é tão mais coerente com tudo que ela viu e ouviu atribuir a "maná" natalina aos próprios familiares! Muitas começam por relutar a admitir as progressivas e inelutáveis conclusões de suas reflexões. A crença na existência de Papai Noel é tão boa, tão afetivamente satisfatória que abandoná-la equivale a um luto (aliás, pode-se dizer que esse abandono corresponde ao primeiro luto infantil, e já prenuncia o fim da infância). Todavia, a boa-fé acaba prevalecendo e o menino e a menina preferem se render à realidade a mentir a si próprios.

O exemplo que acabo de dar é apenas um – por assim dizer "clássico" – entre muitos. Sabe-se que, paralelamente a essas buscas de compreensão da realidade e estabelecimento de verdades, a criança adere à fantasia e se delicia em criar mundos irreais nos quais, às vezes, se encontra com um "amigo invisível". Mas seria um grave erro reduzir a cognição infantil a tais fantasias. A criança está atenta à verdade e não raro interpela os adultos quando verifica que dizem uma coisa um dia, e outra no dia seguinte: ela exige a verdade.

Aceita essa disposição infantil a dar valor à verdade, decorre que a boa-fé dispõe de uma boa base para se desenvolver. Emprego a palavra "base" porque, à medida que a criança cresce, à medida que entra em contato com o universo de conhecimentos apresentados pela escola, à medida que amplia o leque de temas que ocupam sua reflexão, a busca da verdade se torna mais complexa, mais trabalhosa e os desejos espontâneos de curiosidade já não são mais suficientes. Daí a necessidade do autoaperfeiçoamento de que falei anteriormente, e graças ao qual qualidades pessoais merecem ser chamadas de virtudes. Porém, esse processo, quando ocorre, depende de disposições com efeito educativo: *no caso da boa-fé, estar em contato com pessoas que possuem essa virtude, com pessoas que incentivem o jovem a desenvolvê-la, frequentar instituições nas quais a boa-fé é valor privilegiado.*

Ora, se existem instituições nas quais o amor e o respeito pela verdade deveriam ser centrais, são as instituições educacionais, do nível infantil à universidade! É nelas que se encontram guardados os resultados das diversas buscas de verdade que a humanidade laboriosamente garimpou. É em algumas delas, as universidades, que se procuram novas verdades. Um pesquisador que não tenha amor à verdade é um irresponsável, ou até mesmo um charlatão: o que podem valer seus achados? Um professor que não seja inspirado pelo mesmo amor é, além de pessoa inconsequente e alienada, um possível cúmplice de possíveis imposturas: como pode ele, sem critérios de veracidade, ensinar o que quer que seja? É, portanto, no contato com os professores que os jovens podem resguardar e desenvolver a boa-fé, contanto, é claro, que esses adultos que resolveram dedicar a vida a esse nobre ofício que é o de formar as novas gerações sejam, eles mesmos, dotados dessa virtude. Mas, se dela carecerem, é imperativo pedir-lhes que mudem urgentemente de emprego.

Acabamos de ver que a boa-fé é a virtude que inspira quem a possui a amar e respeitar a verdade, a odiar e desprezar o falso. Uma virtude que a ela se associa é a *exatidão*, que pode ser definida como apreço pela clareza, pela precisão, pelo rigor, pelo controle. Quem é inspirado por essa virtude sabe que ideias vagas, raciocínios lacunares, deduções e induções apressadas, definições ambíguas, frases obscuras são obstáculos para a busca bem-sucedida da verdade. Pode-se dizer que quem é inspirado por essa virtude sabe que verdade não se confunde com opinião.

O que é uma opinião? Os dicionários definem como "modo de ver", "convicção", "modo particular de pensar" e também como "asserção sem fundamento". Há, é claro, opiniões e opiniões. Algumas são frutos de reflexões sinceras, ponderadas e até embasadas em dados da realidade, enquanto outras se limitam a afirmações superficiais ou idiossincráticas. É por essa razão, aliás, que a sabedoria popular afirma, com razão, que "somente os imbecis têm opinião sobre tudo". Com efeito, como emitir juízos sobre todos os assuntos é tarefa impossível, quem tem opinião sobre tudo se contenta com afirmações autocentradas, sumárias e arbitrárias. Mas até mesmo quem se dedicou a cuidadosamente embasar as próprias opiniões sabe se tratar *apenas de opiniões*, sabe que lhes falta a objetividade desejada para pretender ao estatuto de verdade, sabe que lhes falta exatidão.

Isso posto, verifica-se que o amor pela clareza, pelo rigor, pelas induções prudentes, pelas deduções coerentes, pelas definições precisas depende, por um lado, dessa atitude de amor pela verdade e que chamamos boa-fé e, por outro, de estratégias de reflexão, que chamamos procedimentos. Mais uma vez, é grande o papel das instituições educacionais para que os alunos dêem valor à exatidão e sejam capazes de torná-la realidade. Cabe aqui tudo o que falei quando tratei dos procedimentos. Seria inútil voltar ao tema, quero acrescentar apenas dois rápidos comentários, um a respeito das aulas expositivas, outro a respeito da estratégia didática que leva os alunos a discutirem diversos assuntos. A aula expositiva, se bem dada, pode corresponder a ricos modelos de exatidão. As discussões, se sempre permanecerem no nível de troca de opiniões, podem, ao contrário, fortalecer o relativismo em detrimento da verdade.

Quando se fala em aula expositiva, imediatamente se pensa no ensino chamado "tradicional", com seus professores, severos e compenetrados, discursando ininterruptamente. Sabe-se que tal forma de ensino foi e é duramente criticada, chegando o adjetivo "tradicional" a equivaler, para alguns, a um insulto. As críticas costumam incidir sobre dois aspectos: a motivação e a qualidade da aprendizagem do conhecimento. Submetidos a longos solilóquios por parte de seus professores, os alunos não apenas ficariam profundamente entediados e à espera desesperada da hora do recreio como, em razão da passividade à qual são relegados, estariam impossibilitados de assimilar em profundidade os conhecimentos apresentados verbalmente. Em oposição ao método tradicional, foram elaboradas novas formas de pedagogia que pedem aos alunos investir na busca de conhecimentos, na elaboração e verificação de hipóteses, na experimentação, no trabalho em grupo, na discussão entre pares. No Brasil, costuma-se identificar tal corrente alternativa ao denominado "método construtivista". Essa denominação não é feliz, pois o construtivismo foi o nome dado por Jean Piaget para sua teoria epistemológica e psicológica cuja tese central é a de que o conhecimento é construído pelo sujeito. Ora, se tal tese corresponde à realidade, seja qual for o método, sempre haverá construção. Logo, como o conceito de construção corresponde a um processo psíquico, não faz sentido empregá-lo para batizar certas estratégias didáticas, pois pode fazer crer a alguns que, se o método é construtivista, há construção do conhecimento, mas, se não for, tal construção não aconteceria. Como acabo de dizer, sempre há construção. Porém, tal construção pode ser estimulada e facilitada por algumas opções pedagógicas, ou desestimulada e prejudicada por outras. Nesse ponto, o próprio Piaget, em seus poucos escritos pedagógicos, criticou a postura tradicional, notadamente em razão do seu "verbalismo", e sempre demonstrou simpatia pelos chamados "métodos ativos" que, como seu nome indica, dão a iniciativa e a palavra aos alunos. Infelizmente, as críticas ao ensino tradicional acabaram levando alguns a destituir o professor da função de transmissor do conhecimento. Alguns até chegaram a destituí-lo de seu próprio nome: ele não seria mais "professor", mas sim "mediador", "animador de classe" ou "facilitador". Não lhe caberia mais, segundo uma expressão consagrada, "levar o conhecimento ao aluno", mas sim "levar o aluno ao conhecimento". Nesse movimento aulas expositivas, aulas magnas foram perdendo valor e sendo substituídas por pesquisas bibliográficas e discussões em grupo.

É uma pena. É verdade que um ensino *inteiramente* baseado no "verbo docente" não só é contraproducente porque despreza as iniciativas discentes como acaba por causar fastio nos alunos. Porém, é também verdade que aulas expositivas bem dadas, longe de necessariamente entediar o ouvinte ou prostrá-lo na inatividade, podem interessá-lo e despertar a sua reflexão. Quem já não passou por essa experiência enriquecedora? Assistir a belas aulas, a belas palestras, a belas conferências, a belas exposições, etc., representa momentos significativos de aprendizagem. Tais momentos devem, sim, ser complementados por outras atividades. Mas complementá-la não que dizer substituí-la. Ora, o que costumam ser uma "bela aula" ou uma "bela conferência"? Costumam ser exposições que primam pelo rigor, pela clareza, pela articulação entre as ideias. Em uma palavra, belas aulas e belas conferências primam pela exatidão com a qual foram preparadas e com a qual são apresentadas.

Atenção: não estou me referindo ao emprego de pequenos truques que visam seduzir o público: frases de efeito, piadas, projeção de imagens cativantes, trechos de poemas, entonações de voz, sorrisos, posturas corporais, etc. Tais truques não raro "levantam" o público. Mas, não raro também, o público seduzido se pergunta, arrefecido, no dia seguinte: "O que foi mesmo que ele (ela) disse?". Passaram-se momentos agradáveis, mas nada se aprendeu.

Uma bela aula não "levanta" o público, não o hipnotiza, não o subjuga. Uma bela aula não cativa o público porque o seduz, cativa-o porque o *guia*. E, no dia seguinte, as pessoas se lembram do que foi dito, do que foi apresentado, do que foi demonstrado porque a fala foi transparente, límpida, clara.

Ao assistir a boas aulas expositivas, os alunos não apenas têm a oportunidade de aprender variadas coisas como têm, na frente dos olhos, modelos de exatidão que poderão inspirá-los a desenvolver, eles também, essa virtude.

Falemos agora das "discussões" promovidas para acontecer entre os próprios alunos. Tal estratégia com frequência visa substituir as aulas expositivas: em vez de ouvir as doutas palavras do mestre, os alunos são convidados a, eles mesmos, tomar a palavra para discutir diversos temas.

Sentam em rodas ou se reúnem em pequenos grupos e, assim dispostos, têm a tarefa de se posicionarem sobre um assunto eleito pelo professor.

Tal estratégia tem a grande virtude de possibilitar relações de cooperação. Como é sabido, Piaget opôs relações sociais de *coação* e de *cooperação*, sendo as primeiras caracterizadas pela assimetria entre os participantes (uns são autoridade, outros submissos a ela), e as segundas pela reciprocidade (há trocas de pontos de vista entre iguais). Para Piaget, as relações de cooperação promovem a descentração e a conquista da autonomia intelectual e moral. Ele preconizava, sobretudo, o "trabalho em grupo", durante o qual, não pressionados pela presença do adulto, os alunos têm a liberdade de expor o que pensam e de procurar convencer seus colegas (ou serem convencido por eles). Aproveito para dizer que Piaget nunca quis abolir as aulas expositivas (que ele mesmo ministrava, aliás), mas pensava não serem suficientes para garantir uma assimilação autônoma dos conteúdos. Vê-se assim que a promoção de discussões entre alunos provém das mais nobres intenções pedagógicas e de elaborações teóricas a respeito dos processos de desenvolvimento e aprendizagem. Desejemos, portanto, longa vida a essa postura educacional, e esperemos que a crescente tendência do emprego de formas eletrônicas de ensino (ensino a distância, videoconferências, etc.), que isolam os alunos, cada qual frente a seu computador, não levem ao desprezo do valor pedagógico das relações interpessoais "olho no olho" e "ouvido para ouvido".

Todavia, seria ingenuidade pensar que o simples fato de promover discussões entre alunos garanta, por si só, reais relações de cooperação. Relações de cooperação, para merecerem esse nome, precisam possuir determinadas características. A primeira delas é a postura de realmente *ouvir* o que os outros têm a dizer, é a disposição de, momentaneamente, abandonar o próprio ponto de vista para procurar compreender o ponto de vista alheio, compreender as articulações internas de suas reflexões. A segunda característica, complementar à anterior, é a postura de *procurar expressar as próprias ideias da forma mais clara e inteligível possível*, empregando conceitos apropriados e sentenças bem-articuladas. A terceira característica é a *conservação* das ideias apresentadas durante a discussão, pois – se o que foi dito em um momento é desdito em um momento posterior – não há como entender o real ponto de vista de quem comete contradições desse tipo. E, se durante a discussão, houver – por parte de um dos interlocutores – mudança de posição (o que pode acontecer), tal mudança deve ser claramente apresentada aos demais. A última característica é o que podemos chamar *conceitos compartilhados*: é preciso que os conceitos tenham o mesmo sentido para os diversos interlocutores, ou que sejam explicitadas se diferenças houver (o que também pode acontecer). Como se vê, relações de cooperação possuem características do que chamamos exatidão: clareza, precisão, rigor.

Mas imaginemos que tais características inexistam. Nesse caso, a discussão em grupo não passa de somatória de opiniões, uma cacofonia de discursos, pois não há *troca* de reflexões, não há *troca* de ideias, não há *troca* de ponto de vista: cada qual fala "de seu jeito", cada qual ouve "de seu jeito", cada qual define conceitos "de seu jeito", cada qual fica encarcerado no próprio ponto de vista e, na prática, ninguém ouve ninguém. Nesse caso, a busca da verdade fica prejudicada porque cada um traz e fica com sua própria, ou, melhor dizendo, cada um traz e fica com sua opinião. Cabe, portanto, ao professor zelar para que as atividades de discussão em grupo primem pelo seu caráter cooperativo. Se não o fizer, tais atividades não passarão de momentos de comunicação vazia, e, o que é pior, tal laxismo poderá reforçar, nos alunos, a postura relativista segundo a qual todas as ideias, todas as reflexões, todos os pontos de vista "valem-se". E, se há várias "verdades", a própria ideia de verdade desaparece.

Para finalizar o item dedicado à "verdade como valor", falemos agora de três virtudes que, diferentemente da boa-fé e da exatidão, não são condição necessária à busca da verdade, mas correspondem a posturas úteis para esse empreendimento.

Comecemos pela *paciência*, virtude que nos permite suportar frustrações, ter constância e perseverança. Uma vez que a busca da verdade encontra variados obstáculos exteriores e interiores, a paciência é atitude preciosa para quem quer a ela chegar. Mais ainda: em nosso mundo contemporâneo dominado pela "tacocracia", por pequenas urgências, por resultados a curto prazo, pela velocidade estonteante de máquinas de todo tipo, por conexões imediatas e efêmeras, a paciência torna-se virtude rara e, portanto, ainda mais preciosa para vencer uma "cultura do tédio" e construir uma "cultura do sentido". Sentido para a vida não se cria do nada e nem de um instante para o outro. O entediado pode empregar a palavra paciência em seu sentido de resignação: "*é assim mesmo, paciência...*". Para quem a vida faz sentido, o emprego é outro: "*chegarei lá, mas preciso ter paciência*".

Prossigamos falando da virtude *simplicidade*. André Comte-Sponville (1995, p. 201) escreveu: "o contrário do simples, não é o complexo, é o falso". Não se pode interpretar tal citação como proposição universal, pois é gramaticalmente correto opor simplicidade à complexidade. Por exemplo, diz-se que aprender a fazer panquecas é fácil porque a receita é simples e que se formar em Física é difícil porque se trata de um conjunto complexo de conhecimentos. Nesses casos está se falando de características da tarefa a ser realizada: há tarefas simples e outras complexas. Todavia, o filósofo francês não está falando da tarefa, mas sim *da forma como é realizada*. Nesse caso, é possível fazer panquecas de forma complexa (e, provavelmente, não ficarão boas) e resolver problemas complexos de Física de forma simples (pense-se na famosa fórmula $E = mc^2$).[5] Verifica-se que as explicações simples de mundos complexos são aquelas que, paradoxalmente, melhor dão conta da referida complexidade. Pensem em teorias como as de Piaget e Freud. Não são teorias fáceis, longe disso, mas são teorias simples, pois, com poucos conceitos, procuram dar conta de um universo complexo. Mas há outras abordagens teóricas que nos apresentam uma profusão de conceitos, não raro de definição misteriosa, uma profusão de articulações entre eles, uma profusão de gráficos, com flechas que vão para todos os lados, uma profusão de variáveis e de relações, etc. Quase sempre esse tipo de teoria *esconde* a verdade em vez de revelá-la. Como escreve Comte-Sponville (1995, p. 202): "entre duas demonstrações, entre duas hipóteses, entre duas teorias, os pesquisadores costumam privilegiar a mais simples".

A pessoa dotada de boa-fé e exatidão costuma valorizar a simplicidade. Mas, como lembra Comte-Sponville, a simplicidade não é uma virtude que se encontre na infância, pois "se aprende pouco a pouco" (1995, p. 207). Cabe, portanto, à escola a tarefa de mostrar o quanto ela tem valor e como exercê-la.

Mas, para tanto, a escola também deverá trabalhar outra virtude: a *humildade*.

"A simplicidade é o esquecimento de si, de seu orgulho e de seu medo", escreve Comte-Sponville. E, em outro lugar, ele afirma que a humildade "relaciona-se com o amor à verdade" (1995, p. 188). Lembremos a citação acima na qual o filósofo diz que a boa-fé implica "amar a verdade mais do que a si próprio" (1995, p. 259). Tais citações falam por si sós: humildade e amor à verdade caminham juntos.

Sublinhemo-lo: humildade em nada se confunde com desprezo de si, com humilhar-se perante outrem (ver Kant, 1985). Ser humilde é aceitar comparar o que se é com o que se poderia ser, comparar o que se fez com o que se poderia ou pretendia fazer. Ser humilde é se dispor a constatar a distância que há entre a realidade e os ideais. Portanto, ser humilde não é se privar de autoestima, mas sim avaliá-la à luz de seu real valor.

Assim definida, fica fácil compreender a importância da humildade para a busca da verdade. Como a verdade pura e definitiva não existe, como a verdade está sempre um pouco mais além, é preciso ser humilde para reconhecer a inevitável distância que sempre nos separa dela. Como o caminho que leva à verdade sempre apresenta ciladas, ilusões, lacunas, erros, é preciso ser humilde para reconhecer que nos perdemos ou que até erramos de caminho. Como a verdade é uma construção coletiva, é preciso ser humilde para reconhecer que outros estão mais perto dela do que nós e seguirmos os caminhos por eles apontados.

Vimos que a sabedoria popular lembra que as pessoas que têm opinião sobre tudo são "imbecis". Poderíamos dizer também que tais pessoas são vaidosas: elas não só têm opiniões sobre tudo como creem sempre ter razão e raramente mudam de opinião. Elas levam a sério a si mesmas, mas não levam a sério o que fazem e dizem. Pensam caminhar majestosamente, mas, na verdade, claudicam.

Fernando Savater – em seu livro *Ética para meu filho*, no qual procura mostrar a esse filho os caminhos que levam a uma vida significativa – dirige-se assim a ele: "Você sabe qual é a única obrigação que temos nessa vida? É a de não sermos imbecis. Cuidado, a palavra 'imbecil' tem mais substância do que parece. Ela vem do latim 'baculus', que significa 'bengala': o imbecil é aquele que precisa dela para andar" (Savater, 1994, p. 101).

Dar sentido à vida é andar sem bengala. Reconhecer a verdade como valor é uma das condições necessárias a esse caminhar franco e ereto.

MEMÓRIA

Dar sentido à vida é, acabamos de vê-lo, andar sem bengala. É também saber de onde se vem, e para onde se vai. A metáfora que acabo de empregar é espacial. Todavia, espaço e tempo são inseparáveis. O tempo é o "espaço em movimento". Viemos de um lugar e de um tempo, e vamos para outros lugares e outros tempos. É justamente do fluxo do tempo que quero falar agora, da direção que damos à vida e que lhe dá sentido.

No capítulo anterior, verificamos que vivemos no "eterno presente", no *hic et nunc*, que pulamos de pequenas urgências para outras pequenas urgências, de eventos para outros eventos, de fragmentos para outros fragmentos. Verificamos também que, desde o século XVIII, negamos ao passado poderes fertilizadores para o presente e que, desde o final do século XX, negamos esses mesmos poderes ao futuro, que passa a ser antes ameaçador do que promissor. E, finalmente, verificamos que, hoje em dia, é preciso antes esquecer do que aprender, antes descartar do que conservar, antes consumir do que poupar. Em resumo, cortamos o tempo em fatias, e nosso presente não se liga ao nosso passado e tampouco a nosso futuro. Estancamos, simbolicamente, o fluxo do tempo e, assim sendo, penamos em atribuir um sentido à vida. Para que tal sentido tenha chances de voltar a fluir, precisamos resgatar o passado e retomarmos em nossas mãos as rédeas do futuro.

O presente item, no qual vamos falar de *memória*, é dedicado à relação com o *passado*.

Atenção: não vou propor que esse passado volte a ser, como antigamente, a grande e única referência temporal e existencial. Não vou propor que passemos a reverenciar os tempos idos como fonte de todas as verdades e todas as sabedorias. Não vou afirmar que o que proclamamos hoje somente tem valor se for eco do que foi proclamado outrora. Não vou propor nenhum fundamentalismo, nenhuma volta dogmática ao pé da letra de escrituras milenares. Tampouco vou propor um conservadorismo, um culto à tradição, um culto à autoridade.

Em compensação, vou dar valor à *conservação*, que não implica negar a novidade, mas sim *condenar o esquecimento*. Vou dar valor à conservação entendida como *memória*. Conhecer e conservar o passado não pressupõe a ele se render, a ele se ater, a ele se apegar. Conhecer e conservar o passado se faz necessário para a *compreensão* do presente e, portanto, para a gestão desse presente e para a concepção do futuro. Como o escreve André Comte-Sponville (1995, p. 25), "toda invenção verdadeira, toda criação verdadeira pressupõe a memória".

Memória: valor contemporâneo?

Antes de analisarmos como a educação pode contribuir para a valorização da memória, falemos um pouco mais dos tempos atuais, os quais são, em relação à conservação do passado, paradoxais.

O leitor deve se lembrar da destruição de estátuas gigantes de Buda, decidida e realizada em 2001, por membros do Talibã, milícia islâmica fundamentalista, no poder no Afeganistão. Tratava-se de majestosas e belas obras, mas, como representavam um credo diferente daquele oficialmente reconhecido naquele país, seus dirigentes, imbuídos de "pureza" religiosa, resolveram transformá-las em pó. Ora, quando foi anunciada a irreversível destruição, clamores de protestos foram ouvidos em diversos países. Tal indignação não foi expressa apenas por pessoas adeptas do budismo, que viam nesse gesto uma afronta a sua história e a sua fé, mas também por pessoas totalmente estranhas a essa filosofia oriental. Para essas últimas, a destruição das gigantes estátuas representaria grave ferida ao patrimônio cultural universal, grave ferida na memória da humanidade. Infelizmente, os apelos não foram ouvidos e, hoje, somente nos restam fotos das grandiosas efígies. Todavia, sei que existe a vontade de alguns de reconstruí-las: não serão, é claro, as obras originais, mas, pelo menos, parte de nossa memória, ou sua honra, estará a salvo.

O clamor internacional que precedeu a destruição das seculares estátuas e a tristeza e a indignação que lhe sucederam traduzem uma sensibilidade recente na história da humanidade. Antigamente, ao sabor das guerras ou do efeito corrosivo do tempo, inúmeras obras simplesmente deixaram de existir. Cada povo cuidava dos monumentos, textos e obras de arte que lhes diziam diretamente respeito, mas descuidava do resto ou, como os Talibãs, destruiam-nos conscienciosamente. Vejam o que sobra das Sete Maravilhas do Mundo:[6] apenas uma delas, o conjunto de pirâmides no Egito! Ora, fosse hoje, tudo se faria para que todas elas permanecessem de pé e em bom estado. E, se por infelicidade um terremoto destruísse uma delas (como aconteceu com o Colosso de Rodes em 224 a.C., cujo metal foi vendido como sucata), fundos internacionais seriam empenhados para a sua imediata reconstrução.

Em suma, pode-se dizer que, nos dias de hoje, a memória é um valor. Não o fosse, não se explicariam os grandes esforços envidados para reconstruir, obedecendo à arquitetura original, cidades destruídas pelas guerras, não se explicaria o tombamento de inúmeros bens, não se explicaria a criação de sofisticadas técnicas de restauração de quadros, livros, estátuas, monumentos, etc., não se explicaria a abertura de inúmeros museus no mundo todo, de inúmeros arquivos, de inúmeras bibliotecas, não se explicariam as variadas reedições de livros e discos, não se explicariam as constantes encenações de obras do passado distante ou próximo, e tampouco se explicariam os minuciosos trabalhos de História, de Arqueologia, de Paleontologia e Antropologia. Sim, conhecer e conservar o passado, como nunca antes, hoje são valores.

Mas valores para quem? Para alguns estudiosos apenas ou para a população em geral? Para alguns colecionadores apenas ou para o comum dos mortais? Para alguns cientistas apenas ou para o grande público? Se formos atentar para o número de pessoas que frequentam museus de todo tipo, exposições de toda ordem e retrospectivas de todo gênero, estaremos inclinados a deduzir que a memória é valor praticamente universal. Se lembrarmos o grande número de turistas que se desloca milhares de quilômetros para admirar sítios históricos nos quatro cantos do mundo, poderemos chegar à mesma conclusão, e a mesma conclusão tenderá a se impor se formos observar que reedições de inúmeras obras encontram compradores.

Entretanto, outras observações podem nos levar à conclusão inversa!

Perguntem vocês aos turistas qual é a história dos lugares que visitam: verificarão que praticamente nenhum saberá responder. Perguntem aos compradores das inúmeras coleções hoje a nossa disposição (reedições de clássicos da literatura e da filosofia, coleções de livros com os principais pintores, obras completas de compositores de música clássica, etc.) qual a relevância das obras que adquirem: verificarão que a maioria pouco ou nada entende de história da arte, da ciência ou da filosofia. Perguntem aos visitantes que fazem longas filas para entrar nos museus qual o real significado histórico das obras que vão contemplar: verificarão que poucos possuem conhecimentos a respeito. Sabe-se que as pessoas que costumam viajar, frequentar museus e comprar obras científicas e artísticas são aquelas que, em geral, têm ensino superior completo, são as que, portanto, estudaram durante duas décadas.

Estarei exagerando em meu diagnóstico? Não creio. Minha experiência pessoal de docência com alunos que tiveram de passar por um severo e concorrido vestibular mostra-me cada vez mais que eles praticamente nada sabem do passado, que não possuem referências históricas claras, que desconhecem datas marcantes, que mal conseguem situar eventos, obras e criadores dos tempos idos. Falei do vestibular concorrido para frisar que se trata de alunos estudiosos que, em geral, frequentaram boas escolas que, por obrigação programática, lhes apresentaram variadas dimensões do passado. Como conseguiram ficar entre os melhores vestibulandos e entrar na Universidade, deduzo que, um dia, tiveram, na ponta da língua, variadas informações sobre nossa história. Mas tudo leva a crer que, uma vez vencidas as provas, se apressaram em tudo esquecer, em tudo descartar. E, mesmo durante o curso, tampouco parecem preocupados em se debruçar sobre os meandros históricos pelos quais as Ciências Humanas se constituíram. Ora, o que é valor não se esquece, não se descarta, não se negligencia.

Eis o paradoxo. Por um lado, as diversas formas de conservação do passado são objeto de curiosidade e de contemplação por parte de muitas pessoas. Por outro, muitas dessas mesmas pessoas parecem não nutrir afeição especial pelo passado, parecem não carregar na memória conhecimentos mínimos a respeito da história do mundo. Qual dos dois quadros será mais representativo da atitude contemporânea perante a memória?

Alguém poderá dizer que é o primeiro, pois está baseado em dados objetivos enquanto o segundo é fruto de meras inferências. Com efeito, podemos fazer o cálculo de quantas pessoas dedicam parte de seu tempo a ir a museus, a sítios históricos, de quantas adquirem obras clássicas, etc., mas não dispomos de dados objetivos a respeito de sua cultura geral. Em compensação, o segundo quadro é mais coerente não apenas com o que o bom senso recomenda, mas também com o que se sabe da sociedade contemporânea. Basta conviver com variadas pessoas pertencentes a toda sorte de classe ou estrato social para perceber que, quase sempre, as preocupações com o cotidiano dominam as conversas e que referências ao passado são raras e pouco alicerçadas de conhecimentos. E, quando falam de suas incursões nos lugares nos quais o patrimônio cultural humano está cuidadosamente preservado, tem-se até a impressão de que tais visitas estão mais associadas ao lazer, ao divertimento, ao descanso do que ao real interesse pelos séculos que nos antecederam. As pessoas que costumam se relacionar com nossa memória parecem turistas, não peregrinos. Os turistas *visitam* a memória, não a levam e guardam consigo.

Deixo ao leitor a tarefa de decidir se vivemos dias de valorização da memória ou se o eterno presente também traz para si todas as nossas referências mnemônicas. Mas, de qualquer forma, não tenho dúvida de que o fato de haver estudiosos que preservam amorosamente os frutos dos anos idos e nos possibilitam o acesso a eles representa uma benção cultural de valor inestimável. Nunca esteve tão bem servido quem se dispõe ou deveria se dispor a promover a conservação do passado.

Portanto, nunca os professores estiveram tão bem servidos.
Voltemos a falar de educação, nos atendo essencialmente aos ensinos fundamental e médio.

Educação e referência ao passado

Em geral, associa-se a função da educação, não ao passado, mas sim ao futuro. Diz-se que o principal papel da escola é preparar os jovens para os anos que o mundo e eles mesmos têm pela frente. Tem-se em mente que os jovens devem frequentar as salas de aula para poder, uma vez formados, penetrar o mundo do trabalho e gerir o planeta que herdarão. Não há motivo para discordar de tal associação entre a educação e o porvir. Porém, como se dá, na prática, tal preparação para o futuro? Ora, pela transmissão do patrimônio acumulado ao longo dos séculos pela humanidade. Em poucas palavras, *a escola prepara para o futuro por intermédio da referência ao passado*.

E não poderia ser de outra forma. Afinal, somente é possível ensinar o que já existe! Assim, volto a dizê-lo, a escola está, em sua prática, bem mais associada ao passado do que ao futuro. Nela os alunos vão conhecer os livros que já foram escritos, as descobertas científicas que já foram feitas, os esportes que já foram inventados, as obras de arte que já foram criadas, os caminhos históricos já percorridos. A escola não prepara o jovem para a vida futura trazendo previsões e profecias, mas sim fazendo-o adquirir uma *bagagem* cujas provisões ele empregará ao longo dos anos. Essa bagagem é a *memória*. Tal memória será essencial para adentrar o mundo do trabalho, mas também o será para dar sentido à vida.

Alguém poderá pensar que, ao dizer que o papel central da escola é a preparação dos alunos para o futuro, eu esteja negando que ela tenha também um papel para a vida presente. "A escola deve estar em sintonia com a vida dos alunos", diz-se entendendo por vida dos alunos aquela que de fato experimentam no cotidiano. Deixarei clara minha posição a respeito dessa relação problemática escola/cotidiano no próximo item dedicado a *conhecimento e sentido*. Por ora, quero crer que mesmo aqueles que pensam que boa escola é apenas aquela atenta aos desejos e necessidades prementes (portanto presentes) dos alunos não negarão o valor da transmissão do patrimônio da humanidade, pois, como o diz Comte-Sponville (1995, p. 25), "toda dignidade do homem está no pensamento, toda dignidade do pensamento está na memória".

Isso posto, bem como o cultivo da verdade pressupõe, como o vimos, o desenvolvimento de certas virtudes, o mesmo se aplica ao cultivo da memória. Como há *íntima relação entre verdade e memória*, as virtudes associadas à primeira (boa-fé, exatidão, paciência, simplicidade e humildade) valem também para a segunda. Com Comte-Sponville, acrescentaria apenas mais uma: a *fidelidade*, a qual define como "*virtude de memória*". Não se trata aqui, é claro, da fidelidade entendida como virtude moral (fidelidade a um amigo, por exemplo), mas da fidelidade como condição necessária, por um lado, à reflexão e, por outro, ao dar sentido à vida.

Escreve Comte-Sponville (1995, p. 33): "pode-se dizer que um pensamento somente escapa do vazio ou da conversa sem valor pelo esforço, que o constitui, de resistir ao esquecimento, à inconstância das modas ou das motivações, às seduções do momento ou do poder". Resistir ao esquecimento é dar prova de fidelidade à memória, e, portanto, essa virtude pode ser colocada na lista daquelas necessárias ao amor e ao respeito pela verdade, pois, como vimos, não há verdade sem um "pensar bem".

Porém, tampouco há real possibilidade de dar sentido à vida sem o reconhecimento de que viemos ao mundo em um determinado momento histórico e sem a consciência de que somos herdeiros de um longo passado que nos determina em parte. Queiramos ou não, o rumo que podemos dar à nossa vida está intimamente relacionado aos rumos que foram dados pelos nossos antepassados. Já houve momentos nos quais determinados movimentos políticos resolveram "por decreto" anular todo o passado e anunciar um novo marco zero da história. Foi o caso durante a Revolução Francesa: pensava-se que uma nova aurora da humanidade estava então acontecendo e resolveu-se, em 1793, para apagar toda e qualquer referência a um passado detestado, criar um "calendário republicano", que começaria no Ano 1 e seria composto de meses rebatizados (vindimário, brumário, frimário, etc.). Mas o passado assim renegado logo mostrou que quem o esquece está condenado a vagar no erro e na ilusão. Pior ainda, está condenado a desperdiçar novas e boas ideias. No caso da Revolução Francesa, a nova e boa ideia era a República, que, após 15 anos, seria varrida pelo Império de Napoleão e, depois, pela Restauração da dinastia dos Bourbon, renascendo apenas em 1848. Esse exemplo histórico vale, todas as proporções guardadas, para a vida dos indivíduos. Cada ser que nasce é, antes de tudo, um *herdeiro*. Deve saber de onde veio para decidir para onde vai. Não dar valor à memória, ser a ela infiel e, portanto, nada saber do passado é se condenar a adentrar o futuro às cegas, é se condenar a levar a vida como sequência de ensaios e erros, é se condenar a se perder. Logo, a escola deve procurar fazer que seus alunos desenvolvam essa virtude de memória que é a fidelidade.

A escola deve, também, fornecer os conteúdos da memória. A pergunta que deve agora ser respondida é: *o que privilegiar para abastecer a memória das jovens gerações?*

Vejo dois grandes eixos que nos permitem a ela responder: o da *cultura* e o dos *fundamentos culturais*.

Comecemos pela cultura.

Cultura

No capítulo anterior, lembramos que o conceito de cultura pode tanto remeter às obras humanas reconhecidas por seu grande valor quanto a todo e qualquer costume de uma determinada sociedade. O adjetivo que corresponde à primeira definição é "culto", e aquele que corresponde à segunda é "cultural". Tratarei desse segundo sentido quando falar dos fundamentos culturais. Antes quero defender a ideia de que os alunos devem compor sua bagagem intelectual *dando lugar de destaque àquilo de mais rico que a humanidade criou, nos diversos campos de sua atividade*. Ler Guimarães Rosa? Sim. Clarice Lispector? Sim. Saber apreciar Beethoven? Sim. Tom Jobim? Sim. Contemplar quadros de Van Gogh? Sim. Conhecer a arquitetura de Niemeyer? Sim. Apreciar a obra de Noel Rosa? Sim. Ter contato com os chamados "grandes pensadores"? Sim. Com as grandes obras científicas? Sim. Com as grandes ideias políticas? Sim. Conhecer os grandes monumentos? Sim. As grandes pinturas? Sim. Os grandes romances e grandes poemas? Sim. As grandes músicas e canções? Sim. E assim por diante.

Mas por quê? Por três razões.

A primeira delas é de ordem prática. Para se ter a memória do passado, são necessárias *referências* históricas, datas, marcos. Sem tais referências, é praticamente impossível ter uma ideia razoavelmente clara da sequência dos séculos que nos antecederam. Ora, grandes obras, grandes invenções e grandes descobertas funcionam como referências para momentos importantes da história. Pensemos em Sócrates, Platão e Aristóteles: impossível pensar neles sem, ao mesmo tempo, lembrar da Antiguidade Grega, que nos deixou tantos legados. Pensemos em Leonardo da Vinci e em Michelangelo: remetem-nos à Renascença, marco do fim da Idade Média e momento crucial para nossa história. No Brasil, quando pensamos em Oscar Niemeyer e Lucio Costa, é impossível dissociar sua obra mais famosa, Brasília, de um período de profundas mudanças políticas e econômicas. Não estou querendo propor com isso que a história seja apenas ensinada por intermédio das grandes obras. Há, eu sei, inúmeros outros aspectos relevantes do fazer humano (por exemplo, costumes das população, aspectos da vida privada de variadas épocas, folclore, etc.), que não se associam a obras que resistiram à pátina do tempo, mas que nem por isso devem passar despercebidos. Porém, quero apenas sublinhar o fato de que as grandes obras, por sua própria qualidade, pelo fato de marcar seu tempo e de o ilustrar de forma eloquente, representam balizas muito úteis para conseguirmos dominar intelectualmente o fluxo do tempo e nele nos situarmos com mínima precisão.

A segunda razão de minha eleição pode ser resumida em uma palavra: *homenagem*. Homenagem à humanidade.

Infelizmente, com muita frequência não temos motivos de regozijo quando olhamos para a história da civilização. Civilização? Chegamos até a duvidar do valor dessa palavra quando empregada para denotar superioridade, quando empregada em oposição à barbárie. Onde estava tal civilização quando da noite de São Bartolomeu? Quando dos suplícios públicos? Quando da tortura oficial nos porões das prisões? Quando dos campos de concentração? Quando dos *pogroms*? Quando do incêndio de Roma? Quando dos processos soviéticos? Etc. E onde está ela quando das chacinas nas favelas? Quando dos atentados terroristas? Quando da miséria que assola a maioria dos homens e das mulheres? Quando da corrupção? Da violência? Da mentira? Se a esses tristes eventos do passado e do presente somarmos o sucesso que faz o grande número de "enlatados" insossos que nos apresentam *ad nauseam* os inúmeros canais de televisão disponíveis atualmente, o sucesso que fazem os programas de auditório que são uma injúria à inteligência, o sucesso que fazem as diversões doentias que se baseiam na enganação de outrem ou em sua infelicidade, o sucesso que faz a pornografia que invade os quiosques, as fofocas que invadem as revistas, as músicas sem requinte nem inspiração que invadem as rádios, se somarmos à crueldade humana seu apego ao inculto, teremos uma desconfiança ainda maior a respeito do caráter civilizado da maioria de nossos antepassados e contemporâneos. Aliás, como já assinalado às vezes nas páginas já escritas do presente texto, a tendência a julgar a humanidade por esse viés pouco alentador está bastante presente nos dias de hoje: a humanidade não estaria progredindo, pois a própria ideia de progresso seria falsa; a ciência seria antes uma ameaça ao mundo do que sua salvação; a democracia seria um engodo criado para esconder os privilégios de uma casta irremovível do poder; etc. Nesse cenário de ceticismo, para não dizer de cinismo e niilismo, ações como as de Calígula, Nero, Hitler, Stalin, Pol Pot, Hussein e outros mais acabam sendo mais lembradas que as de Cícero, Aquino, Newton, Einstein, Curie e tantos outros mestres pensadores e cientistas. Sintomaticamente, livros dedicados aos mais devastadores seres que nasceram neste planeta têm tido sucesso recente de vendas. Lê-se na contracapa de um deles, intitulado *Os mais perversos da História* (Twiss, 2004): "O que torna o mal tão fascinante? Folhando as páginas da história, é difícil encontrar um assunto que tenha intrigado mais a inteligência humana do que o mal. Um livro de história que trata da desumanidade do próprio homem é mais instigante do que outro que detalhe os atos de bondade das pessoas". Não sei de onde o autor dessas linhas retirou a ideia de que a inteligência humana tenha se esgrimido mais com a questão do mal do que com outras questões! Obras sobre moralidade que nos vêm desde a Antiguidade Grega mais falam do bem do que seu oposto. Lembremos que, afinal, temos poucas obras e pesquisas sobre o referido mal. Que o tema é "fascinante", não há dúvida, mas dizer que ele é mais instigante do que o tema das virtudes traduz um estado de espírito contemporâneo, não uma disposição universal. Tampouco corresponde a uma disposição universal preferir o inculto ao culto, do contrário não se explicaria por que certas obras chegaram até nós, e outras, a maioria, caíram no esquecimento. Quais chegaram? As melhores, as mais ricas, as mais inovadoras, as mais inspiradas, as mais trabalhadas (há certamente excelentes obras que também caíram no esquecimento ou que nunca foram conhecidas: injustiça para com seus criadores, e azar nosso).

Ora, são essas que devem ser apresentadas aos jovens, notadamente àqueles que acreditam que, por ter havido tanta infâmia, é melhor tudo esquecer, tudo desconhecer. Tal atitude negativa, embora compreensível para quem tem sua sensibilidade ferida por tantos crimes e tanta superficialidade, equivaleria a condenar ao calabouço do tempo tantas ações e obras que testemunham a genialidade do ser humano, rara, porém real. E, por serem raras, uma homenagem deve ser prestada aos arroubos de seriedade e criatividade de alguns homens e algumas mulheres. A maior homenagem é cuidar para que não caiam no esquecimento, é cuidar para que não deixem de ter um papel para o tempo presente. Lembrar e mostrar tais obras é alimentar um otimismo sincero e refletido: a despeito de tanta iniquidade e mediocridade, a humanidade, às vezes, se supera. E não há razão para que não continue assim. Para construir projetos de vida, para construir o futuro, não é prudente esquecer que terríveis erros foram cometidos. Talvez seja menos prudente ainda desconhecer, esquecer, desprezar aquilo que deve causar admiração.

Admiração: eis a terceira e última razão pela qual creio ser necessário, na educação, sublinhar a riqueza e a importância das grandes obras, dos grandes feitos da humanidade.

Escreveu Descartes (1966, p. 136): "parece-me que a admiração é a primeira de todas as paixões". Quando o filósofo fez essa reflexão, no século XVII, o termo "admiração" não tinha, na língua francesa, a conotação positiva com a qual costuma ser empregado hoje: admiração significava "espanto", ou seja, um sentimento de surpresa perante fatos inesperados e de causas desconhecidas. Tal significado hoje ainda existe, mas seu emprego tem ficado mais raro (por exemplo, em expressões como "muito me admira que...."), sendo substituído por outro, assim definido pelo *Dicionário Houaiss*: "disposição emocional que traduz respeito, consideração, veneração por pessoas, por obras feitas pelo homem, por certo aspecto da personalidade humana".

Mas não deixa de haver relação entre os dois significados. O que se venera com frequência também causa espanto: trata-se de algo raro, às vezes misterioso, trata-se de algo que foge do comum por ser superior. Da pessoa admirada, seja pelo que ela é, seja pelo que ela criou, indaga-se: Como ela fez? Como ela faz?

Voltemos a Descartes. Ele nos diz que a admiração, em seu sentido de "espanto", parece-lhe ser a primeira de todas as paixões. Basta observar bebês e crianças pequenas para verificar que ele tem razão. Jean Piaget já havia observado o quanto o bebê é atento aos "espetáculos interessantes", notadamente aos quais acredita terem sido desencadeados por suas próprias ações. A construção do real, laboriosamente efetuada nos 24 primeiros meses, depende em grande parte dessa faculdade de *se espantar* e *se interessar* pelos espetáculos do mundo. Nada é óbvio para o bebê, tudo é inédito, e ele procura desvendar os mistérios desse universo que o acolheu. Mesma coisa pode-se dizer da criança maior: observadora acurada, ela é "toda ouvidos" e "toda olhos" para com seu entorno social e físico e, além de realizar experimentações mil, costuma se dirigir aos adultos com seus múltiplos "porquês" (que ela espera serem respondidos!). Como acontece com o bebê, o espanto é, para ela, forte motivação para a aprendizagem e para o desenvolvimento. Vale para ela o que Descartes (1966, p. 145) comenta a respeito dos adultos: "Pode-se dizer em particular da admiração que ela é útil, uma vez que aprendemos e guardamos em nossa memória as coisas que havíamos antes ignorado". Infelizmente, como costuma acontecer com variadas e ricas disposições infantis (ver boa-fé), a admiração pode cessar de emular o adolescente e o adulto. Nesse caso "vemos que aqueles que não possuem inclinação natural alguma para essa paixão são costumeiramente muito ignorantes" (Descartes, 1966, p. 145).

Pode-se dizer que a criança também experimenta a admiração no sentido de respeito, consideração e veneração? Seria errado responder afirmativamente para o caso do bebê, mas não para a criança de 2 a 12 anos. Ela já "quer ser como" fulano e beltrano e, "quando crescer", pretende fazer tal ou tal coisa, a seus olhos, prenhe de prestígio.

Em resumo, a admiração é paixão infantil, tanto em seu sentido de espanto quanto de atribuição de valor. E nada impede, é claro, que ela permaneça presente e atuante a vida toda.

Acabamos de ver que a admiração, no sentido de espanto, mobiliza a criança a se interessar pelo mundo e a compreendê-lo: tal admiração desperta sua *curiosidade*. Mas será que o outro sentido de admiração, atribuição de valor e consideração (que, daqui para a frente, será o único sentido com o qual empregarei o termo "admiração"), também cumpre algum papel? Sim, ela desperta e alimenta a *superação*.

Em 1998, publiquei um livro dedicado ao tema dos "limites".[7] Nele, lembrava que a palavra "limite" é uma metáfora que fala de uma linha imaginária que deve, ou não, ser transposta. O sentido mais usual, na educação, da palavra "limite" é seu sentido restritivo: a linha não deve ser transposta. Mas em outras áreas, notadamente no esporte, emprega-se mais a metáfora "limite" em seu sentido de superação: uma linha, uma marca, que foram superadas. Ao longo do livro, procurei mostrar que ambos os sentidos de "limite" (restrição e superação) tinham valor psicológico e são complementares.

Na conceituação que tenho empregado ultimamente (ver ME), e que inspira o presente texto, pode-se dizer que o limite no sentido restritivo corresponde ao *plano moral*: aquilo que é regido pelo dever e que, portanto, implica restrição de liberdade (se legitimo o dever "não mentir", abdico da possibilidade de trair intencionalmente a verdade). Pode-se também dizer que o limite, no sentido de superação, corresponde a um aspecto incontornável do *plano ético*, a saber, a *expansão de si próprio*. Com efeito, lembremos que uma das condições necessárias para usufruir uma "vida boa" é, além de dar sentido à vida (fluxo do tempo e significação), ter sucesso na expansão de si mesmo, superar os próprios limites e construir representações de si com valor positivo.

Ora, é justamente no processo de expansão de si próprio, portanto de superação dos próprios limites, que comparece o sentimento de admiração. Com efeito, se a tendência à expansão é natural, no sentido de processo psicológico universal, os conteúdos associados a ela vão variar de indivíduo para indivíduo. Quais ele vai escolher? Ele estará certamente influenciado pelos ideais da sociedade em que vive. Mas, para que tais ideais tenham essa influência, é preciso que lhe despertem admiração. Quando ainda criança, a admiração será despertada mais por pessoas "de carne e osso" em seu entorno. Todavia, paulatinamente, o leque se ampliará para além de seu cotidiano, e a admiração poderá ser despertada por ações realizadas por pessoas distantes tanto no tempo quanto no espaço. Mas, para que isso aconteça, alguém precisa apresentar ao jovem tais obras distantes. Esse é o trabalho da educação. E material não lhe falta!

Antes de prosseguirmos, duas ponderações a respeito da admiração devem ser feitas.

A primeira incide sobre o que se admira em uma pessoa: ela mesma ou sua obra? Quando são características pessoais que se admiram, a admiração costuma revestir um caráter moral: admira-se a coragem de um, a generosidade de outro, o senso de justiça de um terceiro. Nesse caso, admiram-se *virtudes*. Voltarei ao tema quando falar de moral. Por enquanto, verifiquemos que podemos admirar uma obra sem nada saber das características pessoais de seu autor. Mais ainda: podemos admirar sua obra, mas ter sérias críticas sobre sua índole. Um caso famoso dessa oposição entre "valor pessoal" e "valor da obra" encontra-se em Jean-Jacques Rousseau. Como ele próprio diz em suas "Confissões", Rousseau foi mau marido e mau pai (abandonou a família), não foi, portanto, um modelo de homem a ser admirado por suas virtudes morais; todavia, sua obra é magnífica e digna de admiração. Mesma coisa pode-se dizer do genial pintor Paul Gauguin, que também abandonou mulher e filhos para inspirar sua pintura de novos temas e cores nas Ilhas Marquesas. E, apesar disso, quem há de negar o grande valor de sua obra? Isso posto, quando, pela educação, mostramos aos alunos as grandes obras do passado, é a admiração por elas que devemos procurar despertar, não por seus criadores, sobre os quais, aliás, quase sempre pouco se sabe.

A segunda ponderação incide sobre a possibilidade de a admiração ter um efeito de paralisia em vez de um efeito de emulação.

Sabe-se que Chico Buarque admirava Tom Jobim, que Tom Jobim admirava Heitor Villa-Lobos, que Villa-Lobos admirava Ludwig van Beethoven, que Beethoven admirava Wolfgang Mozart, etc. Tal admiração teve, também se sabe, influência marcante tanto sobre os projetos de vida desses músicos quanto sobre suas exigências pessoais de excelência. Não raro, superaram seus antigos mestres. Nesse caso, pode-se falar de admiração/emulação: tal sentimento inspira, direciona, move. Há casos desse tipo nas variadas áreas de atividade humana, e, mesmo sem falar em personagens famosos, sabe-se que tal papel estimulador da admiração pode ser desencadeado em todos os níveis e em todas as pessoas.

Todavia, pode acontecer de a admiração levar a pessoa, não à superação de si, mas, ao contrário, à dócil e passiva adoração de "ídolos". Outra pessoa, no lugar de Chico Buarque, poderia ter se contentado em permanecer, a vida toda, um admirador embevecido de Tom Jobim, um bulímico comprador de todos seus discos, um assíduo espectador de todos os seus *shows*, um fino conhecedor de sua vida pública e privada, e nunca ter se dedicado à canção popular e nem a outra forma de excelência. Nesse caso, a admiração, em vez de mover, paralisa o admirador: este projeta na pessoa admirada as realizações que ele mesmo abdica de empreender.

Esse cenário de admiração/paralisia sempre existiu, mas, creio, tornou-se mais frequente nos dias de hoje, sobretudo em relação a pessoas admiradas pela juventude, em geral contemporâneas dela ou apenas uma ou duas gerações acima. Há toda uma máquina publicitária que leva o público a cultivar um verdadeiro culto a certas personalidades chamadas, sem maiores cerimônias, "ídolos". De modo interessante, tais personalidades raramente pertencem à esfera filosófica ou científica, mas sim ao mundo do esporte e da arte. Seus nomes e seus corpos são multiplicados por milhões em camisetas, chaveiros, pôsteres, bolas, cartazes, etc., e alguns de seus adoradores reunidos nos chamados "fã-clubes" lhes dedicam praticamente a própria vida. O pior é que, às vezes, se contentam com a mera contemplação do "ídolo", sem prestar atenção alguma ao que ele faz. Isso acontecia com os Beatles, cuja plateia gritava tanto que ninguém podia ouvir a música (nem os próprios rapazes de Liverpool conseguiam fazê-lo). Imagino que o leitor tenha identificado a presença dessa perversão do sentimento de admiração, estimulada freneticamente pela mídia. Peço que observe o número de vezes que jornalistas empregam a palavra "ídolo".

São tantas e tão sem critério! Estimula-se o embasbacar necessário ao complacente consumidor. Diz-se: admire e compre; mas não precisa fazer igual, ele faz por você.

Isso posto, é evidente que a escola deve, a todo custo, evitar, ao mostrar as belas e grandes obras humanas, reforçar sentimentos de impotência e pequenez. O professor não deve sublinhar o caráter pouco provável de obras-primas serem criadas, mas sim o fato de que é *possível*. A admiração deve emular, não paralisar.

Em uma de suas canções, chamada *Le bar des copains* (O boteco dos amigos), o cantor Renaud diz que seu boteco preferido, nos céus, às vezes o acolhe. Quem ele encontra nesse boteco? Artistas variados, todos falecidos. No final da letra, ele canta: *"Ils sont bien plus vivants, dans ma mémoire au moins, que la majorité de mes contemporains* (Eles estão bem mais vivos, em minha memória pelo menos, que a maioria de meus contemporâneos)". Tais versos falam de uma volta no tempo, de um trabalho da memória; representam uma homenagem a grandes artistas do passado, sobretudo testemunham a admiração. Traduzem também uma dimensão do viver com os homens: às vezes podemos nos sentir mais afinados com pessoas que nunca encontramos e que nunca encontraremos do que com nossos vizinhos e contemporâneos. E tais pessoas fisicamente ausentes podem, por vezes, influenciar e direcionar nosso viver mais do que outras, com as quais convivemos. Não esqueçamos que, antes de fazermos parte de uma determinada sociedade situada em um determinado tempo e espaço, pertencemos à humanidade. E não há motivo para não achar "amigos", "mestres", "cúmplices" entre aqueles que nos precederam, ou que estão longe de nós. Costumam ser até menos tirânicos do que nossos vizinhos!

Certamente menos tirânicos do que nossos fundamentos culturais, *se os desconhecemos ou os sacralizamos*. Falemos um pouco deles.

Fundamentos culturais

Estou chamando "fundamentos culturais" heranças do passado, em geral longínquo, que permanecem, em graus variados, tendo alguma influência sobre nossa visão do mundo, sobre nossas interpretações da vida, sobre nossos valores, sobre nossos costumes. Já disse: somos *herdeiros* e somente podemos criar e dar novos rumos a nossa vida se conscientes dessa herança. Se a desconhecemos, ou seja, se desconhecemos nossos fundamentos culturais, como eles não deixam de pesar sobre nossa consciência, tornam-se tirânicos justamente em razão desse desconhecimento: cremos inovar e estamos apenas repetindo, cremos nos libertar, mas, como não sabemos ao certo do que, permanecemos presos.

Cabe às instituições educacionais o trabalho de ensinar para as novas gerações os fundamentos culturais da sociedade na qual nasceram e vivem. Cabe, portanto, a essas instituições a tarefa de, com variados conhecimentos, notadamente históricos, ajudar os alunos a tomar consciência da origem das múltiplas dimensões existenciais que inspiram a vida de cada um. Digo bem "origem": não estou afirmando que ainda pensamos, sentimos e agimos como nossos antepassados (embora possa também acontecer em alguns casos). Estou afirmando que nossas formas de viver são frutos de paulatinas transformações de formas passadas e que compreender a gênese dessas transformações é condição necessária para compreender e, se for o caso, julgar nossas opções presentes. Dito de outra forma, nossas opções presentes tornam-se inteligíveis se as reconhecemos como em parte tributárias de opções anteriores.

Isso posto, todo problema reside em escolher que fundamentos ensinar. A escolha depende do país ou da região na qual se ministra o ensino. No caso do Brasil, imenso país formado por imigrantes de variadas regiões do mundo, os fundamentos culturais presentes são inúmeros. Há particularidades nordestinas, amazônicas, gaúchas, etc. Há também as origens indígenas às quais devem ser adicionadas as de vários países da África que nos chegaram por intermédio dos escravos. Cabe naturalmente aos especialistas avaliar o quanto cada fundamento cultural identificado tem influência decisiva sobre a contemporaneidade. Cabe a eles escolher quais fundamentos priorizar.

Quanto a mim, pretendo apenas desenvolver um pouco dois aspectos do tema em tela: a sacralização de um fundamento cultural e o papel e o peso que tem nossa herança judaico-cristã.

Chamo sacralização de um fundamento cultural a negação do reconhecimento de que sempre existem vários, que se entremeiam.

Um exemplo de negação prática de que existam variados fundamentos é a referência a "raças". O que definiria alguém é seu suposto pertencimento a uma raça: branco, negro, asiático, etc. Antes de mais nada, é necessário lembrar que o conceito de raça nada significa para o ser humano. Trata-se de um conceito biológico, baseado nos estudos da genética. Ora, como bem diz Cavalli-Sforza,[8] grande especialista na matéria, "mais de 90% das diferenças genéticas se dão entre duas pessoas de um mesmo povo; apenas 10% da variação se dá entre, digamos, europeus e asiáticos, entre africanos e americanos nativos". Logo, as diferenças genéticas em nada caracterizam pessoas de diferentes culturas. Somos todos da mesma espécie, nada mais. Mas, como se sabe, há quem insista em identificar prioritariamente as pessoas pela cor da pele ou tipo de rosto, e procure dar a essa variação exterior uma força identificatória relevante. Seríamos, *antes de mais nada*, brancos, negros, amarelos, vermelhos. Não estou me referindo aqui àqueles que afirmam que a percepção da cor da pele tem influência nas escolhas sociais, sendo os brancos privilegiados em relação aos negros. Tal privilégio sem dúvida existe – embora pessoalmente creia que é antes o pobre do que o negro que, no Brasil, sofre preconceito –, e o reconhecimento dessa injustiça deve inspirar políticas que combatam toda e qualquer forma de discriminação. Mas o perigo aparece quando, para além do combate ao preconceito, se considera a cor da pele como elemento prioritário da identidade. Pergunto: a diferença entre cores de pele representa um dos fundamentos de nossa cultura? Sem dúvida. Mas acrescento: apenas um! Colocá-lo como primeiro e único consiste no que chamo de sacralização. Abstrai-se que brancos, negros, amarelos, morenos, pardos, etc., de um determinado país compartilham inúmeros outros fundamentos de toda ordem. Ora, tal sacralização é tirânica. Um branco que somente dê valor a esse aspecto de seu ser desconhecerá – ou negará – várias outras influências, notadamente oriundas de povos de cor de pele escura, influências essas que fazem parte de seu capital cultural. Tal desconhecimento ou negação causam erros e ilusões a respeito desse capital e, portanto, a respeito de tudo que constitui o próprio ser. E vale a recíproca para as pessoas de cor negra, sobretudo quando vivem em países como o Brasil. Hoje em dia, fala-se entre nós, à maneira dos Estados Unidos, de "afrodescendentes". Sim, há muitos afrodescendentes no Brasil, mas cabe se perguntar se tal descendência corresponde ao fundamento cultural mais influente. Aliás, note-se que o termo é vago: a África é um continente composto de vários povos de tradições bem diferentes entre si. A referência geral a esse continente não pode representar um fundamento cultural sólido. Seria necessário identificar (e é possível) quais elementos culturais africanos inspiram práticas brasileiras contemporâneas.

Dei o exemplo do tema das raças como expressão da sacralização dos fundamentos culturais, mas há outros: ver a si próprio apenas como bretão, como basco, como judeu, como budista, etc. Não somente tal sacralização costuma causar lutas fratricidas (lembremos a busca nazista da raça pura), como reduz de forma cruel a riqueza cultural da qual cada um de nós é exemplo vivo. Volto a Cavalli-Sforza, o qual nos lembra que, do ponto de vista genético, somos *todos mestiços*, acrescentando que todos nós também somos, de certa forma, "mestiços culturais".

Porém, o fato de sermos "mestiços culturais" não implica negar que certos fundamentos culturais tenham mais influência do que outros. Ora, no caso do mundo ocidental, e, portanto, do Brasil, creio que não pode ser de forma alguma esquecida a herança judaico-cristã. Porém, ela está pouco presente nas escolas, com exceção de algumas de opção claramente confessional. Concordo com Paul Ricoeur (1995, p. 196) quando diz: "Acho totalmente incrível que, no ensino público, sob pretexto da laicidade própria ao Estado, não sejam apresentadas, com toda profundidade de seu significado, as grandes figuras do judaísmo e do cristianismo. Chegamos a esse paradoxo de que as crianças conhecem muito melhor o panteão grego, romano ou egípcio que os profetas de Israel ou as parábolas de Jesus: elas sabem tudo sobre os amores de Zeus, conhecem as aventuras de Ulisses, mas nunca ouviram falar da Epístola aos Romanos nem dos Salmos. Ora, esses textos fundaram nossa cultura, muito mais que a mitologia grega (...) Não é normal que os alunos não tenham acesso a seu próprio passado, a seu próprio patrimônio cultural, o qual comporta, além da herança grega, as fontes judaicas e cristãs".

Contrariamente ao que alguns poderão pensar, Ricoeur não está propondo a volta do chamado ensino religioso nas escolas públicas. Longe disso, aliás, pois ele era claro defensor da separação entre Estado e religião, defensor da laicidade. Sua crítica não incide, portanto, sobre a ausência de religiosidade dos alunos, mas sim sobre seu total desconhecimento de certas raízes da cultura na qual vivem. Ora, na sociedade ocidental à qual pertencemos, as raízes judaicas e cristãs, entre outras, ocupam um lugar de destaque. Desconhecê-las implica a impossibilidade de dar sentido real a inúmeras expressões atuais de nossa cultura. Pensem, por exemplo, no tema da virgindade feminina, que até hoje anima debates sobre sexualidade e remete à ideia de pureza: é difícil compreender a força desse tema entre nós sem conhecer o papel desempenhado por ele na tradição judaico-cristã. Pensem na ideia de obediência incondicional a figuras de autoridade: ela está, para nós, inevitavelmente relacionada à ideia de obediência a um Deus, que edita mandamentos, exige estrito respeito e pune os transgressores. Pensem nas ideias de sacrifício e de pecado, que ainda habitam nosso universo simbólico: ocupam lugar central no Novo e Velho Testamento. Até mesmo práticas psicológicas terapêuticas, como a psicanálise, que buscam curar a dor psíquica por intermédio do falar de si, têm suas raízes em práticas religiosas católicas. Escreveu Jung (1981, p. 53): "as origens de qualquer tratamento analítico da alma estão no modelo do sacramento da confissão".

Poderíamos multiplicar os exemplos dos "ecos" que a tradição judaico-cristã tem em nossa cultura. Logo, penso, como Ricoeur, que as escolas deveriam dar mais ênfase a esses fundamentos. Volto a dizê-lo. Não se trata de "ensino religioso", não se trata de catecismo (voltarei ao tema no capítulo dedicado à "cultura do respeito de si"), mas sim da apresentação de uma parte importante de nossa história. Desconhecê-la ou negá-la equivale a amputar gravemente nossa memória.

Escreveu Comte-Sponville (1995, p. 34) que "para pensar, é preciso não somente recordar, mas também querer recordar". Para dar sentido à vida, é preciso pensar. Para poder pensar, é preciso recordar; para recordar, é preciso que a memória esteja bem provida. Para querer recordar, é preciso que a memória seja um valor; para que ela seja um valor, os próprios conteúdos da memória devem ter, eles mesmos, valor. Grandes obras do passado têm tudo para se tornar valor para os jovens. O mesmo vale para os fundamentos da cultura cujo conhecimento torna inteligível vários aspectos do presente. E devemos agradecer àqueles que, amorosa e minuciosamente, preservam as inúmeras pegadas que a humanidade deixou em seu caminho. Elas estão, como nunca, a nossa disposição, à disposição dos educadores e dos alunos.

CONHECIMENTO E SENTIDO

Acabei de falar da importância da memória para se dar uma direção, um sentido para a vida, para o futuro. Defendi a necessidade de a educação participar desse processo levando aos alunos, entre outros temas, grandes feitos humanos e fundamentos culturais. Defendemos, portanto, que a escola deve fazer que seus *alunos criem vínculos com o passado*.

Porém, qual será seu papel em relação ao *presente* desses mesmos alunos, em relação a seu *cotidiano*? A resposta foi em parte dada quando falamos dos fundamentos culturais: eles são imprescindíveis para a inteligibilidade de muitos valores, costumes, ideologias, sentimentos contemporâneos. Assim, podemos dizer que uma escola em sintonia com a vida dos alunos não pode se furtar a estabelecer a relação entre os referidos fundamentos e o tempo presente. Todavia, essa relação não cobre toda extensão dos temas do cotidiano. Os alunos têm interesses que não necessariamente são contemplados pelas referências ao passado. Deve a educação responder a esses interesses?

Imediatismo, uso instrumental e autorreferência

É o que vou procurar equacionar começando por comentar uma queixa discente que os professores têm ouvido com muita frequência: *"Para que me serve aprender tal ou tal coisa?"*.

Como responder a essa pergunta, na verdade, uma contestação? Evidentemente, depende do conteúdo ao qual o indagador está se referindo. Mas depende também da interpretação que se pode dar à pergunta. Qual o significado atribuído à expressão "me servir"?

Em geral, tal significado é composto de três elementos: o imediatismo (explicitado pelo verbo no presente), o uso instrumental (explicitado pelo próprio verbo empregado) e a autorreferência (explicitado pelo pronome "me"). Os três elementos juntos explicitam a falta de sentido que acomete o aprendiz em relação ao conteúdo contestado. Com efeito, a indagação "Para que me serve aprender isso?" pode ser interpretada como queixa: "Isso não faz sentido para mim."

Debrucemo-nos sobre cada um dos elementos arrolados, começando pelo que chamei de *"imediatismo"*. Não raro está implícito na pergunta "Para que me serve aprender isso?" a exigência de que o conteúdo contemplado tenha aplicação imediata no cotidiano. Está implícita a vontade de que, uma vez fora da sala de aula, aquele conteúdo possa ser empregado para a vida do dia-a-dia. A pergunta, portanto, não é "Quando o que aprendo me servirá?". Tudo se passa como se, para fazer algum sentido, o conteúdo contemplado devesse ter aplicação imediata.

Aceita essa interpretação, vemos que tal exigência de aplicação imediata é coerente com uma das características da contemporaneidade. Como comentado várias vezes, vivemos no "eterno presente", sendo o futuro pouco concebido ou antecipado. Vivemos a tirania do "aqui agora", das pequenas urgências, de fragmentos de tempo desconectados. Os interesses não somente se restringem ao presente como devem ser prontamente atendidos.

Isso posto, cabe perguntar se o que a escola ensina pode, de fato, responder a tal tipo de interesse, se ela pode contemplar tal imediatismo. Da 1ª à 4ª série (ou, na nomenclatura atual, do segundo ao quinto ano do ensino fundamental), a resposta é mais afirmativa que negativa. As crianças aprendem a ler e a escrever, e, é claro, podem imediatamente empregar esse conhecimento para ler livros, escrever cartas, decifrar cartazes, folhear jornais, etc. As crianças também aprendem os primeiros rudimentos da Matemática, aprendem a somar, dividir, multiplicar, subtrair, aprendem a tabuada, etc. Tais conhecimentos também são de emprego quase imediato fora da sala de aula: comprar coisas, dar troco, medir objetos, medir o tempo e assim por diante. Quanto às aulas de Ciências, também costumam incidir sobre fenômenos do cotidiano dos alunos e estes podem, graças a elas, entender melhor vários aspectos de seu entorno. Não se pode dizer o mesmo das primeiras noções de História e de Geografia. Qual seria a aplicação imediata de dados sobre os romanos, os gregos, os egípcios, os portugueses? E qual seria a aplicação imediata de conhecimentos sobre capitais, regiões, países? Todavia, como tais conteúdos costumam ser apresentados por intermédio de histórias, aventuras, imagens, fotografias, etc., eles em geral cativam a atenção e alimentam a imaginação e curiosidade típicas de crianças de 7 a 11 anos. Aliás, note-se que muito raramente alunos dessa faixa etária se queixam da falta de sentido das aulas: sua curiosidade pelo mundo garante a atribuição de sentido à aprendizagem. Faltou falar de Educação Física e de Artes. Mas nem é preciso, pois essas disciplinas costumam despertar interesse ao longo de toda escolarização. Todavia, tal não acontece com as demais disciplinas! E, a partir da quinta série (ou sexto ano), a terrível pergunta começa a ser feita: "Para quê ....?".

Para que me serve estudar álgebra? Matrizes? Geometria tridimensional? Áreas e perímetros? Para que me serve estudar o sistema jurídico das sesmarias? O Tratado de Tordesilhas? A independência do Brasil? As conquistas de Napoleão? As inúmeras guerras? Para que me serve estudar adjetivos? Pronomes? Advérbios? Mesóclise? Ler Camões? Machado de Assis? Guimarães Rosa? Para que me serve estudar química orgânica? Eletromagnetismo? Botânica? Para que me serve conhecer os rios do Brasil? Seus afluentes? Os continentes da Terra? A agricultura da China? A agropecuária da Argentina?

O que responder a tais indagações quando inspiradas pelo imediatismo? Somente vejo uma resposta válida e sincera: *"Se é para empregar hoje ou amanhã, em geral não tem serventia!"*. Com efeito, que emprego dar, no cotidiano, a maioria dos exemplos que dei acima? Praticamente nenhum. Digo "praticamente" porque, como vimos acima, alguns conhecimentos, como aqueles atinentes aos fundamentos culturais, podem ser articulados ao presente. Porém, de forma geral, a partir da quinta série, as disciplinas apresentam conhecimentos científicos, que podem, em certos casos, ser traduzidos em aplicações imediatas por especialistas (engenheiros, médicos, etc.), mas não pelos alunos.

Em suma, *se dar sentido ao que se aprende depende de aplicações inequívocas e imediatas ao cotidiano dos aprendizes*, compreende-se que estes não consigam dar sentido ao que lhes é apresentado, que os conteúdos escolares sejam, para eles, desprovidos de interesse.

Então, deve-se reformular drasticamente o currículo para saciar os referidos interesses discentes? Então, devem ser banidos os conteúdos "distantes" de tais interesses? Certamente não. Entretanto, antes de explicar o porquê da resposta negativa, examinemos a segunda dimensão do significado da pergunta "para que me serve...?", o "uso instrumental".

Estou chamando "uso instrumental" a aplicação prática dos conhecimentos para resolver problemas que, por ventura, se coloquem. Porém, nem sempre os conhecimentos são elaborados em vista de tais soluções. O puro "querer saber como é" pode ser a motivação essencial da Ciência e da Filosofia. Aliás, com frequência é esse o caso. Cientistas como Einstein, Piaget, Newton, Galileu, Durkheim, Descartes, Pascal, Darwin e muitos outros, eram motivados pela curiosidade, pela necessidade pessoal de compreender certos fenômenos físicos ou sociais. O mesmo vale para filósofos e, naturalmente, para artistas que procuram o belo, não o útil. O que acabo de escrever não implica juízo de valor algum. Nada tenho contra a chamada pesquisa aplicada, aquela que visa conhecer aspectos do mundo para resolver problemas. Nem acho que ela tenha menos "nobreza" que a pesquisa básica. Quem poderia negar a nobreza de pesquisas biológicas e psicológicas para curar doenças físicas e psíquicas? A nobreza de pesquisas geofísicas para diagnosticar e resolver problemas ambientais? A nobreza de reflexões éticas para ajudar os homens a serem felizes? Creio que, em sã consciência, ninguém pode negar tal nobreza. Quero apenas sublinhar o fato de que o uso instrumental do saber não é a única fonte de seu valor.

Ora, quando alguém pergunta para que "serve" o conhecimento a ser aprendido, o próprio uso do verbo "servir" denota, quase sempre, uma interpretação utilitarista do saber. O valor e o sentido do conhecimento estariam em sua aplicação prática, não nele próprio.

Estará o uso instrumental do saber em voga nos dias de hoje? Será essa mais uma característica da contemporaneidade? É difícil responder. Encontramos quadro semelhante ao descrito a respeito da memória: nunca tão valorizada por alguns, e talvez nunca tão desprezada por outros. Nunca a Ciência se aventurou tão longe em universos misteriosos, cujo desvendar traz poucas promessas práticas. Pensemos nas pesquisas astronômicas, com seus telescópios poderosos, com seus satélites lançados na órbita de outros planetas e suas luas, com seus buracos negros, suas estrelas novas e supernovas, com suas teorias sobre o início do universo (*bigbang*). Pensemos nas pesquisas em genética, que prometem aplicações médicas, mas que também procuram desvendar as chaves da criação da vida e de sua evolução. Pensemos na Matemática, que evolui incessantemente na busca de novas equações. Pensemos nas Neurociências que procuram entender os circuitos cerebrais, sem saber se alguma terapia poderá nascer de suas descobertas. Estes e outros exemplos possíveis mostram bem que vivemos em uma época na qual a busca do conhecimento pelo conhecimento é força viva. Em compensação, o interesse da população nesse quesito parece ser menor.

Uma recente pesquisa (2007) realizada no Brasil pelo Ministério de Ciência e Tecnologia e pela Academia Brasileira de Ciências revelou que, enquanto 49% das pessoas tem maior interesse por religião, 40% por esporte e 38% por economia, apenas 27% demonstrou maior interesse pela ciência.[9] Quando perguntados exclusivamente sobre ciência e tecnologia, 41% diz-se muito interessado, 35% pouco interessado e 24% nada interessado. A cifra 41% (muito interessado) não é pequena. Todavia, observa-se que, entre eles, os ramos da ciência diretamente relacionados a decorrências técnicas somam 66% (36% para a Informática e 30% para novas tecnologias), ficando as "novas descobertas" com 34%. Quando perguntados sobre os principais benefícios da Ciência, temos os seguintes resultados (os entrevistados podiam dar mais de uma resposta): proteção à doença com 56%, qualidade de vida com 38% e evolução do saber com 23%. Como proteção à doença e qualidade de vida referem-se a um uso instrumental do saber, temos que um grande número vê nesse uso a grande função da Ciência, contra apenas 23% que também pensa ser a própria construção do saber (note-se que, quase sempre, quando jornais e revistas trazem notícias científicas, tratam de temas relacionados à saúde e à sexualidade).

Tais dados sugerem que a ciência é mais valorizada por suas consequências práticas do que como atividade que teria a si mesma como fim. Mas, como não dispomos (que eu saiba) de dados de outras épocas, não podemos saber ao certo se tal atribuição de valor é típica dos dias de hoje, ou não. Mesmo nessa incontornável incerteza, eu me inclinaria a aceitar a hipótese de que a influência dos tempos atuais leva à maior valorização da tecnologia em detrimento da teoria. Essa inclinação é decorrência de minha prática profissional. Por um lado, observo que os alunos de hoje não demonstram grande interesse pelos debates teóricos. Eles querem entender a matéria, conhecer os conceitos, mas não parecem motivados a discutir se as teorias apresentadas são corretas ou não. Em poucas palavras, aprendem sem questionar. Por outro lado, no campo da Psicologia, é fácil verificar que o que tem dominado o trabalho acadêmico é muito mais a elaboração de métodos de pesquisa e levantamento exaustivo de dados do que o debate teórico. As chamadas "teorias do sujeito", com as de Freud, Piaget, Vygotsky, Skinner e outros, têm sido abandonadas por muitos e trocadas pelo estudo de aspectos bem particulares dos comportamentos humanos, não raro com fins terapêuticos ou educacionais.

De qualquer forma, reflexo ou não da contemporaneidade, o fato é que muitos alunos insistem em saber se o que aprendem "serve" para alguma coisa, se o que aprendem apresenta alguma utilidade prática, condição necessária para que a aprendizagem faça, para eles, sentido. O que lhes responder?

Penso que em primeiro lugar é preciso explicar-lhes que muitos conhecimentos não foram elaborados para que "servissem" para alguma coisa além de enriquecer o saber humano. É provável que certos alunos já fiquem desanimados com essa resposta. Talvez se animem um pouco com a segunda explicação: muitos conhecimentos, mesmo que construídos por amor à Ciência ou à Filosofia, acabaram por ter utilidade prática, às vezes décadas e séculos depois. Pode-se dar o exemplo dos estudos de astronomia, iniciados há mais de 2 mil anos, que foram aproveitados, em um primeiro momento, para a navegação e, depois, para as viagens no espaço. Pode-se falar também nas pesquisas pioneiras em genética, que acabaram, bem mais tarde, por abrir possibilidades terapêuticas inéditas. Pode-se falar, é claro, da Matemática e da Lógica, que, embora objetos de construções teóricas puras, acabaram sendo empregadas por praticamente todas as ciências, notadamente pela informática, que tantas aplicações práticas possui. Como eu disse, talvez essa resposta anime um pouco os alunos, mas, mesmo assim, permanecerá um tanto quanto vaga pela simples razão de que, por não serem especialistas nas tecnologias citadas, pouco entenderão o real vínculo entre os saberes que aprendem e seu uso instrumental. Os alunos ficarão sabendo que muitos conhecimentos podem "servir" para alguma finalidade prática, mas não poderão, eles mesmos, entender como funciona tal serventia. Assim sendo, a falta de sentido da aprendizagem terá grandes chances de permanecer.

Poderá, então, o professor procurar exemplos mais simples de aplicação do conhecimento, exemplos que permitam ao aluno entender o processo dessa aplicação. Porém, ao fazer isso, ele encontrará dois problemas de monta. O primeiro é o fato de esses exemplos, mesmo nas séries avançadas e no ensino médio, serem escassos. Eles têm mais a função de ilustração do que de real explicação do uso instrumental do conhecimento, somente assimilável quando há especialização em uma determinada área, portanto somente inteligível no ensino superior. O outro problema que o professor encontrará está na própria pergunta que estamos analisando. Ela não foi formulada como "Para que serve aprender isso ou aquilo?", mas sim "Para que *me* serve aprender isso ou aquilo?". A indagação não se refere ao emprego humano dos saberes, mas sim ao emprego que o próprio aluno poderá fazer. A pergunta é *autorreferenciada*.

Muito se tem falado do *individualismo* dos tempos atuais. Tratarei desse tema quando, na Parte II, falaremos de moralidade. Por enquanto, basta reconhecer que tal individualismo é real, e que não só causa problemas morais como invade todas as esferas da vida. Não devemos, portanto, estranhar o emprego do pronome "me" na indagação discente. Ele costuma pensar a escola e seu ensino como dedicados a ele, aos seus interesses próprios. *Motive-me ou te devoro*, parece ser a postura de muitos alunos (mesmo do ensino superior) frente a seus professores.

Isso posto, se o imediatismo e o uso instrumental implicados na referida indagação tornavam-na praticamente irrespondível, a autorreferência definitivamente impede, a partir da quinta série (ou sexto ano), toda e qualquer tentativa de explicitação. Como vimos, os saberes ensinados no que antigamente chamava-se primário são tanto de uso imediato quanto instrumental e personalizado. Aprende-se a ler, escrever e contar e, no dia seguinte, pode-se usar esses conhecimentos em benefício próprio. Mas, evidentemente, nada disso vale para os conteúdos apresentados nos anos subsequentes. Não são de emprego imediato, não se deixam empregar instrumentalmente sem maiores aprofundamentos e certamente não têm, ou têm pouca, serventia pessoal. É por essa razão que a resposta acaba sendo a clássica "tem que estudar porque cai no exame, cai no vestibular". Essa resposta acaba convencendo o aluno, que, então, estuda morosamente, decora, em vez de se dedicar à busca da verdade, e logo tudo extirpa da memória quando esse uso instrumental pessoal deu seus esperados frutos. Se "passar nos exames" faz sentido, o saber propriamente dito não faz. Os longos e desinteressantes anos passados nas salas de aula assemelham-se a um tedioso tempo vivido longe de qualquer significação existencial, pois há divórcio entre conhecimento e sentido.

Podemos agora voltar a nossa questão básica: *deve a educação responder aos interesses dos alunos*?

Despertar interesses

Para procurar elementos de resposta, analisei – forçando o traço, reconheço-o – a frequente indagação dos alunos sobre o sentido de estar estudando isso ou aquilo. E procurei mostrar que, se aceitos os elementos de imediatismo, uso instrumental e autorreferência, às vezes implícitos nessa demanda de sentido, ela tem pouquíssimas chances de ser contemplada satisfatoriamente pela escola. Nesse ponto, estamos, portanto, em um impasse. Para dele sair, creio que o certo é *acrescentar* uma segunda pergunta: *deve a escola fazer que seus alunos criem novos interesses*?

Digo *acrescentar* uma pergunta, não substituir a segunda pela primeira. A primeira, se não sempre reduzida ao imediatismo, ao uso instrumental e à autorreferência, deve ser contemplada. Falemos um pouco mais dela antes de enfrentarmos a segunda, que se refere à criação de novos interesses, de novos sentidos.

Não raro, os alunos querem entender certos aspectos do mundo em que vivem, notadamente quando sua curiosidade, ou angústia, é despertada por eventos de seu entorno social, próximo ou longínquo. Lembro que, quando Ayrton Senna morreu, muitos professores comentaram que foi impossível "dar aula" na semana que sucedeu ao trágico acidente de Ímola. Coloquei o "dar aula" entre aspas porque interpretado como ministrar o conteúdo previsto. Mas é claro que teria sido possível *dar aula*, contanto que o conteúdo desta fosse escolhido em razão da compreensível comoção nacional. Os alunos queriam falar do triste fato? Queriam entendê-lo melhor? Queriam elaborar o tema da morte? Queriam pensar sobre os perigos de certos esportes? Queriam refletir sobre a diferença entre coragem e temeridade, que as corridas de Fórmula 1, perigosas por natureza, levantam? E queriam pensar sobre outras coisas mais, despertadas pelo acidente do brilhante piloto? Ora, era sem dúvida o caso de os professores responderem a esses genuínos interesses. Muitos, aliás, o fizeram. Corretamente, deixaram por alguns momentos os conteúdos programados de lado e organizaram aulas dedicadas às indagações dos alunos. E creio que erraram aqueles que, em nome do programa a ser cumprido, desdenharam os interesses dos alunos, desprezaram sua busca de entendimento de algo de suas vidas.

Pensemos em outros exemplos, como o *tsunami* que, em 24 de dezembro de 2004, varreu a Indonésia, a Índia, o Sri Lanka e a Tailândia. Certamente o fato despertou tanto a compaixão de muitos alunos quanto sua curiosidade a respeito do fenômeno. Era o caso de os professores competentes na matéria suspenderem momentaneamente o conteúdo programado para fornecer conhecimentos sobre o *tsunami* e outros fenômenos associados? Creio que sim. Creio que o "respeito" pelo programa não cabe em um caso desse. Como ele não cabe se os alunos se mostram interessados em entender os atentados terroristas de 11 de setembro de 2001, a invasão do Iraque pelos Estados Unidos e aliados, pela decisão iraniana de investir em tecnologia nuclear, etc. Dei exemplos de tragédias humanas, mas pode haver outros, como a curiosidade sobre como se faz um metrô, como será possível um avião gigantesco se elevar no céu, como funciona a internet, que critérios foram eleitos para "rebaixar" Plutão a planeta-anão, qual a origem dos Jogos Olímpicos, da Copa do Mundo de Futebol, do carnaval, o que é o amor, o sexo, etc. Havendo, por parte dos alunos, interesse por esses temas, e outros mais, é natural, e cabe à escola (caberia a quem mais?) contemplá-los.

Deverão, então, as instituições educacionais elaborar programas exclusivamente dedicados a responder tais interesses? Certamente não. Advogo apenas que elas sejam capazes de *flexibilizar* seus programas, de abrir espaços, quando necessário, para responder a perguntas feitas pelos alunos. Advogo que a escola seja um lugar no qual aspectos inquietantes ou misteriosos da vida cotidiana possam encontrar elucidação. Mas não estou advogando que *somente* sejam tratados tais temas. Devem estar também presentes – muito presentes – aqueles outros que fazem parte do patrimônio cultural do país e do mundo, aqueles outros sobre os quais alguns alunos às vezes perguntam: "Para que me serve isto?". Todavia, para que esses outros conteúdos também possam fazer sentido, é necessário responder à nossa segunda pergunta: *deve a escola fazer que seus alunos criem novos interesses*?

Muitos leitores não apenas responderão de forma afirmativa como lembrarão que não é nova a alternativa de procurar despertar interesses, despertar curiosidade nos alunos. Lembrarão também que tal tema de certa forma marca uma diferença importante entre o ensino chamado tradicional e as pedagogias modernas que a ele se opuseram. Enquanto o ensino tradicional, centrado sobre conhecimento, pouco levaria em conta os interesses dos alunos, obrigando-os a aprender o que lhes é imposto, a pedagogia moderna (desenvolvida, sobretudo, no século XX, mas com antecessores em séculos anteriores, como Rousseau, Froebel, Itard), centrada no aluno, daria grande destaque à motivação discente e procuraria tornar o ensino vivo, ativo e interessante. O mote do ensino tradicional seria ouvir, repetir e aprender; aquele da pedagogia moderna seria se interessar, construir e se desenvolver.

Em linhas gerais, concordo com essa possível afirmação do leitor. Com efeito, não se trata de ter saudades de aulas monótonas durante as quais o professor está mais interessado em ouvir, orgulhoso, seu próprio discurso do que ficar atento ao que seus alunos têm a dizer. Não se trata de ter saudades do silêncio, por vezes sepulcral, dos alunos relegados à condição de platéia sem direito à palavra. E não há como ter saudade de um ensino sem vivacidade alguma, sem demanda, sem sujeito. Eu faria, entretanto, três ponderações.

A primeira diz respeito aos professores. Seria um erro e, sobretudo, uma injustiça dizer que todos os professores do ensino dito tradicional desprezavam a inteligência e os interesses de seus alunos. Pessoalmente, tive excelentes professores "tradicionais" (e sei que muitos tiveram) que ministravam um ensino da mais alta inteligência e, graças a seu talento discursivo, despertavam interesses genuínos. Eram, como eu disse, professores tradicionais no sentido de que não nos mandavam realizar pesquisas, pouco colocavam problemas com os quais deveríamos digladiar, não promoviam trabalhos em grupo, nem baseavam suas aulas nas perguntas dos alunos. Eles falavam, discursavam, apresentavam os conteúdos, mas com tal maestria que captavam nosso interesse e despertavam novos. Como já disse ao falar da verdade como valor, um dos pecados da pedagogia dita moderna foi ter banido a aula expositiva ou somente aceitá-la se "ilustrada" com imagens, sons e filmes. Não há nada mais inteligente e motivador do que uma aula expositiva bem-dada. Que atire a primeira pedra quem nunca se encantou com uma aula desse tipo. E não atiremos pedras demais sobre o pobre ensino tradicional, que merece muitas críticas, mas que foi pilotado por professores de grande valor.

A segunda ponderação incide sobre os resultados objetivos da pedagogia moderna. Não quero falar aqui de sua eficácia em termos de assimilação dos conteúdos, mas sim de seu suposto poder de despertar interesses e formar alunos críticos, ativos e motivados pelo saber. Penso que, em sã consciência, não se pode dizer que tenha tido sucesso espetacular nesse quesito. Como, na maioria das escolas, o ensino tradicional puro já foi abandonado, elementos de pedagogia moderna foram introduzidos, não se pode mais culpar o "velho" ensino de ser responsável pela falta de motivação que, cada vez mais, assola os alunos. Com efeito, onde estão esses alunos fogosos, interessados pelo saber, autônomos que, em oposição aos alunos supostamente amorfos, desinteressados e heterônomos produzidos pelo ensino tradicional, deveriam consagrar o sucesso das novas pedagogias? Eles existem, mas certamente não em número superior ao de antigamente. Aliás, eles são, pelo que parece, em número menor.

A terceira e mais importante ponderação diz respeito ao chavão: o ensino tradicional está *centrado no conhecimento*, e o ensino moderno está *centrado no aluno*. A referência à posição do ensino tradicional é correta: a escola será concebida como o "templo do saber", e as pessoas que nele entravam (alunos e professores) deviam reverenciá-lo, ministrá-lo ou aprendê-lo. Somente ficava na escola quem se dispusesse, a seja lá por que motivo fosse, e conseguisse, seja lá com que estratégias intelectuais, assimilar os conhecimentos apresentados em níveis predeterminados pela instituição. O resto era expulso sem piedade, notadamente pela repetência. A essa postura disciplinadora, severa e até implacável, a pedagogia moderna, com razão, propôs um ensino mais humanizado, e tal humanização passava por levar em conta os interesses dos alunos e suas características intelectuais para a aprendizagem. E, como tais interesses e características mudam com a idade, a Psicologia do Desenvolvimento acabou sendo a área de estudos da Psicologia que mais influência teve (mais até que a Psicologia da Aprendizagem) na elaboração de novas estratégias pedagógicas (Piaget, por exemplo, autor que pouco se preocupou com a pedagogia, não somente foi introduzido no Brasil pela educação como é com frequência chamado "educador", coisa que nunca foi ou quis ser). A importância dada aos interesses e aos processos de construção do conhecimento foram e são certamente bem-vindos, porém a ideia de um ensino "centrado no aluno", a meu ver, embaralhou as cartas e até traiu o objetivo nobre de promover um ensino mais vibrante e inteligente.

Pensemos um pouco: o que realmente significa um ensino centrado no aluno? O que se quer dizer com isso? Se a intenção for a de colocar o foco no valor dos alunos enquanto pessoas merecedoras de cuidado e respeito, colocar o foco na necessidade pessoal de cada um de desabrochar sua personalidade e sua autonomia, colocar o foco no reconhecimento dos processos de aprendizagem e de desenvolvimento para melhor contemplá-los didaticamente, colocar o foco nas características individuais de cada criança e jovem, enfim, se a intenção for a de promover uma educação ciosa do bem-estar e do desenvolvimento psicológico dos alunos, tal intenção é boa e deve ser apoiada. Todavia, se a intenção não for apenas a de colocar o foco no aluno, mas também a de *deslocar tal foco do conhecimento para o aluno*, ela traduz uma postura tanto errada quanto perigosa.

Trata-se de postura errada porque, como já bem demonstrado pela Psicologia, por intermédio de pesquisadores como Piaget, Vygotsky e Wallon, a construção da inteligência, da afetividade, da personalidade e da autonomia dá-se na interação com o mundo, e, é claro, também na interação com o conhecimento. Centrar o ensino no conhecimento é negar o sujeito e, logo, a própria construção do conhecimento por parte desse sujeito. No entanto, centrar o ensino no sujeito, deixando o conhecimento em segundo plano, equivale incorrer na mesma negação do próprio sujeito, pois esse somente se constitui na interação com algo que lhe é exterior. Como o afirmava Piaget, construção de si e construção do conhecimento são as duas faces da mesma moeda, são dois processos indissociáveis, como são indissociáveis a tomada de consciência de si e a tomada de consciência do mundo. Não se trata, portanto, de centrar o ensino no conhecimento *ou* no aluno, postura antidialética, mas sim de centrar o ensino na *relação* sujeito-conhecimento.

Trata-se de postura perigosa. O primeiro perigo acaba de ser apontado: ao negar a dialética interacionista do sujeito e do objeto, estanca-se o processo de construção do conhecimento e de construção de si, e condena-se o aluno a certa imaturidade, a certa infantilidade. O segundo motivo é de ordem social: sendo o objetivo da educação não apenas o desabrochar dos jovens, mas a formação de cidadãos, a formação de pessoas que querem e são capazes de zelar pelo bem público, um ensino centrado no aluno corre o risco de reforçar um individualismo irresponsável, que mais se traduz pela autocentração do que pela liberdade, corre o risco de formar alunos que julgam que o mundo roda e deve rodar em torno deles próprios. Corre-se o risco, parafraseando Freud, de formar jovens que se acostumam a serem tratados como "Sua Majestade, O Aluno". O terceiro perigo é complementar ao primeiro: ao centrar o ensino sobre cada aluno, solapam-se as bases de uma formação moral, que pressupõe levar em conta outrem, levar em conta a coletividade, a sociedade, a humanidade. Não creio ser por acaso que o ensino moderno acabou por banir a educação moral: que lugar teria ela em um ensino centrado sobre o aluno se a moral exige justamente a descentração deste? O quarto e último perigo diz diretamente respeito ao tema do interesse: corre-se o risco de apenas *referendar* interesses já existentes em vez de *criar* ou *despertar novos interesses*. Pior ainda: corre-se o risco de reforçar o valor de interesses autorreferenciados, tendo como única fonte um sujeito "ensimesmado", fechado sobre si mesmo, interessado apenas nele mesmo, alheio ao mundo e que acaba por perguntar aos professores que lhe acenam para novos horizontes: "Para que me serve aprender tal ou tal coisa?".

Escreveu o filósofo Robert Spaemann (1994, p. 44-45, grifo meu): "Escutamos frequentemente, hoje em dia, que o papel da educação é a de ensinar os jovens a defender seus interesses. Mas há uma tarefa bem mais fundamental, que consiste em ensinar os homens a ter interesses, a, como se diz, 'se interessar por alguma coisa'. Porque aquele que somente aprende a defender seus interesses, mas não se interessa por nada de distinto dele mesmo, este não pode ser um homem feliz. É por isso que a cultura, a formação de interesses objetivos, a percepção do conteúdo de valor da realidade efetiva são elementos essenciais da vida realizada". Creio nada ter a acrescentar a essa reflexão, que resume perfeitamente o que penso.

Logo, apesar de reconhecer, com meu hipotético leitor, que o trabalho com os interesses dos alunos foi, de fato, uma das marcas e contribuições das pedagogias modernas, penso que às vezes privilegiou-se demasiado o aluno em detrimento da cultura (notadamente no sentido "culto" do conceito), e, logo, privilegiou-se o espontâneo em detrimento do construído. Todavia, concorde ou não o leitor com o que acabo de escrever, certamente podemos continuar caminhando juntos para pensar o que é, verdadeiramente, criar ou despertar interesses.

Antes de tudo, é preciso lembrar que *nada garante* que a educação tenha êxito em despertar novos interesses. Tal garantia de sucesso nunca existe quando se trata de trabalhar com a dimensão afetiva do sujeito. Se o ensino pode, salvo em raras exceções, garantir que vai alfabetizar uma criança, fazê-la entender conceitos matemáticos, fazê-la conhecer elementos de História e Geografia, ela não tem esse poder quando procura interferir em sentimentos. Ora, o interesse e a curiosidade são sentimentos. Os caminhos trilhados pela dimensão intelectual são, além de mais compreendidos pela Psicologia, mais previsíveis do que aqueles tomados pela afetividade. Logo, sendo que despertar interesses equivale a abrir novos horizontes para o aluno, este poderá – por variadas razões, notadamente relacionadas às influências exercidas por seu entorno social (família, colegas, religião, mídia, etc.) – se recusar consciente ou inconscientemente a olhar para eles, se recusar a se motivar por novos problemas, por novos objetos do conhecimento, por novas alternativas de sentido. Mas tal limitação do poder pedagógico, tal recusa de onipotência, não deve paralisar as ações. Deve-se, sim, procurar dar chance ao aluno de, como diz Spaemann, *se interessar por alguma coisa*. Como fazer?

Uma estratégia bastante empregada é tornar os novos objetos de conhecimento *atraentes*. Trazem-se à sala de aula belas imagens, filmes, vídeos, *slides*, sons, etc., na esperança de que, com tais materiais, o aluno se encantará pela matéria. Essa estratégia é muito empregada nos programas de televisão que trazem ao público temas científicos variados. O tema é terremoto? Então, entremeadas às explicações científicas sobre esse fenômeno, mostram-se imagens de cidades destruídas, cenas de pessoas aterrorizadas, entrevistas com cientistas e populares que passaram pela terrível experiência, simulações de placas tectônicas em conflito, fotos de rachaduras, cidades reconstruídas, etc. O tema é o espaço sideral? Fala-se dele enquanto desfilam imagens de satélites, de planetas, de estrelas, de naves espaciais, de cosmonautas, de telescópios, etc. O tema é Filosofia? Para dissertar sobre temas como a amizade, o amor, a moral, apresentam-se entrevistas com pessoas moralmente admiráveis, com solitários, com casais, com especialistas, mostram-se filmes sobre os *hippies*, sobre a Segunda Guerra Mundial, ouvem-se acordes de *All you need is love*, fala-se de Che Guevara, etc. A tática didática de tais programas é clara: para que o conhecimento contemplado se torne atraente, é preciso que a forma de apresentá-lo seja, ela mesma, atraente. Ora, tal tática pode ser e é empregada em sala de aula, seja empregando vídeos dos referidos programas, seja lançando mão de outras formas de cativar a atenção dos alunos. Uma dessas formas é o apelo ao lúdico: aprender brincando. Outra é a visita a museus, jardins zoológicos, exposições, sítios históricos, excursões, etc.

Nada tenho contra tornar atraentes as formas de apresentação dos novos conhecimentos a serem aprendidos, contra procurar despertar interesses por intermédio de materiais diversificados, com "efeitos especiais" que cativem a atenção. Porém, creio que seu poder de criar novos e genuínos interesses é, por uma perspectiva, limitado e, por outra, às vezes, de consequência perversa.

É limitado porque não há relação necessária entre atração e interesse. A atração sempre é passageira enquanto o interesse pode ser duradouro. Ora, o que cada professor deseja é que seus alunos desenvolvam interesses duradouros por suas disciplinas, não atrações efêmeras, mesmo que fortes. Ao deslocar o foco do conteúdo a ser aprendido para a forma de apresentá-lo, corre-se o risco de o aluno *gostar da aula, mas não do objeto dessa aula.*

E gostar da aula mais do que se interessar por seu conteúdo é também consequência perversa, pois se inverte a relação forma-conteúdo, sendo a primeira mais importante que o segundo. Note-se que esse é o "truque" empregado pelas diversas formas de publicidades. Para seduzir o cobiçado consumidor, cuida-se, a rigor, mais da embalagem e das mensagens publicitárias do que do próprio objeto a ser vendido. Ora, a escola precisa tomar muito cuidado para não cair nessa tentação, a de cativar a atenção de seu pequeno público com formas de apresentação vistosa dos conhecimentos, formas essas que acabam por encobrir o real valor dos saberes veiculados. O resultado prático, e também perverso, dessa estratégia didática pode acabar sendo a exigência, por parte dos alunos, de somente entrar em contato com o conhecimento por intermédio de formas fáceis e atraentes. Lembro-me de uma ex-aluna minha, muito boa por sinal, que, um dia, me explicou porque não havia lido o texto de Jean Piaget previsto para a aula: *o texto é muito chato.* Friso tratar-se de excelente aluna para deixar claro que não se tratava de desculpa esfarrapada para a preguiça. Ela parecia convencida de que um texto sem atrativo literário algum, sem nada além da criteriosa apresentação do conhecimento, não merecia ser lido. Certamente estava acostumada a formas mais atraentes de "transmissão" dos saberes, formas mais "jornalísticas". Gilles Deleuze (2004) lamentava o fato de o estilo jornalístico de escrever e apresentar os fatos estar invadindo a literatura. Concordo com ele e creio que é necessário prestar atenção para que o estilo reportagem não invada também a didática e faça os alunos acreditarem que aula e espetáculo se confundem, que estudo e divertimento são a mesma coisa, que interesse e atração são equivalentes. E penso que tal atenção é crucial por vivermos em uma sociedade na qual, como vimos no capítulo anterior, o divertimento acaba sendo o grande antídoto ao tédio. Demasiado apelo a formas lúdicas e espetaculares de aulas pode acabar reforçando a "cultura do tédio" em vez de promover uma "cultura do sentido".

Aqui chegamos ao binômio que considero essencial para o tema do interesse pelo conhecimento: *desperta interesse o conhecimento que faz sentido*. É evidente que o interesse em geral não se restringe à questão do sentido. Podem despertar interesse o belo, o erótico, o emocionante, etc. Estou frisando que, quando se trata de conhecimento, o interesse depende do sentido que se dá a esse conhecimento.

Perguntas e respostas

Ora, como vimos, a "impertinente" pergunta dos alunos a respeito de para que lhes serve o que aprendem traduz uma vontade de dar sentido. Como vimos também, se a pergunta for inspirada pelo imediatismo, poucos conhecimentos escolares farão sentido. Se for inspirada pela autorreferência, também poucos saberes farão sentido. Se a pergunta for despojada do imediatismo e da autorreferência, mas inspirada apenas pelo uso instrumental, alguns conhecimentos farão sentido: tal coisa foi elaborada para resolver tal problema, tal outra coisa para resolver tal outro problema. Todavia, como comentado anteriormente, a explicitação das finalidades práticas de certos conhecimentos poderá permanecer um tanto quanto vaga em razão da distância existente entre o saber apresentado e sua tradução técnica. Apesar disso, embora vago, o saber ensinado fará algum sentido. Como despertar, entretanto, interesse por saberes não elaborados com finalidades práticas? Ora, *explicitando que perguntas motivaram a humanidade a construí-los*. A pergunta não será mais "Para que serve tal ou tal conhecimento?", ela será: *Tal e tal conhecimento foi concebido para responder a qual interrogação? Qual era o problema teórico a ser respondido? Qual era a motivação para conhecer tal ou tal aspecto do universo? Da sociedade? Da natureza?*

Em algum lugar, Edgard Morin comentou criticamente que a escola e a universidade costumam apresentar as respostas sem explicitar as perguntas, ou seja, costumam apresentar os conhecimentos sem falar das interrogações que desencadearam a elaboração desses conhecimentos. Tenho firme convicção de que essa crítica é central e explica muito da heteronomia intelectual e da falta de motivação para aprender de muitos alunos, sejam eles do ensino fundamental, médio ou, ainda, superior. Com efeito, *o que é o conhecimento? Ele é uma resposta a interrogações que os homens se fizeram e se fazem*. Logo, o *sentido* do conhecimento não está nele próprio, mas sim nas interrogações que desencadearam sua construção. Dito de outra forma, *a resposta somente faz sentido se conhecemos a pergunta*. Por que os homens se debruçaram sobre a gramática? O que eles queriam com isso? Qual era a preocupação? Por que os homens se debruçaram sobre o cosmos? O que eles queriam saber? Por que queriam saber? Por que os homens resolveram investigar a mente humana? Qual era a pergunta? A inquietação? Por que os homens resolveram pensar a espécie humana como fruto de uma evolução? Por que querer entender tal evolução? Qual é o problema?

Tais interrogações podem ser feitas para qualquer área do conhecimento científico e filosófico. E são elas as *portadoras* de sentido.

Logo, como bem o aconselha Morin, uma aula deve começar, não pelo conhecimento, mas sim pela explicitação da interrogação que motivou sua elaboração. A motivação pode ser prática, mas pode ser também, e frequentemente o é, apenas teórica. Interessará aos alunos também tomar consciência de que muitas perguntas filosóficas e científicas foram formuladas, não em decorrência de uma lógica interna própria a cada área, mas de questões sociais mais amplas. Por exemplo, será coincidência que a pergunta sobre o trajeto da Terra no espaço (em torno do Sol, ou o contrário) e outras indagações astronômicas tenham sido formuladas depois da Renascença, quando tomaram lugar novos arranjos econômicos, políticos e ideológicos, que, como expressou Pica de la Mirandola, no século XV, fizeram que o homem se pensasse "criador de si mesmo"? Certamente não. Será por acaso que Kant formulou uma teoria moral laica quando o lugar atribuído a Deus na vida dos homens começou a ser contestado? Certamente não. Será fruto do acaso se teorias como as de Marx, Darwin e Freud, que pensam o ser humano como fruto de uma história, aparecem na mesma época? Certamente não. E assim por diante.

Em suma, creio que a relação entre o interesse e o conhecimento passa pela dimensão do sentido e que essa dimensão nasce antes das *perguntas* ou *interrogações* do que das respostas. Creio que há mais chances de os alunos enriquecerem seu cotidiano construindo novos interesses se lhes forem apresentadas tais perguntas. São elas que dão sentido e charme ao conhecimento.

Escreveu Elie Wiesel, Prêmio Nobel da Paz: "Quando eu era pequeno, minha mãe nunca me perguntava se eu havia dado boas respostas durante a aula. Ela me dizia: 'Você fez uma boa pergunta?'. Isso governou minha vida".[10]

Deveria governar a vida de todos os jovens. Fazer que eles saibam elaborar perguntas, esse é um dos grandes objetivos da educação. A pergunta é a expressão da busca de sentido, o primeiro passo para alcançá-lo. Na "cultura do tédio", somente há respostas que não foram solicitadas. Na "cultura do sentido", há formulação de perguntas e há busca de respostas. Ao fazer que os alunos tenham acesso às variadas perguntas formuladas pela humanidade ao longo dos séculos, eles não apenas se apropriarão de conhecimentos prenhes de sentido como terão a oportunidade de formular, como o aconselhava a mãe de Wiesel, suas próprias interrogações, não de maneira imediatista e autocentrada, não apenas com vistas a um uso instrumental, mas sim projetadas do cotidiano para o futuro.

Verdade, memória, conhecimento com sentido, eis três dimensões que a escola deve trabalhar para tornar possível, para seus alunos, uma "cultura do sentido". Eis três dimensões inerentes a sua função de transmissão de saberes.

As demandas existenciais de sentido, porém, vão além daquelas respondíveis por intermédio do conhecimento. Para finalizar o presente capítulo, falemos delas, falemos dessa necessidade de *cuidar das crianças e dos jovens*.

CUIDAR DAS CRIANÇAS E DOS JOVENS

Geralmente, quando se emprega a expressão "cuidar das crianças e dos jovens", está se falando de proteção das novas gerações contra diversas formas de maus-tratos, de negligência, de violência. Note-se que, embora ainda existam crimes como a prostituição e o trabalho infantis, como a pedofilia, como o espancamento e a humilhação de crianças, não se pode negar que se tem desenvolvido em várias partes do mundo uma sensibilidade a esses terríveis fenômenos, sensibilidade essa que se traduz pela criação de instituições como a Unicef, pela elaboração de leis como as que constam no Estatuto da Criança e do Adolescente (ECA), pela severidade com que são julgados adultos que abusam sexualmente de crianças, pela realização de campanhas para lutar pelo reconhecimento dos jovens como sujeitos com direito à integridade física e psíquica, à justiça e à dignidade. Tais iniciativas, de cunho moral, merecem nossa aprovação irrestrita.

Porém, o mesmo empenho não tem sido observado no que diz respeito ao plano ético: como vimos no capítulo anterior, um *mal de vivre*, atestado pela alta-frequência da depressão e de suicídios, assola, hoje, muitos homens e muitas mulheres, e entre eles muitos jovens. Temos uma juventude feliz? Tudo leva a crer que não. Então, crianças e jovens não devem ser apenas protegidos da violência, devem também ser, na medida do possível, *preservados do tédio*. Nas páginas que antecedem, debrucei-me sobre quatro aspectos dessa necessária empreitada: devemos cuidar do mundo, devemos resgatar a verdade, devemos resgatar a memória e devemos fazer que os jovens possam alimentar seu cotidiano com novos interesses desencadeados pelo contato com o conhecimento. Ao falar de verdade, memória e conhecimento, enfatizei o papel das instituições educacionais. Ao falar do "cuidar do mundo", sublinhei a importância da ação de *todos* os adultos, e não apenas dos educadores profissionais. No presente item, volto a me dirigir a todos os adultos, comentando alguns aspectos de sua relação com as crianças e os jovens.

Minha análise vai girar em torno da própria ideia de *proteção* procurando equacionar um paradoxo: muitos adultos de hoje, sobretudo os de classe média, em certos aspectos protegem demais seus filhos ou alunos do embate com o mundo e, em outros, os jogam precocemente na batalha da vida. Creio ser esse desequilíbrio problemático para uma "cultura do sentido", como procurarei rapidamente mostrar.

Abordarei primeiro a precocidade com a qual as crianças são levadas a cumprir agendas que, antigamente, eram exclusividade dos adultos. Esse fenômeno não tem passado despercebido de estudiosos, como o atesta a publicação de livros como o de Neil Postman, intitulado *O desaparecimento da infância* (2002), e o de David Elkind, *Sem tempo para ser criança* (2004).

Postman inicia seu livro lembrando que a infância é uma categoria social moderna. Citando o clássico estudo de Philippe Ariès, *L'enfant et la vie familiale sous l'ancien régime* (publicado no Brasil com o título de *História social da criança e da família*), o autor retoma a tese do historiador francês segundo a qual, até o século XVIII, as crianças não recebiam tratamento diferenciado daquele dado aos adultos, não havia censura ao que poderiam ver e ouvir, não havia maneira especial de vesti-las, e tampouco parecia haver, por parte dos pais, fortes laços emocionais que a elas os uniam. Em compensação, a partir do século da Luzes, as crianças não somente se tornaram valor aos olhos dos adultos como foram objeto de um tratamento especial, notadamente educacional. E, nessas mudanças, um elemento essencial apareceu: a infância é vista como época da vida durante a qual o ser humano deve ser *protegido*, protegido não somente dos perigos físicos que a rodeiam, mas também das "más influências" da sociedade dos adultos. A infância passa a ser vista como idade da pureza e da inocência.

Sabe-se que a tese de Ariès, apesar de seu grande impacto, foi e é contestada. Tais contestações, no entanto, não importam aqui. O que importa é verificar, se sim ou não, como o quer Postman, a infância está "desaparecendo", se sim ou não, tendemos a tratar as crianças não mais como seres com características singulares, mas sim como pequenos adultos. Ora, *em parte* parece-me que a resposta é *sim*. Mas em parte somente. Vejamos por que, começando por falar do contato da criança com a televisão.

Embora se discuta, ainda nos dias de hoje, qual programação televisiva é adequada às crianças e aos jovens, o fato é que as novas gerações acabam por assistir aos programas destinados aos adultos no dito "horário nobre". Assistem aos jornais televisivos que, sem muita parcimônia, apresentam quase todos os dias cenas de violência tão frequentes quanto chocantes. Ora, não raro as crianças estão na sala, junto aos pais, e logo veem essas imagens. Parece ocorrer a poucos adultos preservar os filhos, notadamente porque muitos desses adultos não se dispõem a se privar de seu passatempo favorito: deixar de assistir às notícias lhes seria uma perda insustentável de lazer! Mais insustentável ainda seria deixar de ver a "novela", que também traz cenas da vida adulta, em geral pouco recomendáveis moralmente e cada vez mais ousadas, do ponto de vista sexual. Mesma coisa pode ser dita de outras modalidades de programas televisivos. Em suma, enfraqueceu-se sobremaneira o antigo cuidado de afastar dos olhos e dos ouvidos infantis aspectos cruéis e eróticos da vida adulta, apagaram-se as pudicas fronteiras no interior das quais a "inocência" do mundo infantil era preservada.

Assim sendo, não é de se estranhar que as crianças apresentem, na vida real, certos comportamentos antes reservados aos adultos. Falam de atentados, de guerras, de chacinas, de estupros, de assassinatos. Não poderia ser diferente. E, desde cedo, mimam a vida amorosa e sexual dos adultos: crianças de apenas 6, 7 anos falam em "namorar", vestem-se, sobretudo no caso das meninas, como se fossem adolescentes, maquilam-se, observam seu peso, etc. Todavia, no caso da sexualidade, os novos comportamentos não advêm apenas dos modelos assistidos na televisão: eles são encorajados pelo próprios adultos, que compram as roupas e as maquilagens para suas filhas pequenas, que encorajam seus filhos pré-púberes a terem "namoradas". Sabe-se que há pais que, à guisa de festa de aniversário de 9, 10 anos, levam suas filhas e convidadas a passar a tarde em um salão de beleza! E depois os "generosos" genitores perguntam-se por que, quando pré-adolescentes, suas filhas querem fazer regime, pensam em fazer plástica nos seios, engravidam precocemente e por que seus filhos querem fazer musculação!

O incentivo a viver uma vida que imita a vida adulta não se limita ao erotismo. Ele se encontra também no consumo. Há cartões de crédito para crianças, veem-se meninos e meninas com celular, com *iPod*, com *laptop*, com câmeras digitais, com tênis último modelo, com relógios, etc. Elas praticamente possuem tudo que um adulto possui, mais consomem objetos originalmente destinados ao adulto do que brinquedos. Quem já não viu uma menina ou um menino, vestido como adulto, com roupa de grife, tênis importado, falando ao celular como se fosse empresário, com fones nos ouvidos como se fosse *pop star*, ou com câmera digital como se fosse jornalista? Parecem, de fato, "pequenos adultos".

Outro aspecto contemporâneo da vida infantil que contrasta com o passado é a "agenda" de muitas crianças hoje pertencentes à classe média ou alta: da escola vão para o curso de inglês, do inglês vão para a escolinha de futebol ou para a aula de balé, de lá vão para a aula de música ou de desenho, de lá vão para uma das inúmeras festas a que são inevitavelmente convidados. Dormem tarde, acordam cedo, e tudo recomeça. Com agendas dignas de um alto executivo, não é de se estranhar que, precocemente, sofram desse mal atual que é o estresse.

O que também estressa as crianças é a exigência adulta para que sejam, quase desde o berço, "competitivos". São "preparados" cada vez mais cedo para a terrível "selva" adulta do mundo do trabalho. Trata-se de esporte? Participam, desde os 7 anos, de variadas competições, e levam bronca de pais e treinadores se não saem vencedores. Trata-se de profissão? São alfabetizadas com 5 anos, aprendem na mais tenra idade língua estrangeira e informática e tomam remédios quando não apresentam o nível desejado de atenção e atividade. Trata-se de trânsito social? Os pais mandam seus filhos a psicólogos se eles são tímidos, silenciosos e solitários: acreditam se tratar de "defeitos" que inviabilizam a perspectiva de serem "populares", de serem aceitos, de serem líderes, de serem vencedores.

Finalmente, note-se que, em algumas áreas, com destaque para aquelas relacionadas ao esporte e à arte, os "bem-sucedidos" são cada vez mais jovens. Há modelos, que ganham muito dinheiro, com apenas 14 anos, e há campeões de tênis com apenas 18 anos.

Há também, triste realidade, cada vez mais delinquentes e criminosos com menos de 18 anos... E em todas as classes sociais.

Em suma, tudo leva a crer que, de fato, assistimos ao fim da infância – seria melhor dizer que o promovemos.

Então, seria de se esperar que nossos jovens apresentassem uma maturidade intelectual e emocional superior àquela que se observava, na mesma idade, antigamente, uma maior autonomia, uma maior independência.

Todavia, não é bem isso que se verifica. O que se verifica é praticamente o contrário: jovens bastante imaturos, bastante "infantis", dependentes dos pais, que pensam que a adolescência termina aos 21 anos, e que permanecem anos a fio morando na casa paterna. É claro que não estou me referindo aos jovens que, em razão da pobreza, trabalham muito cedo ou são arregimentados pelos traficantes. Esses jovens "caem na vida" cedo e da pior maneira possível. Estou me referindo aos que gozam de razoável estabilidade econômica. Não possuo dados estatísticos do que acabo de afirmar. Em compensação, sei que diagnóstico igual costuma ser feito por quase todos aqueles que lidam com jovens, notadamente na universidade.

Aceito esse diagnóstico, que se opõe frontalmente à tese do desaparecimento da infância – aliás, que mais depõe a favor de seu prolongamento –, como explicá-lo? Como explicar que, em contato precoce com variados aspectos da vida adulta, com variados comportamentos que lembram os dos adultos, com exigência de competência e competitividade próprias aos adultos, os jovens pareçam-se mais tempo com adolescentes do que com adultos?

Proponho a seguinte explicação: embora seja verdade que crianças e jovens sejam colocados, precocemente, em contato com o mundo adulto e com exigências desse mundo, é também verdade que estão, a todo momento, *tutelados* por esses mesmos adultos. Ora, tal tutela, onipresente e prolongada, longe de promover a maturação psicológica e a autonomia, faz que a criança e o jovem permaneçam em estado de imaturidade e heteronomia.

Para compreender o fato, devemos voltar ao velho e bom Piaget e a seus conceitos de coação e cooperação, rapidamente apresentados aqui, os quais vamos aprofundar um pouco agora. Trata-se de dois tipos de relação social, definidos pelos lugares ocupados por seus membros, lugares esses que determinam a qualidade de suas ações.

A *coação* é um tipo de relação social, assimétrica, na qual um pólo decide e determina o que o outro vai fazer (ou pensar). Tal determinação pode ser efeito do poder: nesse caso, o pólo dominante coage o outro pela força. Todavia, essa determinação pode também ser efeito da autoridade: o pólo dominado reconhece no pólo dominante legitimidade para dirigir as ações, para mandar, e este, portanto, não precisa empregar a força, não precisa abrir mão de ameaças para ser obedecido. Aliás, para Piaget, são mais importantes as relações de coação baseadas na autoridade, pois o prestígio desta acaba por ter não apenas o efeito da obediência, mas também o da convicção. A pessoa submetida à obediência pela força pode não reconhecer legitimidade de mando ao pólo dominante: ela obedece por não ter outra escolha, mas pode manter sua consciência livre das influências de quem a coage. Em compensação, a pessoa que aceita a coação por atribuir legitimidade ao pólo dominante costuma se curvar perante suas ordens e aceitar como válidos seus enunciados.

A *cooperação* é um tipo de relação, simétrica, estabelecida entre pessoas que se vêem, umas às outras, como iguais. Enquanto nas relações de coação um pólo dirige as ações, nas relações de cooperação são ambos os pólos que, de comum acordo, resolvem como se vai agir. Ou seja, enquanto nas relações de coação um pólo determina as ações do outro, nas relações de cooperação há articulação mútua entre as ações de ambos os pólos. Em poucas palavras, enquanto na coação não há (e nem precisa haver) *relação de reciprocidade*, a cooperação é justamente baseada nesse tipo de relação.

Isso posto, lembremos mais uma vez que, para Piaget, as relações de coação não desencadeiam, ou desencadeiam pouco, o processo de descentração necessário à evolução psicológica. Quem obedece, quem pauta suas ações pelas ações de outrem, pouco precisa pensar na razão de ser de tais ações. A apreensão intelectual das ordens permanece superficial, e o êxito das ações é antes medido em termos de aprovação ou reprovação por parte da autoridade do que pela avaliação de sua eficácia prática. As relações de coação reforçam a dependência do pólo coagido em relação àquele que coage, reforça a desigualdade e também pode reforçar a desresponsabilização por atrofiar o poder de decisão (é outrem quem decide). É por essa razão que ela reforça a heteronomia: o processo de estabelecimento do que é certo, do que é belo, do que é verdadeiro, do que é o bem, etc., fica com o polo dominante e é aceito passivamente pelo polo dominado.

Ocorre o inverso nas relações de cooperação. Como as decisões de ação são tomadas conjuntamente, é preciso que cada parte explicite para as outras as razões de suas propostas, é preciso que argumente e que dê consistência a esses argumentos. Dito de outra forma, as relações de cooperação pressupõem um processo de descentração para que cada membro procure entender o ponto de vista alheio e procure a melhor maneira de se fazer compreender por outrem. Quanto à responsabilização, na cooperação ela é de cada um e de todos, não havendo ninguém de quem se possa dizer "eu segui as ordens dele". Logo, a cooperação possibilita a construção da autonomia.

Aceitas essas definições e o efeito desestimulador ou estimulador sobre o desenvolvimento das relações nomeadas, cabe, ainda com Piaget, pensar nas relações sociais reais pelas quais passam as crianças e jovens e avaliar se promovem a cooperação ou se, pelo contrário, mais traduzem relações de coação. Ora, para Piaget, o critério básico de tal avaliação é simples: somente pode haver verdadeiras relações de cooperação entre *pessoas que se consideram iguais*, e que *ocupam lugares sociais não hierarquizados entre si*. Ora, no mundo infantil e adolescente, apenas pode realmente ocorrer tal situação de cooperação entre *pares*, ou seja, entre as crianças e os jovens, entre eles mesmos, isto é, sem a mediação dos adultos. Digo que "pode" ocorrer porque, sabe-se, até mesmo entre pares, assimetrias acontecem, baseadas no prestígio de um ou mais membros, em sua força física, em suas habilidades, em seu *status* social, etc. Porém, essas assimetrias também podem não acontecer – o que é mais frequente do que se pensa.

Em compensação, tais assimetrias sempre estão presentes em instituições. Por mais que os adultos que as dirigem queiram se mostrar liberais, por mais que não queiram se colocar como autoridades perante as crianças e os jovens, esses últimos não os veem como iguais. O fato de as relações serem de coação ou de cooperação não depende apenas, e nem essencialmente, das decisões dos seus membros, depende mais da estrutura social na qual estão inseridos.

Voltemos agora aos jovens de hoje. Entre os vários aspectos arrolados a respeito do suposto desaparecimento da infância, um deve ser destacado: *o fato de as crianças estarem constantemente inseridas em instituições*: pré-escola, escola, escola de línguas, escola de futebol, de tênis, de música, de arte, etc.

Décadas atrás tínhamos aproximadamente o seguinte quadro: enquanto as crianças e os jovens estavam na escola ou em suas casas, eram submetidos, de forma coercitiva, a uma dura e severa disciplina. Porém, quando não estavam nem na escola, nem em casa, frequentavam as ruas, as praças, os bosques e, *longe de qualquer tutela adulta*, interagiam entre si, inventavam brincadeiras e jogos, resolviam seus conflitos, criavam "clubes" ou "associações", etc., ou seja, experimentavam relações de cooperação. A sociabilização das crianças menores dependia muito mais da rua do que da escola. Aliás, elas nem iam a pré-escolas, iniciavam seu percurso institucional acadêmico a partir do primário.

Ora, a situação, hoje, notadamente para a classe média, é totalmente diferente. As ruas e as praças, sobretudo por causa dos carros, se tornaram lugares perigosos e, compreensivelmente, os pais procuram outros lugares para seus filhos ficarem. Mas que lugares são esses? Ora, quase sempre instituições. A pré-escola, por exemplo, acabou sendo o lugar da socialização das crianças, pois é somente nesse lugar que encontram outras crianças que não as da família. Mas, como vimos, tal sociabilização se dá, inevitavelmente, sob a tutela de adultos, o que prejudica as relações de cooperação. Pensemos agora na própria aprendizagem de conteúdos extra-escolares. Antigamente, davam-se sem a mediação e a tutela adultas. Aprendia-se a jogar futebol? Sim, não com os adultos, mas com os colegas, seja um pouco mais velhos, seja da mesma idade. Hoje há escolinhas de futebol! Aprendia-se a tocar violão? Sim, mas quase sempre com os pares, quase sempre trocando com eles acordes aprendidos aqui e ali.[11] Hoje há muitas escolas de música! Aprendia-se a jogar bola de gude? Sim, mas sempre com os amigos, aprendendo e criando regras e mais regras. Hoje, tais jogos tipicamente infantis, se não desapareceram, tornaram-se mais raros, e não ficaria surpreso se um adulto resolvesse abrir uma "escola bilíngue de bola de gude", ou um "instituto infantil de amarelinha"!

Brincadeira à parte, espero que tenha ficado clara minha análise de uma possível razão para explicar a falta de autonomia e maturidade de muitos jovens: são protegidos, tutelados incessantemente, e pouca experiência de cooperação eles têm ou tiveram. Aliás, poucos parecem ao menos saber que existem relações de cooperação, quanto mais julgar serem boas ou necessárias. Darei um exemplo. Recentemente perguntei a meus alunos de graduação se eles formavam, entre eles, grupos de estudo para revisar e melhor compreender as matérias. Olharam-me com certo espanto e responderam que não. Ou eles procuram um professor, ou procuram "se virar" sozinhos. Por que será? Por que será que desdenham essa forma, talvez a mais eficaz, de procurar aferir se os conteúdos foram bem assimilados? Imagino que a razão desse desdém está no fato de, ao longo de suas vidas, nunca terem tido a oportunidade de fazê-lo, está no fato de sempre terem, ao lado deles e cuidando deles, um adulto de plantão. Eu ousaria até afirmar que a violência na escola, de que tanto se fala, tenha aumentado porque, entre outras causas, às quais voltarei na Parte II deste livro, os alunos, constantemente tutelados, não aprenderam a gerir e a resolver os conflitos entre eles próprios. Para ilustrar minha opinião, volto ao exemplo do futebol. Antes, as crianças aprendiam entre elas, entre elas organizavam as partidas e entre elas resolviam os possíveis conflitos ou discordâncias. Foi gol? Houve falta? A bola saiu? Foi pênalti? Hoje em dia, uma vez que jogam futebol em escolinhas, não apenas não organizam as partidas como, quando jogam, o monitor adulto toma o apito e decide se foi falta, se foi gol, se a bola saiu, etc. Na prática, ele evita que os conflitos e discordâncias aconteçam. Mas quando ele não está por perto... Quando um adulto não está por perto, os jovens ficam desamparados por falta de experiência de procurar solucionar conflitos e tal carência pode degenerar em agressões.

Isso posto, voltemos a nosso paradoxo: por um lado, os adultos jogam precocemente seus filhos na batalha da vida e, por outro, os protegem em demasia, tutelando-os constantemente. Resultado: temos crianças e jovens que, desde cedo, imitam comportamentos adultos, competem como adultos, estudam como adultos, seguem agendas de adultos, consomem como adultos, sabem da violência do mundo adulto e da sexualidade adulta, mas que, longe de desenvolver a maturidade e a autonomia esperadas, permanecem em certo estado de "menorização", de dependência, de heteronomia.

Cabe, agora, nos perguntarmos se isso é bom ou ruim. Variadas dimensões podem ser analisadas, mas permaneçamos fiéis ao nosso foco: o do *sentido*. Anunciei que julgava o desequilíbrio entre "jogar no mundo" e "proteger" problemático para promover uma "cultura do sentido". Devo agora explicitar o porquê.

Comecemos pela precocidade com a qual as crianças são colocadas em contato com elementos do mundo adulto. A pergunta que se impõe é: que sentido pode fazer para elas a violência? As guerras? A sexualidade adulta? O consumo? Tornarem-se competitivos nos moldes da concorrência do mundo do trabalho? Agendas pesadas? Ora, praticamente nenhum. Postman se pergunta, no final de seu livro, se a infância foi uma invenção ou uma descoberta. Se ela foi apenas uma invenção cultural, a infância nada mais é do que os adultos querem que ela seja e, logo, as crianças poderão assumir sem problemas as agendas por eles propostas. Em compensação, se a infância de fato se caracteriza por certos traços intelectuais e afetivos, se a infância se caracteriza por estruturas psíquicas singulares e diferentes das dos adultos, obrigar as crianças a viver uma vida nos moldes da vida adulta equivale a uma verdadeira negação da infância, a uma verdadeira repressão de suas capacidades e anseios. Ora, optar pela tese da "invenção da infância" implica desconsiderar todas as descobertas da Psicologia do Desenvolvimento, descobertas essas que atestam uma singularidade infantil, que atestam o fato de a criança não ser um "pequeno adulto". Tal desconsideração me parece, na melhor das hipóteses, uma imprudência e, na pior delas, mais uma característica de nossos tempos: esquecer é mais importante do que conservar. Pessoalmente, me recuso terminantemente a referendar os descaminhos da educação atual negando o valor de décadas e décadas de pesquisas e reflexões. E, fiel a tudo que sabemos sobre o desenvolvimento infantil, volto a afirmá-lo: muitos dos elementos do mundo adulto não fazem sentido para as crianças. Logo, obrigá-las a viver como adultos implica privá-las dos sentidos que elas poderiam construir se deixássemos que *vivessem tranquilamente sua infância*. Elas pensam em sexualidade? Sim, mas no nível delas, que ainda não implica relações amorosas e dimensões genitais. Elas pensam a violência? Sim, mas no nível delas, que ainda não contempla guerras e conflitos sociais. Elas são competitivas? Algumas sim, mas não projetando ser empresários de sucesso, atores famosos, nem campeões de futebol ou *pop star*. Elas gostam de aprender diversas coisas para além dos programas escolares? Sim, mas contanto que correspondam ou ampliem interesses típicos da idade e também contanto que lhes deixem espaço para a experimentação espontânea.

Em suma, sentido não se impõe, desperta-se. E o despertar é paulatino, às vezes lento. Os adultos querem que as crianças queimem etapas, mas são as disposições psicológicas infantis que acabam por partir em fumaça. E o sentido se esvai, e o tédio se impõe. E, quando chegam à adolescência, abandonam o esporte que precocemente lhe foi imposto, abandonam no armário os instrumentos que foram levadas a tocar, mal sabem falar as línguas estrangeiras que lhes foram ensinadas, sabem fazer amor mas não sabem amar e, por falta de reais paixões, se mostram amorfas e, logo, pouco "competitivas".

Cuidar das crianças é respeitá-las em sua singularidade e não lhes impor uma vida que não faz e não pode fazer, para elas, sentido.

E *cuidar das crianças* não é tutelá-las vinte e quatro horas por dia. Não é vigiá-las sem cessar. Não é privá-las de relações de cooperação. Jogadas em um mundo que não tem, para elas, sentido, não crescem. Constantemente amparadas pelos adultos, elas também não crescem.

E, quando jovens, acabam permanecendo em uma espécie de *no man's land*, povoado de *nowhere men*. O desenvolvimento, que poderia se assemelhar ao caminhar sereno e constante de um peregrino, acaba por se assemelhar aos ziguezagues erráticos de um turista.

Acabamos de falar dos jovens. O que significa *cuidar dos jovens*?

O jovem é fruto de sua infância. E, se quisermos cuidar deles, devemos cuidar das crianças que começam por ser. Todavia, uma vez adolescentes, mesmo se foram objeto de uma educação para uma "cultura do sentido", a pergunta "Que vida eu quero viver?" se apresentará com toda sua clareza e urgência. Os adultos não podem ficar desatentos a essa crucial indagação. Logo, é preciso que ajudem seus filhos ou alunos a encontrar respostas. O que é felicidade? O que é viver uma vida significativa? O que é se realizar pessoalmente? A questão ética é tema do jovem. *Cuidar do jovem é ajudá-lo a equacionar essa questão.*

Todavia, como a perspectiva ética é, como diz Paul Ricoeur, a perspectiva de uma *vida boa, para e com outrem, em instituições justas*, logo, como um projeto de vida, para merecer o nome de *ético*, deve contemplar o *lugar do outro*, e não há como responder à pergunta "Que vida eu quero viver?" sem, em conjunto, contemplar a dimensão moral.

Logo, para além do cuidar do mundo, da verdade e da memória como valores, do despertar de novos interesses, da cooperação e de outras estratégias educacionais possíveis que ajudem os jovens a "pensar na vida", a lhe dar sentido, devemos falar de moral e defender o princípio segundo o qual *não há cultura do sentido eticamente válida se não acompanhada de uma cultura do respeito de si.*

É o que vamos analisar daqui para a frente.

NOTAS

1. Desde 2001 tramita no Congresso Nacional do Brasil um Projeto de Lei (número 5.921), de autoria do deputado Luiz Carlos Hauly, que, como o escreve a relatora Mara do Carmo Iara, visa *"proibir a publicidade destinada a promover a venda de produtos infantis, assim considerados aqueles destinados apenas a crianças"*. Soube do projeto porque o Conselho Federal de Psicologia (CFP) me pediu uma análise psicológica da proposta. Entre vários aspectos, trata-se de avaliar se as crianças podem resistir às tentativas de sedução presentes nos anúncios veiculados pela mídia, ou se suas capacidades intelectuais ainda não seriam o bastante desenvolvidas para opor tal resistência. Como se vê, é o tema da verdade que está em jogo, pois a referida resistência depende, em parte, da avaliação do quanto os anúncios correspondem à realidade: será verdade que tal boneca vai permitir tais prazeres? Que tais carrinhos vão proporcionar tais momentos de intensa atividade? Que tal jogo vai ser tão instigante quando parece prometer? Pessoalmente, eu apoio em linhas gerais o referido projeto por saber que, pelo menos até os 12 anos, as crianças ainda não dispõem de ferramentas cognitivas o bastante sofisticadas para perceber truques publicitários, para avaliar objetivamente a distância que existe entre o prometido e o conquistável. É, portanto, necessário protegê-las de certos vendedores de sonhos. Todavia, sou bem cético em relação à possibilidade de aprovação de um projeto como esse que contraria interesses de grupos poderosos. Será que, agora que descobriram o potencial econômico do pequeno público consumidor, vão se privar de a ele dirigirem suas mensagens? Duvido. Se meu pessimismo tiver alguma razão de ser, é certo que devemos promover nas crianças e adolescentes o valor da verdade, para que tenham a atitude de sempre se perguntar: será isso mesmo?
2. A respeito das virtudes e vícios dessa nova "biblioteca sem paredes", que é a internet, remeto o leitor ao texto de Sergio Luiz Prado Bellei, intitulado *Borges*

e a internet, Borges na internet (Revista *Claritas* – Departamento de Inglês da PUC/SP – volume 11, número 2, p. 43-62).
3. Para maiores detalhes sobre a tecnologia na sala de aula, remeto o leitor a meu livro *Ensaio sobre o lugar do computador na educação* (São Paulo, Iglu, 1990).
4. Sei que o verbo "transmitir" aplicado ao ensino de conhecimentos é abominado por alguns por, supostamente, corresponder a uma visão empiricista de aprendizagem. O professor não "transmitiria" conhecimentos, tampouco os alunos se "apropriariam" destes, mas sim o construiriam. Sim, os alunos, de fato, constroem seu conhecimento. Todavia, a menos que se adira a um preciosismo semântico, não há nada de errado em falar em transmissão de conhecimento, pois essa ação em nada pressupõe a adesão a certas opções epistemológicas. Para maiores análises da articulação entre as noções de transmissão e construção do conhecimento, remeto o leitor a meu texto *Transmissão e construção do conhecimento* (In: São Paulo – Estado – Secretaria da Educação. Coordenadoria de Estudos e Normas Pedagógicas. *A criança e o conhecimento: retomando a proposta pedagógica do ciclo básico*. São Paulo, SE/CENP, 1990, p. 7-21.)
5. Pensemos um pouco no esporte, atividade na qual o simples se opõe ao errado ou ao pouco eficaz. Pensemos, por exemplo, no tênis. Trata-se de um esporte que exige uma coordenação motora complexa e, portanto, de longa aprendizagem. E lembremos agora dos grandes jogadores, como Björn Borg, Andre Agassi, Pette Sampras e Roger Federer. A impressão que se tem, ao vê-los jogar, é que "jogam de forma simples": os movimentos fluem, articulam-se de forma natural, são econômicos. Diz-se que jogam de forma simples (e, logo, esteticamente admiráveis) porque reduzem ao mínimo necessário os movimentos que realizam. Se olharmos para jogadores debutantes, verificaremos o contrário: grandes gestos, grandes movimentações, articulações exageradas e penosas entre pernas, braços e tronco, e muitos erros.
6. Sei que, em 2007, "novas" Maravilhas do Mundo foram eleitas, mas reservo-me o direito de não referendar o resultado, pois desconfio de que os votantes tiveram mais empenho em promover a "maravilha" de seu país do que em pensar em critérios históricos e estéticos para balizar seu juízo.
7. Intitulado *Limites: três dimensões educacionais* (1998, Ática).
8. Citação de uma entrevista que Cavalli-Sforza deu ao Jornal O Estado de São Paulo, publicada no dia 3 de junho de 2007, página 13.
9. Para cada item (esporte, religião, etc.), cada sujeito respondia se tal campo despertava-lhe "muito interesse", "pouco interesse" ou "nenhum interesse".
10. Depoimento recolhido pela revista L'Express (15/06/2006).
11. Paul McCartney conta que ele e John Lennon atravessaram Liverpool para encontrar outro jovem que conhecia o acorde si com sétima: aprenderam o acorde e socializaram-no com outros colegas.

parte II
Plano moral

Hong Kong

3
Cultura da vaidade

Na Parte I do livro (Plano Ético), empreguei a metáfora do *turista* para descrever certas características do homem contemporâneo. E, em alguns momentos, fiz comentários de ordem *moral*: o turista é geralmente alguém que demonstra total indiferença em relação aos possíveis sofrimentos, mazelas e catástrofes pelos quais passam os nativos dos lugares que visita. Tal país é governado por ditadores corruptos? Isso não vai desencorajar o turista a deixar lá seu dinheiro se há locais prestigiosos a serem vistos. Tal outro padece de profunda miséria? Pouco importa, se há praias idílicas ou soberbas cachoeiras. Tal região foi devastada por catástrofe natural? Se não há mais perigo e se os hotéis já foram reconstruídos, lá vai ele gastar seu fragmento de tempo chamado férias. E, se lá está ele quando explode uma rebelião, quando acontece um terremoto ou quando há rumores de uma doença contagiosa, ele corre ao aeroporto, maldizendo *seu* azar. Sim, o turista costuma ser um indiferente, indiferente em relação à qualidade de vida de quem o acolhe em seu país.[1]

Acontece de ele ser um irresponsável. É claro que ele não tem responsabilidade direta sobre a maioria das coisas que aconteceram e acontecem aos habitantes dos lugares para os quais se desloca. Se há miséria, não é ele quem, pessoalmente, a causou (mas os políticos e os empresários do país de onde ele vem talvez tenham alguma culpa); se há corrupção, não é ele quem a desencadeou (mas o dinheiro que gasta no país visitado pode em parte sustentá-la); se há *tsunami*, não foi ele quem sacudiu o fundo do mar. Em compensação, o turista parece não querer se dar conta de que sua passagem, por mais curta que seja, tem consequências nem sempre positivas. Um exemplo é o do trânsito: em certas cidades, os gigantescos ônibus que o transportam de lá para cá e que estacionam aqui e ali, atrapalham sobremaneira a circulação dos carros, das ambulâncias, da polícia, etc. Outro exemplo é o dos recursos naturais, notadamente a água, que o turista consome sem contar e sem querer saber se ela vai fazer falta à população. O exemplo mais relevante, e que já preocupa oficialmente certos países, é o da poluição. Não apenas o turista é transportado por inúmeros automóveis e aviões que ajudam a comprometer a qualidade do ar (as viagens realizadas nas férias são responsáveis por 5% da emissão global de gazes de efeito estufa[2]), como ele deixa "rastros" de lixo por onde passa, lixo que se espalha pelas praias, pelos campos, pelas ruas, pelas estradas. Falou Ronald Sanabria, membro de uma ONG dedicada aos problemas decorrentes do turismo: "As reservas de água e de energia estão acabando, as reservas naturais são frequentadas além de seus limites, o lixo se acumula, pois não se consegue recolhê-lo, as águas usadas escorrem para qualquer lugar, as espécies animais locais desaparecem ou sofrem a concorrência de outras introduzidas de maneira anárquica. Isso sem falar na poluição visual de certos lugares e do desprezo manifestado em relação às culturas locais".[3] Mas, qual o quê, na viagem de volta, o turista faz as contas dos dólares, euros ou libras que gastou, mas não as das latinhas, das embalagens e dos papéis e demais marcas que deixou para trás.

Vimos que a metáfora do turista, criada por Bauman e ampliada por mim, se aplica ao plano ético: o homem pós-moderno vagueia pela vida de fragmento em fragmento, de identidade em identidade, de enxame em enxame. Devemos, então, nos perguntar se o homem contemporâneo não será também um "turista" no plano moral. Será ele um indiferente? Um irresponsável? Um leviano? Será ele um ser despreocupado com a justiça, com a generosidade, com a dignidade? Estará ele, segundo a bela expressão cunhada por Lipovetsky (1992), acometido pelo *crepúsculo do dever*?

Vou procurar mostrar que, em linhas gerais, a resposta é "sim". Se é verdade que estamos em tempo de um mal-estar existencial, de um *mal de vivre*, é também verdade que estamos em tempos de um *mal-estar moral*.

Mas, admitido esse diagnóstico, qual será a causa do desalento moral contemporâneo? Será ele decorrência direta da cultura do tédio? Se assim fosse, as análises já apresentadas seriam suficientes para dar conta do fenômeno: a fraqueza moral seria decorrência de uma "vida pequena", de uma vida sem sentido, sem significação. Em uma palavra, a indigência moral seria decorrência da *infelicidade* reinante. Porém, não creio que o referido fenômeno se reduz a tal infelicidade. Aprofundemos um pouco essa questão.

Sei que é tentadora a hipótese de explicar a imoralidade pela infelicidade: seria porque são deprimidas que pessoas maltratam outras, porque estão de mal consigo mesmas que agridem o vizinho, porque tiveram uma triste infância que violentam outrem. Tal tese foi e é defendida por alguns. Vejamos três exemplos, começando pela área da Psicologia, na qual Bowlby (1952) atribuía a gênese de comportamentos anti-sociais à insuficiência de amor recebido durante os primeiros anos de vida. Na Filosofia, Fernando Savater (1994, p. 126) escreveu: "Se eles (os maldosos) se comportam de maneira hostil e impiedosa para com seus semelhantes, é porque sentem medo, ou solidão, ou porque carecem de coisas necessárias que os outros têm; infelicidade, como você pode estar percebendo". Na Educação, também há quem, como Marie-Natalie Beaudoin (2007, p. 44), pensa que "o comportamento de *bullying* tem a ver com o fato de as crianças estarem infelizes, zangadas e se sentirem desvinculadas e/ou impotentes em outras áreas de suas vidas".

Se concordarmos com esses autores, a rigor bastaria a implementação do que chamei "cultura do sentido", condição necessária para a "vida boa", para erradicar o mal do coração dos homens. Porém, como escrevi,[4] pensar que a maldade é, ou somente é, decorrência da infelicidade me parece consistir em um diagnóstico exagerado e desesperadamente otimista. É bem possível que, de um ponto de vista profundo, o bem-estar existencial de uma pessoa egoísta, violenta ou injusta seja inferior àquele de uma pessoa virtuosa. Porém, negar aos agressores a compreensão de sentidos sofisticados do que é a felicidade não implica pensá-los como privados de certo bem-estar. Eles certamente têm horizontes estreitos, mas podem – perfeitamente – se sentir bem no estreito espaço no qual se movem. Aliás, é o que os dados parecem demonstrar. Em seu completo e complexo estudo sobre a delinquência, Roger Mucchielli (1965) nota que não se encontram evidências de relações entre carências de laços afetivos precoces e demais sintomas de mal-estar existencial e comportamentos anti-sociais. Pierre Karli (1987), que se debruçou sobre a agressividade, chega à mesma conclusão, assim como Michel Wieviorka (2005) em sua revisão teórica sobre o fenômeno da violência. Tampouco na área da Psicologia Moral tal tese é defendida. Piaget e Kohlberg atribuíam comportamentos moralmente condenáveis a um desenvolvimento incipiente do juízo moral, à heteronomia que condena o indivíduo a se submeter a figuras de autoridade que podem influenciá-lo e levá-lo a comportamentos violentos. Para Freud, comportamentos condenáveis socialmente decorrem da fraqueza do superego, incapaz de conter a busca instintiva do prazer: logo, seria mais a busca do prazer, esse "marco zero" da felicidade, que causaria a agressão, do que um mal-estar existencial. Aliás, lembremos que, para Freud, a pessoa aculturada, a pessoa que se submete aos ditames sociais sofre do que ele chamou "mal-estar na civilização". Poderíamos dar mais exemplos de dados e teorias que se contrapõem ao binômio por demais simplista infelicidade/imoralidade. Voltarei ao tema quando tratar do fenômeno da violência. Por enquanto, fiquemos com o seguinte diagnóstico: comportamentos que ferem a moral não se explicam pela infelicidade que acometeria seus autores. Peço ao leitor que pense nos chamados crimes de "colarinho branco", na corrupção, nas organizações criminosas, nas inúmeras guerras sangrentas que levam à prática da tortura e do estupro: serão todas essas ações perpetradas por homens infelizes?

Logo, não se pode atribuir, ou atribuir apenas, à "cultura do tédio" a causa do "crepúsculo do dever" contemporâneo. Dito de outra maneira, tal crepúsculo não se deve apenas à ausência de sentido e de significação para a vida.

Então, por onde caminhar para procurar compreender o fenômeno contemporâneo do "mal-estar moral"? Creio que o caminho está em uma outra dimensão da busca da felicidade: a *expansão de si próprio*.

Lembremos rapidamente. Três são as condições necessárias (mas não suficientes) para poder usufruir uma "vida boa": situar-se no fluxo do tempo, dar significação à vida e ter êxito na expansão de si próprio.

A ausência das dimensões de "fluxo" e "significação", conforme acabamos de ver, causa infelicidade, mas não implica comportamentos que firam ideais e justiça, generosidade e dignidade. Reciprocamente, tampouco a presença da referida dimensão garante atitudes morais.

A ausência de êxito na busca de expansão de si próprio, na busca de ver a si próprio como pessoa de valor, pelas mesmas razões apontadas, não leva necessariamente a comportamentos que firam o respeito devido a outrem. Pode, é claro, acontecer de a frustração em não conseguir construir imagens de si com valor positivo leve a uma espécie de "ira" que se traduzirá por formas de agressão, às vezes trágicas. Por exemplo, em 2002, na França, Richard Durn abriu fogo contra conselheiros municipais reunidos em uma seção, matando vários de seus membros. Dias depois, na prisão, se suicidou. Ele havia escrito em seu diário: "Eu não me respeito, eu não me amo (...) Imagino-me sempre perdendo. Por isso tenho vergonha, então fico paralisado. Não sei como lutar no mundo do trabalho (...) Sofro. Estou cheio de raiva. Mas essa raiva não se exterioriza, ela permanece recalcada (...) Por que fazer de conta que estou vivendo? Apenas posso, durante alguns instantes, me sentir vivendo matando".[5] Desprende-se dessas lúcidas linhas a relação possível entre ausência de ver a si próprio como pessoa de valor (e de ser visto da mesma forma pelos outros) e ações violentas. Pessoalmente, não ficaria surpreso se fosse confirmado que jovens que metralham a escola na qual estudam sofrem de frustração do mesmo tipo. Porém, aceitar o possível vínculo entre fracasso na expansão de si próprio e ações violentas não implica pensar que foi encontrada a razão profunda e única de tal agressividade. E, como a moral condena não apenas ações agressivas, mas todas aquelas que traduzem uma forma de desrespeito, não há como vincular o "crepúsculo do dever" a uma suposta onda contemporânea de falta de autoestima.

E, assim como dar sentido à vida (direção e significação) não garante o desenvolvimento do senso moral, tampouco o êxito na expansão de si próprio o garante. *Pelo contrário, pode até comprometê-lo.*

Com efeito, como o analisei em livros anteriores (La Taille, 2002, ME), o processo de expansão de si se traduz pela busca de se identificar com representações de si de valor positivo. Ora, tais representações de si podem incluir valores morais (ser justo, ser generoso, ser fiel, etc.), e, nesse caso, dizemos que a pessoa que as elege possui uma *personalidade ética*. Todavia, pode acontecer que essas representações de si sejam estranhas à moral (ser bonito, ter sucesso, ser admirado por suas conquistas, etc.), e, nesse caso, a pessoa tem autoestima, mas esta em nada a motiva a agir moralmente. Pode até acontecer que as representações de si valorizadas estejam em confronto com a moral da justiça, da generosidade e da dignidade: penso nas pessoas que se orgulham de ser violentas, de subjugar os outros ou de ser "espertas" e enganá-los. Tais pessoas não padecem de falta de autoestima, mas a procuram e, às vezes, a encontram, em ações que ferem a moral. Diferente das pessoas com personalidade ética, elas têm apenas autoestima, mas *carecem de "respeito de si"*, sendo esse tipo de respeito uma autoestima de caráter moral.

Isso posto, cabe se perguntar, então, se a sociedade contemporânea enfatiza e promove a construção de personalidades éticas ou se, pelo contrário, direciona a busca de autoestima em direções outras, direções essas que ignoram a moral ou até mesmo a contradizem.

Minha hipótese é a de que a sociedade pós-moderna alimenta não uma cultura do autorrespeito, mas sim uma *cultura da vaidade*, e que isso explica em boa parte o crepúsculo do dever contemporâneo. Tal será o fio condutor do presente capítulo.

VAIDADE

Alguns conceitos formam, entre si, uma espécie de "nebulosa semântica", que gira em torno do tema do *amor próprio*: orgulho, glória, pretensão, convencimento, fanfarronice, arrogância, presunção, fatuidade, afetação, ostentação, soberba, vanglória, dignidade, honra, vaidade. E deve haver outros mais. Todos eles remetem a uma imagem positiva que a pessoa tem de si, mas diferem tanto em relação ao conteúdo dessa imagem quanto ao lugar do juízo de outrem a respeito dela. Por exemplo, enquanto a honra, se entendida como "honra-virtude", remete a um conteúdo moral, o mesmo não acontece com a arrogância. E, enquanto o orgulho não implica a aprovação de outrem, tal aprovação está implícita nessa forma particular de exibição que é a ostentação.

Para descrever metaforicamente um traço da sociedade contemporânea, escolho o conceito "vaidade". Vejamos as razões de minha escolha.

Em primeiro lugar, o conceito de vaidade é *estranho à dimensão moral*. Não faz sentido dizer que alguém é generoso ou justo por vaidade.

Fosse o caso, não se trataria de real justiça nem de genuína generosidade. Aliás, é o contrário que se espera: uma pessoa vaidosa costuma ser aquela que atribui valor a aparências, não a virtudes.

A própria referência à ideia de *"aparência"* é a segunda razão de minha escolha. O vaidoso cuida do "espetáculo" que pretende dar de si.

Coerentemente, na vaidade (diferentemente do orgulho, como vimos), o olhar e a admiração alheios são essenciais. Eis a terceira razão. O vaidoso mostra, exibe, ostenta. Ele quer, ele precisa chamar a atenção. Passar despercebido é seu maior medo, seu maior castigo; ser elogiado, admirado, adulado, seu maior desejo, sua maior recompensa. Há, portanto, *heteronomia* na vaidade, dependência unilateral do juízo do outro.

Em quarto lugar, a vaidade se associa, do ponto de vista semântico, *à superficialidade, à frivolidade, à futilidade, à pequenez, à ilusão, à fraqueza*.[6] "Viver uma vida pequena", eis o que caracteriza o vaidoso.

Finalmente, a quinta razão de minha escolha pelo conceito de vaidade é sua relação etimológica[7] com os adjetivos *"vazio"* e *"vão"*. A pessoa vaidosa é, como se diz, "cheia de si", mas esse "si" é, ele mesmo, sem conteúdo, ou com conteúdo fútil.

Assim definida e descrita, a vaidade não aparece como característica humana admirável. Será que nada de positivo pode-se esperar dela? Às vezes, talvez. Dizia Paul Valéry (1941, p. 138), "Ô Vaidade! Mãe mesquinha de grandes obras". Sim, pode acontecer de a vaidade motivar ações a atitudes positivas ou úteis. Mas esse fato, exceção, não lhe retira, como aponta o poeta francês, seu caráter de mesquinharia e não lhe retira seu caráter de vazio.

Vazio! Vazio de valor, vazio de sentido. *Não é de se esperar que uma "cultura do tédio" conviva com uma "cultura da vaidade"?*

Creio que sim, como mostrarei.

Mas antes façamos a seguinte indagação: a cultura contemporânea, que vimos comprometer a busca de sentido para a vida, não comprometerá também o sucesso na busca da expansão de si próprio? A cultura contemporânea leva o indivíduo à dispersão. Será que ela também não lhe traz humilhação?

VENCEDORES E PERDEDORES

Em todas as épocas, em todos os momentos e em todas as áreas de atividades, certas atitudes e certos traços de personalidade são mais valorizados ou mais adaptados do que outros.

Comecemos pelas atitudes, das quais derivam ações que dependem da vontade do indivíduo. Por exemplo, em um passado não muito remoto, para os homens, o "ser trabalhador", no sentido de valorizar essa atividade, se identificar com ela e realizá-la com empenho era atitude valorizada, e ser "esposa e mãe", ou seja, se casar, ter e cuidar de filhos, era a opção esperada para as mulheres. Logo, ser "preguiçoso", para os homens, e decidir permanecer "solteira", para as mulheres, eram atitudes duramente criticadas, que levavam à exclusão social.

Quanto aos traços de personalidade, que correspondem a características psíquicas que não dependem, ou dependem pouco da vontade, eles também são passíveis de valorizações sociais. Por exemplo, o "sonhador", aquele que se sente atraído pelos devaneios, foi valorizado nas décadas de 1960 e 1970, sobretudo entre os jovens, enquanto, na mesma época, o "pragmático" podia ser suspeito de arrivismo ou carreirismo. Outro exemplo: o "introvertido", pessoa quieta, reservada e que não impõe sua presença, era bem visto nas instituições da época, enquanto o "extrovertido" era suspeito de rebeldia ou arrogância.

Do ponto de vista dos valores associados às representações de si, há uma importante diferença entre atitudes e traços de personalidade.

Como a atitude é fruto da vontade, se alguma for desvalorizada pela sociedade, para uma pessoa ser julgada favoravelmente, basta assumir outra. Logo, quem faz questão de ser "bem visto" por seus semelhantes, ser aprovado por eles, tende a assumir as atitudes valorizadas socialmente. Todavia, quem não faz questão dessa aceitação social, quem discorda dos parâmetros empregados para atribuir valores a certas atitudes, pode escolher outras e defender com unhas e dentes essa forma de rebeldia. Foi, por exemplo, o que fizeram algumas mulheres no começo do século XX: mesmo sabendo que seriam julgadas como carentes de "feminilidade", com tudo o que esse termo comportava de supostas virtudes, elas resolveram se dedicar, não a um esposo, mas ao estudo ou ao esporte, resolveram adotar certas práticas reservadas aos homens (formas de se vestir, fumar, etc.), algumas até resolveram ter uma vida sexual fora ou antes do casamento, mesmo sabendo com que adjetivos seriam apontadas. "Jogaram às favas" os juízos alheios. Fossem muito dependentes destes, tivessem vergonha de assumir atitudes diferentes, teriam optado por se manter nos padrões dominantes.

Com os traços de personalidade, as coisas se apresentam de forma diferente pelo simples fato de tais traços não serem escolhidos. É tímido: o que fazer se a sociedade não valoriza essa característica de personalidade? É extrovertido: o que fazer se os "falantes" não são apreciados? Gosta de solidão: o que fazer se as demais pessoas exigem disponibilidade social? É homossexual: o que fazer se tal orientação é julgada imoral ou doentia? Praticamente nada. Não estou querendo dizer que sempre somos inevitavelmente determinados por traços de personalidade. É possível "trabalhá-los", porém os limites dessa procura de modificação de si mesmo são estreitos. Não se passa facilmente de uma índole introvertida, tímida ou solitária para outra extrovertida, comunicativa ou sociável e, em geral, nem se quer realizar tal "mutação", que é mais sentida como violência do que como libertação.

Isso posto, podemos nos perguntar como, nos dias de hoje, são valorizadas atitudes e traços de personalidade. Podemos nos perguntar quem, hoje, está fora do padrão e, consequentemente, é objeto de julgamentos negativos por parte de seus contemporâneos.

No que concerne às atitudes, creio que vivemos tempos bastante liberais. Há bem menos normas que regem os comportamentos do que antigamente, com exceção, como veremos, daqueles atinentes à moral. Isso é percebido, por exemplo, na vestimenta: com exceção de alguns lugares de trabalho, nos quais o uso de terno/gravata é lei, as pessoas têm autorização social para vestir roupas de formas, cores e tamanhos variados. Isso é percebido na sexualidade: ser homossexual, hoje, é bem mais aceito do que antes, *idem* para contrair matrimônio, ou não, *idem* para ter ou não ter filhos, etc. Isso é percebido também no campo de certas características de caráter: não se exige (tanto) mais dos homens que sejam "machos", que não chorem, que gostem de embates viris, que protejam as mulheres, e não se exige mais (tanto) delas que sejam pudicas, caridosas, frágeis, submissas e dedicadas aos maridos. Em suma, a despeito do que alguns podem pensar, vivemos em uma sociedade mais "tolerante" do que a de nossos pais e avós, aceitamos mais a "alteridade". Logo, há mais liberdade de escolha de atitudes e, portanto, não se condenam ao pelourinho, não se humilham aqueles que fugiriam a certas normas de conduta antigamente valorizadas e exigidas.

Há, todavia, uma exceção: o *cuidar da saúde*. *A priori*, o cuidar da saúde parece ser, antes de tudo, uma atitude pragmática e de interesse individual. É atitude pragmática porque não se vê bem porque alguém prefeririria estar doente a ser são, é atitude de interesse individual pela mesma razão, salvo, é claro, em casos de doenças contagiosas, que remetem a atitudes para com outrem. Porém, não é bem esse quadro de pragmatismo e liberdade individuais que se observa. Por um lado, verifica-se uma normatização, via saúde, do que viria a ser a *felicidade*; por outro, uma associação entre não cuidar incessantemente da saúde e "*fraqueza*" de caráter, e, decorrentemente, *culpabilização* do doente. A esse respeito, escreveu Jurandir Freire Costa (2004, p. 191): "O justo é o saudável: o reto é o que se adapta ao programa de vida bem-sucedida, do ponto de vista biológico". Observemos mais de perto os referidos fenômenos.

Georges Duhamel, em seu virulento, mas bem-humorado livro *Scènes de la vie future*, no qual critica, entre outras coisas, o *American way of life*, relata seu espanto ao verificar que, nos restaurantes dos Estados Unidos, "na frente de cada prato está impresso o número de calorias que esse prato contém" (1930, p. 24). Um amigo americano que o convidou explica orgulhoso que "esses *menus* foram criados por um *food-expert* de grande cultura científica". Entretanto, diante da expressão amuada de Duhamel, pergunta-lhe se ele perdeu o apetite. "Sim... Não... Talvez.. Não sei mais." responde ele. "Afirmo, meu caro Pitkin, que a palavra 'caloria' não me assusta. Frequentei durante muito tempo laboratórios. Penso que o laboratório e a vida privada são coisas diferentes: a ideia de comer calorias me estraga o apetite" (p. 24).

Duhamel escreveu essas linhas em 1930! Ficaria ele mais espantado ainda se soubesse que, mais de setenta anos depois, a associação entre comer e cuidar da saúde se tornou fenômeno corriqueiro? Talvez não, pois, como escreveu ele nesse mesmo livro, "o respeito entusiasta pela palavra futuro e por tudo aquilo que ela esconde deve ser colocado entre as mais ingênuas ideologias do século XIX" (p. 12). Duhamel era um cético. Mas é certo que seu apetite ficaria definitivamente comprometido não apenas com os cardápios, mas também com as propagandas de alimentos que elogiam mais o caráter supostamente saudável de águas, iogurtes, margarinas, manteigas, sucos, etc., do que a qualidade de seu gosto. Duhamel talvez também ficasse desconsolado ao ver que a prática esportiva está, ela também, cada vez mais associada à "boa forma" do que ao prazer de correr ou de jogar. Porém, seu ceticismo não teria sido o bastante forte para fazê-lo prever que seriam realizadas pesquisas para demonstrar que a atividade sexual é útil para prevenir enfartes do miocárdio.

Se fazer amor é bom para o coração, em seu sentido fisiológico, eu não sei. Que certos alimentos são saudáveis e outros não, ou menos, é óbvio, como é óbvio que a prática do esporte é aconselhável para manter a forma física. Não se trata, aqui, de contradizer os médicos ou o simples bom senso. Todavia, trata-se também de sublinhar o fato de que a preocupação com a saúde, além de ser generalizada, se associa a variadas práticas, chegando a perverter suas finalidade originais. O *gourmet* se entregou ao nutricionista, o corredor ao médico e o tenista ao fisioterapeuta. Quase tudo acaba sendo pensado em termos de ganhos e perdas orgânicas. O resultado é duplo. Por um lado, instala-se o *medo*: o constante medo de não comer a coisa certa, de não fazer o exercício certo, o constante medo de ficar doente. E, por outro, faz-se uma inquestionável associação entre ser saudável e ser feliz. A associação entre estar doente e não ser feliz sempre existiu. Todavia, a recíproca – ser feliz porque saudável – é nova. Antes, a saúde era vista como condição desejável para a "vida boa"; hoje tende a ser vista como necessária, para não dizer suficiente. As propagandas de alimentos reforçam essa associação, sempre mostrando que as pessoas que comem ou bebem tal produto, além de saudáveis, vivem radiantes, com sorrisos e risos abertos, rodeadas de amizade e amor. Eis a normatização: para ser feliz, *deve-se* cuidar incessante e minuciosamente da saúde. Não é por acaso que foi cunhada a expressão "geração saúde", que, com sua onipresente garrafinha d'água, prefere correr a flanar, exercitar-se a devanear, malhar a contemplar.[8]

Ora, quando um ideal de felicidade se impõe, quase sempre se normatizam e *se moralizam* comportamentos a ele relacionados, fazendo-os entrar nas categorias de "certo" e "errado". Por exemplo, quando era forte a crença (que ainda resiste) na existência de um "instinto materno", instinto esse que levaria inapelavelmente as mulheres a querer ter e cuidar de filhos, não apenas se pensava que aquelas que fugissem a essa suposta regra biológica eram condenadas à infelicidade como eram suspeitas de "desvio de caráter". Fenômeno parecido ocorre hoje com a busca da vida biologicamente saudável. Quem não cuida com esmero da própria saúde costuma ser visto como "fraco", como "irresponsável" e como pouco frequentável.

Tomemos o exemplo do tabagismo. Basta ler livros escritos há décadas para perceber que sempre se soube que fumar não é particularmente recomendável. No entanto, mesmo conscientes do perigo, muitas pessoas, sobretudo homens, fumavam cigarros, charutos e cachimbos. Procuravam a felicidade em outras paragens. Devido aos avanços das pesquisas, os males decorrentes dessa prática foram sendo mais e melhor conhecidos e, paulatinamente, procurou-se cada vez mais encorajar as pessoas a parar de fumar. Tratava-se de atitude generosa para com os pobres inconscientes. Todavia, desde os anos de 1980, o tema do "não fumar" acabou tomando proporções inéditas, transformando-se até em uma grande batalha estatal. Veem-se imagens ou frases terríveis nos maços de cigarro, passam-se anúncios assustadores na televisão, proíbe-se fumar em aviões, trens, estações, aeroportos, universidades, restaurantes, *pubs*, bares e se faz onipresente o pequeno ícone que mostra um cigarro barrado de vermelho. Por que tais proporções? Será somente em virtude do mal que fumar faz? Será somente decorrência de uma racionalidade médica? Permito-me desconfiar da plena validade dessas asserções. A nocividade do cigarro está em jogo, é claro, assim como está em jogo o precioso dinheiro que o Estado e/ou as companhias de seguro-saúde acabam tendo que gastar para curar doenças que se pensa serem decorrentes do hábito de fumar. Porém, creio que, se a saúde não fosse esse "bem" intimamente associado à felicidade, a situação seria diferente. Por um lado, aqueles que dirigem o Estado não tirariam grande proveito político dessa investida normatizadora. Contudo, como a saúde aparece como o valor dominante da "vida boa", ao proibir o ato de fumar, o Estado aparece como "protetor" da população, como severo e justo juiz e fiscal de quem enfumaça o ar alheio. Por outro lado, em razão do que acabo de escrever, o Estado é visto com legitimidade para normatizar drasticamente o tabagismo. As leis que promulga contra os fumantes *correspondem ao valor moral que as pessoas atribuem à saúde*. Cuidar da saúde não aparece apenas como coisa boa, mas também como *a coisa cer-*

ta: as pessoas de bem não fumam. O caráter moral que assume o não fumar ficou claro em cartazes colocados em restaurantes da capital de São Paulo. Lê-se: *neste estabelecimento não se fuma*. Enquanto a expressão *"proibido fumar"* remete a uma lei (jurídica), a sentença *"não se fuma"* remete a um costume social, considerado correto. Estamos em uma situação parecida com aquela das mulheres de antigamente: afirmava-se que *mulher não fuma*, não porque lhe traria problemas de saúde, mas porque se pensava que tal prática não era condizente com o "ser mulher". Hoje, pensa-se que fumar expressa uma espécie de vício moral. Aliás, quem fuma sabe muito bem disso: mesmo fumando em pleno ar, mesmo não atrapalhando ninguém, não raro são olhados de esguelha. Todos eles comentam que é cada vez mais difícil fumar (onde?), e que também é cada vez mais difícil *ser fumante*, pois se é posto no *index*.[9]

Alonguei-me no exemplo do tabagismo porque ilustra bem a normatização e a moralização decorrentes do "valor saúde" contemporâneo. Todavia, é possível estender o fenômeno ao cuidar da saúde em geral. Assim como os fumantes parecem ter sido colocados em uma espécie de "categoria à parte", que é preferível não frequentar, o mesmo acontece com os despreocupados com a própria saúde. Como comentei, quem não cuida dela minuciosamente, pode ser visto como "fraco", como "indisciplinado", como "irresponsável". Em poucas palavras, *é mal visto*. Decorrentemente, quem fica doente tende a ser julgado como exclusivo responsável de sua desgraça. *"Também, ele(a) não se cuida!"*, eis o que se ouve a respeito de pessoas que adoeceram. O que antes era visto como destino é agora interpretado como castigo. *"O que fiz de errado"*, perguntam-se pessoas acometidas de doenças, até mesmo as inevitáveis (de origem genética). O doente tende a se *culpabilizar*, o que mostra bem o caráter moral que assumiu o cuidar da saúde. Em suma, estar doente hoje é vivido não apenas como desconforto físico e como limitação para o trabalho, estar doente é vivido como *humilhação*. Os descuidados e os desafortunados da saúde são alvos de juízos negativos por parte de seus semelhantes e, decorrentemente, encontram mais dificuldades em garantir imagens positivas de si. Os que sofrem com isso, porém, têm uma alternativa fácil: parem de fumar, comam comidas saudáveis mesmo que insossas, façam esteira, mesmo que achem estranho correr sem sair do lugar, e pratiquem esporte, mesmo que não gostem. Porém, tal saída não existe para aqueles que apresentam traços de personalidade desvalorizados e inadaptados.

No passado, a categoria "traços de personalidade" não era muito considerada. Tendia-se a atribuir as causas das ações a virtudes ou vícios. Vimos, no Capítulo 1, a respeito da depressão: ela era vista seja como decorrência de falta de confiança em Deus (um pecado), seja como fraqueza de caráter, seja ainda como correlata da genialidade. No século XX, em grande parte graças aos estudos da Psicologia, começou-se a reconhecer que nem tudo é obra de decisões conscientes, nem tudo é virtude ou vício, nem tudo atesta a qualidade moral dos indivíduos. Desenvolveu-se uma nova sensibilidade, a sensibilidade à dimensão psíquica, notadamente à dor psíquica. E, hoje, procura-se mais compreender as pessoas do que julgá-las. Logo, assim como acontece em relação às atitudes, somos mais tolerantes do que no passado em relação à variedade de traços de personalidade. Somos mais acolhedores. Há, é claro, traços que são mais valorizados e adaptados ao convívio social do que outros. Como também o vimos ao falar da "cultura do tédio", o mundo contemporâneo é pouco acolhedor para os introvertidos, para os tímidos, para os silenciosos, para os solitários, pois "se comunicar" é a grande senha. Mas não se pode dizer que tais pessoas sejam implacavelmente discriminadas em seu trânsito social.

Porém, assim como acontece com o julgamento de atitudes, há uma importante exceção: não se trata agora do cuidar da saúde, mas sim de aptidões psicológicas valorizadas e até exigidas no *mundo do trabalho*.

Todo mundo terá notado que, hoje em dia, se fala muito em *competências*. Aliás, até a Educação foi tomada de assalto por esse pequeno vocábulo que se tornou referência obrigatória para se pensar que professores precisamos ter e que alunos queremos formar. Em relação a esses últimos, o tema das competências às vezes é tratado com uma dose de profecia: fala-se em competências necessárias ao cidadão do futuro! O mundo do trabalho, quanto a ele, é mais pragmático: quer contratar pessoas que possuam certas competências de emprego imediato.

O termo "competência" não é novo. Remete-se seja à legitimidade jurídica (fala-se em "órgão competente"), seja à formação técnica e acadêmica, a um "saber fazer". Portanto, chama a atenção sua onipresença atual. Vejo três razões para tal onipresença. Em primeiro lugar, ela corresponde a uma fase da racionalização do trabalho. Em segundo lugar, dada a duríssima competição que caracteriza o mercado, dado o fato de a produção material de produtos ocupar apenas parte do processo comercial (hoje, gasta-se mais dinheiro para criar um produto, divulgá-lo, distribuí-lo do que para sua fabricação) e dado também que a tecnologia evoluiu, uma série de novas competências são necessárias, e é natural que se as identifique. Em terceiro lugar, a ênfase dada a competências diversas permite que, no meio delas, se exijam algumas que mais dependem de traços de personalidade do que de aprendizagem. Esse último ponto me parece essencial.

As competências costumam ser divididas em "conhecimentos", "habilidades" e "atitudes". Não há nada de novo em contratar pessoas que possuam habilidades e conhecimentos necessários a seu trabalho, como não há nada de singular no fato de se exigir dos já contratados que se atualizem para poder seguir os avanços científicos e tecnológicos de suas respectivas áreas. Em compensação, a exigência de certas atitudes não deixa de ser problemática, sobretudo porque tais atitudes, assim como definidas nos livros sobre competências, não correspondem apenas a comportamentos que dependam da vontade. Exigir que o trabalhador seja, por exemplo, sério, honesto e assíduo corresponde ao que se costuma chamar de atitude. Porém, quando se emprega como critério qualidades como "capacidade de liderança", "disposição à comunicação", "criatividade", "disposição para o empreendimento", "disposição para a convivência" entendida como "disposição para a sociabilidade", "gostar de tecnologia", "ser ambicioso", "ter desenvoltura", "ser simpático", e outras qualidades mais, em geral apelidas de "competências socioafetivas", vai-se além da definição básica do que são atitudes. Trata-se de verdadeiros traços de personalidade, como a própria expressão "competências socioafetivas" revela. Ora, como ficam no mundo do trabalho aqueles que não possuem tais traços de personalidade? Por um lado, correm o risco de serem desvalorizados por seus chefes e colegas e, decorrente disso, correm o risco de ver abalada a imagem que têm de si. E, por outro, correm o grande risco de ver a carreira estagnar, ou, até mesmo, de perder o emprego ou não conseguir ser contratado. O mundo do trabalho quer "o homem certo no lugar certo", mas esse "homem certo" não é mais aquele que possui a formação adequada, é também aquele que possui os traços de personalidade exigidos. E os que não os possuem? Ora, poderão estar entre os "perdedores". E, como tais, terão enormes dificuldades, no mundo atual, para ver a si como pessoas de valor: não raro serão desprezados, e não raro sentirão vergonha.

Chegamos, aqui, ao ponto essencial de nossa indagação.

Perguntamo-nos se a cultura contemporânea compromete o sucesso na busca de expansão de si próprio. Vimos que, em relação às atitudes, a resposta é negativa, com exceção do tema do "cuidar da saúde". Vimos que, em relação a traços de personalidade, a resposta também é negativa, com exceção do mundo do trabalho que valoriza e até exige certas competências chamadas "socioafetivas". *Mas a resposta é certamente afirmativa quando se trata de "vencedores" e "perdedores"*. Os primeiros são altamente valorizados, e os segundos, desprezados. É verdade que os "perdedores" estão frequentemente entre aqueles que ficam doentes ou carecem das referidas competências socioafetivas. Mas não apenas entre eles, haja vista que para ser um "vencedor", outros fatores, como a sorte, o capital social, o capital econômico e o capital intelectual, também pesam. Logo, a sombra de ser um *loser* paira sobre *todos*, e representa o grande perigo contemporâneo de cada um ver sua autoestima não alçar voo, ou despencar.

Mas quem é considerado, hoje em dia, *"vencedor"*? Não é apenas alguém que conseguiu ter alguma forma de trabalho, que possui uma razoável fonte de renda, não é apenas alguém que está minimamente incluído no sistema social. O "vencedor" é aquele que se *destaca*, que foi ou parece ter ido *além* dos demais, e cujo sucesso vem acompanhado de *marcas* que o tornam visível aos olhos de todos. O "vencedor" não é apenas quem se dá bem na vida, mas quem se dá *melhor que os outros*. E quem são os *"perdedores"*? Ora, são justamente esses outros e, evidentemente, aqueles que estão excluídos do mundo do trabalho, ou que nele ocupam a parte inferior da hierarquia, que vegetam sem possibilidades de ascensão e de visibilidade social.

O leitor provavelmente dirá, aqui, que sempre existiram "vencedores" e "perdedores", que os primeiros sempre tiveram orgulho de seu sucesso e os segundos, vergonha de suas posições secundárias ou de seu fracasso e que, portanto, o mundo contemporâneo se assemelha, nesse aspecto, ao passado. Eu contra-argumentaria afirmando que, se é verdade que o pano de fundo é o mesmo de sempre, há três características novas que merecem ser levadas em conta.

A primeira diz respeito à probabilidade, cada vez mais presente, de, quase em um piscar de olhos, alguém passar da posição de "vencedor" para a de "perdedor". É uma das consequências da efemeridade que caracteriza os tempos pós-modernos. É "alguém" um dia e, no dia seguinte, naufraga no esquecimento. Isso acontece, por exemplo, na área artística: um cantor ou um ator faz, durante certo tempo, muito sucesso, fala-se dele incessantemente na mídia, sua fotografia está onipresente e, em razão da mudança de direção dos ventos da fama, esse mesmo cantor ou ator amarga o mais completo esquecimento e isolamento. Logo, a poderosa autoestima de que pode usufruir em um dado momento pode despencar de súbito. A queda é vivida como grande derrota, como grande vergonha. Lembro-me de ter assistido a um programa de televisão no qual falavam pessoas que haviam "dominado a cena" por serem protagonistas de um programa francês semelhante ao *Big Brother Brasil*. Diziam elas que, logo após o final de suas estadas nessas casas com "paredes de vidro", que são os cenários dos *reality shows*, eram reconhecidas nas ruas, eram saudadas, fotografadas, davam autógrafos, etc. Eram seres de destaque, eram "vencedores". Entretanto, com o passar dos meses, deixaram de despertar atenção, voltaram às vidas mornas que sonhavam em deixar e a maioria deles, em seus depoimentos, falava no arrependimento de ter participado do referido *reality show*, de sua vergonha e de seu sentimento de ser "perdedor". A queda havia sido grande. Acrescente-se que a constante probabilidade de decair acaba por minar a qualidade dos próprios instantes durante os quais se é um "vencedor". O medo desse tipo de queda ocorre nas empresas. Começa a chamar a atenção o número aparentemente crescente (não há ainda, que eu saiba, estatísticas precisas) de suicídios entre empregados graduados. Cristophe Dejours, em entrevista publicada no *site* do CNRS (um organismo francês que patrocina pesquisas científicas), explica o fenômeno pela grande dificuldade de muitos em suportar a constante pressão para que *progridam* na carreira (é preciso ser um "vencedor"!), ou simplesmente para que não percam suas posições (a competição para ser um "vencedor" é enorme): caem em depressão e alguns cometem suicídio. Chama também a atenção um fato novo: alguns se suicidam na própria empresa na qual trabalhavam, o que mostra a relação que há entre o derradeiro gesto e a origem de sua motivação.

A segunda característica do lugar que o ser "vencedor" ou "perdedor" ocupa hoje em dia aponta para o fato de a vitória ou a derrota serem atribuídas exclusivamente ao indivíduo. Na entrevista citada, Dejours fala da "corrosão da solidariedade": cada carreira é vista como obra e arte de cada um, cada carreira é antes construída *contra* os outros (concorrentes) do que *com* eles. Logo, quando ela desanda, não somente a pessoa fica definitivamente só como tende a se responsabilizar pelo fracasso. Dejours também atribui a esse fato o número crescente de suicídios nas empresas.

A terceira e última característica, já apontada na definição do que são os "perdedores", é que ser um "vencedor" acaba por ser a grande referência, a grande meta de muitas pessoas e, portanto, mesmo aquelas que estão incluídas no mundo do trabalho e desempenham a contento seus papéis, acabam por ter sua autoestima abalada por não conseguirem ser pessoas de destaque. Não é por acaso que o termo "perdedor" acabou se tornando um cruel insulto que pode ser dirigido não apenas aos que, objetivamente, fracassaram, mas também a todos aqueles que não ocupam, mesmo que de modo efêmero, o lugar de "vencedor".

Em resumo, embora mais liberal a respeito de atitudes e traços de personalidade, a sociedade atual *sobrevaloriza* os chamados "vencedores" e tende a comprometer seriamente a autoestima de todos aqueles que não conseguem tal lugar de destaque. Logo, muitos tendem a sonhar em ser "vencedores" e/ou "educar" seus filhos para que o sejam.

Mas como nem todos podem ser "vencedores", e que tal situação pode ser vivida como humilhação, os demais procuram seja disfarçar suas condições modestas com "marcas" que costumam ser associadas aos *winners* (por exemplo, andar em carros luxuosos), seja conseguir se "destacar na paisagem" por intermédio de "provas" que atestariam sua singularidade. Os próprios "vencedores", na necessidade de serem reconhecidos como tal, fazem absoluta questão de tornar visíveis os sinais de seu sucesso. Procura-se escancarar, para os outros, sinais de seu valor pessoal. Como o escreve Elizabeth Harkot-de-La-Taille (2004, p. 98) em seu estudo sobre as ocorrências do sentimento de vergonha e de orgulho em romances contemporâneos: "perceber-se como todo mundo: eis uma causa frequente de vergonha; perceber-se diferente: uma causa de orgulho".

Muitos se entregam à "cultura da vaidade".

O OLHAR DO OUTRO

Um dos traços da vaidade, como vimos, é a necessidade incontornável de procurar influenciar o juízo alheio. Acabamos de ver que, hoje em dia, é comum ressaltar as marcas de valor pessoal. Acabamos, portanto, de afirmar que, em tempos pós-modernos, o "influenciar o juízo alheio" é característica notável. Mas é preciso, é claro, aprofundar um pouco essa questão para que não fique como mera opinião. E, para tal, devemos, por um lado, equacionar, psicologicamente falando, essa procura de influência e, por outro, apresentar alguns dados que sugiram que esse aspecto da vaidade é traço típico da contemporaneidade.

Procurar influenciar o juízo alheio pode ter múltiplos objetivos. Atenhamo-nos a dois.

O primeiro é, por assim dizer, instrumental: na perspectiva de obter certos benefícios, procura-se fazer que outrem nos julgue positivamente. Por exemplo, quem procura ser contratado em determinado emprego lançará mão de estratégias para mostrar seu valor: cuidará minuciosamente de seu *curriculum vitae*, se preparará para a entrevista, vestirá roupa que acredita ser apropriada e, uma vez na frente do empregador, mostrará seu melhor vocabulário, seu mais simpático sorriso, afirmará sua inexaurível dedicação. Os limites para essa "apresentação de si" poderão ser tanto morais quanto existenciais. Há quem não hesitará em trapacear, anunciando qualidades inexistentes e há quem, a despeito de carecer de certas "competências socioafetivas", teoricamente boas para o trabalho, se forçará em mostrar que as possui. Há outros para quem mentir, entretanto, é inconcebível. Sejam quais forem os limites morais e éticos da empreitada, quem a realiza visa influenciar o juízo alheio, não para ser julgado positivamente em si, não para ser admirado, mas sim para recolher os frutos concretos desse juízo favorável.

O segundo objetivo do "influenciar o juízo alheio" se limita justamente a obter o juízo favorável, quem sabe sua admiração, sem que alguma outra decorrência seja pensada. Por exemplo, pensemos em um professor que, ao dar palestra, se esmera em ministrá-la da melhor forma possível, não para vender seus livros ou alimentar uma carreira de conferencista, mas sim para obter o juízo positivo de seu público. Outro exemplo: pensemos em um esportista que atua da melhor forma possível, não para obter contratos, mas para brilhar aos olhos da platéia. Os limites morais também podem comparecer nesse segundo objetivo. Enquanto um palestrante poderá plagiar frases e ideias alheias, ou um esportista se dopar, outro palestrante ou outro atleta sentiriam vergonha de lançar mão de tais artifícios.

Isso posto, no caso da vaidade, somente o segundo objetivo está presente. Mas o leitor poderá dizer que tal procura da aprovação ou da admiração alheia se encontra em todas as pessoas, que ela é muito natural e que, portanto, se esse for um traço de vaidade, todo mundo é, pelo menos nesse quesito, vaidoso. Ponderemos essa possível afirmação.

No livro *Vergonha, a ferida moral* (2002), debrucei-me um pouco sobre a importância do juízo alheio e, entre outros autores que tratavam do tema, citei Jean Piaget, que – em seu curso na Sorbonne – afirmou: "Para o adulto, desprezar os juízos de outrem é quase impossível. Poderíamos pensar na situação na qual se encontraram muitos grandes homens cuja obra foi incompreendida durante muito tempo, pintores, músicos que não tinham audiência do público. Mas percebemos que, quando prosseguiram suas obras, em realidade sempre havia em torno deles um pequeno grupo de pessoas íntimas sobre as quais eles podiam se apoiar, um ou dois indivíduos de elite que ocupavam o lugar da opinião geral, que eram os juízes dos quais necessitavam e que representavam a aprovação de outrem; a aprovação é algo essencial de que o homem tem enormes dificuldades de abrir mão" (1954, p. 86). Lendo essas linhas, é inevitável pensar em Van Gogh, que construiu sua obra em meio ao desprezo geral, mas que tinha o apoio e a admiração de seu irmão Theo e de Paul Gauguin. O que Piaget sublinha é que o valor que cada pessoa atribui a si depende, pelo menos em parte, do valor que os outros, ou certos outros, lhe atribuem. Logo, procurar influenciar o juízo alheio no objetivo de despertar aprovação ou admiração é característica humana. Como o afirma Audard (1993, p. 184): "É preciso ser herói para continuar acreditando no próprio valor quando as marcas exteriores do reconhecimento social desaparecem (...); a autonomia não passa de uma abstração se não é prolongada pelo reconhecimento social".

Porém, seria um erro reduzir toda procura de juízo favorável por parte de outrem à vaidade. O vaidoso não procura apenas, em tal juízo, sinais de que é legítimo o valor que ele mesmo atribui a si. Sua procura da admiração alheia não é mero meio para se chegar ao reconhecimento do próprio valor. Para ele, a admiração alheia é um fim em si mesmo. Ele quer, como dizia Blaise Pascal (1972, p. 76), "viver uma vida imaginária no pensamento dos outros, e, para isso, se esforça em parecer". Esses outros não são seres de quem ele pede, humildemente, o veredicto positivo para reforçar o próprio: são seres que ele quer impressionar, são seres aos quais ele quer se mostrar superior, que ele quer ofuscar para que melhor o admirem. Na busca da aprovação alheia, do reconhecimento social, para poder usufruir de representações positivas de si, pode haver reciprocidade: procura-se o sufrágio de pessoas consideradas como iguais. Pode também haver relação hierárquica: procura-se o reconhecimento de pessoas consideradas superiores em determinadas áreas. Na vaidade, não há reciprocidade e a relação hierárquica se inverte: o vaidoso pretende ser reconhecido como superior.

O leitor poderá ainda dizer que, às vezes, se emprega a noção de vaidade mesmo em casos de reciprocidade ou de reconhecimento do *status* diferenciado de quem admira. É verdade. Por exemplo, quando um ator ganha o reconhecimento de seus pares, pode-se dizer que "fica vaidoso", assim como Gilberto Gil certamente "ficou vaidoso" ao saber da admiração do já veterano Luiz Gonzaga por sua canção *Procissão* (sem que isso implique que o compositor baiano tenha se considerado superior àquele nascido em Exu, em Pernambuco). Pessoalmente, preferiria empregar a palavra "orgulhoso" para tais casos, mas devo reconhecer que, em português, também se emprega a referência à vaidade. Trata-se, porém, de peculiaridade desse idioma, que não há, por exemplo, na língua francesa. Todavia, mesmo na língua portuguesa, ainda permanece a importante diferença entre "ficar vaidoso" em algumas ocasiões e "ser vaidoso". Quem "é vaidoso" não se contenta com alguns sinais de reconhecimento, mas os quer constantemente, não reverencia o juízo alheio, mas quer subjugá-lo, não se contenta em ter autojuízo positivo, mas precisa impressionar os outros. Ele de fato vive uma vida imaginária no pensamento dos outros. Por essa razão, falei em *heteronomia*: o vaidoso quer, pelas marcas de sua visibilidade, dominar aqueles que o olham, mas na verdade sua vida depende desses olhares. A invisibilidade é seu martírio.

Mas será possível viver sem essa visibilidade? Não serão irremediavelmente infelizes aqueles que os outros nunca olham, nunca vêem, nunca percebem. Parece-me claro que a resposta seja afirmativa: nada mais humilhante do que nunca ser percebido pelos outros, do que não existir para os outros. Quer humilhar alguém: simplesmente não o cumprimente. Quer ofender alguém: passe por ele como se fosse invisível. Assim, a vontade de ter visibilidade não é apenas característica do vaidoso. Todavia, no caso dele, a visibilidade não se traduz pelo ser respeitado, mas sim pelo ser admirado, o que é bem diferente. Todo mundo quer "ser"; o vaidoso, além de querer "ser", quer "se destacar". Ele quer tragar os olhares para ele e, não raro, quer que os demais fiquem invisíveis. Ele quer estar no palco, nunca na plateia.

Em suma, um dos traços de uma "cultura da vaidade" é o grande valor atribuído à procura de impressionar outrem, à procura de despertar sua admiração, é o grande valor atribuído a esse "viver uma vida imaginária no pensamento dos outros", como dizia Pascal.

Como provar que estamos, de fato, em tal cultura? A rigor, é impossível, se para tanto forem exigidos dados sobre a subjetividade da população contemporânea. Desconheço a existência de um "teste de vaidade" que nos permita medir, nas pessoas, a presença e a força de tal característica.[10] Devemos, portanto, nos contentar com "sinais" que sugiram que a vaidade é, de fato, forte característica contemporânea. E eles não são poucos. O que me parece o mais forte e o mais significativo deles é o lugar que, entre nós, ocupa o *espetáculo*. Falo em "cultura do tédio" e "cultura da vaidade", mas poderíamos também falar em "cultura do espetáculo". O escritor peruano Mario Vargas Llosa[11] não hesita em dizer que nossa "civilização rende-se ao espetáculo", e Jurandir Freire Costa (2004) fala em "moral do espetáculo" para descrever a sociedade atual na qual vale a norma: "apareça ou pereça" (Costa, 2004, p.172). Ora, como definido, *o vaidoso cuida do "espetáculo" que pretende dar de si.*

Aprofundemos a questão.

"Aquilo que chama e prende a atenção", eis a definição primeira de espetáculo (ver *Dicionário Houaiss*). Há formas refinadas de espetáculo, notadamente aquelas criadas pelo mundo da arte e do esporte: daí o emprego do adjetivo "espetacular" para falar de algo ou de alguém valioso e pouco comum. Porém, o requinte não é condição necessária para que haja espetáculo. Há espetáculo cada vez que se oferece aos olhos e ouvidos alheios algo que vai, se espera, impressioná-los. Por exemplo, o vídeo do enforcamento de Saddam Hussein, que foi disponibilizado por não se sabe quem na internet, é uma forma de espetáculo – que muito atraiu os cada vez mais numerosos *voyeurs* – embora não prime pela estética, assim como não há beleza nas cenas de um programa espetaculoso como *Big Brother Brasil*.

Isso posto, é forçoso reconhecer a onipresença de diversas formas de espetáculo na sociedade contemporânea. Há, como sempre houve, *shows*, peças, recitais, balés, etc., de toda sorte, mas não deve passar despercebido o fato de eles serem cada vez mais "produzidos". Por exemplo, raros são os *shows* de música popular nos quais os músicos se limitam a cantar suas canções: cores, imagens, vídeos e até mesmo fogos de artifício invadem o palco e arrebatam platéias cada vez maiores, que enchem estádios ou se esparramam sem fim pelas praias. Mesmo fenômeno verifica-se na televisão, a principal divulgadora de espetáculos: suntuosos cenários são criados para programas de auditório, debates, noticiários. No entanto, o que mais caracteriza a televisão é o fato de ela ser uma "máquina de mostrar tudo e qualquer coisa": cenas de guerra, de sexo, de vandalismo, de desespero, de casamento, de enterro, de confraternização, de terremoto, de furacão, etc. Pela tela do televisor, pode-se dizer que tudo vira espetáculo, e não é por acaso que um famoso programa leva o nome de "Fantástico, o *show* da vida". E, na briga comercial para ter e segurar telespectadores, tudo vale para "chamar e prender a atenção". E, como cenas chocantes atraem as pessoas entediadas, desfilam sob nossos olhos imagens de revirar o estômago. Lembro-me de que, em 11 de setembro de 2001, as imagens dos dois aviões se chocando contra as Torres Gêmeas e suas trágicas decorrências (pessoas se jogando pelas janelas, etc.) passaram *ad nauseam*. Ver tais cenas uma vez é informação. Duas ou mais, é espetáculo. A internet segue pelo mesmo caminho, sem as barreiras morais que ainda controlam os responsáveis pela televisão. Foi nela que circulou o já citado vídeo sobre a morte de Hussein, e é lá que circulam as proezas imagéticas dos chamados *paparazzi*, que invadem a vida privada alheia e a divulgam despudoradamente. Até mesmo os eventos que deveriam primar pela reflexão e pela aprendizagem se rendem à cultura do espetáculo. Vejo "intelectuais" ministrar palestras como se fossem verdadeiros *shows*: a fala, com variadas impostações escolhidas a dedo para cada tópico, é acompanhada de música ou de sons diversos, por vídeos e imagens sedutoras. Fala-se de criança, o *datashow* mostra uma, fala-se de velho, alguns desfilam na tela, fala-se em tempestade, ouve-se trovões, fala-se em Freud, lá aparece ele com seu charuto, fala-se em amor, ouve-se uma canção romântica, fala-se de nada, as imagens convencem de que se fala de tudo. Em suma, o sério e o ridículo, o alegre e o triste, o relevante e o acessório, o trágico e o banal, o público e o privado, a informação e o boato, tudo se torna espetáculo. Tudo está para ser visto, ouvido, tudo está para chamar a atenção.

Terá tal fenômeno contemporâneo efeitos para além do mundo do espetáculo? Terá ele efeito para a própria vida cotidiana das pessoas? Creio que sim.

Por um lado, como o espetáculo se avizinha ao divertimento, tal divertimento acaba por estar presente em tudo. Como já tratei o tema nos dois capítulos anteriores inútil voltar a ele.

Por outro, como espetáculo se relaciona com *visibilidade*, a presença de espetáculos em tudo pode levar as pessoas a querer, elas mesmas, para se tornar visíveis, para chamar a atenção, dar um espetáculo de si mesmas. Escreveu Jurandir Freire Costa (2004, p. 231) a esse respeito: "Os indivíduos, além de serem levados a ver o mundo com as lentes do espetáculo, são incentivados a se tornar um dos seus participantes pela imitação do estilo de vida dos personagens da moda". "Apareça ou pereça", acrescenta ele, "fora das manchetes e passarelas, não há salvação" (p. 172).

Mas como fazer para "aparecer"? Rioufol (2000, p. 12) recomenda ironicamente: "Você asfixiou sua velha mãe que agonizava? Escreva-o, ora bolas. Publique um livro, vá à televisão". Mesmo sem ter uma história trágica desse tipo, cada vez mais pessoas "publicam" suas vidas, notadamente por intermédio da internet: constroem *sites* pessoais nos quais se veem fotos, se leem reflexões, se aprendem curiosidades pessoais. Cada vez mais pessoas possuem seu *blog*, no qual falam de tudo que lhes passa pela cabeça, fazem filmes de si e os divulgam, etc. Cada vez mais pessoas mandam suas mensagens eletrônicas para todos e qualquer um. Outras preferem ir à televisão, falar, sem pudor, de seus problemas pessoais em programas para os quais são convidados "especialistas" que analisam cada caso. Ouvem-se confissões as mais escabrosas, histórias as mais trágicas, e também as mais banais, assiste-se a choros, a risos, a brigas, a gritos, a suspiros. Escancara-se a vida privada, que se torna espetáculo. Outras pessoas ainda procuram participar dos *reality shows*, tornando visíveis e, se possível, atrativas, horas a fio de vida privada devassada por câmeras e microfones. E algumas mulheres não hesitam, contanto que tenham mínimo "capital biológico" que as autorize a tanto, a pousar nuas em revistas masculinas como *Playboy*. Tal prática, que antes era reservada a algumas mulheres desconhecidas, mas bonitas, agora tende a se tornar, se não frequente, pelo menos comum: é atleta, é atriz, é obscura amante de um político de destaque, tira a roupa e dá o próprio corpo em espetáculo.

Poderia se pensar que muitos promovem espetáculos de si com um objetivo pragmático bem preciso: fazer-se conhecer para obter algum tipo de lucro (obter contatos, vender livros e discos, ser chamado para palestrar, etc.). Fosse verdade, não se trataria de vaidade, mas apenas de *marketing*. Todavia, não penso que seja, em geral, o caso. Em primeiro lugar, porque as pessoas não costumam ser tão racionais assim: os chamados quinze minutos de fama têm apelo próprio e acariciam a vaidade, assim como a acariciam falar de si, se mostrar, se destacar. Em segundo lugar, mesmo com intuito pragmático, apenas poucas pessoas conseguiriam, de fato, obter sucesso em seu *marketing* pessoal. E essas pessoas são justamente os "vencedores", as "celebridades", as "personagens da moda" que, como afirma com razão Freire Costa, são imitadas pelas outras. Basta ser minimamente conhecido para escrever a própria biografia: os *sites* pessoais nos quais as pessoas falam de suas vidas imitam essa prática. Basta ser minimamente famoso para ir a público falar das próprias emoções, amores, angústias: ir à televisão fazer o mesmo também é imitação do que fazem os "vencedores". E, como hoje em dia, como vimos, ser "vencedor" é tudo, e não o ser pode ser vivido como humilhação, cada um procura associar a si mesmo marcas que costumavam ser exclusividade das celebridades.

Além do "se dar em espetáculo", outra maneira muito empregada para se destacar é o *consumir*. Como se sabe, estamos em plena "sociedade do consumo" e não é por acaso que os *shoppings* são lugares privilegiados de passeios. Muito já se escreveu sobre esse hábito contemporâneo e sobre as razões de ser tão valorizado na atualidade. Seria o consumo busca de conforto? Seria ele prova de insatisfação psicológica? O debate é complexo e não pretendo nele entrar. Porém, uma coisa parece certa: um dos objetivos atuais do consumo é se dotar de sinais que chamem a atenção alheia, notadamente para se parecer com os "vencedores". Os próprios "vencedores" querem, a toda hora, lembrar a seus semelhantes seu *status* diferenciado. Logo, concordo com Freire Costa quando escreve que "o objeto (que é consumido) deve 'agregar' valor social – e não sentimental – a seu portador, ou seja, deve ser um crachá, um passaporte que identifica o turista vencedor em qualquer lugar, situação ou momento da vida" (2004, p. 163 – o autor emprega o termo "turista" no sentido metafórico que Bauman lhe deu).

E quem também concorda com o diagnóstico do pensador brasileiro são os criadores de propagandas! Sabe-se que raramente eles cantam as vantagens objetivas (preço, qualidade) dos produtos que divulgam. O que eles nos apresentam são imagens idealizadas, não do produto, mas do *comprador* do produto. Eles não dizem "se comprar tal coisa você *terá* tais e tais vantagens"; eles dizem: "se você comprar tal coisa, você *será* como tal pessoa". Embora falem de objetos e serviços, eles não visam às necessidades materiais dos cobiçados consumidores, visam às *identidades*. E qual a "fibra sensível" a que eles mais visam? Ora, o se destacar, o ser diferente, o ser superior. Em uma propaganda de carro, se veem os vizinhos do feliz proprietário desmaiarem ao ver sua nova aquisição. E ele sorri, superior, feliz. Em outra propaganda de carro, ouve-se um menino pedir ao pai, que não possui o automóvel anunciado, que não o deixe na porta da festa à qual vai: ele diz ter vergonha de ser visto saindo de uma espécie de "carroça". Noutra propaganda, ainda de carro, vê-se um menino subindo em uma majestosa *pick-up*, e "cheio de si", olhar com desprezo os infelizes coleguinhas. Uma propaganda de um banco brasileiro associa ser seu cliente e ter prestígio. O mesmo banco alisa o ego do telespectador dizendo-lhe que este tem personalidade única, que se destaca da dos demais. O bordão é a frase: "*o que só você tem*". Em uma outra propaganda, vê-se alguém "tendo uma grande ideia", que somente poderá prosperar se ele for ajudado pelo anunciante, uma empresa de informática.

Eu poderia multiplicar a belprazer os exemplos de propagandas que apelam para a vaidade para convencer os atraentes consumidores. Deduzo que tais propagandas devem surtir efeito. Aliás, basta olharmos em volta para ver o quanto os objetos consumidos "desfilam" aos olhos de todos. Algumas pessoas constroem verdadeiras mansões, que poderiam abrigar um batalhão, na qual mora no máximo quatro pessoas. Qual será o motivo de tal desmedida arquitetônica senão impressionar os outros? E qual será a razão pela qual os carros chamados 4 x 4 estarem, apesar do preço salgado, do alto consumo de combustível e da poluição que causam, tão na moda? Necessidade de transporte? Estradas ruins? Prefiro a resposta dada por um desenho humorístico de Voutch publicado na revista Le Point. Nele se vê um vendedor dizendo a um comprador de um desses carros altos e poderosos: *a relação preço/arrogância é muito vantajosa*.

Entre os produtos de consumo que mais servem para dotar os compradores de sinais de singularidade e prosperidade estão as roupas. Vai-se ao *shopping*, o que mais se vê são lojas de roupas. Vai-se a lugares nos quais se vende material esportivo e, novamente, o que mais se vê são roupas de todo tipo. As etiquetas, que antigamente se encontravam na parte interna das camisas, casacos e vestidos, hoje são colocadas do lado de fora, para que todos possam ver a prestigiosa grife. E as modelos, antes consideradas meras manequins, hoje são verdadeiras *pop stars*, ganham fortunas para desfilar molemente nas pistas ou para pousar para revistas especializadas. Não somente usufruem de imenso *glamour*, como acabam por impor um padrão de beleza. Nelas, aliam-se dois itens da visibilidade desejada: a roupa e o corpo.

Escreve Jurandir Freire Costa (2004, p. 166): "Possuir um corpo como o dos bem-sucedidos é a maneira que a maioria encontrou de aceder imaginariamente a uma condição social da qual está definitivamente excluída, salvo raríssimas exceções". Essa observação me parece muito judiciosa. Consumir objetos variados custa caro e está ao alcance de uma minoria (sobretudo em países pobres como o Brasil). É verdade que se nota que muitas pessoas sacrificam boa parte de sua renda para adquirir objetos de prestígio: por exemplo, veem-se carros de luxo em garagens de casas ou prédios modestos. Porém, tal sacrifício tem limites. Em compensação, cuidar do corpo é financeiramente mais viável e, com certo bom gosto, é possível ser bonito mesmo sem roupas de grife. Logo, investir no próprio corpo é, como diz Freire, uma maneira de se sentir no mesmo nível dos "vencedores". E, novamente, basta olharmos em nossa volta para verificar o quanto as pessoas "se produzem", notadamente com esses sinais exteriores bem visíveis que são as tatuagens e os *piercings*. E basta também atentar a alguns números para observar o quanto as pessoas gastam nos chamados produtos de beleza. Na *Revista Pesquisa Fapesp* (junho de 2007, número 137), lê-se que "a produção de cosméticos para cabelos cresceu cerca de 50% de 2003 a 2006, alcançando 458 milhões de toneladas, e as vendas mais que dobraram, atingindo US$ 2,2 bilhões no ano de 2006". No artigo, são apresentadas pesquisas sobre os danos causados por esses produtos, mas certamente não é esse dado que vai fazer recuar as vendas dos cosméticos para cabelos e dos outros tipos, ou vai tirar do trono da maior fortuna da França a proprietária da L'Oréal. No Brasil, segundo a Associação Brasileira de Higiene Pessoal, Perfumaria e Cosméticos, o montante das vendas em 2006 subiu para R$ 12,9 bilhões (era de R$ 6,6 bilhões em 1999), e cerca de um milhão e meio de pessoas trabalham com venda direta dos referidos produtos. Tal fenômeno está, como vimos anteriormente, associado ao valor hoje atribuído à saúde, mas também está relacionado com o "culto ao corpo" ou o "culto à beleza", que, paradoxalmente, nem sempre é condizente com a saúde. Sabe-se dos perigos das cirurgias plásticas de todo tipo, sabe-se das mortes ocorridas em sessões de lipoaspiração, sabe-se das tragédias da bulimia e da anorexia, porém tais práticas continuam.

Mas o que fazer... Escreve Freire Costa (2004, p. 231), "O fisiculturismo compulsivo, as bulimias, as anorexias, as compulsões por próteses ou cirurgias estéticas repetidas e arriscadas são sequelas da tentativa malograda de tomar posse do corpo-espetáculo". Mas por que querer tal posse? Porque "hoje somos o que aparentamos ser, pois a identidade pessoal e o semblante corporal tendem a ser uma só e mesma coisa" (Freire Costa, 2004, p. 198). O corpo, suas vestimentas, os objetos de consumo, o se mostrar, o falar de si, o se dar em espetáculo, o apego às aparências, eis, creio, alguns sinais inequívocos de que vivemos em uma "cultura da vaidade", alguns sinais de que o olhar do outro está para ser cativado, impressionado, deslumbrado.

E se esse outro não admirar? Se ele não alimentar a vaidade de quem a ele se mostra? "O outro, de par e juiz, passa a adversário", escreve Harkot-de-La-Taille (2004, p. 95). Conflito, portanto, ao qual voltarei no final deste capítulo.

Já abordamos dois aspectos da vaidade: o olhar alheio e a aparência. Precisamos falar um pouco de dois outros: a superficialidade e o vazio.

SUPERFICIALIDADE E VAZIO

No já citado artigo de Mario Vargas Llosa, no qual lamenta que a civilização esteja se rendendo ao espetáculo, o escritor peruano também lamenta a inversão de valores que tal encenação constante acaba acarretando. Referindo-se a fotos de Cecilia Bolocco de Menem, nua, tiradas em segredo por um fotógrafo da chamada imprensa marrom, e que rendeu a este muito dinheiro, notadamente graças a negociações feitas com a vítima de suas lentes, escreve Llosa: "Por que tenho de estar informado sobre essas vilezas e negociações sórdidas? Simplesmente porque, a fim de não me informar sobre elas, eu teria de parar de ler jornais e revistas, ver e ouvir programas televisivos e radiofônicos nos quais – não é exagerado dizer – os peitos e o traseiro da Sra. Menem ofuscaram tudo, das matanças no Iraque e no Líbano, ao fechamento da Rádio Caracas pelo governo de Hugo Chávez e ao triunfo de Nicolas Sarkozy nas eleições francesas". Llosa se refere essencialmente, em seu artigo, à mídia, que, segundo ele, na segunda metade do século XX "começou a relegar discretamente a um segundo plano aquelas que haviam sido suas funções principais – informar, opinar e criticar – para privilegiar outra, que até então fora secundária: divertir". E, como o divertimento tende a ser, por definição, superficial, tal superficialidade acabou dominando o jornalismo.

Mas, em geral, de que tipo de superficialidade se trata? Ora, trata-se justamente das marcas de visibilidade de diversas pessoas, notadamente das "celebridades". Como bem diz Llosa, o que ofusca eventos importantes da atualidade, são referências à vida íntima, até mesmo ao corpo, de indivíduos que, aliás, nenhuma ou pouca participação de destaque têm na vida política. Lembremos o estrondo que fez o casamento de um célebre jogador de futebol e o estrondo ainda maior decorrente de sua precoce separação. O fenômeno dividiu espaço nas primeiras páginas dos jornais com notícias de relevância incontestável. Lembremos a morte da princesa Lady Di, certamente causada em parte pela perseguição de ávidos *paparazzi* a serviço de um não menos ávido público amante de mexericos. É inevitável lembrar novamente programas como o triste *Big Brother*, que arregimenta milhões de telespectadores esfomeados de fofocas e tagarelice. O "estilo Caras" é onipresente e seduz público cada vez maior.

O leitor talvez diga que acusar tais fatos e fotos de superficiais é emitir um juízo de valor. Sim, assumidamente! Julgo que se debruçar sobre os amores de fulano ou beltrano, somente porque são famosos, em vez de se interessar pelo andamento do mundo, é se ater à banalidade. Marcar verdadeiros *rendez-vous* televisivos com os protagonistas de *reality shows* em vez de ler o profético romance *1984*, de George Orwell, do qual se retirou a referência ao *Big Brother* – terrível dispositivo de controle e poder –, é aceitar que uma obra de valor seja descaracterizada e empregada para alimentar apetites comerciais dignos de um ogro. É cair na mais completa vulgaridade julgar engraçado e normal que se empregue a imagem de um Mahatma Gandhi para vender computadores, a de um Che Guevara para vender produtos de limpeza e a de um Van Gogh para nomear serviços de um banco, em vez de reconhecer que tais personagens, goste-se ou não deles, representam muito mais para a humanidade do que garotos-propaganda ou nomes fantasia. Gastar montanhas de dinheiro com roupas em vez de investi-lo em livros é priorizar a futilidade. Preferir se destacar pela grife a fazê-lo pelas ideias é prova de indigência intelectual. Privar-se de arte para adquirir um carro espalhafatoso é prova de frivolidade. Atribuir mais valor ao corpo do que à inteligência é superficialidade. Tais afirmações, e outras mais que eu poderia fazer, são, sim, juízos de valores. Felizmente, sei que não sou o único a pensar assim. Sou acompanhado por muitos, como Rioufol, que clama contra o que chama *tirania do despudor*, por Finkielkraut, que lamenta o predomínio do cultural sobre o culto, por Deleuze, que pensa estarmos atravessando um deserto intelectual, por Llosa, que lamenta a liberdade de expressão justificar a *"imunidade do libelo"*, por Jambar e Rémy, que veem o homem contemporâneo como um *"drogado de consumo"*, por Minois, que observa que a *"globalização do embrutecimento começou"*, e por outros mais, notadamente mulheres que não suportam mais ver o "ser feminino" relegado a meras aparências. Canta Maria Rita, filha de Elis Regina, os versos de Rita Lee e Zélia Ducan:

> "Nem toda brasileira é bunda
> (...) Meu peito não é de silicone
> (...) Não sou atriz, modelo, dançarina
> Meu buraco é mais em cima"[12]

"Chega de saudade" cantava João Gilberto. "Chega de vaidade" poderiam cantar as referidas artistas.

Todavia, não devemos estranhar a forte presença atual da superficialidade, pois ela é coerente com um dos aspectos da "cultura do tédio": a horizontalização dos valores que, como diz Finkielkraut, faz uma massa indiferenciada de tudo e que, como afirma Bauman, impede as pessoas de investir em realizações dignas desse nome porque o que é valor hoje pode não ser mais amanhã. Em suma, a característica de superficialidade da "cultura da vaidade" se associa perfeitamente à indigência de valores da "cultura do tédio".

O mesmo acontece com as noções de "vazio" e "vão". Vimos no Capítulo 1 que "*quem fala em tédio, fala em perda de sentido*" (Svendsen). Uma "cultura do tédio" é uma cultura *vazia* de sentido, uma cultura na qual tudo aparece como *vão*. Ora, "vazio" e "vão" são justamente as noções que deram origem à palavra vaidade. Entretanto, em uma "cultura da vaidade" tal vacuidade toma ainda outra forma. Como escreve Jurandir Freire Costa (2004, p. 169): "o lugar da autoridade foi tomado pela celebridade".

Entende-se por "autoridade" uma pessoa que, seja pela instituição que representa, seja pelo talento e pelos conhecimentos que possui, é reconhecida como *voz* legítima em determinados temas (não vamos, portanto, empregar o termo para nos referir ao domínio político no qual se fala em "autoridades" para fazer referência a postos de poder,[13] tampouco trataremos, agora, da autoridade como conceito central da moral heterônoma). Por exemplo, como maior representante da Igreja Católica, o Papa pode ser reconhecido como autoridade, e cientistas cujas obras são prestigiadas também podem ser reconhecidos como autoridades em seus respectivos campos. Assim definidas, tais figuras de autoridade cumprem importante papel, pois são pessoas às quais outras recorrem para resolver determinados problemas, para conhecer determinados saberes, para se inspirar em suas reflexões. Para tanto, ser uma autoridade demanda esforço, talento e tempo. Além do mais, uma autoridade não fala "com autoridade" de qualquer coisa, mas apenas daquelas sobre as quais construiu sua reputação.

Pode-se dizer que as figuras de autoridade são também célebres? Algumas sim, como Freud, Einstein, Sartre – nomes que todos conhecem, mas tal não é a regra. Com frequência não são conhecidos do chamado "grande público", não são manchetes de jornal, não são vistos na televisão e nem são reconhecidos quando andam nas ruas. Aliás, não raras vezes, as poucas figuras de autoridade cujos nomes ficam conhecidos de todos se tornam celebridades depois da morte.

Tal não acontece com o que Freire Costa chama "celebridades": trata-se de pessoas vivas e famosas, conhecidas de todos, cujas fotos são estampadas nos jornais, cujas vozes são ouvidas nas rádios e cujos rostos volta e meia aparecem na televisão. Nos dias atuais, as "celebridades" costumam pertencer ao mundo do cinema, da música popular, do esporte, da moda (as modelos) e da mídia em geral, com destaque para a televisão.

Serão necessariamente tais celebridades desprovidas do talento e conhecimentos que caracterizam as autoridades? É claro que não. Algumas podem possuir tais qualidades, mas é preciso frisar que elas não são necessárias para se tornar celebridade. Mais ainda: é forçoso reconhecer que a maioria delas não possui qualidades superiores ou destacadas. São competentes no que fazem, e só. Como escreve Freire Costa (2004, p. 170): "Em oposição à autoridade, cuja marca são os dons incomuns, a celebridade prima pela falta de originalidade. O cânone da primeira prescreve a aliança entre notoriedade e talento; o da última, entre sucesso e visibilidade".

Isso posto, retomemos a afirmação segundo a qual *o lugar da autoridade foi tomado pela celebridade*.

Para avaliar a validade dessa observação, comecemos por nos perguntar se as tais "celebridades" ocupam, hoje, grande espaço na sociedade atual. A resposta é obviamente afirmativa. Poderia se dizer que elas são onipresentes. Veem-se, a toda hora, artigos sobre elas, entrevistas com elas, fotos delas, referências a elas. Muitas aparecem em propagandas, em programas de auditório, em colunas sociais, em festas e programas televisivos de outras celebridades. Pode-se dizer que é máximo seu grau de visibilidade social e que elas fazem de tudo para que assim seja, o que faz, aliás, não soar sinceras suas frequentes queixas contra os *paparazzi*. Talvez possamos dizer que assistimos a um verdadeiro "culto" à celebridade. Reparemos, por exemplo, o quão frequente é o emprego da palavra "ídolo" (ver Capítulo 2). Parece que todas as celebridades, sejam quais forem suas ocupações, merecem esse nome, que deveria ser reservado, a rigor, a poucos indivíduos claramente acima da média em determinada área de atividade. Mas não! Todos viram ídolos, notadamente "ídolos da juventude", apenas por usufruírem de popularidade. Em resumo, é correto afirmar que as celebridades representam um fenômeno social incontornável.

Perguntemo-nos, então, se a celebridade de fato ocupa, como o pensa Jurandir Freire Costa, o lugar da autoridade. Novamente a resposta é afirmativa por pelo menos três razões.

A primeira já foi dada: as "celebridades" ocupam tanto espaço que ofuscam as demais figuras sociais, entre elas as figuras de autoridade. As pessoas se interessam muito mais pela vida de esportistas, modelos, cantores, etc., do que pela biografia de grandes cientistas, grande políticos, grandes pensadores. Os jornais e as revistas colocarão, no meio de alguns artigos, algumas citações de especialistas renomados, mas dedicarão várias páginas a uma entrevista com algum cantor popular ou modelo de destaque. Na televisão, se dão trinta segundos para que um filósofo fale de Kant, e três minutos, ou mais, para que um jogador de futebol explique que seu gol por cobertura não nasceu de um cruzamento desastrado. E os debates entre especialistas em ciência, literatura, arte, etc., serão apresentados, na televisão, tarde da noite enquanto desfilarão nos horários nobres "celebridades" de todo tipo.

Mas por que isso acontece? Ora, em razão da já citada *superficialidade*. É-se autoridade em áreas complexas, na pesquisa, na reflexão, na arte, na política, mas tais áreas não interessam ao grande público, nem mesmo a muitos dos que têm diploma universitário. Eles esperam que se encontre a cura para a AIDS, mas – enquanto esperam – folheiam revistas que lhes falem do cantor X, da modelo Y, ou do centroavante Z. Em resumo, a superficialidade reinante joga para segundo plano as figuras de autoridade.

A segunda razão pela qual é correto dizer que as figuras de autoridade foram destronadas pelas "celebridades" é o fato de elas representarem o que é ser um "vencedor". Vimos anteriormente que ser um "vencedor", hoje em dia, não equivale a ser bem-sucedido. O "vencedor", por um lado, foi "além" dos demais, e – por outro – seu sucesso é acompanhado de variadas marcas que o tornam visível. Ora, as figuras de autoridade também são pessoas que foram além das demais, no entanto faltam-lhe as marcas da visibilidade porque seus feitos são relegados, como acabamos de ver, a um segundo plano.

A terceira razão, e a mais problemática, é que as "celebridades" acabam por ocupar não apenas o lugar de destaque antes reservado às figuras de autoridade, mas também o lugar de "vozes competentes" para falar sobre variados aspectos da vida ou para ocupar lugares importantes para os destinos humanos. Pergunta-se a um cantor o que ele acha do governo, a outro o que ele pensa do futebol, a uma atriz o que ela acredita ser a vida, a outra como ela define o amor, a um esportista o que ele julga ser o bem e o mal, a outro como ele define felicidade, etc. Para serem feitos anúncios publicitários, empregam-se "ídolos" que nada entendem de carros, vitaminas, telefones, bancos, sandálias, etc., dos quais cantam as glórias. Elegem-se para vereador e deputado esportistas, atores, costureiros e pagodeiros sem lhes exigir nenhuma credencial outra que não seja sua fama, sua popularidade.[14] Anunciei que essa terceira razão é a mais problemática pois, ao dar voz e lugar às celebridades para falar de e fazer coisas que fogem totalmente a suas competências, cai-se nesse cruel traço da vaidade que é *vazio*. Com efeito, que conteúdo apreciável podem ter referências para se pensar aspectos importantes da vida se oriundas de pessoas que, em geral, não se debruçaram demoradamente sobre o que falam? Que valor podem ter tais referências se não passam de opiniões, às vezes passageiras? O lugar da autoridade foi tomado pela celebridade e, com isso, perdeu-se a possibilidade de referências sólidas, de pensamentos ponderados e embasados na história das reflexões humanas. E, para piorar as coisas, veem-se homens e mulheres, oriundos do mundo acadêmico, não resistirem à tentação de ser "celebridades" e esvaziarem de conteúdo seus escritos e suas falas para ser "entendidos" do grande público e arrancarem-lhe aplausos. Tais profissionais, por sua formação, poderiam dar reais contribuições, mas caem na "cultura do espetáculo"; em vez de ensinar, dão *shows* cujo objetivo é mais o de cuidar da própria fama do que socializar o conhecimento. Tal fenômeno também se verifica na política: em vez de procurar demonstrar que possuem as qualidades necessárias para governar, que possuem características que os credenciariam como "autoridades" em política, certos candidatos à presidência imitam atos e atitudes das "celebridades": deixam que sua via privada seja divulgada, se mostram fazendo *jogging*, dizem preferir morar na "intimidade" de suas próprias casas a ocupar o palácio e passam horas na frente das câmeras dando suas opiniões sobre toda e qualquer coisa. E são eleitos!

"É por isso que os grandes filósofos, os grandes artistas, os grandes escritores e os grandes pesquisadores se calam", observa Rioufol (2000, p. 81).

Eles se calam porque temem que suas ideias acabem por ser tragadas pelo vazio reinante.

Eles se calam porque temem que suas criações sejam associadas à "moda", pois sabem que "celebridade é a 'autoridade' do culto do *provisório*" (Freire Costa, 2004, p. 169).

Eles se calam porque temem se tornar "um nome em torno do qual orbita uma legião de seguidores, imitadores, aduladores, detratores e comentadores que jamais se cansam de louvá-lo ou denegri-lo, até que outro nome arraste consigo todo o séquito fazendo com que o primeiro seja completamente esquecido" (Freire Costa, 2004, p. 169).

E eles se calam também por razões morais.

Calam-se porque desgostosos de ver o mérito desvalorizado em proveito do resultado.

Calam-se porque indignados de ver que ganham colossais fortunas pessoas simplesmente habilidosas em bater em alguma bola, pessoas que têm a sorte de ter corpo e rosto belos, pessoas com certo talento para a comunicação ou com vozes afinadas.[15]

Calam-se porque entristecidos com o fato de a busca da celebridade levar alguns a mentir, a se dopar, a plagiar, a empregar truques mil.

Calam-se porque cansados de ver a busca da celebridade e de suas marcas acarretar uma competição insana, que gera desrespeito e violência.

Enfim, calam-se porque observam que uma "cultura da vaidade" é acompanhada do "crepúsculo do dever".

CREPÚSCULO DO DEVER

A expressão "crepúsculo do dever" foi criada por Gilles Lipovetsky para intitular um livro no qual discorre sobre a nossa época, por ele chamada *"idade do após-dever"* (Lipovetsky, 1992, p. 15) ou também de "*sociedade pós-moralista*" (p. 16), sociedade essa que ele assim define: "uma sociedade que repudia a retórica do dever austero, integral, maniqueísta, e, paralelamente, que coroa os direitos individuais à autonomia, ao desejo e à felicidade" (p. 16). Todavia, segundo o autor francês, não são apenas os deveres austeros e integrais – herdados da religião cristã e, em seguida, da época das Luzes, com seus imperativos categóricos – que são repudiados, mas a própria ideia de dever moral. "O dever se escrevia em maiúscula, nós o miniaturamos" (p. 59), escreve ele cunhando "minimalismo ético" (p. 62) o sistema moral que nos inspira na atualidade. "A cultura da obrigação moral deixou o lugar àquela da gestão de si mesmo" (p. 105), acrescenta Lipovetsky para quem "é a depressão, o vazio, ou o *estresse* que nos caracteriza, não o abismo da má consciência mortificante" (p. 72). Em outro texto, ele fala em "paraísos de bem-estar, conforto e lazeres", nos quais a ordem é "consumir sem esperar, viajar, se divertir, não renunciar a nada" (2004, p. 85).

Ao ler tais citações, pode-se crer que Lipovetsky faz o diagnóstico de uma crise moral sem precedentes. Com efeito, quando ele se pergunta "o que representa, na verdade, em nossa sociedade, a celebração da virtude comparada aos atrativos do conforto e das férias?" (1992, p. 66) deixando implícito que a resposta é que tal celebração não representa mais nada, pode-se ter a clara impressão de que ele denuncia uma inversão de valores, letal para a moral. E, quando ele observa que "a época pós-moralista é aquela na qual não se acredita mais na exigência de uma educação moral elevada, na qual o inculcar princípios morais superiores tornou-se apenas objetivo marginal da educação dada às crianças" (p. 165), tem-se a mesma impressão de profundo pessimismo. Todavia, essa não é sua posição. Lipovetsky se mostra otimista (aliás, ele é um dos poucos analistas da pós ou hipermodernidade a ver nela sinais alentadores). Para o pensador francês, "é falso assimilar o crepúsculo do dever ao cinismo e ao vazio de valores" (p. 186), pois há uma "aspiração coletiva à moral" (p. 12). A "cultura pós-moralista", portanto, "não significa pós-moral" (p. 63), mas sim "renovação ética" (p. 264) na qual "o senso de indignação moral não morreu" (p. 187). Logo, "nossa época não restabelece o reino da 'boa e velha moral', ela dela sai" (p. 13) para outra na qual "nós somos desejosos de regras justas e equilibradas, não de renúncia a nós mesmos" (p. 61).

Esse otimismo parece-me em parte problemático. Digo "em parte" porque, como apontado por Jurandir Freire Costa (2004, p. 188), "o ponto de vista de Lipovetsky tem a vantagem de deflacionar os perigos imaginários que cercam os novos acontecimentos culturais". Com efeito, temos provas de que na "época da felicidade nascísica não é a do 'tudo é permitido'", como o diz o próprio Lipovetsky (1992, p. 174). Não vivemos na "lei da selva", os Direitos Humanos são referências morais para as Constituições de vários países (entre eles o Brasil), vivemos tempos de maior tolerância religiosa, sexual e étnica, cuidamos, como nunca antes, da moral em variados campos de atividade, como, por exemplo, o da pesquisa com seres humanos e até mesmo com animais, diversas formas de preconceitos são denunciadas, etc. Portanto, se é verdade que "a cultura sacrificial do dever está morta" (p. 60), se é verdade que não valorizamos mais o "morrer pela Pátria" ou a "abnegação de nós mesmos", também não deixa de ser verdade que não nos transformamos, como bem sublinha Freire Costa, em "monstros morais". Porém, tais sinais positivos não são suficientes para garantir um otimismo moral, pois há outros, negativos, que devem ser levados em conta.

O primeiro deles é a própria afirmação de Lipovetsky segundo a qual vivemos uma idade "após-dever", uma "época de uma moral sem obrigação nem sanção" (1992, p. 74). Ora, como pode haver uma moral desse tipo? O autor francês nos diz que somos desejosos de regras justas e equilibradas, mas como tal desejo pode abrir mão do dever moral? Se não nos sentimos no *dever* de sermos justos, se não legitimamos sanções quando há injustiça, que valor pode ter essa virtude? Uma "renovação ética" pode ser traduzida pelo abandono de certos deveres, mas será preciso, para merecer esse nome, criar novos. Uma "renovação ética" pode suprimir certos "sacrifícios", mas não a própria ideia de sacrifício, no sentido de privações voluntariamente impostas, presente em toda forma de altruísmo (quando, por exemplo, deixamos de fazer coisas que nos atraem para ajudar alguém). Em suma, não se vê como a moral, que se define por valores dos quais são derivados deveres, pode se dar ao luxo de desprezar o sentimento de obrigatoriedade e ainda merecer o nome de "moral".

O segundo sinal negativo dos nossos tempos é dado pelo próprio Lipovetsky. Já vimos alguns exemplos: desprezo pela educação moral, minimalismo ético, a ausência da "má consciência" (portanto dos sentimentos de culpa e de vergonha), a ordem de consumir sem esperar, viajar, se divertir, não renunciar a nada. Não se vê muito bem como harmonizar tais sinais com uma suposta renovação ética. E Lipovetsky dá outros exemplos, em geral mais numerosos do que os exemplos em contrário. Escreve ele: "Na imprensa, os artigos pouco abordam o lado 'trapaça' do fenômeno (*dopping*), em compensação, nem se contam mais aqueles que falam das consequências devastadoras dos anabolizantes e outros corticoides sobre o organismo dos campeões" (1992, p. 151). A observação é justa, mas pouco reconfortante. O mesmo vale para esta outra: "Tornamo-nos mais sensíveis à miséria exposta na telinha do que àquela imediatamente tangível" (p. 175). Vale também para essa correta observação: "A época pós-moralista coincide com aquela da moda generalizada que conseguiu 'fagocitar' a dimensão moral, 'gadgetizar' os valores (seminários de desenvolvimento, testes de ética), a promover 'modética' e os especialistas em ética até nas empresas" (p. 323). E o que pensar dessa afirmação a respeito dessas empresas para as quais "a preocupação ética não é mais o que leva à priorização de outrem, é o que permite se diferenciar dos concorrentes" (p. 342)? Serão esses sinais indícios de "renovação ética"?

É, portanto, correta a indagação de Jurandir Freire Costa (2004, p. 188): "O que significa, por exemplo, dizer que os indivíduos continuam atentos aos grandes princípios democráticos da igualdade, liberdade e direitos do homem? Em qual país ou sociedade Lipovetsky conseguiu detectar indícios de adesão viva àqueles princípios?". Aliás, basta perguntar aos próprios indivíduos como avaliam o "senso moral" contemporâneo para se ter uma ideia da desconfiança interindividual generalizada. Na pesquisa, já citada, que minha esposa e eu realizamos junto a mais de 5 mil jovens do ensino médio (ver ME), não chega a 10% da amostra aqueles que pensam que temos mais amigos do que adversários, como não chegam a essa mesma porcentagem aqueles que acreditam que os conflitos são resolvidos pelo diálogo, e não pela agressão. Resultados praticamente equivalentes foram constatados com estudantes universitários (Pezzi e Tackiani, 2006). Em um diálogo que tive a oportunidade de ter com Mário Sérgio Cortella, publicado sob o título *Labirintos da moral*, o filósofo da Educação comenta: "Em 1968, 69, quando eu tinha entre 14 e 16 anos, saía do Marina Cintra à noite, ia caminhando (ou quando saía do bar, da igreja, seja de onde fosse)... Então, quando eu saía caminhando e ouvia passos de outra pessoa, sabe o que eu sentia? Alegria. A gente pensava: 'Que bom! Vem vindo outra pessoa'" (Cortella e La Taille, 2005, p. 33). E, hoje, diríamos a mesma coisa ou, pelo contrário, pensaríamos amedrontados: "Meu Deus, vem vindo outra pessoa!"?

Imagino que o leitor concordará com Cortella quando afirma que, hoje, sentimos mais medo dos desconhecidos do que confiamos nele. Mas por quê? Ora, porque fazemos a hipótese de que é alta a probabilidade de que lhes falte senso moral. Fazemos a hipótese de que há real probabilidade de que suas ações não sejam inspiradas pelo respeito, pela generosidade, pela justiça.

Logo, se é verdade que não vivemos tempos de radical anomia, também não deixa de ser verdade que vivemos tempos de "mal-estar moral". Se não há plenos sinais da morte da moral, da morte do dever, há, sim, sinais de seu atual crepúsculo. Pensa Lipovetsky (2004, p. 147) que "a hipermodernidade democrática e mercantil não disse sua última palavra: ela está apenas no começo de sua aventura histórica". Talvez. No entanto, para que sua "aventura" renovadora possa, de fato, revigorar a moral, despertar o dever, precisamos cuidar da formação das novas gerações, de quem dependerão os rumos de tal "aventura".

Mas antes de falarmos de uma formação para o "respeito de si", levantemos mais sinais de que a bandeira contemporânea do dever parece estar, de fato, a meio pau.

Regras e controles

No mês de setembro de 2007, a Assembleia Legislativa do Estado de São Paulo aprovou uma lei que *proíbe o uso de telefones celulares nas escolas*. Não se trata de proibição de levar tais aparelhos para a escola e de empregá-los antes e depois das aulas, mas sim de proibir o uso *durante as aulas*! Tal lei foi criada e aprovada porque alunos atendem chamadas durante as aulas, ou eles mesmos resolvem se comunicar com alguém. Além do mais, celulares podem ser empregados para "colar" nas provas. Sendo que é mais do que óbvio que o uso do celular atrapalha as aulas e que a "cola", sendo fraude, é condenável, me parece impossível dizer que tal lei não seja jurídica e moralmente boa.

Todo o problema está na necessidade de elaborar tal lei! Nossa cultura deve ter caído bem abaixo do mínimo limiar do bom senso e da moral para que comportamentos claramente inconvenientes (prejudicar o estudo) e desrespeitosos (prejudicar a concentração alheia) precisem ser coibidos por leis estaduais. E pasmem: segundo uma reportagem, são os próprios pais que às vezes ligam para seus filhos, fato que fez uma professora perguntar a um aluno: "Sua mãe não sabe que você está em aula?".[16] A referida mãe provavelmente sabia, mas deve ser nulo o valor que ela atribui ao conhecimento e à harmonia da convivência social, assim como deve ser nulo o valor que certos alunos atribuem ao estudo e ao conforto alheio. Não fosse nulo, não seria necessária uma lei especificamente criada para coibir a prática – que deve ser comum para merecer regulação jurídica – de se comunicar a esmo em vez de estudar e cooperar com os colegas de classe.

Esse é apenas um exemplo da verdadeira "chuva" de regras que se abate sobre a sociedade contemporânea. Permanecendo no âmbito escolar, observam-se regimentos obesos nos quais são regradas ações e atitudes que vão desde o horário de chegada até o namoro durante o recreio. Na própria universidade, regras e mais regras invadem todas as atividades: uma obriga o professor a dar, ele mesmo, as aulas em vez de confiá-las a alunos de pós-graduação, outra ameaça de descredenciamento o pesquisador que não publica, outra ainda legisla sobre o valor das publicações em artigos e livros, e mais outra obriga o pós-graduando a se matricular todos os semestres. No entanto, não é somente na escola e na universidade que se normatiza um número cada vez maior de ações. Na política, mundo já repleto de normas, pensa-se em criar novas como, por exemplo, uma que coíbe a constante mudança de partido por parte de deputados e senadores. Obrigam-se os aposentados e pensionistas a se cadastrarem para provar que estão vivos. No trânsito, foi necessário proibir ao motorista o obviamente perigoso emprego do telefone celular enquanto ele está guiando, foi necessário obrigá-lo a usar o bendito cinto de segurança e foi necessário criar uma lei que o "lembrasse" de que não deve buzinar perto de hospitais. Como já assinalado no Capítulo 2, tramita no Congresso Nacional um projeto de lei que visa coibir imorais manipulações feitas por publicitários no intuito de vender tudo e qualquer coisa a crianças e adolescentes. E pensemos nos aeroportos: quanta regra! Aliás, há, em todos os domínios, tantas regras que o mundo atual é uma "festa" para os advogados. "Consulte sempre um advogado", lê-se no vidro traseiro de carros guiados pelos próprios. Pudera! Com tanta regra, tanta norma, tanta lei, somente um especialista pode se situar nessa selva legislativa, nesse verdadeiro Levítico Laico. A frase advocatícia, entretanto, pode também ter outro sentido: *sempre desconfie dos outros*.

Em suma, estamos em plena "fúria normatizadora". É provável que certas pessoas julguem o fenômeno positivo, pois, para elas, é prova de progresso moral da sociedade contemporânea. Dirão elas, com razão, que muitas regras recém-criadas são boas, são moralmente legítimas. Com efeito, como discordar de leis que obriguem o pesquisador a pesquisar, o professor a dar aula, o motorista a guiar com prudência e a respeitar o silêncio de quem dorme, o político a honrar suas promessas, o cidadão a não proferir juízos preconceituosos, os pais a cuidar dos filhos, etc. Sim, as regras costumam ser boas. Porém, como já apontado, todo problema reside em saber *por que há necessidade de tantas*. Só vejo uma explicação: desconfia-se de que as pessoas não se comportarão espontaneamente segundo princípios de respeito, de honestidade, de responsabilidade, de justiça, logo, regras e mais regras devem ser criadas para explicitar as condutas corretas. E, como toda regra, se transgredida, implica sanção, o recado "cívico" é claro: comporte-se de tal e tal maneira, ou será punido.

Em poucas palavras, desconfia-se de que as pessoas não tenham senso do dever moral.

Desconfia-se, porém, de que *algumas* pessoas carecem de senso moral, ou se desconfia de que *muitas* são as que sofrem de tal carência? Serão as regras para coagir as exceções? Ou serão elas criadas para normatizar a maioria? Para responder a tal indagação, basta observar que são cada vez mais numerosas as formas de *controle*. Colocam-se radares nas estradas, *chips* nos carros,[17] câmeras nas escolas, nas estações, nas rodoviárias, nos aeroportos, nas lojas, nos supermercados, nos prédios e até nos parques e nas ruas. Pede-se em quase todos os edifícios e condomínios que se apresente o número do documento de identidade. Colocam-se braceletes eletrônicos em ex-criminosos. Na França, deputados e senadores aprovaram a lei que autoriza o teste de DNA em imigrantes que querem se juntar a suas famílias já instaladas naquele país. No Brasil, pede-se todo ano um atestado de vida a pensionistas que moram fora do país. Ainda no Brasil, pensou-se em dar aos pais um "discreto" método de verificar se seus filhos tomam drogas. E esses mesmos pais controlam a distância, por intermédio do telefone celular, as idas e vindas de suas progenituras carregadas pelas baladas.[18] Instalam-se em algumas casas câmeras para que seus donos possam vigiar empregadas, babás, filhos, etc. Exemplos não faltam. Ora, se tantas são as formas de controle, que são cada vez mais sofisticadas e caras, é porque se avalia que *muitas* são as pessoas que precisam de controle externo, sem o qual transgrediriam as regras. É por essa razão, aliás, que se diz, entre nós, que há muita corrupção, muitos crimes, muitos roubos, no Brasil, porque ele seria "o país da impunidade". O raciocínio é simples: as pessoas agem contra a moral porque seguras de que não serão punidas. Ou seja, avalia-se que tais pessoas, – que, se pensa, são legiões – carecem desse controle interno chamado de sentimento de obrigatoriedade. E, se isso for verdade, estamos, de fato, assistindo ao crepúsculo do dever.

Todavia, não estamos apenas assistindo ao crepúsculo do dever: também estamos *promovendo-o*. Com efeito, ao multiplicar ao infinito o número de regras, não somente se cria uma sociedade confusa e triste, como se infantilizam os cidadãos. Falemos um pouco desse fenômeno.

Escreveu há bastante tempo Mário Vargas Llosa: "O futebol é o ideal de uma sociedade perfeita: poucas regras, claras, simples, que garantem a liberdade e a igualdade dentro do campo, com a garantia do espaço para a competência individual".[19]

Bela comparação. Como será possível, porém, uma comunidade viver com poucas regras? Ora, porque há princípios. Voltemos ao futebol.

Há, nesse esporte, poucas regras porque há princípios, também poucos e claros. Há, por exemplo, o princípio do respeito pela integridade física dos jogadores: quando houver desrespeito, a regra diz que será cobrada uma falta. Há também o princípio da fluência do jogo, do qual é derivada a regra sobre o número de jogadores, e há o princípio de privilegiar a habilidade individual e coletiva, que dá sentido, por exemplo, à regra sobre o "impedimento". Como diz Llosa, tais regras garantem a igualdade porque se aplicam a todos e, por serem poucas, garantem a liberdade: dentro de certos limites o jogador pode fazer inúmeras jogadas, pode criar à vontade e desenvolver suas competências, seu talento.[20] E, quando se pensa que um Puskas já esgotou todo o repertório de jogadas possíveis, vem um Pelé e o amplia. Em seguida outros jogadores como Beckenbauer, Maradona, Platini, Zidane, Robinho, etc., chegam e, cada qual a sua maneira, enriquecem esse belo jogo. Belo jogo e, como diz Llosa, bela a sociedade que se inspira nesse modelo. Todavia, tal sociedade existe?

Talvez, mas certamente não é a nossa, porque, se há mais e mais regras, não apenas a convivência se torna confusa, como se instaura a desigualdade (haverá regras para uns e não para outros, haverá discriminações, negativas ou positivas) e se tolhe a liberdade, sendo cada detalhe normatizado, cada passo regrado. Pior ainda: se há mais e mais regras, os princípios que as inspiram ficam escondidos atrás da "selva legislativa", eles permanecem desconhecidos de todos. As pessoas se perguntam se podem ou não fazer tal ou tal coisa, mas não se perguntam a respeito do "por que" podem ou não agir com liberdade. Impõe-se a "tirania" da regra, que enterra os princípios. Mas, como a legitimidade de uma regra depende do princípio que a inspira, a ausência deste implica o não respeito daquela. Daí a necessidade constante de controle externo e de sanções. E daí também a infantilização do cidadão, ou, como às vezes é dito, sua "menorização". Ele é incessantemente tutelado e vigiado, como se fosse criança pequena. E, também como criança, procura, sem ser visto, transgredir regras que não fazem, para ele, sentido e que o incomodam. Para impedir tais transgressões, criam-se mais regras, que implicam mais formas de controle, em uma dialética sem fim. Como comenta Sebastian Roché (1998, p. 6): "Separando a lei e a moral (em benefício da lei) o Estado fragiliza o controle social". É por essa razão que a "tirania da regra" promove o "crepúsculo do dever". Sendo obrigada a cumprir mil e uma normas impostas e sendo constantemente vigiada, a pessoa não é levada a desenvolver o sentimento de obrigatoriedade necessário ao dever moral. A moral adormece no espírito de cada um.

E o outro, como sujeito digno de consideração e respeito, torna-se "invisível", pois apenas a regra goza de visibilidade. Escreve ainda Roché (1998, p. 6): "a exteriorização da coação deixa aos indivíduos apenas o dever de ser indiferente para com outrem, mesmo se ele está em dificuldade".

Outrem invisível

Comecei o item anterior, dedicado a regras e controles, falando do uso abusivo do telefone celular. Volto a ele para introduzir *a falta de saliência de outrem aos olhos alheios*.

Não é raro, em aeroportos, assistirmos à seguinte cena: alguém – em geral um homem – sendo atendido no *check-in*, despachando suas malas e recebendo seu cartão de embarque, e, ao mesmo tempo, falando ao celular. Estivesse ele acionando um terminal eletrônico, seria compreensível que resolvesse ficar em comunicação com seja lá quem for. Entretanto, no caso, não se trata de terminal eletrônico, mas sim de uma *pessoa* que o atende, que o olha, que com ele fala, em geral com gentileza. Todavia, ao falar ao celular, ao atender uma "pequena urgência", ele age como se a pessoa que o atende fosse *invisível*. Ele age como se ela *não merecesse consideração*. Ele a relega a um *segundo plano*. Ele age com se ela fosse uma *máquina*. Enfim, ele age como se ela *não existisse enquanto pessoa*, mas apenas "etapa" para obter o que ele precisa.

Trata-se de falta de respeito para com outrem? Quem há de duvidar? Aliás, o agir como se alguém fosse invisível é uma espécie de "grau zero" do desrespeito. Já falamos disso. Quer humilhar alguém? Nem é preciso chegar a lhe dirigir insultos, a molestar fisicamente ou a discorrer sobre sua falta de valor. Basta agir como se esse alguém não estivesse presente: não o cumprimente, esbarre nele e não peça desculpas, vá embora sem se despedir. Ao agir dessa forma, o desrespeito fica flagrante. Mas, nesse caso, tal desrespeito é "ministrado" de caso pensado: sabe-se muito bem que o outro está *bem* presente, mas quer-se que ele se sinta invisível. Trata-se de uma forma intencional de agressão.

Porém, no caso que relatei acima, não se trata de agressão intencional. Trata-se de mero descaso. O falante ao celular não pretende desrespeitar a atendente. Contudo, acaba por fazê-lo porque, para ele, ele ou ela é invisível, ele ou ela carece de saliência a seus olhos. Ora, penso que tal situação não é, atualmente, rara.

Há, é claro, um problema de classe social. No caso de nosso "celulento", é bem provável que o *status* social de *passageiro* o faça se sentir superior à "pobre criatura" que está ali apenas para servi-lo. Ele age como muitos clientes de restaurantes a quem não passa pela cabeça suspender momentaneamente a conversa com os colegas quando o garçom os serve, a quem não ocorre dizer-lhe "obrigado" quando ele parou de servir, a quem não ocorre sequer olhá-lo quando lhe entrega o cartão de crédito. O cliente costuma se sentir como pertencendo à classe superior e, logo, como não tendo o dever de estampar mínimos sinais de consideração e respeito pelos pobres seres que não tiveram a boa ideia de nascer na mesma classe social que ele. Em uma pesquisa que, colegas e eu, realizamos junto aos chamados "meninos em situação de rua" (La Taille, 2001), verificamos o quanto eles se queixavam por se sentirem "invisíveis" aos olhos dos "bacanas", fato que lhes causava vergonha e humilhação. E, para que alunos do Instituto de Psicologia da Universidade de São Paulo, quase todos eles pertencentes à classe média e média-alta, sentissem na pele tal fenômeno, um professor colega meu, José Moura, pediu-lhes que passassem um dia inteiro de suas vidas realizando trabalhos desvalorizados pela sociedade (varredor de rua, limpador de banheiro, etc.) e, em seguida, relatassem suas impressões. Dessas impressões, a que mais os marcou foi verificar que, quando dedicados a essas tarefas, *ninguém olha para eles*. As demais pessoas passam por eles como se fossem invisíveis. Depois de tomar conhecimento desse rico e inédito trabalho de campo, compreendi porque, onde trabalho, muitos funcionários de limpeza não cumprimentam os professores que por lá passam. Falta de educação? Não. Trata-se de um mecanismo de defesa: de tão acostumados a não serem vistos, a não serem cumprimentados, eles mesmo assumem essa condição de invisibilidade para não se frustrar ainda mais. Mas sofrem. Como bem dizem Luiz Fernando Soares, MV Bill e Celso Athayde, no livro *Cabeça de Porco*, muitos meninos pobres vão para o mundo do crime e apontam armas para os transeuntes porque cada um deles, "ao fazê-lo, saltará da sombra em que desaparecera e se tornará visível. A arma é o passaporte para a visibilidade" (2005, p. 215). Voltarei ao tema da violência logo a seguir. Mas, por ora, sublinho que não devemos esquecer que o jogo das visibilidades e invisibilidades é frequentemente marcado pela diferença e oposição entre classes sociais.

Porém, penso que a invisibilidade dos demais aos olhos de cada um não se resume, hoje, a *status* diferenciados. O fenômeno é mais geral; para verificá-lo, lembremos de mais alguns exemplos do emprego "espaçoso" do telefone celular.

Em congressos, simpósios e outros eventos acadêmicos, tornou-se praxe, no início de cada atividade, pedir gentilmente aos participantes que desliguem seus telefones portáteis. Sendo que não há sombra de dúvida de que os toques, muitas vezes bem altos, dos aparelhos atrapalham sobremaneira as palestras, não se vê muito bem porque há necessidade de tal lembrete. Será ele dirigido apenas aos distraídos que se esquecem de desligar seu celular? Mas haverá tantos distraídos assim que seja necessário, a cada vez, lembrá-los de sua obrigação? Ora, basta ter mínima experiência desse tipo de evento para observar que o lembrete não se dirige apenas aos distraídos, mas também, e sobretudo, àqueles que acham perfeitamente normal que *suas* chamadas particulares tenham prioridade em relação à atenção alheia. Tanto é verdade que, apesar do aviso, inevitavelmente se ouve celulares tocando. Pior ainda: ouve-se pessoas atendendo as chamadas sem sair da sala e, às vezes, sem mesmo falar mais baixo do que de costume. Mesmo fenômeno é observado corriqueiramente em salas de espetáculos e até, como vimos, nas salas de aula. Também se observa em meios de transporte e restaurantes, quando, sem o menor pudor e o menor constrangimento, pessoas falam bem alto em seus celulares sem se preocupar com o desconforto que tal perorar causa em seu entorno. Finalmente, como já comentei no Capítulo 1, não é raro estarmos conversando com alguém que, sem hesitação alguma, prioriza atender seu celular e nos deixa em "*stand by*". Nesses exemplos, nos quais fica claro a falta de saliência dos demais aos olhos daqueles que egoisticamente priorizam seu pequeno "universo particular" (para tomar emprestado o título de um *show* da cantora Marisa Monte), não se trata de desprezo oriundo de diferenças de classe: o "outro invisível" é qualquer outra pessoa. Age-se como se ele simplesmente não existisse.

Para algumas pessoas, tal invisibilidade alheia é decorrência de um egoísmo por assim dizer assumido. Deve ser o caso daquelas que, apesar das reclamações, prosseguem impávidas suas conversas inoportunas ao celular. Mas há outras para quem a falta de saliência de outrem é inconsciente: não lhes ocorre espontaneamente que possam estar desrespeitando o próximo.

Permito-me dar um exemplo desse tipo de inconsciência que minha prática docente pessoal me fez observar. Acontece, às vezes, de um aluno dormir durante a aula. Tal sono pode ser causado pelo cansaço, por alguma debilitação física, ou pela falta de interesse pela aula em particular ou pelo estudo em geral. Do ponto de vista do professor, o mínimo que se pode dizer é que perceber um aluno dormindo nada tem de agradável. Mas por que será desagradável? Para procurar saber como os próprios alunos interpretam tal situação, já tive várias vezes a iniciativa de perguntar se pensam ser correto, ou não, dormir durante as aulas. A reação dos alunos a essa minha indagação costuma se dar, *grosso modo*, da seguinte forma. Em um primeiro momento, ficam surpresos com a pergunta e permanecem em silêncio. Parecem estar procurando, em suas memórias, a existência de uma regra para tal situação. Mas, como não há no regimento universitário um mandamento do tipo "não dormirás durante a fala docente" (há regra sobre a presença física obrigatória, não sobre a "presença mental"), os alunos começam a ficar em dúvida. Alguns perguntam: "qual o problema?". Outros respondem que, se houver problema, ele é do próprio dorminhoco, que se prejudica ao perder o conteúdo ministrado. Às vezes a conversa não evolui para além desse pragmatismo. Mas, felizmente, não é raro alguns alunos levantarem uma outra dimensão do problema: a qualidade da relação professor/aluno, dimensão à qual eu queria, é claro, chegar. Alguns alunos pronunciam de chofre a palavra-chave: é *desrespeito* para com o professor. Felizmente também, quando tal palavra é pronunciada, o resto da turma reconhece a pertinência dessa dimensão moral do problema. Uns dizem: "Não havia pensado nisso!". Ou seja, eles não haviam pensado que agir como se outrem não existisse fere a pessoa relegada à invisibilidade. Acontece de alguns alunos permanecerem defendendo esse "direito ao sono discente", mas são raros. A grande maioria entende os possíveis sentimentos negativos do professor, compreendem a dimensão moral da situação e concordam com o diagnóstico de desrespeito. Alguns lembram que o dormir não é decorrência de uma intenção de desrespeito. Em um primeiro momento, tal falta de intencionalidade os leva a não condenar o adormecido. Mas logo tomam consciência de que, intencionalmente ou não, o desrespeito acontece e, logo, há um problema moral incontornável.

Não havia pensado nisso! É essa a expressão que quero sublinhar: a invisibilidade alheia não é necessariamente resultado de um militante individualismo egoísta, mas também pode ser consequência da *falta de saliência* da presença de outrem, falta de percepção de suas necessidades. Nem sempre se trata de atitude malévola para com outrem, mas sim de atitude inconscientemente autocentrada. Todavia, por mais inconsciente que seja tal autocentração, suas consequências são deletérias para o convívio humano. As pessoas que, em suas casas, dão festas que varam a noite e impedem o sono dos vizinhos talvez deem a mesma resposta, como o farão pessoas que estacionam seus carros em qualquer lugar.

O leitor talvez julgue que os exemplos que acabo de dar não passam de "detalhes" sem maiores consequências. Talvez, mas posso dar outros de consequências mais graves. Dois serão suficientes.

O primeiro é o do trânsito. Sabe-se o número elevado de mortes que ocorrem nas ruas e nas estradas. No Brasil morrem 100 pessoas por dia em decorrência desse tipo de acidente. Em São Paulo, as mais frequentes vítimas são os jovens de 20 a 29 anos, e os mais frequentes infratores são adultos de 40 a 49 anos. No conjunto da população, o atropelamento é a maior causa de mortes, mas – na faixa de 15 a 24 anos – os acidentes de motocicleta lideram o tenebroso *ranking*.[21] As estatísticas costumam se focar sobre as mortes, mas é preciso lembrar que a tragédia é acrescida de um regimento de pessoas que ficam definitivamente paralisadas em decorrência do acidente que sofreram.

Lembrados os tristes números, cabe se perguntar qual a causa dessa verdadeira hecatombe. Várias podem ser levantadas. Algumas incidem sobre a estrutura viária: mau estado das ruas e estradas, má sinalização, demasiado número de veículos, etc. Outras podem incidir sobre a má preparação dos motoristas, que não teriam a habilidade necessária para guiar seus carros, motos, ônibus e caminhões, pois mal formados por autoescolas incompetentes ou até corruptas (venda de carteiras de habilitação). Fala-se também na correlação entre acidentes graves e alcoolismo. Tudo isso é válido, mas minha prática diária de guiar carro em uma estrada pouco confortável me leva a acrescentar outra razão: a autocentração de muitos motoristas, sobretudo homens (aos quais, lembremos, as companhias de seguro cobram mais caro do que às mulheres).

Comecemos pelos chamados "motoqueiros", que são, na cidade de São Paulo, legiões. Em uma charge de Luis Fernando Verissimo, publicada em 30 de setembro de 2007, vê-se um homem que, ao comentar seu dia, diz que, além de pegar um trânsito horrível e de escapar de um assalto, *quase atropelou um motoqueiro*. Sua mulher lhe responde: "Então foi um dia normal". Nada tenho contra os "motoqueiros", em geral, pessoas pobres e exploradas por patrões inescrupulosos que pagam uma mixaria por corrida, o que faz que os "*motoboys*" tenham que "correr" para aumentar seus ganhos. Todavia, é forçoso reconhecer que muitos dirigem muito mal. Porém, deles não se pode dizer que careçam das habilidades motoras necessárias. Pelo contrário até, pois se mostram capazes de "manobras" dignas de campeões de motociclismo: em uma espécie de balé, ziguezagueiam entre os carros e deles passam a milímetros. No entanto, tal dança se torna com frequência mortal porque os "bailarinos" não levam em conta as limitações perceptivas e motoras dos motoristas entre os quais passam. O trânsito está lento: os motociclistas passam a toda velocidade sem levar em conta que os reflexos de quem está quase parado se adaptam à velocidade ambiente. Eles mudam repentinamente de faixa sem levar em conta que os motoristas não estão constantemente de olho no retrovisor. Eles passam rapidamente entre os carros, buzinando ininterruptamente, sem levar em conta que tal poluição sonora mais confunde os motoristas do que os ajuda a se situar. São tais "motoqueiros" egoístas? Alguns certamente: basta ver os insultos que dirigem àqueles que, por ventura, resolveram mudar de faixa e atrapalharam o "sagrado" caminho das motos. Mas, de qualquer forma, que egoísmo estranho é esse, cujas consequências costumam ser trágicas para o próprio interessado? Trata-se antes da radical negação da existência de outrem. Muitos motociclistas acreditam que circulam entre carros, quando, na verdade estão circulando *entre pessoas*.

E, infelizmente para eles, o mesmo ocorre com muitos motoristas de carro, que conduzem seus veículos sem levar em conta que, como bem lembra o manual de Direção Defensiva, "o trânsito é feito pelas pessoas".[22] Assim como ocorre com os acidentes de moto, aqueles que envolvem carros não são apenas, e nem essencialmente, devido a limitações motoras dos condutores. Eles, antes de tudo, se devem ao fato de eles guiarem sem prestar atenção ao que fazem os demais. Em pesquisa recente, baseada na observação de 628 veículos, verificou-se que "a quantidade de infrações de trânsito cometidas pelos motoristas paulistanos é tão grande que em 8 minutos, em média, um condutor deveria atingir o limite de 20 pontos estabelecido pelo Código Brasileiro para a suspensão de habilitação".[23] A pesquisa ainda revela que 81,6% dos motoristas observados cometeram pelo menos uma infração em menos de cinco minutos. Vejamos agora quais são as duas formas de infração mais frequentes. A mais frequente é a mudança de faixa à esquerda e à direita *sem o uso da seta*. Ora, para que serve tal seta? Justamente para avisar *outrem* do que se vai fazer e, como sublinha a reportagem, evitar, por exemplo, colisões laterais com motociclistas. Mas, para tanto, é preciso lembrar que outrem existe... A segunda infração mais frequente é do mesmo naipe: conversões à direita e à esquerda sem dar sinal. Se acrescentarmos a esses erros outros, observáveis no cotidiano, veremos que muitos motoristas guiam como se fossem "mônadas" isoladas, como se a própria habilidade motora fosse o bastante para garantir chegar a bom porto. Quando um motorista "cola" na traseira de outro carro, ele está inconscientemente pressupondo que o motorista da frente seguirá necessariamente incólume sua trajetória, como se fosse em um *videogame*. Quando ele ziguezagueia de uma fila para outra, ele inconscientemente cria a hipótese de que é totalmente visível e previsível: ele crê que, uma vez que vê o outro, então esse outro o verá, traço típico do que Piaget chamou egocentrismo. Mesmo traço se verifica quando, em plena chuva torrencial, não lembra de acender os faróis. E, quando nas estradas ultrapassa os demais tanto pela esquerda quanto pela direita (fenômeno cada vez mais frequente), desprezando as inevitáveis e compreensíveis limitações perceptivas de seus efêmeros companheiros de trânsito. É por essa razão que há, nas ruas e nas estradas, muitos "assassinos em potencial". Não se trata de pessoas violentas e movidas por razões escusas, mas sim de indivíduos autocentrados, para quem os outros motoristas simplesmente não existem. Não são pessoas violentas, mas, ainda assim, são tão perigosas como se o fossem.

Afirma o já citado manual de Direção Defensiva que quatro princípios devem reger o relacionamento e a convivência social no trânsito: a dignidade da pessoa, a igualdade de direitos, a participação e a co-responsabilidade. Observa-se que, com toda razão, o documento sublinha a dimensão moral do ato de guiar. Trata-se de valores dos quais são derivados deveres. Tais valores e deveres certamente não inspiram um grande número de condutores. Mas por quê? Como vimos no item anterior, uma razão possível é o fato de que apenas lhes foram apresentadas as regras, e não os próprios princípios. Outra razão, também plausível, é que são acometidos dessa "cegueira" social que despoja outrem de saliência aos olhos dos demais. E, na ausência dessa saliência, o dever se torna crepuscular.

O segundo e último exemplo desse tipo de "cegueira" que provoca consequências morais graves é o consumo de droga. Como bem notou Lipovetsky a respeito do *dopping*, as revistas e os jornais costumam insistir nos problemas de saúde que tal prática causa e calam sobre o aspecto desonesto de seu emprego. Ora, mesma coisa acontece com o consumo de drogas. Muito se fala na ruína física que tal consumo acarreta, muito se fala também nos rios de dinheiro que os traficantes movimentam e dos crimes que cometem, das "queimas de arquivo" e chacinas nas quais nem crianças são poupadas. No entanto, pouco se fala de um aspecto *óbvio* do ato de consumir tais substâncias: ao comprar droga, por menor que seja a dose adquirida, alimenta-se financeiramente o tráfico e, por conseguinte, se financiam seus assassinatos, suas chacinas. Insisto: trata-se de relação *óbvia* de causa e efeito e não são necessárias grandes demonstrações teóricas. Porém, visto o alto consumo de drogas – que, para certa classe média, se reveste de *glamour* –, é forçoso admitir que tal "obviedade" está, em geral, ausente. De quem permanece se abastecendo de maconha e de cocaína, mesmo tendo consciência do elo entre a compra dessas e outras drogas e o florescer do mundo criminoso, somente se pode dizer que carece de senso moral. Mas é bem provável (é pelo menos o que minhas conversas, notadamente com jovens, têm me mostrado) que muitos consumidores, embora ciosos de que as drogas lhe fazem mal, nunca se deram conta do mal que seu consumo causa nas pobres pessoas que, por azar, cruzam o caminho dos traficantes. *Não havia pensado nisso!* Costumam eles também dizer.[24]

Em resumo, do mero uso espaçoso do telefone celular até a participação descuidada na proliferação do mundo do crime, a invisibilidade de outrem aos olhos alheios me parece fenômeno atual e causa de atritos sociais de menor ou maior proporção. Cada um fica centrado em seu pequeno "universo particular", despreocupado ou inconsciente da presença de outrem e de seus anseios. Como a moral pressupõe, entre outras coisas, a visibilidade de outrem, temos mais uma dimensão do crepúsculo do dever.

Mas poderíamos também falar em uma "aurora abortada do dever". Com efeito, como exposto em outro lugar (ver ME), a capacidade de experimentar o sentimento da *simpatia* é característica de todas as crianças, salvo raras exceções, em geral, patológicas. É graças a essa disposição afetiva que os outros seres humanos – e também, às vezes, os animais – ganham saliência aos olhos da criança pequena. Ela cumpre papel importante no que chamei de "despertar do senso moral", fase do desenvolvimento em que se instalam as bases afetivas desse querer particular que é o dever (ver também La Taille, 2006b). Portanto, pode-se pensar que uma sociedade que vive o "crepúsculo do dever" causa, nas crianças, uma atrofia da simpatia, que, assim abortada, não desabrocha e priva o sentimento do dever de uma de suas mais importantes bases. Se tal for o caso, devemos repensar a formação moral das novas gerações, tema do próximo capítulo.

Antes, faz-se necessário falar um pouco da mais trágica marca do crepúsculo do dever – talvez fosse, no caso, melhor falar de sua morte – que não decorre da ausência de sensibilidade às necessidades alheias, mas sim da clara vontade de contradizê-las: a violência.

VIOLÊNCIA

"Meu Deus. Vem vindo outra pessoa.", eis, como vimos por intermédio das palavras de Mário Sérgio Cortella, a reação, hoje em dia costumeira, de uma pessoa que, caminhando sozinha, ouve passos que não os seus. É uma reação que traduz *medo*. Mas medo de quê? Ora, medo de ser roubado, medo de ser socado, medo de ser esfaqueado, medo de ser baleado, medo de ser sequestrado, medo de ser estuprado, medo de ser agredido gratuitamente, pelo prazer de quem agride. Em suma, trata-se do medo de ser vítima de alguma forma de *violência*.

Obviamente a violência não é fenômeno novo. Pode-se dizer que ela acompanha cada passo da história da humanidade, e as crianças que, na escola, começam a aprender essa história imediatamente conhecem a palavra "guerra", que empregarão sem cessar. Não lembro mais quem disse que as fronteiras entre os países são *as cicatrizes da história*. Bela expressão, que traduz uma verdade inelutável: a história dos homens tem caminhado de batalha em batalha, de revolução em revolução, de massacre em massacre, de banho de sangue em banho de sangue. E, quando se pensa que, finalmente, as guerras acabaram, "Deus, do fundo de seu saco de malícias, vai provavelmente retirar mais uma", como o dizia, irônico, Georges Brassens em sua canção La Guerre de *14-18*. E, de fato, retira. De repente nos cai do céu, é o caso de dizê-lo, atentados como o de 11 de setembro de 2001, segue-se a invasão do Afeganistão, depois a do Iraque, e sabe-se lá qual será a sequência macabra desses recentes acontecimentos.

Acabei de falar em guerras, massacres e revoluções, mas a história da violência não se resume a elas, embora as centenas de cabeças cortadas da Revolução Francesa, os milhares de cadáveres da Noite de São Bartolomeu e os milhões de mortos da Segunda Guerra Mundial representem, entre outros exemplos históricos, o "supra-sumo" da desmedida cruel dos homens. Mas, infelizmente, sempre houve outras formas, por assim dizer, cotidianas: sempre houve gente que assaltasse viajantes, que roubasse casas, que sequestrasse, que organizasse pogrom, que violentasse mulheres, que abusasse de crianças, que assassinasse, etc., isso sem falar da violência oficial perpetrada pelos Estados, como seus suplícios e suas penas capitais.

Violência, fenômeno corriqueiro, portanto. Mas, então, por que tanto se fala nela na época atual? Por que será que as pessoas sentem tanto medo umas das outras, hoje em dia? Terá a violência aumentado? Estaremos nós em pleno surto de agressividade?

Parece ser, de fato, o caso. É pelo menos o que se deduz dos comportamentos da maioria das pessoas na atualidade. Veem-se casas e prédios rodeados de altas grades, às vezes elétricas. Em cada condomínio, em cada prédio, há porteiros literalmente escondidos atrás de vidros escuros que observam suspeitosamente os visitantes, que acionam pesadas portas que abrem e fecham vagarosamente, que dispõem de várias telas nas quais visualizam as imagens captadas por câmeras espalhadas. Em cada porta de casa e mesmo de cada apartamento, veem-se complicadas fechaduras de matar de inveja qualquer carcereiro. Colocam-se sofisticados dispositivos antifurto nos carros cujos vidros são revestidos de películas escuras. Há quem compre carro blindado e também há quem coloque vidros blindados em suas casas, de medo de balas perdidas (ou não perdidas!). As companhias de seguro fazem fortuna com suas apólices, seus sensores de presença, seus sensores de abertura, suas sirenes eletrônicas, seus dispositivos de disparo local, suas centrais de alarme. Também vivem dias de vacas gordas as empresas de segurança privada. E ganham um bom dinheiro os canis que se especializam em raças de índole violenta, pois de melhor amigo do homem os cães passaram a ser um precioso aliado bélico. As pessoas não caminham mais à noite ou, quando são obrigados a fazê-lo, andam em bandos. Até mesmo os carteiros começam a andar com escolta policial.

Sinceramente, diante de tal quadro, que não existia há 20 ou 30 anos, não se pode dizer que as pessoas estejam tranquilas, que elas não temam ser, de alguma forma, violentadas. Sintomaticamente, quando se vai a uma cidade do interior, não é raro perguntar a seus habitantes: "É tranquilo morar aqui?". Ou seja, indaga-se se aquela cidade já foi, ou não, atingida pela onda de violência que, acredita-se, tem varrido o mundo contemporâneo.

Será esse sentimento atual de insegurança exagero? Será forma de paranóia? Ou corresponderá ele à pura e crua realidade?

Vejamos o que nos diz Sébastian Roché, sociólogo francês que se debruçou sobre a insegurança: "Uma nova vulnerabilidade se instala (...) A particularidade de nossa época é de combinar uma elevação da taxa de homicídios que havia regularmente decrescido, e uma alta, provavelmente sem precedente, de todo tipo de roubo, notadamente os 'roubos violentos'" (Roché, 1998, p. 31). No Brasil, diz o também especialista no tema, Sérgio Adorno (2002, p. 98): "Não obstante os avanços democráticos e as profundas modificações pelas quais a sociedade brasileira tem passado nos últimos 15 anos, o regime democrático coincide com a ocorrência de uma verdadeira explosão da violência no seio da sociedade". Citemos novamente Michel Wieviorka, que dedicou todo um livro a vários aspectos da violência: "Nós vivemos, até os anos de 1970 e 1980, em um mundo no qual a violência não era a figura central do mal que, depois, ela se tornou (...) Hoje, somos dominados por grandes inquietudes, bem mais do que pela esperança de amanhãs que cantam ou por utopias, a violência tomou o lugar do conflito, as identidades culturais suscitam tensões e medos, Deus está de volta em todo planeta, e não apenas com o Islã, o terrorismo, a guerra levam a melhor sobre as negociações e aumenta cada vez mais o déficit político na escala mundial, transformando a ideologia do 'choque das civilizações' em profecia autorrealizadora" (Wieviorka, 2005, p. 314).

Se acrescentarmos a esses diagnósticos, feitos por estudiosos que se debruçaram sobre as estatísticas de variados crimes e conflitos internacionais, os dados de que, nós mesmos, dispomos graças à mídia impressa e televisiva, chegaremos à conclusão de que não há exagero em temer a violência, não há paranóia, pelo menos no Brasil, em pensar "Meu Deus. Vem vindo outra pessoa". Podemos ler, por exemplo, que, segundo a ONU, "o Brasil tem mais mortos que o Iraque",[25] e que, para a Unesco, entre 67 países, ele "é o quinto em *ranking* de homicídios de jovens".[26] O Ministério da Saúde observou que, em 2004, houve mais mortes por homicídio que por acidentes de carro.[27] Segundo a Anistia Internacional, de 2000 a 2002, morreram, no Brasil, 225 meninos e meninas de 5 a 14 anos, número comparável ao dos jovens palestinos e israelenses que morreram durante a

Intifada (322 mortes).[28] Como diz Sérgio Adorno (2002), os jovens estão entre as principais vítimas da violência. Com efeito, quem não se lembra, por exemplo, de casos como o do casal de jovens sequestrados e assassinados por estupradores no município de Embu Guaçu (SP) ou como o do menino arrastado por um carro guiado por bandidos no Rio de Janeiro? E quem não percebeu as frequentes referências à pedofilia? Mas jovens também perpetram a violência, notadamente quando aliciados pelo crime organizado (segundo a BBCBrasil,[29] há 5 mil menores no crime organizado do Rio de Janeiro). Lembremo-nos da queima de carros ocorrida na França no final de 2005: foi essencialmente obra de jovens. No Brasil, lembremos também que foram jovens (de classe média) que mataram o índio pataxó Galdino, em Brasília, que, mais recentemente, em Miravânia, humilharam e espancaram outro índio, de etnia Xacriabá e que fizeram o mesmo com uma mulher que acreditavam ser prostituta. Disseram todos eles que era apenas "brincadeira". Onde foram parar as brincadeiras juvenis! Chegamos ao cúmulo de temer até crianças, pois podem estar armadas.

E chegamos também a temer a polícia, de reputação de truculência, que nos deixa "exemplos" como os 111 mortos do presídio Carandiru (1992), a chacina da Candelária (1993) e a de Eldorado dos Carajás (1996), isso sem falar das conhecidas cruéis condições de detenção a que são submetidas as pessoas encarceradas. Nelas, às vezes, criminosos e policiais se juntam para martirizar pessoas mais fracas do que eles: as mulheres. No final do ano de 2007, aprendemos que, em certas prisões, meninas e mulheres são colocadas, pelo Estado, em celas com muitos homens, que as estupram contínua e impunemente, fazendo-nos duvidar da ojeriza que supostamente a violência sexual causaria na população carcerária.

O fenômeno da violência chega até o lugar que deveria primar pela paz e pela proteção: a escola. Segundo estudo da Unesco, 83,4% dos alunos de escolas públicas brasileiras veem violência onde estudam. Entre os estudantes, 12,1% chegaram a ver armas de fogo nas salas de aula.[30] O fenômeno da violência nas escolas não é apenas brasileiro. Na França, jornais comentam que são cada vez mais frequentes as famílias que chegam a mudar de bairro para que seus filhos não sejam agredidos nas escolas em que estudam e, recentemente, deu entrevista na televisão gaulesa uma professora esfaqueada por um aluno que reclamava da nota baixa que ela havia lhe dado. No final de 2007, no Brasil, uma mãe entrou armada ameaçando professores que haviam reprovado sua filha. E uma palavra tem invadido as preocupações educacionais: o *bullying*.

Em suma, nos sentimos desamparados. Como diz Yves Michaud em seu livro *Changements dans la violence*: "A característica comum é que todas as incivilidades colocam em xeque o direito do indivíduo a viver tranquilamente e em segurança e a possibilidade que ele tem de confiar em outrem nas relações sociais. A consequência é um sentimento de insegurança que destrói progressivamente (e cada vez mais rápido à medida que os ataques se sucedem) o elo social, não no sentido abstrato dos teóricos da política, mas no sentido muito concreto da relação com os outros" (Michaud, 2002, p. 78). "O espaço público deixa de ser público" (p. 79), acrescenta ele, e "a progressão da violência e da insegurança reforça ainda mais o fechamento sobre si mesmo do indivíduo" (p. 83).

Para além da violência concretamente vivida, chama a atenção outro aspecto: sua *estetização*. Nota ainda Michaud (2002, p. 88) que a mídia "torna estética a violência, no sentido etimológico do termo 'estética', que não remete apenas ao belo e à arte, mas também, e antes, à percepção sensível e à apreensão afetiva". Dito de outra forma, a violência não é problematizada, é apenas apresentada, sobretudo na televisão, na qual "os comentários acrescentados às imagens (de violência) servem para 'domesticá-las', não para explicá-las" (Michaud, 2002, p. 91). Pode-se reparar o mesmo fenômeno em vários livros que falam do mundo do crime e da polícia, como *Cidade de Deus*, de Paulo Lins, *Estação Carandiru*, de Dráuzio Varella, *O Absusado*, de Caco Barcellos, e *Elite da Tropa*, de Luiz Eduardo Soares, André Batista e Rodrigo Pimentel: eles primam pela apresentação nua e crua da violência, às vezes com requintes de crueldade. Não há distanciamento em relação a ela. Não há, ou há muito pouco, a presença de dimensões psicológicas que nos permitiriam entender as personagens. Mais do que os protagonistas, *a "heroína" desses textos é a própria violência*. E esse aspecto fica ainda mais claro nos filmes que, a partir deles, se fizeram e aos quais se aplica a reflexão de Yves Michaud (2002, p. 45): "Até um passado recente, a violência no cinema era enquadrada em gêneros. Havia filmes de guerra, *westerns*, filmes negros. A violência era codificada e inscrita em uma narrativa, com protagonistas identificáveis, desempenhando cada um seu papel. Em contraste, no cinema do 'estado natural da violência', a violência se torna único objeto do enredo". Mesmo fenômeno se observa em muitos *videogames* nos quais os jogadores são levados a destruir o outro virtual, apenas porque é um outro, sem balizas que deem algum sentido à agressão. A violência é a grande "estrela", não o contexto. Ser violento é o que importa, não o porquê.

Mas poderia haver um porquê legítimo em ser violento? Chegamos aqui à dimensão moral.

Antes de tudo, verifiquemos que em toda violência há *coerção*, ou seja, há o *uso da força* para constranger, física ou psicologicamente, uma pessoa ou um grupo de pessoas. A violência, portanto, implica a dimensão do *poder* (entendido como correlação de forças) e a privação, momentânea ou perene, do exercício da liberdade por parte da pessoa violentada.

Isso posto, a pergunta deve recair sobre a *legitimidade moral* do exercício desse poder. Ora, ao contrário do que prega certo "angelismo pacifista", há situações nas quais o referido exercício é válido. Por exemplo, quando pais obrigam seu filho renitente a ir para a escola, trata-se de violência, pois há exercício de poder e privação de liberdade (o filho não tem escolha). Porém, como a violência é, no caso, exercida em claro benefício do próprio coagido, ela é moralmente legítima. E a mesma legitimidade está presente quando, com o emprego da força, a polícia prende um *serial killer* que ameaça a população. Todavia, imaginemos agora que os pais *espanquem* seu filho se ele não for à escola e que a polícia *humilhe* o *serial killer* que prendem: nesses casos, por mais que possa haver algum benefício para alguém, o ato violento carece totalmente de legitimidade.

Aceita a validade dos exemplos que acabo de dar, cabe se perguntar quais os critérios morais que devem ser empregados para legitimar e deslegitimar as diversas formas violência citadas. Elejo dois princípios: a liberdade e a dignidade.

Todos os homens têm "direito à liberdade", lê-se na Declaração Universal dos Direitos Humanos. Evidentemente, tal princípio não é absoluto, no sentido de que há exceções. Por exemplo, não temos a liberdade de abusar sexualmente de outrem, tampouco de humilhá-lo ou de escravizá-lo. Porém, com a exceção dos casos em que o uso da liberdade fere direitos alheios, tal liberdade é, ela mesma, um direito e, logo, a violência sendo, como vimos, uma forma de privar a vítima de dispor dela mesma, é moralmente condenável. Mas como fica, então, o caso da criança obrigada pelos pais a ir à escola, ou a comer determinados alimentos, a tomar banho, etc.? Evidentemente, esse caso em nada se relaciona com impedi-la de ferir direitos alheios. O que está em jogo é a avaliação de que ela ainda não usufruiu de discernimento intelectual suficiente para saber o que é, ou não é, bom para ela. Se tal avaliação for correta, o uso da coerção se justifica. Porém, não se pode, no exercício dessa coação, por exemplo, espancá-la. Por quê?

Para responder a essa pergunta, devemos convocar o princípio da *dignidade* definida como valor absoluto que possui cada ser humano, justamente por *ser* humano. Logo, seu desrespeito é sempre condenável. Obrigar uma criança a ir à escola fere sua dignidade? Não, pelo contrário até. Mas espancá-la, sim. E, se é moralmente legítimo prender um assassino, não o é torturá-lo, fazê-lo viver em celas inabitáveis, dar-lhe comida estragada, etc. A dignidade diz que ninguém pode ser, *sob pretexto algum*, humilhado, pois trata-se, repito, de um *direito absoluto* que, portanto, não admite exceções.

Isso posto, é fácil observar que *muito raramente a violência deveria gozar de legitimidade moral*. Sua legitimidade possível sempre se encontra em casos limites.[31] É por essa razão que é lícito dizer que a moral costuma quase sempre condenar a violência, e é também por essa razão que tal conceito costuma ser associado a atos imorais.

Evidentemente, *é essa violência imoral que todos nós tememos e é dela que observamos exemplos cotidianos que nos fazem,* como bem o diz Michaud, *nos fechar sobre nós mesmos.* Com efeito, todos os exemplos anteriores, sem exceção, são atos ilegítimos de violência: roubos, espancamentos, estupros, corrupção, truculência policial, crime organizado, *bullying,* etc. E a crítica feita à "estetização" da violência na mídia, na literatura, no cinema e nos *videogames* também decorre de uma avaliação moral: o emprego da violência, hoje em dia, careceria de balizas morais mínimas, de referência ao bem e ao mal, à liberdade e à dignidade. Sem tais balizas, ela se torna "naturalizada" e, logo, banalizada.

Ora, se a violência, além de banalizada e naturalizada, é onipresente, devemos chegar à conclusão de que não estamos apenas assistindo a um "crepúsculo do dever", mas também, em muitos casos, a sua morte.

Serão tal crepúsculo e tal morte relacionados a uma "cultura da vaidade", e também a uma "cultura do tédio"? Vamos fechar o presente capítulo procurando responder a essa pergunta.

CULTURA DA VAIDADE

Permaneçamos ainda um pouco com o tema da violência. Quais serão suas causas? A questão é delicada e complexa.

É delicada porque, em função das respostas dadas, políticas públicas podem ser tomadas, cujo valor deve ser minuciosamente avaliado. Tomemos um exemplo que tem levantado polêmica nos últimos anos: a "castração química" de pedófilos. Trata-se de injetar hormônio feminino (progesterona), substância que, no homem, inibe a libido e dificulta as ereções. Parece não haver dúvidas sobre a eficácia desse procedimento para impedir que certas pessoas abusem sexualmente de crianças (e de outras pessoas). Um problema reside em saber *por que* tais pessoas cometem seus crimes. Entre os defensores da "castração química", há, *grosso modo,* dois grupos. Há aqueles que pensam que os criminosos sexuais sabiam muito bem o que faziam, que eles teriam tido, portanto, plenas condições de refrear seus apetites. Trata-se de uma posição a respeito das causas da agressão: ela nada teria de irrefreável, ela não seria fruto de malformação neurológica ou de doença mental. Logo, admitido esse diagnóstico, a "castração química" é vista como *punição* e forma de proteção à sociedade, e a discussão sobre sua adoção se situa exclusivamente na dimensão moral e jurídica da justiça retributiva. Mas tal não é o caso para quem pensa que certos pedófilos sofrem de disposições cerebrais ou psíquicas doentias e que são absolutamente incapazes de resistir a suas mórbidas tentações. Aceita essa outra tese, a referida "castração" não tem mais estatuto de punição, mas sim de *tratamento* (e também, é claro, de proteção a possíveis vítimas). Tal tese não esvazia a discussão moral, mas a desloca. Não se trata mais de saber quais são os limites morais da punição de criminosos, mas quais são aqueles que devem balizar os tratamentos psiquiátricos.[32] Há pessoas que recusam a "castração química" como punição, mas a aceitariam como tratamento. Mas, é claro, elas querem ser antes convencidas de que a pedofilia é, de fato, em certos casos pelo menos, decorrência de problemas mentais.[33] Daí a grande responsabilidade social dos estudiosos do problema, pois, dependendo do que diagnosticarem, certas medidas podem ser tomadas ou descartadas. O exemplo que acabo de dar pode ser aplicado a todas as outras formas de violência. Logo, a questão é delicada.

E ela é ainda mais delicada porque é complexa. Tanto é verdade que não há nem sombra de concordância entre os especialistas sobre as causas da violência. Certamente, a maioria aceita que há várias, e concordam também com o fato de que, para explicá-la, deve-se levar em conta o tipo de violência que se está estudando. Aceita-se, por exemplo, que casos de violência sexual provavelmente tenham causas diferentes das da delinquência em geral, e que as causas que explicam essa última dificilmente se aplicam a maridos que batem em suas mulheres e espancam seu filhos. Porém, mesmo admitindo a diversidade de causas e situações, escolhas básicas são feitas pelos especialistas. Vejamos alguns exemplos, retomando alguns autores já citados no início do presente capítulo.

Para alguns, notadamente de inspiração marxista, a causa primeira da violência deveria ser buscada na análise das condições sociais nas quais os agressores vivem, pois ela seria prioritariamente associada à renda econômica ou ao pertencimento a certas classes sociais (ver Feffermann, 2006). Porém, nem todos concordam, pois, como escreve Sébastian Roché em seu livro *Sociologie politique de l'insécurité* (Sociologia política da insegurança), "desde 1950, são os países mais ricos do mundo, aqueles que possuem as menores desigualdades sociais, aqueles que dispõem de sistemas de proteção social e de saúde mais amplos, aqueles que oferecem a escolarização mais longa, que são atingidos pela delinquência" (1998, p. 1). O mesmo autor acrescenta que "o essencial do aumento dos delitos se produziu em pleno crescimento econômico" (p. 63). Tais dados levam certos pesquisadores a se debruçar sobre outras dimensões do fenômeno. A esse respeito, escreveu Yves Michaux (2002, p. 124): "*Durante décadas, e mesmo ao longo do século XX, tratou-se da violência sem fazer intervir sentimentos nem paixões (...) Sem paixões nem sentimentos, os sujeitos eram às vezes considerados bonecos passivos ou instrumentos inconscientes de uma história que os transcendia (...) Como se nunca houvesse no mundo crueldade, paixão, medo, perversidade, vaidade e benevolência (...) somente contava a lógica da história*". Como se vê, Michaux preconiza uma abordagem psicológica. Mas, mesmo entre os psicólogos, existem divergências importantes. Para alguns, como Freud e Lorenz, a agressividade (uma dimensão psicológica da violência) corresponderia a uma tendência natural dos homens, pois, como dizia Plauto, o homem seria *o lobo do homem*. Para outros, como Milgram (1974), o homem sendo um "animal obediente", seus comportamentos dependeriam essencialmente do contexto, o mesmo indivíduo, em situações diferentes, podendo ser violento ou dócil. Para outros ainda, como Alfred Adler, é a impossibilidade de ter êxito na "expansão de si" que levaria à violência. Escreveu: "A guerra, a pena de morte, o ódio racial e também a neurose, o suicídio, o crime, o alcoolismo, etc., nascem de uma falta de sentimento social e devem ser compreendidos como complexos de inferioridade, como tentativas negativas de resolver uma situação de uma forma inadmissível e inoportuna" (Adler, 1991, p. 44). A hipótese de Bowlby (1952), como vimos, é diferente: deve-se procurar na precariedade das relações afetivas precoces as causas primeiras da agressividade. Porém, segundo Roger Mucchielli, as pesquisas mostram que esse não é o caso, pelo menos quando se trata de delinquentes. Escreve ele com ênfase que "estamos, portanto, liberados da tese do delinquente 'mal amado' e frustrado de amor materno em sua tenra infância" (1986, p. 138). Embora Mucchielli abandone a tese da necessidade de uma boa relação precoce entre a mãe e a criança para diminuir as chances da gênese do comportamento violento, analisa tal relação do ponto de vista da permissividade. "A mãe dos futuros delinquentes são mães fracas que se creem obrigadas a exercer um controle e frustrações, mas que, ao mesmo tempo, se acusam de não amar seus filhos. Assim, logo após a frustração ou a sanção, se apressam em compensá-las por uma hiperindulgência e uma permissividade excessiva" (p. 138). Mesma ideia se encontra na revisão realizada por Pierre Karli a respeito da agressividade, acrescida de outra: a frieza com que a mãe trata seus filhos. "Apareceu muito claramente", escreve ele, "que os dois principais determinantes (da conduta agressiva posterior) eram constituídos por atitudes da mãe em relação a seu filho: de um lado, sua atitude 'negativa', feita de frieza e de indiferença, ou se traduzindo por uma clara hostilidade e rejeição da criança; e por outro lado, sua atitude permissiva que tolera na criança todas suas agressões, que não se esforça em controlá-las e em ensinar à criança se controlar" (1987, p. 222). O mesmo autor ainda levanta outra hipótese: emoções como medo, cólera, dor, frustração, neofobia, costumariam ter um efeito estimulador de condutas agressivas. As pesquisas a que ele se refere foram feitas, sobretudo, com animais, mas as poucas realizadas com seres humanos confirmariam o fato. Note-se que o autor dá um destaque à neofobia, ressaltando que a familiaridade costuma ter um efeito pacificador, mas pondera que, para explicar condutas preconceituosas, racistas, outros fatores devem ser levados em conta. Então, o fator inteligência talvez? Seria a violência decorrência de um QI baixo, ou de um desenvolvimento cognitivo insuficiente? Tudo leva a crer que não, a começar pelas observações cotidianas. Existem, sem dúvida, pessoas brutais com pouquíssima sofisticação intelectual, mas também há aquelas de quem não se pode duvidar da capacidade de elaborar planos complexos. Mucchielli (1986, p. 75) observa que "os delinquentes vivem com uma exigência permanente de vigilância, de atenção a detalhes, de ajustamento das condutas às circunstâncias". Tivessem todos eles algum déficit intelectual, não se explicaria a sofisticação de algumas de suas estratégias. O mesmo pode ser dito das pessoas que frequentam o crime organizado.

Eu poderia alongar a lista de exemplos, pois, como se vê, o tema é complexo, é polêmico e um mínimo de honestidade intelectual deve nos fazer reconhecer que as causas da violência permanecem misteriosas e são um desafio para as Ciências Humanas e Biológicas. Entretanto, paremos por aqui, pois, como bem observa Karli (1987, p. 30, grifos meus), "interrogar-se sobre os motivos que levam um indivíduo, confrontado a uma determinada situação, a empregar certo comportamento, consiste – para o neurobiólogo – em fazer *o inventário do conjunto dos fatores* que contribuem para determinar a probabilidade do emprego de uma estratégia dada e para analisar os mecanismos cerebrais por intermédio dos quais esses fatores agem. Esses fatores são numerosos e diversos, pois remetem a uma *personalidade formada por tudo que viveu*, a uma situação que faz parte de um contexto sociocultural, e à relação individual que se estabeleceu entre eles, relação essa que o comportamento exprime e que eventualmente visa preservar ou modificar".[34]

Seguirei o conselho de Mucchielli que diz, se referindo à delinquência: "é preciso situá-la em seu verdadeiro plano: o plano moral" (1986, p. 117). Creio que tal sentença vale para variadas formas de violência.

Falar em moral implica falar em valores. Ora, cabe a pergunta: não será, hoje em dia, a própria violência um valor? Perguntado de outra forma: *será a violência apenas um meio para se obter determinadas vantagens materiais ou será ela também, pelo menos em certos casos, um valor associado à identidade de certas pessoas, portanto um valor associado à imagem que querem ter de si?*

Há, é claro, e sempre houve o emprego instrumental da violência, como o atestam, por exemplo, as guerras e os latrocínios. Os dias atuais não fogem a essa regra. Há quadrilhas, há crime organizado, há estupros, há assaltos, etc. Mas, no caso de vários furtos, assaltos e latrocínios, não deve passar despercebida a razão frequente desses atos: visa-se à obtenção de dinheiro ou de objetos que permitirão aos ladrões, não se tornarem ricos, mas sim adquirirem algumas "marcas" associadas à riqueza ou pelo menos à boa condição econômica. É o caso, por exemplo, do roubo (às vezes com morte) dos famosos tênis importados, ou da extorsão de dinheiro, não para comer, mas para comprar carros luxuosos (como, segundo consta nos jornais, aconteceu em São Paulo, no segundo semestre de 2007). Voltarei a essa atual dimensão da violência logo a seguir. Antes, verifiquemos que nem sempre ela é empregada de modo instrumental para se obter determinadas posses.

Com efeito, o que pensar da trágica cena, infelizmente real, que acabou no assassinato de um colega meu. Para dar agilidade a seus deslocamentos para dar aulas particulares de francês, Alain (nome fictício) andava de moto. Em pleno dia, na década de 1990, em um bairro de classe média-alta da cidade de São Paulo, foi abordado por dois homens, também em uma motocicleta (um na garupa), que, apontando-lhe seus revólveres, exigiram que lhes entregasse o veículo. Alain hesitou um instante e, em seguida, em uma rápida manobra, conseguiu fugir com sua moto. Os ladrões não poderiam mais alcançá-lo, notadamente porque havia carros circulando no lugar do assalto frustrado. Porém, tendo andado apenas alguns metros, Alain foi baleado pelas costas por um dos ladrões. Estes, por sua vez, fugiram do local. Não resistiu ao ferimento, e faleceu. Até onde sei, os assassinos nunca foram localizados. Conto essa triste história porque ela levanta uma pergunta séria: por que os ladrões atiraram? Havia ameaça para eles? Obviamente não, pois Alain estava apenas fugindo. Atiraram porque era a única maneira que restava para roubar a moto? Certamente não, pois eles não foram recuperá-la, e nem poderiam fazê-lo, tendo em vista o trânsito: se contentaram em fugir. Será que cometeram o assassinato com o objetivo de mostrar às possíveis futuras vítimas de roubos que o melhor é não fugir ou resistir? Será que atiraram com o objetivo, portanto, de semear o medo na população, para facilitar o sucesso material dos assaltos? Talvez. Com efeito, sempre se ouve o conselho, dado pela própria polícia, de nunca resistir a um assalto, pois, ao fazê-lo, é grande o risco de perder a vida. Porém, permito-me duvidar de que tal conselho seja a decorrência de uma "tática" criminosa racionalmente elaborada pelos assaltantes de todo Brasil, como se todos estivessem organizados em uma espécie de "grande máfia". Creio ser ele simples decorrência de uma triste observação: não raro os assaltantes matam, sejam lá quais forem as circunstâncias. Mas, então, por que o fazem? Porque não dão valor algum à vida? Certamente. Todavia, não dar valor à vida (dos outros) não implica ceifá-la inutilmente, notadamente porque, se o autor do crime for preso (o que pouco acontece, é verdade, a não ser que a vítima seja alguma "celebridade"), sua pena será bem maior. Para que se arriscar então? Deve haver outro motivo. Eu não ficaria surpreso se esse motivo fosse a *vergonha*.

Vergonha de quê? Ora, no caso dos assassinos de Alain, a vergonha de voltar para casa sem o butim, e, *sobretudo*, a vergonha de ter de dizer que o assalto foi frustrado, pois a vítima foi mais "esperta" e conseguiu fugir. Vergonha, portanto, de ter perdido uma batalha e de ter sido "perdedor". Todavia, ao matar a vítima, pode-se voltar para a casa de "cabeça erguida", pois a "reputação" está salva. E a vergonha que se experimentaria ao confessar a derrota é substituída pelo *orgulho* de ter "saído por cima", de ter sido "forte", de ter conseguido preservar a "boa imagem". E essa boa imagem é "ser violento". E não ficaria surpreso se o autor do crime cometido contra Alain fosse alguém que dissesse admirativamente de outros autores de outros crimes: "Ele matou delegado, matou polícia, acho que ele já matou um montão de gente, senhora. (...) Por isso ele é considerado. (...) Ah, os outros considera ele, senhora. Falam 'ah, o cara é perigoso, senhora, e tal, tudo (...) É, os cara acha isso dele, né'".

A fala que acabo de transcrever é de um menino interno da recém extinta Fundação do Bem-Estar do Menor do Estado de São Paulo (FEBEM). Ela foi ouvida por Natália Felix de Carvalho Noguchi (2006, p. 97) quando da sua pesquisa com adolescentes infratores do sexo masculino, com idades entre 16 e 18 anos. O objetivo da investigação era desvendar o universo moral desses meninos. Ora, um dos aspectos centrais desse universo é justamente a associação entre ser transgressor, entre pertencer ao "Mundo do Crime", entre empregar a violência e a própria identidade. Tal associação já havia sido observada por outros estudiosos do fenômeno da violência. Kátia Lund, por exemplo, nota que jovens entram no mundo do tráfico de drogas, não pelo dinheiro, mas sim porque "eles escolhem entre viver um pouco como um rei ou muito como um Zé. Como nós, preferem estabelecer um marco, ser alguém". E esse "ser alguém" se associa à violência, pois, como ainda o diz Lund, "no tráfico eles percebem que podem ser bons em alguma coisa".[35] Alba Zaluar traz diagnóstico parecido quando afirma que "esse é um fenômeno que está sendo muito estudado nos EUA e na Europa e diz respeito a homens que têm dificuldade de construir uma imagem positiva de si mesmos. Precisam da admiração e do respeito por meio do medo imposto aos outros. Por isso exibem armas e demonstram crueldade diante do inimigo".[36] Ser violento é, portanto, "ser alguém". O depoimento do pai de um jovem traficante confirma a interpretação de Zaluar. Diz ele: "Meu filho acha bonito aparecer como cara perigoso para as comunidades. O que mais estimula ele não é nem o dinheiro, é mais poder aparecer. Mostrar quem é, mostrar que pode, entendeu? (Soares et al., 2005, p. 213). Como observa outro menino entrevistado por Nogushi (2006, p. 42), referindo-se a seus colegas valorizados: "todo mundo é bandido, sabe?", é "sangue bom".[37] Thaís Helena Cardinale Branco, em sua dissertação de mestrado intitulada *Relação entre condições de vida e representação da violência em jovens em bairro de periferia de São Paulo* (2006), trabalho no qual entrevistou jovens envolvidos com a violência, verificou que a violência é por eles apreciada por ser atributo do sujeito e que eles brigam para serem admirados.

Aceitas essas observações e teorizações a respeito de um dos aspectos psicológicos da violência, podemos voltar a nossa pergunta: será a violência apenas um meio para se obter determinadas vantagens materiais ou será ela às vezes também um valor associado à imagem que certas pessoas querem ter de si? Fica claro que não apenas a primeira alternativa deve ser levada em conta, mas também, e talvez, sobretudo, a segunda. E ela interessa à moralidade uma vez que tais pessoas têm mais vergonha de serem pacíficas do que agressivas, mais orgulho de matar do que de ser clemente. A violência se associa à autoestima e, portanto, inexiste a honra-virtude, ou "respeito de si", necessários à construção de uma personalidade ética (ver ME).

Isso posto, devemos lembrar que as observações que acabamos de fazer se referem a uma parte bem particular da população. Trata-se, quase sempre, de pessoas pobres, que moram na periferia dos grandes centros urbanos ou em favelas, pessoas que são abandonadas pelo Estado e desprezadas pelo resto da sociedade. "Não parece lógico, portanto, que os jovens invisíveis, carentes de tudo o que a participação em um grupo pode oferecer, procuram aderir a grupos cuja identidade se forja na e para a guerra?", perguntam-se os autores do livro Cabeça de Porco (2005, p. 220). Sim, parece de fato lógico que procurem uma forma de "existir" aos olhos do mundo. Já tratei um pouco do tema no item "outrem invisível" no qual citei esses mesmos autores que escrevem que "a arma é o passaporte para a visibilidade". Citei também os meninos em situação de rua que se queixavam da vergonha e da humilhação ao perceber que eram desprezados pelo resto da população. Acrescento agora que alguns deles teciam comentários do tipo: "Mas, sabe, nós não somos tão invisíveis assim porque provocamos medo, e, quando as pessoas sentem medo, elas olham para nós". Tal observação atesta a verossimilhança do diagnóstico de Luiz Fernando Soares, MV Bill e Celso Athayde (2005, p. 215), "na esquina, apontando-nos a arma, o menino lança a nós um grito de socorro, um pedido de reconhecimento e valorização", pois "há uma fome mais funda que a fome, mais exigente e voraz que a fome física: a fome de sentido e de valor; de reconhecimento e acolhimento, fome de ser – sabendo-se que só se alcança ser alguém pela mediação do olhar alheio que nos reconhece e valoriza".

Têm, portanto, toda razão esses mesmos autores quando alertam que "esmagando a autoestima do adolescente que errou, a sociedade lava as mãos, mais ou menos consciente de que está armando uma bomba relógio contra si mesma" (p. 219). Uma bomba relógio, sim, que, aliás, já está explodindo há algum tempo. Porém, tal bomba relógio não se deve apenas ao "esmagamento" da autoestima do adolescente, *mas também a características do que estou chamando "cultura da vaidade"*. Afinal de contas, por que haveria de ser pela violência que alguns procuram visibilidade social? Creio que, para explicar o fenômeno, devemos não apenas falar em desprezo e invisibilidade, mas também voltar a falar em "ser um vencedor", falar em "visibilidade", falar nas marcas de sucesso que muitos procuram associar a si para parecerem "vencedores" e falar do lugar problemático do outro em uma "cultura da vaidade".

Comecemos pelas formas de violência cujo objetivo é se apoderar de bens alheios. A esse respeito, Alain Touraine (2000) lembra que se observa um grande conformismo quanto aos *fins* das ações de variados jovens delinquentes: eles parecem aderir a certos valores culturais, notadamente àqueles relacionados ao *status* social conferido por certos objetos de consumo. Sébastian Roché (1998, p. 106) faz mesma observação: "as escolhas dos delinquentes são as mesmas que as das suas vítimas potenciais". Ou seja, as vítimas usam roupa de grife, calçados importados, andam com carros poderosos e são esses mesmos bens, que gozam de prestígio social, que os ladrões querem para si. Não estamos, portanto, assistindo a formas de violência que carreguem em seu bojo valores outros do que aqueles onipresentes atualmente e típicos, como vimos, de uma "cultura da vaidade". Não há rebeldia propriamente dita. Não há alternativa ao sistema social atual. Parece nem haver crítica a ele. Não parece haver sede de justiça, mas sim sede de parecer ser um "vencedor". Como escrevem os autores de *Cabeça de Porco*: "O dinheiro obtido no assalto troca-se pelo tênis de marca, pela camisa de marca. Essa frivolidade é uma pista. A camisa com nome e sobrenome e o tênis notabilizado pelo *pedigree* apontam em uma direção: a grana vai para a marca, não para o calçado ou a camisa, não para o atendimento a necessidades físicas, como a simples proteção do corpo e dos pés. (...) No caso, o que está em jogo é a busca de reconhecimento e valorização, a marca é o que importa, é a marca o objeto cobiçado, é ela que atende à necessidade. O vestuário (na moda) cumpre essa função: quem a consome deseja se diferenciar para se destacar" (2005, p. 227).

Ora, mesmo quando o objetivo da violência não é obter determinados bens, mas sim o orgulho de "ser violento", a razão da agressão é praticamente a mesma: pelo emprego da força, pertencer ao universo dos "vencedores", *se diferenciar para se destacar*. Por exemplo, assim explicou seu crime (assassinato) um jovem francês de 15 anos (David): "na vida, há dominantes e dominados". Christian Jelen, que nos traz esse depoimento, observa que, "para não ser dominado, para não perder a face, David matou" (Jelen, 1999, p. 29). Creio que esse David deve ter tido o mesmo pensamento que os assassinos de Alain e a mesma esperança de alguém deles um dia dizer "Ah, os outros considera ele, senhora". Luiz Fernando Soares, MV Bill e Celso Athayde (2005, p. 16) escrevem a esse respeito: "Invertem-se posições. Quem desfila sua soberba destilando indiferença, agora se submete à autoridade do jovem desconhecido. Celebra-se um pacto fáustico: o jovem troca seu futuro, sua alma, seu destino, por um momento de glória, um momento fugaz de glória vã. Seu futuro pelo acesso à superfície do planeta, onde se é visível". E o que pensar dessa "nova moda" adotada por alguns grupos e algumas gangues de atacar um transeunte (escolhido ao acaso), e, com um celular, *filmar a surra que lhe é infligida?* Essa prática, nascida nos Estados Unidos, já tem até nome: *happy slapping*. "*Sorria, você está sendo surrado"*, é o título de uma matéria publicada no jornal francês *L'Express*,[38] no qual ficamos sabendo que, enquanto alguns alunos agrediam um professor, outros filmavam a cena para, é claro, fazê-la circular na internet e dar definitiva visibilidade ao violento ato. Filmes de estupros coletivos têm o mesmo destino. "Graças ao celular e a net, não são mais necessários jornais e televisão para se destacar", escreve Anne Vidale, autora da reportagem.

Em suma, tudo leva a crer que boa parte da violência atual é decorrência de dois traços da "cultura da vaidade" atual: associar a si marcas de que se é um "vencedor", seja pelo fruto dos roubos, seja pela própria prática da violência, e impor ao outro tal imagem positiva para que a admire. Como escreve Michel Wieviorka (2005, p. 30), "a cultura dominante se define pelo binômio *winner/loser*, no qual é preciso ser um vencedor e escapar do desprezo que assola os perdedores". Wieviorka fala em jovens da periferia, assim como os autores do livro *Cabeça de Porco*. Todavia, o fenômeno não se restringe a eles. O *happy slapping*, que acabo de comentar, não é prática exclusiva de pessoas pertencentes às classes financeiramente desfavorecidas. Longe disso, aliás. Há gangues de classe média como há grupos dessa mesma classe que não hesitam em espancar prostitutas, travestis, empregadas domésticas e índios. Muitas das formas de *bullying*, hoje encontradas em escolas de classe média e média-alta, parecem ter a mesma finalidade: subjugar o outro para ter visibilidade e, de preferência, fazer publicidade dos atos agressivos. Nessas classes sociais, há menos violência física, mas não falta violência psicológica, não faltam atos de humilhação. Recentemente, por exemplo, no Brasil e fora dele, aprendemos que alunos de escolas de classes sociais abastadas (e bem abastadas!), à revelia de suas parceiras, filmam-nas durante as relações sexuais, e lançam essas imagens na *web* para toda a escola assistir suas "conquistas". São atos de violência pura e crua. Não era nenhum miserável Mark David Chapman, que, após assassinar um famoso artista, permaneceu no local e respondeu ao porteiro que lhe perguntava horrorizado se ele tinha consciência do que tinha feito: "Eu matei John Lennon". Comentaria Chapman mais tarde: "eu achava que, ao matá-lo, iria conquistar sua fama".[39] Ele queria glória e, infelizmente, conquistou-a. Vale para eles, e para muitos outros, a observação de Jurandir Freire Costa segundo a qual "a maioria dos indivíduos percebe a nulidade moral da glória imerecida, mas continua a desejá-la porque está ciente de que ruim com ela, pior sem ela" (2004, p. 172). E alguns parecem se contentar até com uma glória póstuma. Com efeito, como interpretar o fato recente (2007) de jovens, como o sul-coreano Cho Seung e o finlandês Pekka-Eric Auvinen, colocarem na internet vídeos que os mostram empregando armas antes de, efetivamente, usarem-nas para massacrar colegas de suas respectivas instituições educacionais e depois cometerem suicídio? Como interpretar o bilhete deixado por Robert Hawkins (EUA, 2007) antes de matar oito pessoas em um *shopping* e se suicidar:

"sou um pedaço de merda, mas serei famoso agora".[40] Entrevistado pelo jornal *O Estado de São Paulo* a respeito do acontecido na Finlândia, diz Renato Alves, do núcleo de Estudos da Violência da Universidade de São Paulo: "Em um mundo cada vez mais cheio de cobranças e disputas como o que vivemos, os jovens sentem a necessidade de se autoafirmarem, de serem destaque. E alguns acabam obtendo isso da maneira mais destrutiva possível".[41] Ser destaque, impor sua própria visibilidade por intermédio de atos espetaculosos, mesmo que violentos, mesmo que desesperados, mesmo que derradeiros, eis características típicas e às vezes trágicas de uma "cultura da vaidade".

E há mais um traço da "cultura da vaidade" a ser destacado no fenômeno da violência: o lugar problemático de outrem. Vimos que a vaidade se define pela vontade de que outrem admire o vaidoso. Já nos perguntamos o que acontece quando esse outro não alimenta a vaidade de quem a ele se mostra. Nesse caso, como o afirma Harkot-de-La-Taille, já citada, "o outro, de par e juiz, passa a adversário". Jurandir Freire Costa (2004, p. 199) faz comentário semelhante: "Dado que a identidade é exposta, de pronto na superfície corporal, o outro se tornou um observador incômodo e invasivo de nossos possíveis desvios bio-indentitários e não um parceiro de ideais comuns". À vergonha de ser um "perdedor", ao orgulho de parecer ser um "vencedor", associa-se a necessidade de humilhar o outro, de subjugá-lo para melhor realçar a própria força, sobretudo se esse outro se recusa, ou parece se recusar a entrar no jogo do vaidoso. Por exemplo, conta Christian Jelen: "Sinan Kaya, 17 anos, é morto, em fevereiro 1998, com uma bala de fuzil, em Evry. 'Ele me olhou maldosamente', teria dito seu assassino, 20 anos. Pode-se morrer por causa de um olhar que um pequeno delinquente não suportou" (1999, p. 27). O assassino deve ter interpretado o olhar de sua vítima como não o bastante submisso, como desafiador, como insultante, portanto. "A negação da subjetividade do outro é colocada ao serviço da afirmação de si", observa Michel Wieviorka (2005, p. 266).

Em resumo, as ponderações que acabo de fazer a respeito da onda de violência atual que inspira indivíduos de todas as classes sociais levam ao diagnóstico de que ela pode ser em parte atribuída a características da "cultura da vaidade": à vontade de dar um espetáculo de si, ao apego a marcas superficiais de destaque, ao orgulho de ser visto como "vencedor", à vergonha de ser julgado como "perdedor", à necessidade de se destacar perante os olhos alheios e de subjugar outrem. Tal análise em nada nega a importância de outras causas, pois, como bem diz Karli, é preciso fazer *o inventário do conjunto dos fatores que contribuem a determinar a probabilidade do emprego de uma estratégia dada*. Porém, estou convencido de que os fatores aqui resumidos devem ser seriamente levados em conta para desarmar a bomba relógio a que se referem os autores de *Cabeça de Porco*. E estou também convencido de que a conjunção de uma "cultura da vaidade" com uma "cultura do tédio" torna a referida bomba ainda mais letal, pois como escreve Michel Wieviorka (2005, p. 222): "A violência tem muito a ver com o que chamamos perda de sentido, ela permite, por exemplo, aos jovens da periferia que a praticam de inverter o estereótipo que os coloca como perdedores, de preencher o déficit de futuro e a falta da afirmação de si e de romper com o sentimento de vazio". Como já frisado, eu não restringiria o fenômeno a jovens pertencentes a classes sociais economicamente desfavorecidas.

As diversas formas de violência correspondem não ao enfraquecimento do dever, mas sim a sua desaparição. Mas, é claro, embora fenômeno terrível e preocupante, não se pode dizer que a violência domina o mundo atual. Temos mais medo de sair de casa do que o normal, mas ainda saímos! Nosso maior medo talvez seja o de não ter saliência aos olhos alheios, de sermos desrespeitados por pessoas que simplesmente não nos veem. Nossa maior angústia, portanto, é a de viver em uma cultura acometida pelo "crepúsculo do dever", na qual vale apenas competição e não a solidariedade, na qual vale apenas o destaque pessoal e não a justiça, na qual vale apenas a celebridade e não a dignidade. Uma cultura na qual a educação moral das novas gerações é trocada pelo ensino exclusivo de competências profissionais, na qual, portanto, o "respeito de si" é desprezado em nome da busca desesperada e a qualquer preço de autoestima.

Terá o "crepúsculo do dever" relação com uma "cultura da vaidade"? Sim, é claro, e isso pelas mesmas razões apontadas quando falamos da violência.

A moral pressupõe estar *para* outrem. Como será ela forte em uma cultura na qual outrem é invisível?

A moral pressupõe estar *com* outrem. Como poderá ela valer em uma cultura na qual outrem é visto como plateia?

A moral pressupõe se aprofundar na reflexão a respeito da hierarquia de bens. Como terá ela lugar de honra em uma sociedade que privilegia a superficialidade?

A reflexão moral pressupõe a perseverança e a paciência. Como poderão essas virtudes ser cultivadas em uma cultura dominada pela "tacocracia"?

A moral pressupõe conservação de valores. Como poderá ela existir na constante alternância dos investimentos afetivos?

A moral pressupõe sentido. Como poderá ela brotar em uma cultura do vazio, em uma "cultura do tédio e da vaidade"?

PORÉM...

Terminei o capítulo dedicado à "cultura do tédio" dizendo que não estamos fadados à infelicidade, pois há elementos culturais alentadores para a construção de uma "cultura do sentido". O mesmo ocorre para a "cultura da vaidade".

É verdade que vivemos tempos de pouca importância cotidiana atribuída à moral. *Porém*, também é verdade que os Direitos Humanos inspiram a Constituição de vários países e variadas práticas institucionais.

É verdade que vivemos tempos de culto aos "vencedores". *Porém*, também é verdade que existe uma nova sensibilidade em relação àqueles que sofrem de deficiências, como o atestam novas formas de organização urbana e também a organização e divulgação desse triunfo da moral e da ética: as paraolimpíadas.

É verdade que permanecem existindo milhões de seres humanos relegados à miséria e à exclusão. *Porém*, também é verdade que novas formas de organização social procuram lhes dar apoio e visibilidade.

É verdade que há muita violência. *Porém*, também é verdade que esse fenômeno tem sido cada vez mais estudado, denunciado e combatido, se não pelos Estados, pelo menos por outras organizações sociais.

É verdade que a invisibilidade de outrem é traço notório das relações sociais atuais. *Porém*, também é verdade que inéditos cuidados têm sido tomados para preservar o ser humano de possíveis feridas a seu bem-estar e a sua dignidade, como atesta, por exemplo, a preocupação com a ética na pesquisa com seres humanos.

É verdade que a moral parece viver tempos crepusculares. *Porém*, também é verdade que, ultimamente, em certos meios, muito se tem falado dela, muito se tem refletido e publicado sobre ela.

Logo, espaço não falta para a promoção, junto às novas gerações, de uma "cultura do respeito de si", tema do quarto e último capítulo do livro.

NOTAS

1. Nem é preciso falar aqui dos chamados "turistas sexuais", cuja imoralidade é flagrante, sobretudo quando usufruem os "serviços" prestados por menores de idade. Sabe-se que se trata de trágica realidade e deve-se louvar os governos que desencadeiam campanhas para erradicá-la, como é o caso do governo brasileiro. No entanto, felizmente, o turismo sexual diz respeito a uma fatia bem particular de viajantes: representa a exceção e não a regra.
2. Informação coletada da reportagem intitulada *La planète malade du tourisme*, publicada pela revista *L'Express* (número 2925, de julho de 2007). Os demais dados apresentados são retirados da mesma reportagem.
3. Citação retirada da reportagem citada na nota 2. Vale a pena saber que em certos lugares, como as ilhas Galápagos, a quantidade de turistas que vêm observar a fauna local acaba por perturbar o comportamento desta, e, em outros, como o famoso Machu Picchu, local no qual se acumulam mais de 2 mil turistas por dia, a flora local já foi devastada para dar lugar a estradas e hotéis.

Formação ética **219**

4. A revista *Pátio* (número 42, de 2007) publicou o confronto entre meu ponto de vista sobre a violência na escola e o ponto de vista da professora Beaudoin.
5. Trechos do diário foram, na época, divulgados pela mídia. Transcrevi as linhas do livro já citado de Minois (2003) sobre o *mal de vivre*.
6. De modo interessante, na língua francesa do século XVIII, falava-se em "vaidade do corpo" para se remeter às deficiências físicas (doenças, por exemplo) deste.
7. Ver *Robert: Dictionnaire historique de la langue française*.
8. Quando, na década de 1960, passei alguns anos no Rio de Janeiro, ao final da tarde viam-se pessoas passeando a beira-mar. Hoje, vê-se quase todo mundo correndo. Até uma pista reservada para esse fim foi construída na praia de Copacabana.
9. Comentários parecidos poderiam ser feitos a respeito dos "gordos", vistos por muitos como "fracos", "indisciplinados" e responsáveis pelos "imorais" quilos a mais que carregam.
10. Existem pesquisas que "medem" a vaidade de diferentes populações, mas são realizadas a partir de comportamentos (por exemplo, compra de produtos de beleza) que sugerem a importância atribuída ao querer "aparecer" aos olhos alheios. Segundo uma delas, o povo venezuelano seria o mais vaidoso. A referida pesquisa está no *site*: http://www2.uol.com.br/aprendiz/n_colunas/j_pastore/id041000.htm. Os brasileiros ficaram em sétimo lugar.
11. Citação retirada do artigo intitulado *Civilização rende-se ao espetáculo*, publicado por *O Estado de São Paulo*, em 3 de junho de 2007, p.A22.
12. A canção intitula-se *Pagu*, foi composta por Rita Lee e Zélia Ducan, e encontra-se no CD *Maria Rita* (2003).
13. Remeto o leitor ao texto de *O que é a autoridade* (1972), de Hannah Arendt, para as análises do lugar da autoridade na política.
14. Não quero ser injusto. Há "celebridades" muito bem-intencionadas que disputam eleições porque querem fazer valer sua fama para procurar trazer melhorias em setores de sua especialidade (no esporte, por exemplo). Contudo, são minoria.
15. Notemos o quanto, hoje em dia, muitas cantoras famosas são bonitas de rosto e de corpo. Tornou-se esse quesito necessário para cantar?
16. Reportagem veiculada pelo *site* globo.com, no dia 2 de setembro de 2007.
17. Para quem ainda tem a felicidade de desconhecer esse dispositivo, explico que se trata de equipamento colocado no carro, que se comunicará com antenas de fiscalização e que, portanto, permitirá que possíveis transgressões do motorista (avançar sinal, por exemplo, ou estar com licenciamento vencido) sejam flagradas. A revista *Destak* (edição 303, ano 2, de outubro de 2007) estampa na primeira página a seguinte manchete: "Big Brother *no Trânsito*: com chip, *CET espera multar mais*". A referência à obra de Orwell é evidentemente correta como também é correta a referência à vontade de encher os cofres públicos com mais e mais multas.
18. Às vezes, é claro, tal "rastreamento" tem como objetivo zelar pela segurança dos filhos, mas nem sempre é o caso.
19. Guardei a citação, mas perdi a referência. Tratava-se de uma pequena crônica publicada em um jornal brasileiro.
20. Podemos nos perguntar se a frase de Llosa ainda vale para o futebol atual. Tornou-se tão competitivo, tão mercantil, que princípios como o do respeito

pelo outro ou da primazia da habilidade parecem ser deixados de lado para dar lugar a jogadas violentas e táticas mecânicas de "retranca". Assim sendo, as poucas regras já não bastam, e é preciso inflacionar seu número (por exemplo, proibir com destaque o "carrinho por trás", proibir o recuo da bola para o goleiro, listar as jogadas merecedoras de cartão amarelo ou vermelho, etc.).
21. Dados que constam do artigo *Acidente de moto mata mais jovens*, publicado pelo jornal *O Estado de São Paulo*, em 13 de setembro de 2007 (p. C3).
22. Trata-se de um texto publicado, em 2005, pelo Ministério das Cidades.
23. Reportagem publicada pelo jornal *O Estado de São Paulo*, em 7 de outubro de 2007 (p. C1).
24. No filme *Tropa de Elite* (direção de José Padilha), insiste-se corretamente sobre a "cumplicidade" inconsciente e irresponsável dos jovens de classe média, consumidores de droga, com o crime organizado.
25. Reportagem publicada pelo jornal *O Estado de São Paulo*, em 29 de abril de 2005 (p. C6).
26. Reportagem publicada pelo jornal *Folha de São Paulo*, em 8 de junho de 2004 (p. C1).
27. Reportagem publicada pelo jornal *O Estado de São Paulo*, em 19 de setembro de 2007 (p. C3).
28. Reportagem publicada pelo jornal *Folha de São Paulo*, em 14 de novembro de 2004 (p. C8).
29. Reportagem disponível no *site* uol.com.br, em 17 de novembro de 2004.
30. Reportagem publicada pelo jornal *Folha de São Paulo*, em 28 de abril de 2004 (p. C4).
31. E, mesmo nesses casos limites, ela deve ser *mínima*. É o caso da guerra. Se é moralmente correto declarar guerra a uma nação dirigida por ditadores sanguinários que pretendem subjugar o mundo (como foi o caso de Hitler), deve-se fazer de tudo para que a violência empregada seja mínima para evitar, por exemplo, a morte de civis, a destruição de riquezas, etc. Infelizmente, raramente se verifica tal cuidado e as guerras, agora realizadas com instrumentos poderosíssimos de destruição, atingem cada vez mais a população como um todo. Estamos longe dos "campos de batalha", nos quais somente se encontravam os pobres soldados.
32. Discussão parecida ocorre em torno do uso da lobotomia e dos eletrochoques como formas de terapia psiquiátrica.
33. Há, evidentemente, aqueles que, em nome da dignidade humana, não aceitam em hipótese alguma a "castração química".
34. Note-se que Karli é neurobiólogo. Ora, não deixa de ser interessante notar que é justamente no campo de biologia que a tese do "instinto agressivo" é abandonada, assim como foram abandonadas referências a disposições genéticas para a violência (a famosa hipótese do cromossomo XYY, o "cromossomo assassino").
35. Kátia Lund, em entrevista concedida ao jornal *O Estado de São Paulo*, publicada em 26 de março de 2006 (p. J4).
36. Alaba Zaluar, em entrevista concedida ao jornal *Folha de São Paulo*, publicada em 12 de julho de 2004 (p.A12).
37. Aliás, para ser aceito no grupo, um interno recém-chegado deve mostrar seu "caráter". Vejamos de que forma, com as palavras de um jovem da FEBEM:

"Primeiro, vão te testar, te dar um psicológico pra ver se você é uma cara consciente, não é boca aberta, nem nada, ou se tem algum problema". Tal "dar um psicológico" é assim descrito em outra fala: "Lá, quando você chegava, tinha o chamado comitê de recepção, pra ver se você se garantia lá dentro ou não (...) Eles pegam ali com as naifa, ali com as facas, vem em cima de você, quinze, vinte, e começa a pressionar. Perguntar se você é Jackie, estuprador, porque não pode (...) E, se o menor tivesse a cabeça forte e aguentasse o psicológico deles, aguentasse as pancada, ainda assim ainda "tava" bom. Agora, tinha uns ali que chegava até a caguetar, chegava até a falar pros funcionário. Não chegava a virar Seguro, porque os menor parava de bater, mas mesmo assim acabava fazendo trabalho pros cara, ficava no pátio, mas não é convívio deles. Sempre teve esse problema. Então, logo que você chega, tem que apanhar" (Nogushi, 2006, p. 54).
38. *L'Express*, 4 de maio de 2006 (p. 52).
39. Chapman foi considerado "doente mental". Provavelmente o seja. Todavia, mesmo nos distúrbios mentais traços da cultura ambiente se fazem presentes: no caso, a fixação do quesito "celebridade" e a vontade de ser uma.
40. Dizem os jornais que Hawkins sofria de depressão, o que a primeira parte do bilhete parece atestar. Mas a depressão pode explicar por que ele se matou, mas não por que promoveu, antes, a matança. Se traços da "cultura do tédio" podem explicar sua depressão e seu suicídio, aqueles de uma "cultura da vaidade" podem jogar luzes sobre sua vontade de ser famoso e a forma como pensou conquistar tal fama.
41. Jornal *O Estado de São Paulo*, em 8 de novembro de 2007 (p. A28).

4

Cultura do "respeito de si"

Os capítulos dedicados à "cultura do tédio" e à "cultura da vaidade" são, como vimos, complementares. Neles procurei oferecer uma visão geral de dois traços da contemporaneidade que seriamente comprometem o que Ricoeur define como perspectiva ética: *uma vida boa, para e com outrem, em instituições justas*. Em uma cultura do tédio e da vaidade, temos uma *vida pequena, sem ou contra outrem, em instituições injustas*.[1]

No capítulo dedicado à "cultura do sentido", comecei a apontar algumas direções para, na educação dos jovens, ajudá-los a construir a perspectiva ética, as quais devem ser agora completadas pelo que se costuma chamar "educação moral". Como, na perspectiva teórica adotada aqui, o respeito moral por outrem pressupõe a construção de representações de si entre as quais as de valor moral ocupam lugar central, uma "educação moral" depende necessariamente de uma "cultura do respeito de si".

Isso posto, tudo o que foi escrito no capítulo dedicado à "cultura do sentido" também vale para a educação moral. Com efeito, nós, adultos, precisamos *cuidar do mundo*, pois, se não o fizermos, além de deixarmos às novas gerações um planeta e uma sociedade seriamente abalados, careceremos, aos olhos dos jovens, de legitimidade para falar em justiça, generosidade e dignidade. Devemos promover a valorização da busca da *verdade*, do *pensar bem*, da *boa fé*, pois, se não o fizermos, privamos a moralidade das exigências intelectuais e atitudes necessárias à sua construção e evolução. Devemos preservar a *memória*, pois, sem ela, sem referências ao passado, nos privamos de toda admirável riqueza das reflexões que iluminam e, em parte, determinam as possíveis opções morais contemporâneas. Devemos articular *conhecimento e sentido*, pois a reflexão moral não se nutre apenas de conteúdos que lhes sejam exclusivos, mas também de outros que permitem pensar o viver em suas variadas dimensões. E, naturalmente, a educação moral pressupõe *cuidar das crianças e dos jovens*, pressupõe fazê-los crescer e desenvolver a autonomia.

Uma vez que a ação moral depende de dimensões intelectuais e afetivas, ambas devem ser trabalhadas pela educação, seja ela dada pelos pais, seja pelos professores. Comecemos, portanto, pela *dimensão intelectual*.

A MORAL E A RAZÃO

Retomemos rapidamente alguns pontos essenciais para equacionar a relação entre moralidade e racionalidade (para maiores precisões, ver Capítulo 2, de ME).

Em primeiro lugar, devemos lembrar que somente é atribuída responsabilidade moral aos seres concebidos como *racionais*, logo se eximem todos os animais,[2] com exceção desse "animal racional" que é o homem. Porém, mesmo entre os seres humanos, não serão considerados responsáveis morais aqueles que, seja por imaturidade (as crianças), seja por problemas mentais (variadas patologias), não podem usufruir da capacidade de eleger critérios para agir. A dimensão racional da moral está intimamente relacionada à questão da liberdade, e somente usufrui de liberdade quem pode *escolher* como vai se comportar.

Cuidado: a liberdade de escolha da ação, aqui, não se refere à ausência de coerção externa exercida por alguma forma de poder. Esse aspecto da questão é crucial e ficou cruelmente evidenciado no julgamento de carrascos nazistas. Uns se diziam inocentes porque obedeciam a "ordens superiores". De fato, obedeciam, mas tiveram a possibilidade de decidir não obedecer. Outros alegavam que eram coagidos a assassinar judeus, pois do contrário eles morreriam. Sem dúvida, mas, como o fizeram alguns, poderiam ter se recusado a participar da barbárie, mesmo correndo o risco de serem fuzilados. Escreveu Jean Paul Sartre (1952, p. 63) que "não importa o que fazem de nós, mas o que nós mesmos fazemos do que fizeram de nós". Podemos, do ponto de vista moral, reescrever esse bonito e sábio aforismo: *não temos a liberdade de escolher o que fazem de nós, mas temos a liberdade de escolher o que fazemos com o que fizeram de nós*. Somente não temos tal liberdade se, por algum motivo, somos privados do emprego de nossas faculdades intelectuais. Mas também não temos *real* liberdade se formos *heterônomos*. Eu disse que esse aspecto da questão da liberdade é muito importante, não apenas porque levanta uma discussão relevante a respeito da responsabilidade de cada um, como também porque não raro se vê pessoas se desresponsabilizarem de seus atos colocando a "culpa" nos outros, no sistema, etc. Deve-se discutir esse tema com os jovens, e – portanto – voltarei a ele.

Em segundo lugar, devemos ter claro que a moral é um *objeto de conhecimento*. Há disposições no ser humano para desenvolver o senso moral, notadamente devido a sentimentos precoces como a simpatia e a indignação, porém trata-se apenas de potencialidades que somente desabrocharão se a moral estiver presente no universo da criança e do jovem, somente, portanto, se constituírem, para eles, objeto de conhecimento e reflexão. Tal objeto se compõe de regras, princípios e valores. As *regras* são formulações verbais que apresentam, com clareza, o que deve ou não deve ser feito. Encontram-se regras em praticamente todas as atividades humanas: regras no esporte, na culinária, na atividade científica, no trânsito, na poesia, etc., e, naturalmente, também na moral (não matar, não humilhar, ajudar a pessoa necessitada, entre outras). A virtude das regras reside em sua clareza e precisão. Entretanto, elas apresentam duas limitações. A primeira: as regras dizem o que deve ou não ser feito, mas não por que se deve ou não fazê-lo. A segunda: não pode (e nem deve, como vimos no capítulo anterior) haver regras para todas as situações pelas quais nós passamos, notadamente em um mundo com rápidas mutações como o nosso.

Para se compreender a razão de ser das regras e para poder decidir como agir quando elas inexistem, apela-se para os *princípios,* que são as matrizes das quais são derivadas as regras. Os princípios não dizem "como agir", pois essa é a função das regras, mas dizem "em nome do que agir". Analogicamente falando, os princípios estão para as bússolas como as regras estão para os mapas. Exemplo de princípio: "todo indivíduo merece respeito". Como agir segundo esse princípio? Algumas regras cumprem o papel de responder a essa indagação.

Quanto aos *valores*, como já explicitado no primeiro capítulo, são investimentos afetivos. Têm valor para uma pessoa aqueles objetos, pessoas ou ideias que, de certa forma, a "comovem", não a deixam indiferente. Por essa razão, Piaget dizia que "tudo é valor". Seria mais preciso dizer que "tudo pode se tornar valor" uma vez que tudo é passível de investimento afetivo, desde um singelo objeto até categorias morais. Embora os valores morais (e todos os outros) tenham, como acabamos de ver, raízes afetivas, eles podem e devem ser objetos de reflexão. Às vezes não temos consciência dos valores que movem nossas ações e, nesse caso, se possível (nem sempre o é, porque há raízes inconscientes), é desejável um trabalho de tomada de consciência. No âmbito moral, mais do que desejável, eu diria que essa tomada de consciência é necessária, pois, como vimos anteriormente, somente temos liberdade se somos capazes de fazer escolhas racionalmente embasadas. Tomar consciência dos nossos valores, refletir sobre eles e, se necessário, modificá-los, eis um dos papéis da razão como instância reguladora de nossos juízos morais.

Em terceiro lugar, devemos falar dos procedimentos dos juízos morais. Um deles é o *equacionamento* moral, que consiste em identificar, analisar e hierarquizar dimensões morais presentes em situações dilemáticas. Um dilema moral é uma situação na qual pelo menos duas opções têm peso moral relevante. Decidir se vamos procurar devolver uma carteira cheia de dinheiro que encontramos no pátio de uma escola ou se vamos empregar as cédulas em divertimento é uma situação dilema, mas não configura um dilema moral porque somente a decisão de procurar o dono da carteira é correta do ponto de vista moral. Porém, imaginemos que a dúvida não seja decorrente do desejo de se divertir com o dinheiro achado, mas sim de empregá-lo para comprar um remédio para uma pessoa necessitada. Nesse caso há dilema moral, pois tanto o devolver o dinheiro (respeitando a propriedade alheia) quanto o comprar o remédio (ajudar a pessoa necessitada) têm valor moral. O problema reside em, uma vez identificadas essas duas dimensões do problema, colocá-las em uma hierarquia: qual é a melhor ação? Qual é o maior valor? Desenvolver a habilidade de equacionamento moral é necessário porque com frequência os juízos morais, para serem justos, dependem da sofisticação intelectual de quem os emite. Como não se deve "brincar" com a moral, que é sempre tema sério, tal sofisticação não é luxo, pois a justiça depende dela. Os chamados "moralistas", no sentido pejorativo do termo, são aqueles que carecem dessa habilidade: para eles, tudo o que não corresponde a seus critérios deve ser considerado como "do mal". Eles não querem e nem são capazes de hierarquizar bens e se limitam a eleger um só, banindo todos os outros. É por essa razão que é impossível "discutir" com eles, pois são dogmáticos: eles julgam sem equacionar.

O equacionamento moral pressupõe, como acabamos de ver, a identificação das dimensões morais existentes em situações dilemáticas. Porém, nem sempre tais dimensões se apresentam de maneira clara. Essa clareza está presente no exemplo que dei: ficar, ou não, com dinheiro achado, para ajudar alguém necessitado. Todavia, há outras situações nas quais somente a *sensibilidade* moral permite que se as identifique. Por exemplo, devemos, ou não, sentar e conversar com uma pessoa que nos parece triste? Sem maiores precauções, tendemos a responder afirmativamente, pois esse ato, *a priori*, parece se inspirar na generosidade. Todavia, há pessoas que, quando tristes, preferem ficar sós. Nesse caso, impor nossa "generosa" presença, em vez de fazer o bem, aumenta o desconforto psíquico que aquela pessoa já experimenta. Somente o que chamo de sensibilidade moral pode nos fazer duvidar de que, no exemplo dado, um "ouvido amigo" é sempre bem-vindo para todas as pessoas. A sensibilidade moral depende, é claro, da "simpatia", entendida como capacidade de "sentir o que o outro sente". Mas depende também da razão: procurar encontrar, para além das aparências, dimensões morais recônditas.

Em quarto e último lugar, falta falar do *desenvolvimento do juízo moral*, tão estudado desde o trabalho pioneiro de Jean Piaget sobre a moralidade infantil, publicado em 1932. Em Psicologia, fala-se em desenvolvimento cada vez que se observa que determinada dimensão psíquica evolui, passando por etapas identificáveis. Tome-se o exemplo da inteligência: ela está presente desde os primeiros dias de vida, mas, longe de estar pronta e acabada no recém-nascido, ela paulatinamente evolui, atingindo novos patamares de organização que podem ser descritos com a ajuda da Lógica (as estruturas cognitivas). Ora, mesma coisa ocorre com o juízo moral. Seu "despertar" acontece por volta dos 4 anos, início de uma evolução que, se caminhar até seu desfecho, levará o indivíduo a, de forma autônoma, balizar seus juízos morais por "princípios universais de justiça, de reciprocidade e igualdade, de direitos humanos e de respeito pela dignidade de seres humanos enquanto indivíduos" (Kohlberg, 1981, p. 17-19). Logo, à medida que o desenvolvimento do juízo moral ocorre, a moral se torna objeto de conhecimento cada vez mais elaborado e refletido, os princípios ganham paulatinamente primazia em relação às regras, os equacionamentos e a sensibilidade morais se sofisticam, e a liberdade de pensar e de agir se amplia, pois o indivíduo conquista passo a passo sua autonomia. Dito de outra forma, o indivíduo moralmente autônomo reivindica e assume sua liberdade, não justifica suas ações com referências a formas de poder ou de autoridade, assume seguir regras, se convencido do valor dos princípios que as inspiram e, em situações dilemáticas, suspende o juízo enquanto não tiver realizado o trabalho de equacionamento.

Todos os indivíduos percorrem todas as etapas do desenvolvimento do juízo moral?

Infelizmente, não. As pesquisas mostram que apenas uma minoria conquista a autonomia moral, a maioria ficando pelo caminho, com pouca reflexão sobre temas morais, com seu universo balizado por regras, não por princípios, e referenciados em costumes sociais admitidos, *a priori*, como legítimos. As observações que fizemos a respeito da "cultura da vaidade" nos mostram um universo ainda mais problemático: o "crepúsculo do dever" aponta para uma sociedade na qual *"a ação correta consiste naquela que satisfaz instrumentalmente as necessidades próprias e, ocasionalmente, as necessidades dos outros. Relações humanas são vistas como relações de troca em um mercado. Elementos de justiça, reciprocidade, repartição igualitária estão presentes, mas são sempre interpretadas de um modo físico, pragmático. A reciprocidade é do tipo 'você coça minhas costas e eu coço as suas'"*.

A citação que acabo de transcrever corresponde à descrição das características do estágio 2 do desenvolvimento do juízo moral segundo Kohlberg (1981, p. 17-19), um estágio chamado por ele de "pré-convencional", ou seja, primário e muito distante do estágio 6, pós-convencional, o mais elevado, no qual prevalecem, acabamos de lembrá-lo, os "princípios universais de justiça". Se fizermos pesquisas junto à população em geral, verificaremos que a maioria das pessoas é capaz de, na santa paz dos laboratórios de psicologia, dar argumentos morais típicos de estágios um pouco superiores (3 ou até 4, chamados "convencionais"). Porém, creio que o leitor concordará comigo, se disser que, nos enxames da "cultura do tédio" e nos espetáculos da "cultura da vaidade", muitas e muitas pessoas, hoje, se comportam, na prática, como se tivessem congelado seu desenvolvimento moral em níveis mais primitivos.

Não devemos, porém, estranhar esse provável fenômeno. Como escrito anteriormente, o juízo moral, para merecer esse nome, exige boa-fé, amor à precisão, amor à verdade, conservação de valores, exige a memória do patrimônio ético da humanidade e a projeção de um futuro guiado pelos princípios universais de justiça, exige, portanto, disposições racionais prejudicadas por uma "cultura do tédio". Exige também madura reflexão, aprofundamento, sinceridade, ponderação. Logo, não é de se estranhar que uma cultura que privilegia a aparência à realidade, o virtual ao concreto, o espetáculo à reflexão e a frivolidade à seriedade não ofereça condições favoráveis ao exercício racional da moralidade; não é de se estranhar que uma "cultura da vaidade" prejudique sobremaneira o desenvolvimento do juízo moral, pois este é fruto das interações que a criança, o jovem e o adulto travam com a sociedade na qual vivem.

É preciso cuidar do mundo para que ele supere o "crepúsculo do dever" e é preciso também cuidar da educação moral das crianças e dos jovens para que neles o senso moral não adormeça.

Será correto, todavia, aplicar o conceito de "educação" quando se trata de juízo moral? E, se for o caso, de que tipo de educação se trata?

Juízo moral e educação

A não ser que se acredite, com ingenuidade, que a capacidade de avaliar o que é o "bem" e o que é o "mal" seja inato, ou fruto da pura maturação neurológica, aceita-se que o juízo moral de cada pessoa depende das interações sociais pelas quais passou durante sua vida. Ora, aceitar a importância de tais influências já equivale a julgar que é lícito falar em "educação moral", pois, como escreve Jean Piaget (1998, p. 27), "não há moral sem uma educação moral, a 'educação' sendo, em seu sentido amplo, o que se sobrepõe à constituição psicofisiológica inata do indivíduo".

Porém, minha indagação a respeito da validade do conceito de "educação do juízo moral" é mais exigente, pois se inspira em uma definição mais restrita de educação, aquela que o *Dicionário Houaiss* descreve como "aplicação dos métodos próprios para assegurar a formação e o desenvolvimento físico, intelectual e moral". Tudo aquilo que "se sobrepõe à constituição psicofisiológica inata do indivíduo" não é forçosamente decorrência da aplicação de *métodos*, pois, a rigor, toda e qualquer experiência de vida acarreta tal superposição. Será, então, o juízo moral passível de ser desencadeado ou aprendido graças a *estratégias pedagógicas elaboradas especialmente para esse fim*?

Antes de me posicionar a respeito da questão, cabe observar que a educação contemporânea parece ter respondido negativamente à pergunta que acabo de formular. Comentemos um pouco o fato.

O silêncio da escola

No Brasil, cada vez que se fala em educação moral, vem ainda à memória a disciplina Educação Moral e Cívica, criada e tornada obrigatória no período da Ditadura Militar, que tomou o poder em 1964 e somente o deixou em 1985. Tal iniciativa pedagógica, de inspiração dogmática, visava desenvolver nos alunos o amor à Pátria e a seus símbolos (hino, bandeiras, etc.) e, por tabela, respeito pelo regime brutalmente implantado. "Brasil ame-o ou deixe-o", disse o Presidente Garrastazu Médici à oposição, criando um bordão que muito se repetiria na época, acompanhado de canções ufanistas como *Brasil, eu te amo* (de Dom e Ravel, interpretada pela banda Os Incríveis – ex Clevers) e de hinos futebolísticos nos quais se ouvia "*noventa milhões em ação, pra frente Brasil, do meu coração*". A origem ditatorial da referida disciplina, e de outras homólogas como Estudos de Problemas Brasileiros (ESPB), e sua vocação dogmática fizeram que, com a volta da democracia, fossem abolidas dos currículos escolares e universitários. Quando isso aconteceu, pouca gente chorou seu desaparecimento, que simbolizou o fim de um período sombrio da política brasileira.

Porém, nada se colocou no lugar! Por quê?

Será porque propostas de educação moral nas instituições educacionais seriam o apanágio exclusivo de regimes autoritários ou totalitários?

É certo que os dirigentes de tais regimes, sejam eles de direita, sejam de esquerda, desejam impor às novas gerações um conjunto de valores e símbolos com o intuito de serem legitimados e perpetuados por elas. Tais iniciativas didáticas fazem parte da "propaganda de Estado" que visa, com a ajuda de prisões e execuções, subjugar e até erradicar toda e qualquer crítica, toda e qualquer forma de "subversão". É compreensível, portanto, que – cada vez que se fala em educação moral – fiquemos com a pulga atrás da orelha e nos perguntemos quais os reais motivos de sua implementação. Até em um sistema democrático, pode-se temer que disciplinas dedicadas à moral sejam criadas com o fim escuso de privilegiar o partido político atualmente no poder.

No entanto, note-se que, nesses casos, ocorre um verdadeiro "sequestro" da palavra "moral", pois ela é amputada dos princípios universais de justiça, ela é reduzida a um conjunto de valores em geral ufanistas e é colocada a serviço de uma ideologia política particular travestida de referência ética universal. Em poucas palavras, absolutamente não se trata de uma educação moral que visa enaltecer a justiça, a generosidade e a dignidade, não se trata de uma formação que valoriza a autonomia. Muito pelo contrário: visa-se ao reforço da heteronomia e à redução da moral à política. Será, porém, toda forma de educação moral escolar contaminada pela ideologia de uma facção partidária ou outra? Alguns parecem acreditar que esse é forçosamente o caso. Lembro-me de que, quando foram publicados os Parâmetros Curriculares Nacionais (PCNS – em 1997), proposta essa que reeditava facultativamente a presença da formação moral nas escolas, pessoas da oposição ao governo da época viam nessa empreitada uma versão neoliberal da moralidade. Tendo sido consultor dos PCNS, notadamente para a redação dos chamados "temas transversais", entre os quais se falava de moral (voltarei a eles), perguntei várias vezes a esses opositores em que medida uma proposta inspirada pela Declaração dos Direitos Humanos poderia ser a tradução de uma propaganda velada do capitalismo. Não recebi resposta alguma, pela simples razão de que não havia resposta sensata. Tratava-se, para alguns, de puro "medo", de pura "desconfiança" *a priori*. Entretanto, tratava-se, para outros, de pura manipulação ideológica: com vistas a conquistar o poder, taxavam de neoliberal toda e qualquer iniciativa do governo de então. Com os mal-intencionados, pouco se pode fazer, mas com os desconfiados pode-se argumentar que é possível, como pensava Piaget, uma educação moral livre, ou pelo menos protegida de influências políticas e ideológicas. Veremos mais adiante, como é possível fazê-lo.

Mas voltemos a nossa pergunta: por que nada foi colocado no lugar da disciplina Educação Moral e Cívica?

Será porque se pensa que a referida educação cabe exclusivamente à família?

É certo que a família tem papel importante na formação moral das crianças e dos adolescentes, notadamente porque os pais costumam representar, aos olhos de seus filhos, figuras influentes em vários domínios, entre os quais a moralidade. A pesquisa, algumas vezes citada aqui (ME), que realizamos junto a mais de 5 mil jovens do ensino médio, mostrou que não somente a família é a instituição na qual eles mais confiam como julgam que são seus pais as pessoas que mais influenciam seus valores. E, em fase de "despertar do senso moral", que vai dos 4 aos 9 anos em média, fase na qual a referência a figuras de autoridade é dominante, pai e mãe são pessoas incontornáveis para o desenvolvimento do juízo moral.

Porém, admitir a importância e o papel da família não implica pensar que ela é a única instituição responsável pela educação moral. Aliás, para alguns autores, como o filósofo Kant, ela não apenas é insuficiente para tal educação como não é muito adequada. Escreveu em seus textos de pedagogia: "Em geral, a educação pública parece ser mais vantajosa do que a educação doméstica não somente no que concerne às habilidades, mas também no que se refere ao verdadeiro caráter de um cidadão. A educação doméstica, longe de corrigir os defeitos da família, os reproduz" (1985, p. 45). Outro filósofo, Alain, não hesitava em afirmar que "a família instrui mal e até mesmo educa mal" (1948, p. 18). Por quê? Porque "o amor é sem paciência", porque ele "espera demais", porque "os sentimentos tiranizam" (p. 20), porque as relações afetivas acabam por se mesclar aos princípios morais, particularizando-os e, logo, deformando-os. Creio que há bastante sabedoria nas palavras de Kant e Alain, sobretudo se pensarmos nas famílias de nossos dias, quase únicos refúgios de apego e sossego para as pessoas que veem no mundo além de suas portas e grades um universo de violência e de competição sem mercê. Seres refugiados entre quatro paredes, fragilizados afetivamente e temerosos de perderem o amor alheio, acabam por se mostrar demasiado tolerantes uns com os outros, e até mesmo francamente solidários das transgressões cometidas por um membro do "casulo" contra aqueles que não pertencem a ele.

Porém, mesmo que não se julgue a família tão precária em matéria de educação moral, devemos atentar para outra limitação: ela é instituição privada, mas a moral também deve valer para o espaço público. Disse o sociólogo Emile Durkheim (1974, p. 16): "Contrário à opinião demasiado difundida, segundo a qual a educação moral caberia antes de tudo à família, estimo que a função da escola no desenvolvimento moral pode e deve ser da mais alta importância (...) Pois, se a família pode, sozinha, despertar e consolidar os sentimentos domésticos necessários à moral e mesmo, de forma mais geral, aqueles que estão na base das relações privadas mais simples, ela não é constituída de maneira a poder formar a criança para a vida em sociedade". Há pelo menos três razões para concordarmos com Durkheim.

A primeira diz respeito ao próprio conteúdo da moral: há regras e princípios morais que se definem e se aplicam de maneira diferenciada, na medida em que são pensadas no espaço privado ou no espaço público. Tomemos o exemplo do privilégio, entendido como vantagem de algum tipo que se concede a alguém. O privilégio costuma ser condenado pela moral por ferir o princípio da igualdade. Tal condenação, porém, nem sempre vale para o espaço privado familiar. Com efeito, se é errado um pai ou uma mãe privilegiar um filho em relação a outro, não o é (é até justo) eles cuidarem de forma especial de seus filhos e não reservarem o mesmo trato para os filhos dos vizinhos. Em compensação, tal privilégio se torna condenável no espaço público: por exemplo, um professor que por ventura tenha seu filho como aluno cometeria uma injustiça se o tratasse de forma diferenciada dos demais. Em suma, aquilo que vale ou é aceitável nas relações entre familiares e amigos nem sempre o é nas relações que envolvem pessoas exteriores a esses círculos privados. Pode a família ensinar a seus filhos tais diferenças? Pode, é claro, mas com uma séria limitação: o ensino materno e paterno será quase exclusivamente verbal, pois a criança experimentará raramente, no seio de suas relações familiares, situações típicas do espaço público. Em compensação, na escola, experimentará tais situações. É por essa razão que podemos dizer, como Durkheim, que a escola *é constituída de maneira a poder formar a criança para a vida em sociedade*. Se tal é o caso, por que deveria ela se furtar a ajudar os alunos a tomar consciência das características do espaço público que começam a conhecer nos estabelecimentos educacionais? Como pode ela delegar *exclusivamente* à família o ensino de regras, princípios e valores que valem essencialmente para as relações sociais típicas da própria escola?

A segunda razão pela qual Durkheim está correto em afirmar que a escola deve participar da educação moral de seus alunos se encontra em uma de suas funções definida constitucionalmente: formar cidadãos. Com efeito, lê-se no Capítulo III, Artigo 205, da Constituição do Brasil, que "A educação, direito de todos, e dever do Estado e da família, será promovida e incentivada com a colaboração da sociedade, visando ao pleno desenvolvimento da pessoa, seu preparo para o exercício da cidadania e sua qualificação para o trabalho". Lembrada essa atribuição incontornável das instituições educacionais, impõe-se observar que não há preparo possível da pessoa para o exercício da cidadania sem educação moral. Ser cidadão – ou seja, usufruir de direitos civis, sociais e políticos e assumir deveres para com o Estado e a sociedade – transcende, é claro, a dimensão moral, mas a inclui. Logo, não se vê por que a escola poderia delegar exclusivamente à família um item educacional que lhe cabe de direito e "de dever". Dito de outra forma, não há razão para se afirmar que a educação moral não é atribuição da escola (se não for, nem a formação de cidadãos o seria). Porém, infelizmente, tem-se a nítida impressão de que muitas escolas aceitam a tarefa de qualificar seus alunos para o mundo do trabalho, mas relutam em assumir seu papel no que tange à cidadania. Essas escolas estão, na prática, em falta com suas obrigações cívicas. Devem, portanto, com urgência, corrigir sua trajetória educacional e participar na formação de cidadãos. Para formar cidadãos, vale o que dissemos anteriormente: o exercício da moralidade no espaço privado não contempla todas as características de seu exercício no espaço público. Ora, o espaço do exercício da cidadania é o espaço público. *Há bons pais que são maus cidadãos*. Se forem também "maus pais", o fato talvez possa ser atribuído, sobretudo, à formação moral errada ou lacunar que receberam de seus próprios pais. Se, porém, forem "maus cidadãos", não há como a escola lavar as mãos.

A terceira e última razão que me leva a concordar com Durkheim é, por assim dizer, conjuntural: a tendência a, por um lado, desprezar o espaço público e, por outro, a privatizá-lo. Acabei de escrever que há bons pais que podem ser maus cidadãos. Ora, o fenômeno me parece ser, nos dias de hoje, frequente. Veem-se pessoas jogando lixo nas ruas, não dando descarga em banheiros públicos, deixando feias as fachadas de suas casas (mas cuidam bem do interior), pichando muros e monumentos, cuspindo nas calçadas, despejando entulho em terrenos baldios, veem-se empresas poluindo o meio ambiente, poluindo visualmente estradas e cidades, poluindo sonoramente as redondezas, etc. Eis alguns exemplos de desprezo pelo espaço público: ele é considerado "terra de ninguém", em vez de ser reconhecido como "terra de todos". E veem-se pessoas agindo nessa "terra de todos" como se estivessem nas suas próprias casas: atendem aos telefones celulares em cinemas e teatros, dormem ou leem jornais durante aulas, colocam o som de seus carros em volume máximo, etc. Eis exemplos de pessoas que privatizam o espaço público assim como o fazem indivíduos e empresas que o ocupam em benefício próprio: botecos que invadem as calçadas e estacionam os carros de seus clientes em qualquer lugar, os próprios clientes que até altas horas da madrugada falam, riem e até gritam, atrapalhando o sono dos moradores do bairro, pais que estacionam em fila dupla e na frente de garagens na espera de seus filhos, moradores que fecham as ruas, que dificultam o acesso de todos às praias, pessoas abastadas que, por meio de despachantes, furam filas nas instituições públicas, alunos que exigem o fim do jubilamento, a fim de usufruir anos a fio dos benefícios das universidades estaduais e federais sustentadas pelos impostos de todos, empresas que poluem visual e sonoramente o meio ambiente para aumentar seus lucros, etc. Todos esses exemplos – e há tantos outros! – atestam a falta da noção e da valorização do *coletivo*. O espaço público, isto é, o que *é de todos*, passa a ser visto como uma espécie de *no man's land*, à espera de posseiros que o invadam. Ora, tal fenômeno configura um problema moral: ao desprezar ou privatizar o que é de todos, age-se de forma desrespeitosa, egoísta e injusta. Cabe, portanto, uma educação moral que trate desse tema tão importante para o exercício da cidadania. A família pode participar dessa formação? Sim. Devemos, entretanto, atentar para dois aspectos complicadores para a atuação. O primeiro reside no fato de, cada vez mais, sobretudo nas famílias de classe média, a ideia de coletivo tem desaparecido: cada membro tem seus próprios horários, cada um tem, em seu quarto, sua própria televisão, seu próprio "som", seu próprio computador, cada um tem seu próprio telefone celular, etc. Muitas casas se tornaram "lares dormitórios". O segundo aspecto complicador é que a família, por se configurar como núcleo pequeno de pessoas (e cada vez menor), não apresenta realmente condições para preparar a criança em vista da vida coletiva. Ora, a escola apresenta essa condição, contanto que, é claro, não se deixe, ela mesma, "privatizar" por seus alunos e pais de alunos.

Em suma, creio que Durkheim tem toda razão ao afirmar que a escola é instituição incontornável para a educação moral: ela representa, para seus alunos, uma experiência de transição do espaço privado (família) para o espaço público (sociedade) e as dimensões morais necessárias à participação nesse último podem e devem ser trabalhadas na sala de aula, pois não se vê bem em que outro lugar se poderia fazê-lo com propriedade.

Porém, parece que muitos educadores de hoje não estão convencidos de que têm papel a desempenhar na educação moral. Àqueles que abdicam desse papel porque julgam tal empreitada necessariamente autoritária ou porque pensam ser atribuição exclusiva da família, espero ter mostrado que estão equivocados. Contudo, deve haver outros que não a promovem porque acreditam que ela não depende de nenhuma instituição em particular, pois estaria difusa em toda a sociedade. No entanto, se tal for a razão do silêncio da escola, o perigo de "analfabetismo moral" torna-se ainda maior!

Vimos que Piaget definia "educação", em seu sentido mais geral, como *o que se superpõe à constituição psicofisiológica inata do indivíduo*. Logo, o "fenômeno educacional" não se restringe a métodos racionalmente elaborados e tecnicamente aplicados. Isso vale para praticamente todos os conteúdos: a criança começa a se alfabetizar de forma espontânea no contato que trava com as palavras escritas presentes em seu universo, constrói rudimentos de física manipulando objetos, rudimentos de filosofia ouvindo aqui e ali opiniões sobre o sentido da vida, primeiras noções de matemática contando e agrupando objetos, e assim por diante. No caso da moral, a situação é a mesma: ela observa, desde a mais tenra idade, como as pessoas se comportam umas com as outras, como se comportam em relação a ela, como julgam as ações de uns e de outros; pela mídia, ela fica sabendo dos conflitos que assolam o mundo; pelos filmes e pelos livros, ela descobre pessoas apresentadas como admiráveis e outras como abomináveis; com os pais e professores, ela experimenta a aprovação e a desaprovação; com os amigos, a simpatia e a antipatia, etc. Logo, o desenvolvimento moral da criança depende, sim, da presença difusa da moralidade no seio da sociedade.

Porém, tal fenômeno não é suficiente para se chegar à conclusão de que a educação moral deva se limitar a esse conjunto de experiências, assim como o fato de a criança esgrimir espontaneamente com o mundo da língua escrita não dispensa a escola de lhe ensinar, de maneira sistemática, a ler e a escrever. E o que acabo de escrever se torna, creio, ainda mais verdadeiro se lembramos que vivemos em uma "cultura da vaidade", na qual se assiste ao "crepúsculo do dever".

Com efeito, quais são, hoje em dia, os modelos de comportamento que ela observa? Políticos que dizem uma coisa e fazem outra, corrupção, desrespeito e agressividade no trânsito, notícias incessantes de violência, alta valorização das marcas exteriores e fúteis dos "vencedores", descaso com o espaço público, etc. Que conselhos ela frequentemente ouve? Seja competitivo, desconfie dos outros, seja o melhor, não seja otário, seja agressivo porque ser "perdedor" é vergonhoso, etc. E que pessoas lhe são mostradas para que as admire? Os "vencedores", as "celebridades", pessoas bonitas, bem-vestidas, com lindas mansões, carros potentes, que ganham rios de dinheiro, não por ajudar os outros, mas apenas por diverti-los. O que está "difuso" na sociedade atual é mais uma mensagem estranha ou até contrária à moral do que a valorização da justiça, da generosidade e da dignidade.

Esse fenômeno é verificado em certas propagandas que passam na televisão: quando não são estranhas à moral, ou seja, quando dela nada falam (o que é compreensível uma vez que o objetivo é fazer vender um produto), elas a contradizem sem pudor. E muitos desses anúncios inescrupulosos se dirigem ao público infantil e/ou empregam crianças a título de atores![3] No capítulo anterior, já mencionei um anúncio de um carro alto e poderoso no qual se vê uma criança, sentada ao lado do pai, olhando de cima e com desprezo seus pobres "amiguinhos", que fazem caras de infelicidade por estarem "por baixo", por não ter um pai tão abastado financeiramente. Prepotência, humilhação, desrespeito: eis os "valores" que inspiram esse anúncio. E qual o lugar do pai? O de consumidor bem-sucedido. E pobres daqueles genitores que não gozam de mesmo *status*, como esse outro, de outra propaganda de carro, também já comentada por mim, que ouve seu filho dizer que não estacione na frente de seus colegas de classe porque tem vergonha da "carroça" que ele dirige: vergonha do carro e, por tabela, vergonha do pai. A mensagem, dirigida aos homens, é clara: se não quiser passar vergonha na frente do filho, adquira urgentemente marcas de "vencedor". Belo exemplo de "amor" pai/filho! Uma outra propaganda concentra, em trinta segundos (nem sei se tanto), agressão, desrespeito e deseducação moral. Trata-se de um anúncio de telefone celular em que se vê um menino dando de presente de dia das mães uma dessas engenhocas sofisticadas. A mãe reage com admiração à "generosidade" do filho, que ela acredita ter se privado para juntar o dinheiro necessário à vistosa compra. O menino, com cara de malandro, não desmente seu suposto altruísmo. Chega o pai, que – depois de jogar um olhar desinteressado para a cena – comenta que o tal celular custa apenas um real (trata-se de uma propaganda de um tipo de celular que se adquire por essa modesta quantia). Ou seja, o pai "entrega" o filho. Seria de se esperar que a mãe, ciente da mentira por omissão de seu rebento, ficasse – no mínimo – desapontada. Mas não! Ela se mostra ainda mais encantada e comenta que ele tem "o bom gosto da mamãe e a avareza do papai". Para finalizar essa pequena cena moralmente edificante, a mãe propõe ao filho que liguem para o pai: que liguem *a cobrar*, é claro, uma vez que ele é pão duro e "apreciará a gentileza".

Deixo ao leitor a tarefa de apreciar a "moral da história" de uma propaganda como essa, e a de muitas outras. Mas o fato é que mensagens desse tipo, algumas dirigidas a crianças e jovens, outras não, mas assistidas por eles, são frequentes e traduzem bem o ambiente moral que caracteriza uma "cultura da vaidade". Fosse esse ambiente moralmente saudável, os educadores poderiam, a rigor, pensar que seus alunos estão em "boa companhia" e se preocupar menos com educação moral. Mas, como se vê, não é o caso! Não se encontra, difusa em toda a sociedade, uma "alfabetização" moral: ou nada se fala dela ou, pior ainda, se fala contra ela. Em um ambiente desses, não é de se estranhar que sejam cotidianas as queixas de desrespeito, de humilhação, de agressões, de incivilidades, de egoísmo, de injustiça. Aliás, os próprios educadores são os primeiros a se queixar: falam em indisciplina nas salas de aula, em falta de limites, em *bullying*, em desrespeito. Ora, a presença desses conflitos, que minam as relações sociais e prejudicam o ensino, não será, em parte, decorrência desse *silêncio da escola* em matéria de educação moral? Creio que sim.

Creio, portanto, que é urgente que as instituições educacionais voltem a falar de moral. Afinal, como dizem Jeambar e Rémy (2006, p. 217), "a moral não é tão mal assim, é o que distingue os bárbaros dos civilizados". Mas como fazer? Haverá estratégias pedagógicas elaboradas especialmente para esse fim? Há.

Várias já foram propostas. Para apreciar seu valor, devemos, como propõe Piaget (1998, p. 26), "começar por partir da própria criança e pensar a pedagogia moral por intermédio da psicologia da moral infantil".

Desenvolvimento do juízo moral

Permaneçamos na perspectiva teórica de Jean Piaget (em seguida, ampliada por Kohlberg), que julgo ser a melhor para dar conta da dimensão intelectual da moralidade.

Como é sabido, Piaget fala em "duas morais", da criança e do adolescente. A primeira, chamada de heterônoma, que começa por volta dos 4 anos, se caracteriza pela referência a figuras de autoridade, fonte, para a criança, dos critérios do que é moralmente certo e do que é moralmente errado. A segunda, chamada de autônoma, que começa a ser construída por volta dos 9 anos, não se caracteriza mais pela referência a figuras de autoridade para legitimar regras e princípios, mas sim pela busca do equilíbrio nas relações sociais, equilíbrio esse somente possível se as regras morais forem livremente acordadas entres pessoas que se consideram iguais de direito. A diferença de perspectiva entre a heteronomia e a autonomia fica clara quando se pede às crianças que julguem elementos de justiça retributiva (sanções). As crianças menores pensam ser justas e eficazes as sanções expiatórias, ministradas por quem "manda" e que visam causar algum tipo de dor no culpado. A sanção expiatória traduz o lugar privilegiado atribuído à autoridade: é dela que emanam as leis e é ela a responsável pela fiscalização de sua aplicação. As crianças que construíram as primeiras noções de autonomia tendem a preferir as sanções por reciprocidade, aquelas que deixam claro que houve rompimento na relação social entre iguais e que exigem, não sofrimento, mas reparação. Por exemplo, enquanto crianças pequenas preconizam que alguém que tenha mentido "fique de castigo", as maiores pensam que a melhor punição é, uma vez que ela rompeu a confiança e a solidariedade necessárias à harmonia das relações sociais, excluí-la do convívio até que se redima e aceite agir com respeito à verdade. Em poucas palavras, na heteronomia a referência é outrem como autoridade, na autonomia é outrem como par.

Isso posto, é preciso sublinhar que Piaget nunca afirmou que as crianças, a partir dos 9 anos, deixam de ser heterônomas para usufruir de plena autonomia. Ele apenas disse que elas começam a pensar uma forma alternativa de legitimação da moral, mas que, na maioria dos jovens e adultos, essa nova forma não vai substituir por completo a anterior, mas vai com ela conviver. Escreveu ele: "notemos que essas duas morais se reencontram no adulto" (1986, p. 33). Em situações em que o contrato entre pessoas é possibilitado pelas relações sociais, os indivíduos tendem a nele reconhecer a fonte de legitimidade do que for acordado. Porém, em outras situações, que transcendem a participação do indivíduo na elaboração das regras e dos princípios, a heteronomia pode permanecer dominante e a legitimidade moral pode fazer referência, não tanto a figuras "pessoais" de autoridade (como no caso da criança pequena), mas a figuras abstratas como Deus, a Igreja, a sociedade, os costumes, o Estado, etc. A tarefa que, décadas mais tarde, o psicólogo americano Lawrence Kohlberg assumiu foi a de descobrir os estágios intermediários existentes entre a heteronomia básica das crianças pequenas e a autonomia plena, alcançada por poucos. Para tanto, ele fixou um único objeto para a moral, a justiça, e aplicou em crianças, jovens e adultos entrevistas clínicas baseadas em dilemas morais complexos (Piaget havia se limitado a empregar dilemas "caseiros", inspirados em situações efetivamente vividas pelas crianças e pré-adolescentes). O estágio intermediário, chamado "convencional", no qual a maioria das pessoas chega e estaciona é assim definido por Kohlberg (1981, p. 17-19): "neste nível, a manutenção das expectativas da família, do grupo ou da nação do indivíduo é percebida como valiosa por si só, sem relação com consequências imediatas e óbvias. Tal atitude é não apenas de conformidade às expectativas pessoais e à ordem social, mas também de lealdade a esta, de manutenção ativa, de apoio à justificação da ordem e de identificação com as pessoas ou grupos nela envolvidos".

Se Kohlberg sofisticou a teoria piagetiana no que se refere à descrição dos estágios, três das teses essenciais do epistemólogo suíço permaneceram intocadas. A primeira: há um desenvolvimento do juízo moral que caminha da heteronomia para a autonomia. A segunda: a tendência natural do desenvolvimento do juízo moral tende à legitimação de princípios universais de justiça e à reciprocidade universal (entre todos os seres humanos, sejam quais forem suas origens, seu sexo, sua classe social, etc.). A terceira: os processos psicológicos que presidem ao desenvolvimento do juízo moral correspondem a construções endógenas (autorregulação) desencadeadas por demandas do meio. As relações assimétricas de coação prejudicam o processo de descentração intelectual necessária à autonomia moral. Tal autonomia é favorecida pela experiência de relações de cooperação, que existem notadamente entre as crianças e os jovens – eles mesmos –, sem a mediação de adultos ou tutores.

Esse último ponto é essencial para pensar uma educação do juízo moral. Todavia, como já o abordamos no capítulo dedicado à "cultura do sentido" (quando falamos do valor da busca da verdade e do excesso de tutela a que são submetidos crianças e jovens), podemos imediatamente analisar alguns métodos de educação do juízo moral.

MÉTODOS DE EDUCAÇÃO DO JUÍZO MORAL

Já comentamos que há várias estratégias pedagógicas elaboradas em vista da educação do juízo moral. Não estou me referindo, é claro, às investidas totalitárias que consistem em verdadeiros programas de "lavagem cerebral". Tais investidas procuram – por intermédio de um patriotismo ufanista e guerreiro ou da constante celebração do "culto da personalidade" de algum líder ou herói, vivo ou morto, cujas fotos e estátuas são vistas em cada esquina, em cada praça, em cada cidade ou vilarejo – fechar o horizonte moral dos alunos, reduzindo a moralidade à adoração de símbolos presumidamente sagrados. Uma vez que os *conteúdos morais* assumidos neste livro são *princípios de justiça universal* (não aqueles limitados e balizados por alguma ideologia política), a *generosidade* para com todos (não apenas para com os membros de alguma facção, sociedade ou país) e a *dignidade* do ser humano enquanto ser humano (não apenas enquanto natural de determinado país ou enquanto membro de determinado grupo), decorre que as formas totalitárias de educação a que me referi são verdadeiras empreitadas de *deseducação moral*. As guerras civis ou entre países se nutrem desse tipo de cegueira ética, que leva soldados às piores crueldades. Valorizando, com Piaget e Kohlberg, a *autonomia*, considerando-a necessária a ações morais o bastante ponderadas e sofisticadas para promover a justiça, a generosidade e a dignidade, não se pode aprovar formas de educação que precisam de e reforçam uma *radical heteronomia* por alimentar o culto à personalidade (seja ela qual for), o nacionalismo ou alguma outra forma de idolatria. Queremos conscienciosos e escrupulosos "construtores" de ideais morais e éticos que possam nos fazer despertar do "crepúsculo do dever", e não "exércitos do bem" que nos levariam às trevas do fanatismo.

Felizmente, há propostas pedagógicas de educação do juízo moral que procuram caminhar no sentido da justiça e da autonomia, propostas feitas por pessoas bem-intencionadas, sérias, honestas, de espírito democrático como os próprios Piaget e Kohlberg, e outros, contemporâneos, como Josep Maria Puig (2000), Larry Nucci (2001), William Damon (1995), Constance Kamii e Rheta DeVries (1991), Fernando Savater (1994), para citar apenas alguns autores não-brasileiros. No Brasil, há também várias pessoas igualmente engajadas, mas, por medo de ser injusto ao esquecer ou ao desconhecer alguns, não citarei nomes. Limito-me a comentar, ao longo do texto, algumas das propostas que conheço e valorizo.

Vamos a elas, começando por uma questão que constantemente volta à baila: o ensino religioso como condição necessária à educação moral.

Ensino religioso e moralidade

Toda religião possui um sistema moral próprio. Logo, ao se ensinar um determinado credo, apresenta-se a perspectiva moral que lhe é particular. É o que fazem os padres no catecismo, os monges budistas em seus templos, os rabinos nas sinagogas, os imames nas madrassas, etc. Note-se que tais sistemas são diferentes entre si, pois o que é pregado pelos judeus não necessariamente o é pelos católicos, que – por sua vez – não legitimam determinadas regras do islamismo, e assim por diante. Aliás, lembremos que tais divergências morais e teológicas custaram a vida a milhões de pessoas durante a história e que o tema da "tolerância" nasceu essencialmente da necessidade de aceitar a coexistência de credos religiosos diferentes. Nos dias de hoje, tal convivência pacífica existe em parte. Veem-se sacerdotes de diversas religiões confraternizarem, cena impensável antigamente. Entretanto, parece que ainda estamos longe de uma tolerância religiosa universal, como costumam nos lembrar atos terroristas cometidos em nome de Deus.

Acabamos de ver que não há religião sem moral. *Cabe se perguntar se pode haver moral sem religião*. Tal pergunta, que intencionalmente formulei de maneira vaga, pode ser interpretada de duas formas. A primeira:

existe algum sistema moral que não apele para a figura de Deus (ou de deuses) para legitimar seus princípios e regras? A segunda: é possível alguém legitimar princípios e regras morais sem referência a Deus (ou a deuses)?

A primeira pergunta é de ordem histórica e filosófica, e basta um exemplo para saber que a resposta é positiva: o sistema moral de Emmanuel Kant no qual é a Razão, e não Deus, o fundamento primeiro dos imperativos categóricos.

A segunda pergunta é de ordem psicológica e pode ser respondida de duas formas diferentes e complementares. Do ponto de vista das mais importantes teorias psicológicas da moralidade humana, os processos que presidem à legitimação de princípios e regras morais em nada dependem necessariamente da fé em Deus. Digo "não necessariamente" porque é indubitável que, para várias pessoas, a fé religiosa ocupa lugar privilegiado como critério para decidir sobre o bem e sobre o mal. Tal fenômeno é explicável pelas teorias psicológicas de que dispomos. Na perspectiva de Piaget, por exemplo, Deus ocuparia o lugar da autoridade, sendo uma moral religiosa inevitavelmente heterônoma. Na perspectiva de Durkheim, para qual a ação moral é inspirada pelo sentimento do sagrado, Deus poderia corresponder à fonte dessa inspiração. Todavia, para Durkheim, a figura de Deus não é a única a poder ocupar o lugar do sagrado: ele pode ser ocupado pela sociedade, o "ser coletivo". E, para Piaget, referências a figuras de autoridade não passam obrigatoriamente pela referência a Deus; na autonomia moral, como tais figuras deixam de cumprir um papel, dimensões divinas também deixam de ter seu lugar. Não que a pessoa autônoma necessariamente perca a fé em Deus, mas deixa de a Ele se referenciar para estabelecer seus juízos morais.

Estarão certas essas teorias? Tal indagação nos leva à segunda forma de saber se pode haver "moral sem religião". E essa segunda forma é empírica: há pessoas que balizam suas ações pela moral, pessoas que são justas, honestas, generosas, embora sejam agnósticas ou atéias. Seria preciso ser cego, injusto ou hipócrita para negar essa evidência.

Em suma, pode haver, sim, moral sem religião e, logo, pode existir juízo moral sem referências a mandamentos divinos.

Passemos agora à questão do ensino religioso.

Obviamente, em se tratando de um *ensino religioso focado em um determinado credo*, ele pode ter lugar nas escolas privadas confessionais, mas não na escola pública. A escola pública é constitucionalmente laica e é correto que o seja uma vez que deve acolher todo e qualquer cidadão, independentemente de fé ou de sua ausência de fé. Aproveito para notar aqui que a dimensão laica da escola pública no Brasil é às vezes desrespeitada. Sabe-se de professores dessas instituições que, no início de suas aulas, escrevem no quadro-verde frases bíblicas. Por mais edificantes que possam ser tais máximas, sua imposição aos alunos não deixa de traduzir uma forma de privilégio: determinado credo, majoritário na população, é apresentado como referência única, enquanto os outros, minoritários, são silenciados. Mas é certo que muitos desses professores cristãos dirão que escrevem tais frases, não para fazer proselitismo, mas porque trazem mensagens morais importantes para todos. Esse argumento nos leva a um outro tipo de ensino religioso, chamado *ecumênico*.

Trata-se de uma proposta que prevê que esse fenômeno cultural que é a religião, com seus diferentes matizes, suas diferentes interpretações da divindade, seus diferentes cultos, suas diversas instituições, seja objeto de uma disciplina especificamente dedicada a ele. Não se trata, portanto, de um ensino religioso cristão, judaico, islâmico ou de qualquer outra ordem. Ele é ecumênico porque pressupõe a congregação dos vários credos. Não há proselitismo, mas sim tolerância, e não há porque duvidar das generosas intenções daqueles que o propõe.

Todavia, por que a escola deveria ministrar tal forma de ensino religioso? Um motivo pode ser de ordem puramente intelectual: fazer os alunos conhecerem, para além da religião que seguem (ou não), a história e as características de outras.

Outro motivo, não raro apresentado, diz respeito à educação moral. Veja-se, por exemplo, como a deputada Márcia Lúcia Amary, autora de um projeto chamado "Deus na escola", que prevê disciplina extracurricular e optativa de ensino religioso ecumênico, defende sua proposta: "O projeto estabelece o ensino religioso como área de conhecimento *e resgate de princípios éticos e morais, com valorização do ser humano, respeito pela vida, convivência fraterna, democracia e integridade*".[4] O argumento empregado não deixa dúvida: por intermédio do ensino religioso, pensa-se poder ministrar uma educação moral. Aliás, tal associação entre ensino religioso e educação moral não é nova nem rara. Com frequência, em palestras que realizo para professores e também pais, fazem-me a seguinte pergunta: "A indisciplina, a falta de limites, o desrespeito e a violência não seriam causadas pela falta de religião?". Às vezes, a indagação é assim formulada: "Não seria necessário haver ensino religioso nas escolas para os alunos respeitarem a moral?". A ambas as perguntas e a outras parecidas sempre respondo p*ela negativa*. Vejamos o porquê.

Em primeiro lugar, qualquer forma de ensino religioso, ecumênico ou não, extracurricular ou não, optativo ou não, fere o princípio da laicidade da escola pública. Equivaleria a um retrocesso.

Em segundo lugar, porque não acredito que um real ecumenismo seja possível. Há tantas religiões que não seria factível contemplá-las todas, e isso sem contar com o fato de que o ateísmo e o agnosticismo também deveriam ser contemplados, pois traduzem posições a respeito da existência de Deus. Houvesse ensino religioso, ele provavelmente seria dominado pelas opções cristãs, dominantes em nossa sociedade (e, em algumas regiões, poderia ser dominado por outro culto).

Em terceiro lugar, sou contrário a disciplinas de ensino religioso porque, se é verdade que as religiões representam um fenômeno incontornável da cultura e que em algumas delas se encontram fundamentos culturais que, até hoje, determinam, pelo menos em parte, nossos valores e costumes, tal fenômeno deve e pode ser trabalhado por disciplinas já existentes, como História, Geografia e Línguas, por exemplo. No capítulo dedicado à "cultura do sentido", posicionei-me a respeito da importância de os alunos tomarem consciência dos fundamentos culturais judaico-cristãos, religiosos, portanto, presentes em seu meio social, e salientei a necessidade de serem estudados. Tais fundamentos, porém, não são os únicos relevantes (pensemos, por exemplo, em nossa herança greco-latina) e, logo, não se vê por que deveriam ter o privilégio de compor uma disciplina especial.

Em quarto e último lugar, não sou favorável ao ensino religioso como forma de educação moral porque, como dito acima, se não há religião sem moral, há moral sem religião. A deputada Amary, autora do projeto "Deus na escola", que, segundo ela poderia ser responsável pelo "resgate de princípios éticos e morais", reconhece que tal resgate "independe da religião". Todavia, ela acrescenta que esse resgate "sem dúvida, está ligado à crença em um ser supremo e criador e de um mundo perfeito e harmônico".

A essa interpretação eu responderia duas coisas. A primeira é que não se compreende como o *resgate* da ética e da moral seria *independente* da religião se *não há dúvidas* de que ele está ligado à crença em um *ser supremo e criador do mundo*. Não apenas a deputada associa intimamente moral e religião como o faz em favor de uma visão teológica particular: aquela que, como fazem o judaísmo, o cristianismo e o islamismo, concebe Deus como criador do universo. Privilegiá-la nada tem, portanto, de democrático.

A segunda resposta que eu daria seria igual àquela que o cientista Pierre Simon Laplace deu a Napoleão Bonaparte quando esse último, após ter ouvido suas explicações sobre o sistema teórico por ele criado, perguntou-lhe: "E Deus nisso tudo?". Laplace respondeu: "Não preciso dessa hipótese".[5] A Psicologia Moral também não precisa dela. Aliás, não somente não precisa como a desmente. A famosa expressão que Dostoievski colocou na boca de Ivan Karamazov, "Deus não existe, tudo é permitido", não vale para muitos que não têm fé ou que a perderam.

Mas o "tudo é permitido" pode valer para quem não passou por um processo de educação moral, com ou sem Deus.

Analisemos agora outra proposta curricular, também frequentemente associada à educação moral: as aulas de Filosofia.

Aulas de filosofia e ciências humanas

Comecemos falando somente de Filosofia. Sabe-se que, no Brasil, são pouquíssimas as escolas que oferecem tal disciplina. Antes considerada disciplina nobre, ela foi paulatinamente sendo desprezada por aqueles que elaboram currículos. Muitos a consideram perda de tempo, pois o mundo precisaria de matemáticos, de físicos, de médicos, de farmacêuticos, de biólogos, de advogados, de economistas, etc., mas não de filósofos. Em países como a França, onde ainda goza de algum prestígio acadêmico, a Filosofia costuma ser considerada "disciplina do método cujo ideal seria que cada um pudesse um dia conseguir 'pensar por si mesmo'" (Ferry, 2006, p. 16). Dito de outra maneira, o estudo da Filosofia na escola teria como objetivo ensinar aos alunos certa disciplina intelectual, estratégias precisas de raciocínio, rigor nas reflexões. O filósofo francês Luc Ferry (2006, p. 17-18) comenta a esse respeito: "Essa visão das coisas, temo, corre o risco de induzir ao erro. Ela nada tem de indigno. Ela até se inscreve em uma história bela e legítima: aquela de nossa tradição republicana que considera que é preciso, para exercer convenientemente as responsabilidades de cidadão, ser capaz de autonomia intelectual (...) Porém, a Filosofia na verdade nada tem a ver com essa arte de reflexão crítica à qual se tentou reduzi-la (...) A Filosofia, quero dizer todas as grandes visões filosóficas de Platão a Nietzsche, sem exceção alguma, é uma tentativa grandiosa para ajudar os seres humanos a conquistar uma "vida boa", superando os medos e as "paixões tristes" que os impedem de viver bem, de serem livres, lúcidos e, se possível, serenos, amantes e generosos".

Concordo em linhas gerais com Ferry. Embora seja indubitável que o estudo da Filosofia, se levado a sério, é muito útil para aprender a pensar de forma rigorosa, a refletir com precisão e a se expressar com clareza, um de seus objetivos maiores é pensar a ética e a moral (mas não é o único, como parece dizê-lo Ferry, pois filósofos se debruçam sobre outros temas, por exemplo, sobre a questão do conhecimento). No Capítulo 2, insisti sobre o fato de o amor à verdade ser condição necessária para viver em uma "cultura do sentido", e disse que a busca da verdade pressupõe ferramentas intelectuais e atitudes que possibilitam o exercício da "boa-fé". O estudo da Filosofia pode ajudar, e muito, para construir tais ferramentas e valorizar tais atitudes – contanto, é claro, que não se reduza a trocas descompromissadas de opiniões pessoais. Porém, a Filosofia vai além, por se tratar de uma empreitada para se decidir como se vai *viver* e *conviver*. Decorre do que acabo de afirmar que aulas de Filosofia relacionam-se diretamente com a educação moral e, em particular, com a educação do juízo moral, não somente porque o estudo do "amor à sabedoria" ajuda a "pensar bem", mas também porque permite abordar de forma profunda o tema da moralidade, uma vez que a maioria dos grandes filósofos se dedicou a ele.

Eis o que pôde ser dito de forma preliminar.

Façamos agora algumas precisões, não sobre a validade geral de ter-se Filosofia no currículo escolar, mas sim sobre a importância de tal disciplina para a educação do juízo moral.

A primeira precisão incide sobre o conteúdo de tais aulas. Creio que a maior contribuição que a Filosofia pode dar à educação moral como um todo, e à educação do juízo moral em particular, reside em seu espantoso e riquíssimo acúmulo de reflexões sobre os temas da "vida boa", do "dever" e de suas mútuas relações. Dos Pré-Socráticos a Taylor, passando por Platão, Aristóteles, Epicuro, Sêneca, Santo Agostinho, Descartes, Pascal, Hume, Rousseau, Kant, Bentham, Smith, Nietzsche, Habermas e muitos outros, tantas ideias ricas foram criadas, tantos conselhos sábios foram considerados e tantas polêmicas relevantes foram travadas, que os alunos, ao lerem alguns desses pensadores, poderão ter a oportunidade de, por um lado, tomar consciência da importância da ética e da moral na história da humanidade e, por outro, de apreender a complexidade da questão.

Como o leitor terá percebido, *não estou propondo que as aulas de Filosofia equivalham a aulas de educação moral*. Se cabem aulas exclusivamente dedicadas à formação moral, ou se ela deve se dar apenas de "modo transversal", é o que analisaremos a seguir. Estou apenas propondo duas coisas. A primeira: que aulas de Filosofia *estejam presentes no currículo* (a partir do Ensino Médio, logo volto à questão). A segunda: que, entre outros temas, *os professores deem destaque para a ética e a moral*, tanto e tão bem trabalhadas ao longo dos séculos. Assim, ao apresentarem a seus alunos essa ampla área do conhecimento, os professores certamente ajudarão na formação do juízo moral desses jovens.

Porém, insisto: não se trata de aulas de educação moral, mas sim *aulas de Filosofia*. E, assim como os professores de Matemática, de Geografia, de Língua Portuguesa, etc., devem se preocupar com a boa assimilação, por parte de seus alunos, de suas matérias, os professores de Filosofia devem ter o mesmo objetivo. Seu intento não é formar cidadãos "aristotélicos", "kantianos" ou "habermasianos", mas sim pessoas que conheçam a contribuição desses autores e de outros para a reflexão ética e moral.

Isso posto, o leitor também terá notado que o título do presente item não fala apenas em aulas de Filosofia, mas também em *aulas de Ciências Humanas*. Explicar o fato corresponde à segunda precisão que preciso fornecer.

E ela é bastante simples. Desde que temas humanos se tornaram objeto de estudos científicos (Sociologia, Antropologia, Psicologia, etc., *grosso modo*, a partir de início do século XX), a reflexão sobre eles deixou de ser exclusivamente especulativa (método da Filosofia) para ser enriquecida por dados empíricos de toda sorte. Como era de se esperar, tal empreitada científica acabou por dar novos rumos às reflexões sobre o ser humano e suas obras. Tomemos o exemplo da Psicanálise: com as descobertas de Freud sobre o inconsciente e a influência deste sobre o pensar e o agir, as concepções sobre a razão e a consciência humanas sofreram profundas alterações que os próprios filósofos não podem não levar em conta. Mesma coisa pode ser dita para essa área clássica da Filosofia que é a Epistemologia: os avanços da Física (pense na teoria da relatividade, elaborada por Albert Einstein) revolucionaram nossa maneira de pensar o mundo material e, logo, deram novos rumos à Epistemologia, assim como fizeram e fazem as pesquisas sobre o desenvolvimento da inteligência humana e seus substratos neurofisiológicos. Logo, não há, hoje, razão válida para dar à Filosofia a exclusividade dos conhecimentos e reflexões sobre o Homem.

Ora, o mesmo vale para a ética e para a moral. Se a reflexão filosófica sobre o que seria uma "vida boa" e sobre que valores deveriam nortear nossas ações é incontornável para se pensar sobre o "desejável", o "bem", o "mal", o "dever", a "liberdade", e outros temas, não se pode desprezar o rico aporte que as pesquisas em Sociologia, em História, em Psicologia, em Antropologia, etc., trazem para essa reflexão. Por exemplo, discutir criticamente as teorias de Piaget e Kohlberg, segundo as quais o homem tende a caminhar em direção da legitimação de princípios de justiça universais, é da maior relevância para avaliar o valor da própria virtude "justiça". Saber, graças aos conhecimentos pacientemente represados por historiadores e sociólogos, que os sistemas éticos e morais sofrem influência das condições econômicas e políticas presentes nas épocas em que foram criados é importante para nossa própria "descentração", que pode nos fazer ter muito cuidado antes de julgarmos tal ou tal valor universal e inconteste. Mesma "descentração" pode ser desencadeada pelos conhecimentos antropológicos, que nos falam de costumes de outros povos ou civilizações. Como já comentei em outro lugar (ver ME), tais conhecimentos podem nos ajudar a rever criticamente nossos próprios valores, mas podem também reforçá-los. Escreveu Robert Spaemann, no livro *Notions fondamentales de morale*: "Em todas as culturas, há deveres dos pais para com seus filhos, dos filhos para com seus pais, em todo lugar a gratidão é considerada 'boa', em todo lugar o orgulho é desprezível e a generosidade é respeitada, em praticamente todos os lugares a imparcialidade é virtude do juiz e a coragem, a virtude do guerreiro" (1994, p. 15). E acrescenta: "São as diversidades culturais elas mesmas que nos desafiam a procurar um critério de julgamento" (p. 16). Eis um belo desafio a lançar aos alunos.

Em suma, no campo da ética e da moral (como em outros) muitos dos conhecimentos apresentados pelas chamadas Ciências Humanas somam-se às reflexões filosóficas – e seria privar os alunos de saberes relevantes não lhes apresentar parte desses conhecimentos. Eis a razão pela qual proponho a presença no currículo escolar da disciplina *Filosofia e Ciências Humanas*. Eu não exigiria dos professores que a dedicassem exclusividade à dimensão ética e moral. No entanto, eu diria para os professores que ajudariam, e muito, na formação moral de seus alunos se a tratassem com generosidade.[6]

Última precisão: a partir de que ano escolar seriam ministradas aulas de Filosofia e Ciências Humanas?

Como na perspectiva pedagógica que acabei de defender os alunos deverão estudar textos filosóficos e científicos e que para tal são necessárias maturidade intelectual, capacidade de pensamento hipotético-dedutivo e motivação para pensar temas sociais (e não apenas grupais), creio que aulas de Filosofia e Ciências Humanas como elementos de uma formação moral podem ser ministradas para adolescentes, ou seja, a partir do ensino médio. Sei que existe a proposta de "Filosofia para Crianças", criada por Lipman, que prevê um contato mais precoce dos alunos com o "amor à sabedoria". Porém, como conheço mal essa proposta, prefiro nada falar sobre ela. Somente posso dizer que a perspectiva pedagógica que acabo de explicitar implica o contato dos alunos não apenas com os temas da moral e da ética, mas também e principalmente com os *autores* que deles trataram. Ora, não creio que tal contato literário possa ser possível e frutífero antes dos 15, 16 anos.

Sim, mas o desenvolvimento do juízo moral começa bem antes da adolescência – e, é claro, a escola não pode esperar as aulas de Filosofia e Ciências Humanas para ajudar os alunos a refletir sobre a moral. Alguma coisa deve ser feita antes do ensino médio. Há propostas que contemplem as crianças menores? Há. Comecemos pela mais polêmica delas: uma disciplina exclusivamente dedicada à educação moral.

Disciplina de educação moral

"Instrução moral", "instrução cívica", "lições de moral", "educação moral e cívica", "ética", eis alguns nomes que já foram dados a uma disciplina dedicada a fazer os alunos legitimarem um determinado sistema moral considerado necessário ao exercício da cidadania. Voltemos a sublinhá-lo: moral e exercício da cidadania não se confundem. Exercer a cidadania implica conhecer a organização social do país em que se vive, conhecer suas instituições, participar da construção do bem público, conhecer e respeitar as leis que determinam direitos e deveres, etc. Porém, muitas das leis básicas que balizam o convívio entre os membros da sociedade têm sua origem em sistemas morais que lhes conferem validade e, logo, somente as respeita quem adere a tal sistema. Portanto, não pode haver instrução cívica sem educação moral. É por essa razão, aliás, que o tristemente conhecido nome "educação moral e cívica" é, reconheçamos, um bom nome, pois destaca e articula moral e civismo. Pena que tenha sido empregado com a perspectiva dogmática que se sabe.

Será, entretanto, necessariamente dogmática uma disciplina destinada à educação moral e ao civismo? Será ela necessariamente reforçadora da submissão, da falta de crítica, da heteronomia? Parece-me evidente que não.

Analisemos um pouco mais a questão do dogmatismo, em geral entendido, de forma pejorativa, como referência a certezas absolutas, à ausência de questionamentos, à imposição pura e simples de certas ideias e valores. Perguntemo-nos, em primeiro lugar, se a educação tem legitimidade para apresentar a seus alunos certos princípios e regras morais dizendo-lhes que deveriam pautar suas ações neles. Perguntado de outra forma: tem, ou não, a educação legitimidade para apresentar um sistema moral e dizer a seus alunos que é esse sistema, e não outros, com ele contraditórios, que deve inspirar os seus comportamentos?

Responder pela negativa a essas perguntas equivaleria a aceitar o *relativismo moral axiológico*, ou seja, aceitar que não há critérios para julgar comportamento algum como bom ou mau, como moralmente superior ou inferior a outros comportamentos. Responder pela negativa levaria, em boa lógica, a aceitar como moralmente válidas as mais diversas ações, sejam elas violentas, desrespeitosas, sejam elas pacíficas e justas. Para alguns, aceitar tal relativismo moral axiológico seria dar prova de tolerância. Porém, como bem diz Spaemann (1994, p. 23), "É preciso compreender que a tolerância não é, em nenhum caso, a consequência natural do relativismo moral, como frequentemente se diz. A tolerância tem como fundamento uma convicção moral muito determinada para a qual se exige a universalidade. Ao contrário, o relativista moral pode se perguntar: 'Por que eu deveria ser tolerante?' Minha moral me permite a violência e a intolerância". Fundar a tolerância sobre o relativismo moral levaria à seguinte contradição: quem legitima a tolerância deveria aceitar como também legítima a intolerância. A tolerância pressupõe duas dimensões: a da alteridade e a da moralidade. Somente faz sentido falar em tolerância frente a ações, comportamentos e costumes diferentes dos nossos. E a tolerância somente é válida se a aceitação de ações, comportamentos e costumes diferentes dos nossos passou pelo crivo de alguns princípios morais básicos. Se não houver esse crivo, a tolerância equivale à indiferença e não ao reconhecimento do valor da alteridade. Assim como é necessária a existência de um idioma comum para que sejam, com ele, criados vários estilos de comunicação, é necessário um conjunto mínimo de princípios morais para que sejam criados e aceitos diversos estilos de comportamento. Por exemplo, podemos (eu diria, devemos) aceitar como válidas várias formas de relacionamento marido/esposa, contanto que haja respeito mútuo entre eles. É o caso do famoso "casamento aberto" adotado por Jean Paul Sartre e Simone de Beauvoir, que se definia pela ausência da exigência de fidelidade sexual: uma vez que tal contato matrimonial foi feito entre pessoas iguais entre si e livres, por mais que possa chocar alguns, ele respeita o princípio moral da justiça e da dignidade. Tal não é o caso de casais cujo marido acredita ter o direito, porque é do sexo masculino, de "enganar" a esposa, enquanto nega liberdade equivalente a ela por "ser mulher".

Voltando ao contexto escolar, é claro que não são toleráveis comportamentos que firam certos princípios morais. Por conseguinte, a educação tem legitimidade, sim, para apresentar um sistema moral e dizer a seus alunos que é esse sistema, e não outros, a ele contraditórios, que deve inspirar seus comportamentos. Que sistema é esse? Eu pessoalmente falaria em justiça, generosidade e dignidade. Contudo, a referência não pode, evidentemente, ser pessoal. E nem pode ser institucional, no sentido de a escola escolher um sistema que lhe apraz. A referência deve ser buscada na articulação entre moral e cidadania. Ora, para tanto, basta ler a Constituição brasileira. Lá estão os "Princípios Fundamentais" que norteiam o convívio ideal entre os brasileiros. E lá, o que se encontra? No Artigo 1, fala-se em "dignidade da pessoa humana". No Artigo 2, fala-se em "sociedade livre, justa e fraterna" e também na promoção "do bem de todos, sem preconceitos de origem, de raça, cor, idade, ou quaisquer outras formas de discriminação". Fala-se também em igualdade, em liberdade, em direito à intimidade. Enfim, encontram-se lá os princípios a que me referi para balizar a tolerância. Apresentar tais princípios como bons e necessários ao convívio é dar prova de dogmatismo? Não. Como escreve Lucien François (1990, p. 22), "não vejo por que os estados democráticos e pluralistas não teriam o direito de ensinar um mínimo de civismo".

Todavia, o dogmatismo pode se fazer presente na *forma* da apresentação desses princípios e no *modo* como trabalhá-los. Se a educação moral se limitar à apresentação fria de regras consideradas, sem maiores apreciações, como absolutamente boas, se o mesmo for feito com os princípios e com as leis constitucionais, o ensino será dogmático: alguns alunos dele sairão heterônomos, submissos e, logo, moralistas, e outros tenderão a desprezar um sistema moral apresentado de forma tão crua e sumária. O mesmo acontecerá se a moral for reduzida a um conjunto de símbolos sagrados, se for associada à memorização de máximas e provérbios, ou se for imposta por intermédio da "adoração" de alguns heróis míticos: alguns se sentirão "cidadãos", não porque se interessam pelo destino do país, mas apenas por que cantam emocionados e orgulhosos o hino nacional com a mão no coração, outros nem isso. E, assim como todo e qualquer conhecimento pode ser trabalhado de forma inteligente, a educação moral pode, ela mesma, ser ministrada de forma inteligente. Como escreveu também Lucien François (1990, p. 21): "Estimo que na escola pública pode-se ensinar o que é demonstrável, mesmo se isso incomoda". Sim, é possível que certos aspectos de uma moral inspirada pelos princípios universais de justiça (que inspiram, eles mesmos, a Constituição brasileira) incomodem certas formas de pensar oriundas de sistemas outros. É possível, por exemplo, que a afirmação moral segundo a qual deve haver igualdade de direitos entre homens e mulheres, entre brancos e negros, entre deficientes e não-deficientes, choque alguns alunos, que ouvem aqui e ali que homens devem mandar em mulheres, que negros somente conseguem realizar tarefas subalternas e que deficientes são um estorvo para a sociedade. Todavia, é imperativo que percebam que tais valores discriminantes nada têm de "óbvio", como é necessário que cheguem à mesma conclusão aqueles que pensam que as injustiças devem ser combatidas com outras injustiças, a violência com mais violência e o desprezo com humilhações. Tem razão François quando lembra que a educação moral pode incomodar, pois, se o que a moralidade afirma fosse evidente para todos, tal educação seria desnecessária.

E ele tem razão também ao falar no que é *demonstrável*. É claro que a moral não é "demonstrável" assim como o são teoremas matemáticos e enunciados da Física. O que quer salientar esse especialista em educação moral é que há *razão* na moral, que se pode apreendê-la por intermédio de raciocínios, que ela é e deve ser objeto de reflexão. Não se trata, portanto, de "incomodar" por incomodar, de rebater uma crença com outra, pois o que realmente incomoda alguém é ele verificar que há argumentos e reflexões embasadas que contradizem as suas, é ele perceber que ele pode estar errado e os outros, certos. Uma educação moral dogmática procura apagar uma crença e escrever outra por cima, uma educação moral que apela para a reflexão procura fazer que a pessoa cheque suas crenças, faça-as passar pelo crivo da razão, pelo teste da universalização. E quem defende uma educação moral desse último tipo pensa que, com ela, *os indivíduos têm boas chances de acabar optando por princípios universais de justiça, abandonando sistemas mais limitados*.

Otimismo? Sim, mas embasado nas pesquisas de Piaget, Kohlberg e outros. O primeiro mostrou que o caminho seguido pelo desenvolvimento do juízo moral conduz à autonomia, o segundo mostrou que conduz à legitimação de princípios universais de justiça. O psicólogo americano também mostrou que a evolução do juízo moral podia ser desencadeada por atividades de *discussão* em torno do tema da moralidade. Para prová-lo, ele e colaboradores (Blatt, Turiel, ver Biaggio, 2002) juntaram pessoas em estágios diferentes do desenvolvimento do juízo moral e lhes pediram que discutissem entre elas dilemas morais. Após a discussão, três poderiam ser os resultados. O primeiro: cada pessoa permanece no estágio no qual estava. O segundo: pessoas em estágios considerados mais avançados regressariam a estágios anteriores, pois convencidos pela validade dos argumentos das pessoas que neles se encontram. O terceiro: aconteceria exatamente o contrário e seriam as pessoas de estágios inferiores que tenderiam a concordar e a fazer seus os argumentos das pessoas dos estágios mais avançados. Somente o terceiro resultado corresponderia às teses de Kohlberg. O segundo seria com elas contraditório, e o primeiro mostraria que o exercício da reflexão moral não traria ganho algum. Ora, verificou-se o resultado favorável à perspectiva construtivista: o embate dialógico entre alguém que se encontra em um estágio de desenvolvimento moral X e outrem, que se encontra em um estágio X+1 ou X+2, tende a fazer o primeiro evoluir em direção aos argumentos do segundo.[7] Tais resultados sustentam o otimismo anteriormente referido, pois parece não ser ingenuidade pensar que, de fato, *as pessoas têm chances de acabar optando por princípios universais de justiça, abandonando sistemas mais limitados*.

Todavia, para tanto, é preciso que uma educação moral digna desse nome seja oferecida a crianças e jovens. E uma educação digna desse nome deve fazer apelo à inteligência dos alunos, fazer apelo a sua reflexão.

Ora, atividades coerentes com essa perspectiva podem ser propostas e realizadas nas instituições de ensino. O próprio Kohlberg propôs que a discussão de dilemas morais, com pessoas de diferentes níveis e "pilotadas" por professores, fosse implementada nas escolas. Comenta Ângela Maria Brasil Biaggio (2002, p. 61) a respeito dessa proposta: "A popularidade desse método é grande e fácil de se entender. É um método que promove a educação moral sem usar doutrinação nem relativismo. Evita a doutrinação porque visa promover o desenvolvimento natural de estruturas universais de tomada de decisão, e não a adesão a um conjunto de valores e crenças religiosas ou morais. Evita o relativismo porque postula que os estágios são ordenados de forma hierárquica, de maneira que um estágio superior é "melhor" ou mais "justo" do que aquele que o precede". Há, entretanto, outras atividades possíveis, e que também fazem apelo à razão e à reflexão. No Brasil, por exemplo, Denise D'Aurea Tardelli publicou recentemente um livro intitulado *Heróis na sala de aula: práticas morais para a utilização de filmes pelo professor de ensino fundamental e médio* (2007), no qual apresenta atividades de reflexão a partir de variados filmes nos quais dimensões morais estão presentes. Outro exemplo brasileiro encontra-se na proposta coordenada por Ulisses Araújo e Júlio Groppa Aquino (2001) batizada *Os direitos humanos na sala de aula*: trata-se de atividades de reflexão a serem desenvolvidas a partir de vários artigos da referida Declaração. Há outras propostas mais. Vale para elas o que eu disse no capítulo dedicado à "cultura do sentido": não se deve apresentar aos alunos as respostas sem antes ter esclarecido quais eram as perguntas. Ora, a moral corresponde a respostas a perguntas que os Homens se fizeram e se fazem. O sentido da moral está nestas perguntas: Como viver melhor? Como viver em harmonia? Como evitar a dor? Virtudes como a justiça, a generosidade e a dignidade são respostas dadas a essas indagações e a outras.

Isso posto, o leitor que, por ventura, tenha se convencido de que a educação moral não cabe apenas à família, mas também à escola, talvez ainda se faça algumas perguntas.

Ele pode estar achando estranho que falemos em aulas de educação moral uma vez que Piaget disse que são as relações de cooperação que promovem o desenvolvimento do juízo moral, e não aulas destinadas a esse objetivo, por mais reflexivas que possam ser. A essa indagação, eu responderia uma coisa só: se é verdade que a qualidade das relações sociais é incontornável para se promover o desenvolvimento do juízo moral (por isso dedicarei a elas um item específico: convívio escolar), o fato por si só não deve nos levar a negligenciar procedimentos outros. Fosse o caso, não se compreenderia por que o próprio Kohlberg propôs o método de discussão de dilemas. E o próprio Piaget (1998, p. 44) escreveu que "a lição de moral não deve de forma alguma ser proscrita". Diz ele, no mesmo texto, que ela deve ser julgada "em suas justas proporções", porque "ela não pode dar seus frutos se não houver uma verdadeira vida social no interior da sala de aula" (p. 44). Piaget assim sublinha o caráter incontornável do convívio escolar, mas isso não o leva a banir o papel do professor, o papel da aula (conforme Capítulo 2), o papel da discussão didaticamente organizada em torno de temas morais.

No entanto, mesmo que convencido pelo que acabo de escrever, e convencido, portanto, de que é rico o apelo à reflexão moral desencadeada por variadas atividades, o leitor ainda pode se perguntar se é necessário para tanto uma disciplina específica. Tais atividades poderiam estar presentes de forma difusa nas aulas? Não poderiam se dar de modo "transversal"? Poderiam.

Vou agora procurar equacionar essa questão.

A transversalidade

Embora o emprego do termo "transversalidade" seja recente, a concepção pedagógica que ele representa não é nova na área da educação moral. Em 1930, Piaget já se referia a ela: *"É preciso distinguir o procedimento que consiste em não dar um lugar especial à moral no horário das aulas, mas em empregar os diferentes ramos do ensino para se livrar a considerações morais atinentes a eles"* (1998, p. 39). No Brasil, a transversalidade foi proposta nos Parâmetros Curriculares Nacionais para o Ensino Fundamental (PCNS), em 1997, como método para que fossem trabalhados, na sala de aula, diversos temas sociais, que, como na reforma curricular espanhola (de 1991), foram chamados "temas transversais". Tais temas foram escolhidos em razão da urgência e abrangência social que representavam (e ainda representam), e também com base no critério da possibilidade de serem trabalhados desde a antiga 1ª série (hoje, segundo ano do ensino fundamental). Os temas sociais selecionados foram: saúde, meio ambiente, pluralidade cultural, orientação sexual, trabalho e consumo e ética. Note-se que duas razões levaram à escolha do nome "ética", e não "moral", para um dos temas transversais. A primeira é porque a palavra ética com frequência é empregada como sinônimo de moral, não sendo, portanto, errado dar esse nome aos conteúdos eleitos pelos PCNS: respeito mútuo, justiça, diálogo e solidariedade. A segunda razão é de ordem política: qualquer referência à moral associaria imediatamente a nova proposta curricular à antiga Educação Moral e Cívica, o que indisporia de antemão muitos educadores. Os autores da reforma curricular espanhola, que não tinham esse problema, deram o nome de *Educación Moral y Cívica* ao tema transversal correspondente. Na qualidade de Consultor dos PCNS, propus timidamente que voltássemos a empregar esse nome – que, como já dito, considero bom, por destacar e articular civismo e moralidade –, mas logo me convenceram de que a dimensão semântica da questão poderia comprometer o sucesso da nova proposta.

Isso posto, tudo o que vimos no item anterior a respeito da perspectiva de uma educação moral não-dogmática, de uma educação baseada, não na imposição, mas sim no convencimento, vale para a proposta de trabalho com o tema transversal ética, e com todos os outros. A única e importante diferença reside no fato de não se prever uma disciplina específica para cada um deles – devendo, seus respectivos aspectos, ser trabalhados por *todos* os professores – a partir dos conteúdos de suas respectivas matérias. Quais são as razões que levam à opção do "método transversal"? Como vamos ver, são todas ponderáveis e boas.

A primeira delas reside no medo da "fragmentação" curricular. Sabe-se que uma das recorrentes críticas à educação escolar (e também universitária) reside no fato de, por um lado, o currículo ser dividido em variadas disciplinas – o que é correto e até inevitável – e, por outro, de não serem mostradas aos alunos as relações mútuas que a maioria das disciplinas têm entre si – o que é errado. O resultado prático dessa fragmentação é o empobrecimento da construção do conhecimento, pois se passa a ideia de que cada área corresponde a uma espécie de compartimento estanque, quando, na verdade, esses compartimentos se relacionam lógica e historicamente. Assim sendo, dedicar a cada tema social mais uma disciplina aumentaria o risco da fragmentação, privando o aluno da compreensão de que, por exemplo, a questão da saúde se relaciona muito com a Biologia e a Geografia, o meio ambiente com a História e as Ciências, etc. Ora, o mesmo pode se aplicar à moral: isolá-la em uma disciplina específica poderia ter o efeito de privar as crianças e os jovens da percepção de que a moral está presente em todas as atividades humanas, entre as quais aquelas representadas pelos demais conteúdos escolares.

A segunda razão, correlata da anterior, é o que se pode chamar "busca de engajamento institucional". Com a fragmentação aqui citada, cada professor tende a se preocupar exclusivamente com sua disciplina, a se concentrar na "árvore", se esquecendo da "floresta". Esse fenômeno não ocorre tanto nas séries iniciais, dirigidas por professores polivalentes, mas costuma estar presente nas séries subsequentes. Digo que "não ocorre tanto" nas séries iniciais – e, portanto, ocorre – porque um professor polivalente pode se centrar demasiado na série na qual atua, e não se preocupar com o que se fez e se fará nas outras séries. Ora, fosse objeto de disciplinas específicas, o mesmo problema poderia acontecer com os temas sociais. Em compensação, sendo transversais, deve necessariamente haver um trabalho de equipe entre todos os educadores, para decidir o que cada um fará. Não somente tal trabalho de equipe enriquece o trato a ser dado a cada tema, como também permite uma articulação geral entre as diversas disciplinas. Logo, a presença dos temas transversais poderia ser benéfica para o ensino como um todo.

No caso específico da educação moral, a busca de engajamento institucional é da maior importância, pois deve haver harmonia entre o que cada professor diz a seus alunos ser moralmente correto e as formas por intermédio das quais fala de valores, princípios e regras. Na ausência de educação moral na escola (como costuma ser o caso, hoje), cada professor tende a dar sua "lição de moral" particular, notadamente quando enfrenta problemas como indisciplina e desrespeito. Uma disciplina específica dedicada à educação moral resolveria em parte o problema, pois, com ela, os alunos teriam contato com conteúdos legitimados, não pelo professor que a ministraria, mas pela educação como um todo. Mas eu disse que resolveria apenas *em parte* o problema da fragmentação e da dispersão porque se correria o risco de os demais professores desconhecerem o que se faz e se diz na referida disciplina. Pior ainda, correria o risco de recair sobre o pobre "professor de moral" toda responsabilidade pelos comportamentos por ventura desrespeitosos e agressivos de certos alunos. Em compensação, se trabalhada de forma transversal, a moral deve ser necessariamente objeto de reflexão axiológica e didática por parte de todo o corpo docente. Seria um ganho que uma disciplina dedicada exclusivamente a ela não garantiria.

A terceira razão da opção pela transversalidade é a própria viabilidade pedagógica de serem ensinados elementos atinentes aos temas sociais. Tome-se o exemplo do meio ambiente: é impossível falar dele sem trazer elementos de Biologia, de Física, de Química, de Geografia, de Matemática, etc. O mesmo vale para a orientação sexual: refletir sobre sexualidade implica refletir sobre relações amorosas, sobre gravidez, sobre doenças sexualmente transmissíveis, e outras dimensões mais, cujos elementos se encontram na Literatura, na História, na Biologia, para apenas citar três disciplinas clássicas. E o mesmo evidentemente vale para a moral, com destaque para a Literatura (todos os textos são perpassados por valores) e para a História (há nela tanta iniquidade e também tanto heroísmo).

A quarta e última razão para a defesa da transversalidade é de ordem estritamente prática: fossem dedicadas disciplinas específicas a cada tema social, o currículo ficaria sobrecarregado. Lembremos que seis foram os temas escolhidos pelos PCNS, e que eles prevêem também que sejam trabalhados "temas locais".

Em suma, penso não haver muitas dúvidas de que a transversalidade corresponde a uma proposta educacional inteligente, rica e generosa e que, no caso da educação moral, apresenta muitas vantagens. Mas antes de, em seu favor, abandonarmos definitivamente a hipótese de uma disciplina dedicada a ela, façamos-nos a seguinte pergunta: Será a transversalidade uma *realidade educacional*? Será ela de fato *viável*?

Em teoria, não se vê por que não seria. Mas, na prática, não é o que se observa. Não possuo dados quantitativos, mas creio não me enganar ao dizer que, pelo menos no Brasil, a proposta dos "temas transversais" não foi adotada pela grande maioria das escolas. Isso se deve em grande parte, é claro, ao fato de os PCNS serem apenas "parâmetros", e não um currículo obrigatório. Todavia, essa explicação não é suficiente, pois, quando foram publicados os documentos dos "temas transversais", um número razoável de professores ficou entusiasmado e se dedicou a eles. Digo *professores*, não *escolas*. Educadores animados criaram projetos interessantes para trabalhar saúde, meio ambiente, pluralidade cultural, etc. Tais projetos, porém, não merecem o nome de "transversais" pela simples razão que eram, quase sempre, iniciativas pessoais, não institucionais. Ora, como acabamos de ver, a transversalidade implica o trabalho conjunto de todo o corpo docente. Em suma, são pouquíssimas as escolas, públicas ou privadas, que encamparam, de fato, a proposta dos temas transversais.

Qual o motivo dessa não adesão? Será desprezo pelos temas sociais propostos? Em uma "cultura da vaidade", na qual a escola é vista como máquina de fabricar "vencedores" e não como instituição dedicada à formação da cidadania, tal hipótese não pode ser de forma alguma descartada. Será porque a transversalidade exige uma reorganização profunda dos modos clássicos de se ensinar, de os professores se relacionarem entre si e com a direção, de dividirem as tarefas pedagógicas? Essa hipótese também não pode ser descartada, pois é de fato complexa a exequibilidade do método proposto nos PCNS, sobretudo para escolas com grande número de alunos e para aquelas cujos professores, não remunerados para oferecerem dedicação exclusiva, não dispõem do tempo necessário ao verdadeiro trabalho em equipe. Será porque o governo que sucedeu àquele que propôs os PCNS não se interessou pela proposta educacional da "oposição" e abandonou o programa chamado "Parâmetros em Ação", criado para instrumentalizar as escolas que tinham aderido à nova perspectiva educacional? Eis mais uma razão que não pode ser desprezada, uma vez que mudanças curriculares decorrentes da transversalidade são de implementação lenta. Não se teria dado "tempo ao tempo". Ou será simplesmente porque, até mesmo nas escolas nas quais se tentou trabalhar com os temas transversais, acabou ocorrendo o que Piaget previa em 1930: "cada professor, centrado em sua própria disciplina, acaba por adiar o cuidado de explicitar seu sentido humano e o ano passa sem que haja discussões morais" (1998, p. 42). Talvez.

Contudo, seja qual for a explicação, o fato é que a escola permanece silenciosa a respeito da educação moral e que os alunos, como o temia o autor de *O juízo moral da criança*, permanecem passando anos sem discussões morais. O que fazer?

Eu proporia às escolas que, honestamente, pensam poder organizar uma verdadeira educação moral transversal que procurassem implementá-la com todo carinho.

Para as outras, proporia que pensem, também com carinho, na possibilidade de reservar uma disciplina dedicada à educação moral. A transversalidade é melhor? Sim. Aulas dedicadas à educação do juízo moral são necessariamente ruins ou inúteis? Não. Como vimos, nada há de forçosamente dogmático nessa proposta, nada há de necessariamente "anticonstrutivista", tanto é verdade que nem Piaget nem Kohlberg abriram mão dessa possibilidade. A presença dessa disciplina teria a vantagem de atribuir à moral a visibilidade que, hoje, lhe faz falta. Qual seria o nome dela? Há vários nomes bons e significativos. Qual seria seu método de ensino? Repito o bordão: não impor, mas sim convencer. Qual seria a frequência das aulas? Pelo menos uma hora por semana. A partir de que série? Se fosse de forma transversal, eu diria, com os PCNS, a partir da 1ª série (segundo ano), mas, em se tratando de disciplina específica, diria a partir da 5ª (sexto ano).

Todavia, o que não pode esperar até a 5ª série, e nem até a 1ª, é o trato a ser dado ao *convívio escolar*.

Convívio escolar

O documento dedicado ao tema transversal "ética" dos PCNS apresenta uma *particularidade* em relação àqueles que falam dos outros temas: para cada conteúdo (respeito mútuo, justiça, etc.), além de serem apresentadas propostas de articulação com as demais disciplinas (a própria transversalidade), fala-se em *"convívio escolar"*. Por exemplo, com relação ao conteúdo "respeito mútuo", lê-se que, "para crianças que, talvez, não recebam o mesmo tratamento em outros lugares, a vivência de um relacionamento respeitoso, sem discriminações, será riquíssima aprendizagem: dar-lhes-á a consciência e força para se indignarem quando acontecer de serem desrespeitadas na vida cotidiana" (Brasil, 1997, p. 120). Quando o documento trata da questão da "justiça", é afirmado que "não privilegiar alunos, não desprezar suas competências e esforços, não considerá-los *a priori* desonestos e fingidos são atitudes necessárias ao desenvolvimento e legitimação do valor da justiça" (p. 129). Para o trabalho com a mesma virtude, também é lembrada a questão da avaliação: "A avaliação escolar é uma forma de julgamento que deve ser justa. Além disso, para que a avaliação possa ser percebida como justa pelos alunos, é necessário que a escola, ao eleger os critérios de avaliação e seus indicadores, informe aos alunos quais são eles e explicite a razão de ser da avaliação" (p. 127). Para procurar desenvolver o espírito de solidariedade, pondera-se que "em sala de aula, por exemplo, em vez de incentivar a competição entre os alunos ou a sistemática comparação entre seus diversos desempenhos, é preferível fazer com que eles se ajudem mutuamente a ter sucesso em suas aprendizagens" (p. 132). A postura moral dos professores, na sala de aula, no pátio, seja em relação aos alunos, seja em relação a quaisquer outras ações também é considerada fundamental porque "a virtude dos modelos não está na possibilidade de cópia por parte dos alunos, mas sim na concretização dos discursos que ouvem em condutas adultas" (p. 123).

Como se percebe, o referido documento não se limita a analisar possíveis relações entre moral e demais disciplinas: ele dá grande ênfase à *qualidade das relações sociais* dentro da escola. Aliás, é dada mais ênfase a essas relações do que à transversalidade propriamente dita, pois – das *quatorze páginas* dedicadas às "orientações didáticas" – *dez* abordam o convívio escolar.

Do ponto de vista da Psicologia Moral, tal ênfase está correta. Aristóteles já afirmava que as virtudes morais eram adquiridas e desenvolvidas pela *prática*, e séculos e séculos depois, cientistas que se debruçaram sobre a moralidade humana, como Freud, Durkheim e Piaget, reconheceram que ela nasce e evolui na *práxis*, na experiência que os homens e as mulheres vivem em suas relações sociais. Logo, se são profícuos aula de filosofia (importantes para conhecer o rico legado histórico das reflexões morais) e momentos dedicados à reflexão moral (seja em disciplina específica, seja na perspectiva da transversalidade), nada substitui o exercício da vida moral, tanto do ponto de vista intelectual quando do afetivo. Vimos que Piaget afirmava que a lição de moral não deve de forma alguma ser proscrita. Entretanto, não podemos esquecer que ele acrescentava que tal lição *não pode dar seus frutos se não houver uma verdadeira vida social no interior da sala de aula*.

Mas, afinal, o que é uma "verdadeira vida social no interior da sala de aula", e também fora dela, nos pátios, nos corredores, nas quadras esportivas?

Quando Piaget escreveu essa frase, ele tinha em mente o ensino tradicional de sua época, dominado por um professor que, a sua frente, tinha alunos imóveis e silenciosamente sentados em carteiras presas ao chão: o "mestre" falava, os "discípulos" ouviam, ele dava, eles recebiam, ele impunha, eles obedeciam. Como já tive várias vezes a ocasião de dizê-lo, tratava-se de relações de coação que, enquanto tais, tendem a reforçar o egocentrismo, o conformismo e a heteronomia. Como, para Piaget, o objetivo maior da educação moral é fazer que as crianças e os jovens conquistem a autonomia, ele preconizava que fosse dado espaço para os alunos falarem, questionarem, discutirem, pesquisarem, trabalharem entre si, enfim ele preconizava a possibilidade de, na sala de aula e fora dela, haver momentos de cooperação. Como para ele, assim como para Sartre, "a existência precede a essência", como para ele "no início estava a ação", somente a vivência de relações sociais que se sustentam por relações de reciprocidade e respeito mútuo pode levar os indivíduos a compreender e legitimar tal reciprocidade e tal forma de respeito. Logo, para além de lições de moral que explicam e cantam as virtudes da justiça, da generosidade, da dignidade, da liberdade, por melhores que sejam, deve imperativamente haver uma "vida social" na qual tais virtudes regulem as relações interpessoais. Daí a incontornável necessidade de cuidar para que haja real convívio social e para que este seja a encarnação da moral que se quer ver legitimada. *Ora, isso também é educação*, e das melhores.

Voltemos então aos dias atuais. Será que Piaget diria que, hoje, há uma verdadeira vida social na escola, uma verdadeira vida *coletiva*, uma verdadeira vida moral inspirada pelo respeito mútuo?

Imaginemos um instante que, nesse início de século XXI, ele esteja entre nós e visite algumas escolas. Como bom observador que é, até mesmo antes de entrar nas salas de aula, verificará alguns indícios da presença ou ausência da verdadeira vida social.

Por exemplo, ao descer de sua bicicleta e ao olhar para a entrada de escolas públicas, pensará ele que não são nada aquinhoadas em termos financeiros. Porém, reparará também que, em algumas delas, até nos bairros os mais miseráveis, a falta de dinheiro não se traduz pelo abandono do local. Reparará que há um cuidado para fazer que a escola seja minimamente acolhedora, o que é um sinal de que o lugar, os professores, os funcionários e os alunos são valorizados, um sinal, portanto, de que há vida coletiva. Em compensação, a falta de tal cuidado, em outras escolas, será justamente um sinal de que a escola é "terra de ninguém", sinal de mau augúrio em termos de convívio escolar. Em escolas privadas, em geral com recursos financeiros para preservar paredes, portões e jardins, ao descer de sua bicicleta Piaget com certeza apreciará a qualidade arquitetônica do lugar, mas o que mais chamará sua atenção talvez sejam os dispositivos de segurança presentes na entrada. Observará que, em algumas, se entra facilmente, apenas sob o olhar tranquilo de um vigia. Em compensação, em muitas outras, estranhará a presença de verdadeiros aparatos prisionais: porteiros mal-encarados, câmeras, cartões magnéticos, portões automáticos pilotados por misteriosos funcionários escondidos atrás de vidros escuros. Ele terá a impressão de adentrar um *bunker*. E, após ter explicado a um "guarda" a razão de sua presença, Piaget talvez tema ser revistado. Ficará um pouco aliviado ao perceber que não o revistarão, mas pensará com seus botões que um lugar desses deve ser dominado pela desconfiança, o que é péssimo sinal para a qualidade do convívio. E terá um pensamento diametralmente oposto nas escolas que não descuidam da segurança, mas a mantém em níveis básicos e discretos.

Uma vez dentro da escola, seu olhar permanecerá captando sinais da presença de coação ou cooperação, de vida individualizada ou coletiva. Por exemplo, em algumas instituições que visitará, ficará contente em perceber que, em vez das fotografias em branco e preto de alguns ex-diretores, são as produções dos alunos que são afixadas nas paredes, e permanecerá alguns minutos a contemplá-las, pois tal presença costuma atestar a importância acordada aos alunos, a seus trabalhos e a socialização destes: sinais de cooperação e perspectiva coletiva da vida. Contudo, Piaget não terá a mesma reação favorável em escolas em que, no *hall* de entrada, são expostos ostensivamente as dezenas de troféus ganhos em competições esportivas. Embora tais troféus também representem, de certa forma, "produções dos alunos", sua presença, em lugar de honra, passa em recado diferente. Não é o "veja o que nós fazemos", da mostra de trabalhos, mas sim um "veja como somos vencedores". Piaget compreenderá o orgulho pelos troféus, mas desconfiará do lugar central que ocupam: afinal, ganhar competições esportivas não é o objetivo central das escolas. Escola não é clube. Por que, então, tanto destaque?

E por que tanto luxo? Eis certamente a pergunta que Piaget há de se fazer em algumas escolas particulares que se assemelham a verdadeiros *shoppings*. Para além, ou no lugar da necessária cantina, definida pelos dicionários como "lugares em que se servem bebidas e alimentos aos membros de uma coletividade",[8] ele verá restaurantes e lojas suntuosas ali presentes para atender às necessidades e, sobretudo, aos desejos individuais. Após dar uma olhada nos preços das mercadorias, Piaget constatará que são reais "preços suíços" e concluirá que se trata de um "sinal dos tempos", notadamente para certa classe social que se identifica ao consumo. Porém, será um bom ou mau sinal para a qualidade do convívio escolar? Piaget provavelmente se inclinará pelo "mau sinal", desconfiado de que tais escolas, em vez de oferecer alternativas de formas de viver e conviver, preferem reproduzir aquelas do mundo exterior, às quais seus alunos (clientes) são habituados e que ele sabe serem pouco inspiradas pela cooperação. Ele preferirá escolas nas quais há apenas a velha e boa cantina e onde se veem, aqui e ali, cabanas rudimentares e outros objetos, às vezes heteróclitos, mas construídos pelos próprios alunos.

Porém, são apenas "sinais" e Piaget, discreto e bem-educado, nada comentará ou perguntará até ser introduzido no "coração" das escolas que visita: os corredores, as salas de aula e o pátio.

Em alguma, talvez aconteça de ele perceber que, em uma sala, não se vê professor presente. "É atividade de trabalho em grupo?", perguntará ele, animado. "Não, o professor faltou", responderão. Vendo outras classes sem mestre, fará a mesma pergunta e a ele será respondido a mesma coisa: "Os professores faltaram". "Há problema de absenteísmo?", perguntará também Piaget – quando a resposta for afirmativa, chegará à conclusão de que, naquela escola, por motivos óbvios, não há sinal de vida social cooperativa e respeitosa.

Em outras escolas, ao entrar, acompanhado de um professor, em uma sala de aula, Piaget observará que os alunos, ao contrário do que faziam "no seu tempo", não levantam em sinal de respeito. Também pudera, já estavam todos de pé! E, uma vez dentro da sala de aula, ele observará que eles também não se sentam! Piaget, com seu conhecido bom humor, provavelmente verá nessa pequena balbúrdia um sinal positivo de que o professor não é visto pelos jovens como essa autoridade quase sacerdotal de antanho e notará, também com satisfação, que não há reservado para ele esse antigo símbolo de "elevação", o estrado.

Piaget sentará em um canto e observará a aula. Em muitas escolas, ele verificará, contente, que os alunos se deslocam e tomam a palavra, que a aula é "animada". Porém, "animada" demais, pensará ele se observar que os alunos não falam do conteúdo da aula, mas sim de coisas totalmente estranhas à tarefa de estudar, se observar que não há verdadeira comunicação entre eles, mas apenas cacofonia de interpelações, se observar que o professor se assemelha a um guarda de trânsito tentando colocar ordem em uma circulação caótica, se concluir que, longe de assistir a um exercício de cooperação, está testemunhando uma situação de anomia, que em nada corresponde, muito pelo contrário, a uma "verdadeira vida social". Da anomia, não nasce heteronomia e muito menos autonomia: nasce e se perpetua um individualismo autocentrado que mina toda e qualquer possibilidade de espírito coletivo de justiça e solidariedade. Se tal for o caso, Piaget irá buscar em outras salas de aula exemplos mais edificantes de convívio escolar. Encontrará, é claro, salas muito mais "calmas", mas cuja calmaria se deve à perpetuação do tipo de ensino ao qual ele mesmo fora submetido. Não obstante, encontrará outras ainda, dirigidas por professores que não fazem questão do estrado e que incentivam seus alunos a tomar a palavra. Nessas salas de aula, Piaget ficará mais tempo sentado e observando, mas, não raro, a despeito do esforço professoral, verificará que, quando um aluno toma a palavra, todos os outros se dispersam e não prestam atenção nem à pergunta do colega e muito menos à resposta do professor, sinal claro de que cada aluno privilegia sua relação individual com o docente e despreza a dimensão coletiva do aprendizado. "Permanece a relação de coação", pensará Piaget, uma relação mais sutil, sem dúvida, mas não menos unilateral e não-cooperativa.

Ficará com a mesma impressão de dispersão e falta de vida coletiva durante alguns recreios, momento ímpar para que os alunos interajam entre eles e promovam uma verdadeira vida social. "Por que certos alunos estão falando sozinhos, com uma espécie de 'aparelhinho' no ouvido?" perguntará Piaget. "Estão recitando suas lições?" Após ter aprendido o que é um telefone celular, Piaget, encantado com as maravilhas do progresso tecnológico, ficará espantado com tantas "urgências" que levam tantos alunos a se comunicar com o "lado de fora" da escola, e também lamentará um pouco o fato de tais "contatos mediatos" tomarem demasiado lugar daqueles "imediatos", "cara a cara", "olho no olho". Pobre coletivo, pensará ele. Mesmo pensamento ele terá se, ao visitar as quadras esportivas, reparar que os alunos, bem à moda de certos jogadores profissionais e torcidas de futebol, proclamam sem cessar palavrões e xingamentos sob o olhar impassível e indiferente dos professores, e que eles comemoram, não apenas quando fazem boas jogadas, mas também quando o adversário erra e assim lhes dá um "precioso" ponto.

Porém, em outras escolas, tal coletivo estará bem presente e evidenciado, como aquelas nas quais a prática esportiva não se resume a séries de batalhas travadas ao som de obscenidades, zombarias e humilhações, aquelas nas quais, durante o recreio, os alunos brincam entre si com brinquedos e jogos que pertencem à instituição. "*Nós não queremos que os alunos tragam seus próprios brinquedos e jogos de casa, como se faz em tantas escolas* explicará algum responsável pedagógico a Piaget, *pois a relação de responsabilidade para com esse material seria totalmente diferente. Se um aluno danifica ou perde um objeto que é dele, o problema é apenas dele. Porém, se o brinquedo é da escola, se ele é, portanto, de todos os alunos, a responsabilidade muda de figura e passa a ser como o que é coletivo. Esses alunos estão tão acostumados a ter suas próprias coisas (tantas coisas!) que, na escola pelo menos, podem ter a oportunidade de vivenciar a dimensão coletiva.*" Piaget aprovará tal decisão e, muito provavelmente, em uma escola dessas, encontrará verdadeira vida social, verdadeira vida coletiva, tanto nas salas de aula quanto fora delas. E ele terá gosto de nela participar de algumas reuniões pedagógicas, dirigidas não por dois ou três coordenadores, mas pela equipe como um todo. Nelas não ouvirá o curioso "diálogo do boné", ouvido por Luciene Tognetta e Telma Vinha (2007, p. 16), que passo a transcrever:

Profa 1: *"Este ano os alunos poderão usar boné?"*
Diret..: *"Não."*
Profa 1: *"E gorro?"*
Diret.: *"Hum... Gorro pode. Mas só em dias de frio."*
Profa 1: *"E, se o aluno vier de gorro no calor e disser que está com frio na cabeça? Vocês sabem como esses adolescente são, não é?"*
Profa 2: *"Acho melhor não deixar nada."*
Profa 1: *"Mas eles podem alegar que estão com frio na cabeça."*
Profa 2: *"Mas, se a gente começa a abrir exceção para gorro, boina, toca..., aí já viu, vira bagunça. É só dar uma brecha que eles aproveitam."*
Diret.: *"Acho que o gorro a gente não pode proibir, mas se estiver quente e um aluno estiver de gorro, manda para a direção que a gente conversa com ele. Não entrem em discussão por causa disso."*
Profa 1: *"Mas agora tem uns gorros com abas, vocês já viram? Parece um boné. Esse tipo de gorro pode?"*
Diret.: *"Hum... Não. Só aqueles comuns. Bonés e similares, assim como boinas e chapéus, não fazem parte do uniforme, entenderam? Agora vamos continuar. Onde paramos mesmo?"*
Profa 1: *"Só mais uma perguntinha. Se eles me perguntarem por que pode gorro e os outros não pode, querendo saber qual a diferença de boné, boina ou gorro, o que eu respondo?"*

Imaginando que Piaget tivesse começado a assistir a esse fantástico diálogo "ético-conceitual" e que a diretora dirigisse a palavra a ele para pedir a sua opinião, ela verificaria que ele não estaria mais na sala.

O pequeno *tour* que obrigamos Piaget a fazer em nossa companhia teve como objetivo ilustrar algumas facetas do que é, e do que não é, um "ambiente cooperativo", para empregar a expressão de Tognetta e Vinha (2007). Aliás, Tognetta, em seu livro *Construção da solidariedade e a educação do sentimento na escola* (2004), nos traz uma escala interessante para se avaliar o caráter mais ou menos cooperativo ou mais ou menos coercitivo das relações sociais de uma escola. Quanto a mim, fico nas linhas gerais lembrando que uma "verdadeira vida social", um verdadeiro convívio escolar que ajuda a promover o desenvolvimento do juízo moral, deve comportar espaços de relacionamento inspirados pela cooperação, e incentivar, entre os alunos, o trabalho em grupo. A escola deve ser vista como um espaço coletivo, sem o qual os ideais de justiça, a solidariedade e a responsabilidade social permanecem letra morta. Deve ser concebida também como lugar no qual a dignidade de cada um, do professor, do funcionário (nunca esquecer dele, do contrário se comete uma injustiça) e do aluno é valor absoluto. O "respeito de si" nasce e se fortalece ao "ser respeitado" e, reciprocamente, o "respeitar o outro" torna-se dever para quem "respeita a si próprio". A quem duvidar de que tal ambiente escolar é profícuo para o desenvolvimento do juízo moral, peço que leia o livro já citado de Tognetta e também a tese de doutorado de Vinha (2003): encontrarão pesquisas que atestam a maior sofisticação do juízo moral dos alunos que vivenciam ambientes cooperativos em relação a seus colegas que permanecem submetidos a ambientes coercitivos. Acrescente-se que não é apenas o desenvolvimento do juízo moral que se beneficia da cooperação, mas também o desenvolvimento cognitivo.

Em resumo, como se vê, não basta "mexer" no currículo – embora, a meu ver, seja essencial fazê-lo – para promover o desenvolvimento do juízo moral: é preciso "mexer" na própria estrutura da organização escolar.

E, para alguns, tal reformulação da estrutura escolar deve ser inspirada pelo ideal de *democracia*. Com efeito, fala-se muito em "escola democrática", ou "democracia na escola". Como o termo "democracia" não é do domínio moral, mas sim do *domínio político*, não se pode, sem maiores cuidados, como com frequência se faz, associá-lo à educação moral. Fechemos nossa análise da relação educação/juízo moral com alguns comentários sobre a "escola democrática", à qual também aderiu Lawrence Kohlberg com sua proposta de *just-community*.

Escola democrática e moralidade

A "democracia" é um regime político no qual o povo é soberano (*Demos*: povo, *Kratos*: autoridade). Cada cidadão tem o direito de participar dos assuntos públicos, tem o direito de votar e de ser votado. A democracia se opõe, portanto, a outras formas de organização política na qual apenas uma parte da população (uma "elite") dirige os destinos de todos os seus membros, sem alternância na ocupação das instituições responsáveis pela gestão da sociedade. Há valores que inspiram e sustentam a democracia como forma de organização política desejável. Para alguns, o grande valor da democracia residiria em sua eficácia para promover o bem-estar econômico da população, eficácia essa que não se encontraria em outros sistemas políticos, que gerariam inevitavelmente pobreza e miséria. Todavia, tal defesa é suspeita, uma vez que não se pode dizer de muitos países democráticos (como o Brasil), que neles haja opulência generalizada, assim como não se pode negar que certas formas de "regimes autoritários" promovem, com certo sucesso, o acesso da população a bens essenciais, como saúde e educação. É por essa razão, entre outras, que a defesa da democracia costuma se apoiar em outros valores, não "pragmáticos", mas sim morais: a igualdade, a liberdade e a justiça. Em uma democracia, todos os cidadãos são, de direito, iguais entre si, gozam de liberdade (não absoluta, é claro, mas balizada por leis que foram, elas mesmas, democraticamente votadas), e o gozo da igualdade e da liberdade são considerados condições necessárias para que as pessoas tenham direito a um tratamento justo. Dito de outro modo, qualquer forma de despotismo implica que se cometam injustiças, enquanto a democracia apresentaria maiores garantias de que tais injustiças inexistam ou, se forem cometidas, que sejam reparadas.

Assim definida a democracia, verifica-se que, com raríssimas exceções, às quais vou me referir logo a seguir, as escolas não são regidas democraticamente (quando se fala em "democratização do ensino", não é da gestão que está se falando, mas sim do acesso de todos à educação escolar). Quem dirige a escola são alguns adultos que ocupam os postos de direção: eles decidem quais serão as estratégias pedagógicas, os currículos, as normas de convivência, as sanções, etc. Ou seja, não são *todos os membros da comunidade escolar* que decidem os destinos dela. Não há, portanto, igualdade entre as pessoas que formam a coletividade escolar, as liberdades de ação são diferenciadas entre seus membros, e, quanto à justiça, ela depende não de decisões comunitárias, mas sim de valor moral e ético das normas que regem a instituição e das pessoas que zelam por sua aplicação.

Isso posto, cabe sublinhar que nada há de estranho, *a priori*, no fato de a escola não ser regida pela democracia. Aliás, é o que acontece com a grande maioria das instituições, a começar pela família na qual são os pais que "mandam", e não os filhos (e, se por acaso, como muitas vezes parece acontecer nos dias de hoje, os filhos "mandam", apenas se inverteram os lugares do "poder", não configurando, portanto, democracia). Pode haver, é claro, em todas as instituições participação democrática para *alguns* assuntos. Por exemplo, uma família reunida pode decidir em conjunto onde serão passadas as próximas férias, e, na falta de consenso, a decisão pode ser tomada por intermédio de um processo de votação. O mesmo também pode acontecer nas escolas. Porém, tais momentos de participação e tomada de decisões coletivas não implicam que tais instituições sejam, elas mesmas, democráticas da mesma forma que uma organização política pode sê-lo.

Todavia, como já o anunciei, há sim exemplos de escolas democráticas, no sentido pleno da palavra. Em seu interessante estudo sobre o que ela chamou "república de crianças" (1997), Helena Singer elege duas características para que uma escola mereça ser chamada "democrática": "a presença de assembléias escolares, nas quais todos os membros da comunidade têm o mesmo poder de voto e onde são tomadas todas as decisões relativas ao cotidiano, desde os pequenos problemas do dia-a-dia até questões relativas à própria estrutura escolar; e aulas opcionais, que mantêm o respeito à liberdade de o aluno decidir se deseja ou não assistir às aulas e acompanhar os cursos" (1997, p. 15). Como se vê, os dois critérios escolhidos por Singer são, por assim dizer, radicais. As tomadas de decisão são realizadas por *todos* os membros da comunidade escolar, inclusive alunos, e tais decisões incidem sobre *todos* os assuntos da instituição, dos menores aos maiores. E até mesmo a escolha de quando e como estudar fica por conta do livre arbítrio dos alunos. Concordo com os critérios eleitos por Helena Singer, pois é preciso diferenciar escolas nas quais há "espaços de decisão coletiva", em geral reservados a temas não diretamente relacionados à organização escolar, daquelas nas quais a gestão é inteiramente atribuída à comunidade, a professores, alunos e funcionários.

A mais famosa escola desse tipo de escola é Summerhill, criada por Alexander Sutherland Neill, nos anos de 1930. Ela teve como predecessor a não menos famosa Yásnaia-Poliava, criada em suas próprias terras por Leon Tolstói em 1857, para receber filhos e filhas de camponeses. Mas há outras. Singer nos informa que, em 1997, havia pelo menos cem "escolas democráticas" no mundo, sendo a autora, ela mesma, parceira da criação de mais uma, em São Paulo (Escola Lumiar).

É preciso agora ponderar o quanto a proposta de fazer crianças e jovens estudar em uma "república de crianças" é benéfico para o desenvolvimento do juízo moral desses alunos, e isso, naturalmente, à luz da teoria psicológica assumida aqui. Para tanto, não vamos falar do fato de nessas escolas os alunos não seguirem um currículo definido de antemão, pois tal liberdade não diz respeito diretamente ao tema da moral. Em compensação, interessa pensar sobre sua participação na gestão democrática da escola, que se dá essencialmente por intermédio de *assembléias*, às quais cabe notadamente a decisão das *normas de convívio* e também das *sanções* àqueles que, por ventura, as tenham transgredido (em Summerhill, esse tipo de decisão era tomado por uma assembléia especial chamada de "Tribunal" – ver Singer, 1997).

Por um lado, vamos lembrar que a participação na gestão democrática de uma escola vai além da moral; por outro, ela não contempla todo o espectro da moralidade. Vai além, pois as variadas decisões que são tomadas coletivamente em assembléias recobrem um leque de temas que são estranhos à dimensão moral. E não contempla todo o espectro da moralidade porque certas virtudes morais como, por exemplo, a generosidade e a gratidão não são necessárias para a gestão democrática. Em compensação, algumas outras, como a liberdade, a responsabilidade e a justiça, são incontornáveis para uma efetiva democracia. Portanto, embora seja clara a relação entre participação democrática na gestão de uma escola e certos aspectos morais, seria um erro pensar que tal proposta educacional é, por si só, suficiente para garantir o desenvolvimento moral em toda sua dimensão.

Pessoalmente, do ponto de vista da educação moral, vejo na proposta de "república de crianças" mais qualidades do que defeitos, limitações ou perigos. Aliás, vale comentar que, contrário ao que muita gente pensa, os egressos dessas escolas não são de forma alguma "estranhos no ninho", não são pessoas inadaptadas à vida social ou incapazes de competir no mercado de trabalho; pelo contrário até, como mostram depoimentos de ex-alunos, alguns dos quais engajados em movimentos políticos (Singer, 1997).

Comecemos por falar das qualidades dessa empreitada educacional para o desenvolvimento moral.

A primeira qualidade a ser destacada é evidente: participar da gestão democrática de uma instituição abre um vasto campo para a *cooperação*. Como não há figuras de poder ou de autoridade, como todos são iguais entre si, a cooperação se torna necessária. Como veremos daqui a pouco, nem tudo é sempre cooperação na participação em assembléias. Todavia, sem dúvida, trata-se de bela oportunidade de pensar e dialogar entre pares, prática que desencadeia descentração e promove a autonomia intelectual e moral.

A segunda qualidade também é evidente: a forte presença da *dimensão do coletivo*. Como "tudo é de todos", a gestão democrática visa ao bem comum, elemento essencial para a moral.

A terceira qualidade é decorrente da segunda: o desenvolvimento do *senso de responsabilidade*. Dei anteriormente o exemplo verídico de uma escola na qual os alunos não podem levar seus próprios brinquedos de casa, pois há um acervo deles à disposição de todos, na instituição. O objetivo de tal medida é fazer que as crianças e os jovens tenham a (rara) oportunidade de usufruir de um bem coletivo e de, em contrapartida, deverem se responsabilizar por ele perante a comunidade. Trata-se de excelente medida pedagógica para promover a educação moral como um todo e o senso de responsabilidade em particular. Ora, nas escolas democráticas, uma vez que cada proposta, cada argumento e cada voto têm efeitos diretos sobre o bem comum, fica evidente a responsabilidade individual e coletiva inerente a cada decisão tomada.

Decorrente disso, fica também evidente a dimensão social e moral da *liberdade*. É a quarta qualidade que quero destacar. Vimos no início do capítulo que uma ação, para ser avaliada moralmente, deve ter sido realizada livremente, entendendo, nesse caso, por "livremente" o usufruto da capacidade intelectual de reflexão e escolha de como agir.[9] Dito de outra forma, quem não possui, por alguma razão, a capacidade intelectual de reflexão e escolha e é, portanto, dominado por forças afetivas nada ou pouco reguladas pela consciência (como os animais) não é considerado livre e costuma ser eximido de responsabilidade moral.

A questão da liberdade, entretanto, vai além.

No início do capítulo, também comentamos que não é raro as pessoas se desresponsabilizarem de seus atos colocando a "culpa" seja nos outros, no sistema, nas autoridades, etc. Por que, todavia, o fazem e frequentemente de boa-fé? Reencontramos aqui o tema da heteronomia. Se a moralidade for sempre apresentada como imposição oriunda de fontes exteriores, se, portanto, o indivíduo não vivenciar práticas sociais nas quais ele mesmo é convidado a, com outrem, elaborar regras, ele tende a não considerar como *suas* as regras que deve seguir e, quando as segue, não considera estar agindo livremente. Digo que ele "tende" a não considerar as regras como suas porque há pessoas heterônomas que agem referenciadas aos mandamentos de certas autoridades, mas que assumem plenamente a responsabilidade de seus atos. Nem todas as pessoas heterônomas, entretanto, assumem, para si, plenamente a legitimidade das regras que aceitam por imposição. Aliás, muitas costumam até aderir a explicações sociopsicológicas para se desculparem de suas infrações: falam em pobreza, em infância infeliz, em pais ausentes, em escola de má qualidade, etc. Não quero dizer com isso que tais explicações sejam falsas, pois condições adversas de vida representam um fator complicador do desenvolvimento moral. Todo o problema reside em se eximir de responsabilidade jogando toda ela no "o que fizeram de nós", jogando toda a responsabilidade na "falta de liberdade". Uma pessoa autônoma, que pode muito bem ter passado por períodos infelizes de vida, não nega a influência de variáveis exteriores, mas reivindica para si a condição de "ser livre" e, logo, responsável.

Voltando às escolas democráticas, parece-me claro que é boa a prática de participar da elaboração das regras institucionais, notadamente daquelas que vão reger o convívio social. Contanto que as assembléias sejam mais inspiradas pela busca do consenso do que pela prática da votação (logo volto a esse "perigo"), essa experiência, que alia igualdade entre os membros e liberdade de participação, é um bom expediente para promover a autonomia. Ora, somente a autonomia dá seu pleno sentido à liberdade. Escreveu Piaget (1998, p. 163): "Não é livre um indivíduo submetido à coação da tradição ou da opinião reinante, que se submete *a priori* a todo decreto da autoridade social e permanece incapaz de pensar por si só. Também não é livre o indivíduo cuja anarquia interior o impede de pensar e que, dominado por sua imaginação ou sua fantasia subjetiva, por seus instintos e sua afetividade, é abalroado entre as tendências contraditórias de seu "eu" e de seu inconsciente. Em compensação, é livre o indivíduo que sabe julgar, e cujo espírito crítico, a capacidade de tirar lições das experiências e a necessidade de coerência lógica se colocam a serviço de uma razão autônoma, comum a todos os indivíduos e não dependente de nenhuma autoridade exterior". Nessa citação, Piaget se refere a duas dimensões moralmente incontornáveis da liberdade: ter domínio sobre si e ser autônomo. Quem é jogado de lá para cá por forças internas incontroláveis não é sujeito moral. Quem é dominado pela opinião vigente ou por "sacerdotes" sociais é sujeito moral, mas incompleto. O que querem sinceramente os educadores das escolas democráticas são sujeitos moralmente autônomos, livres e, portanto, responsáveis. Como afirma Helena Singer, a partir de depoimentos de egressos das "repúblicas de crianças", "a vida nessas escolas é repleta de conflitos tanto comunitários quanto individuais. A prática cotidiana de uma proposta democrática obriga a desenvolver mecanismos para superar esses conflitos sem recorrer a uma autoridade moralizadora e é nesse processo que as crianças se tornam mais tolerantes e responsáveis por seu atos" (1997, p. 165). E somente assume a responsabilidade por seus atos quem se considera livre e preza sê-lo.

Há mais uma qualidade da proposta de escolas democráticas que é essencial para a conquista de tal autonomia moral: a articulação entre *regras e princípios*. No capítulo dedicado à "cultura da vaidade", comentei criticamente que, nos dias de hoje, há uma profusão de regras de todo tipo, que regem os mais variados comportamentos. Em compensação, pouco se fala dos princípios que inspiram essas regras. Aliás, é porque não se fala deles que tantas são necessárias e que também tantas formas de controle são criadas para obrigar, pela força, as pessoas a segui-las. Com exceção das crianças pequenas, que ainda permanecem limitadas às regras, a legitimidade destas depende do conhecimento e da concordância com os princípios. Ora, como também comentado no capítulo anterior, é possível dizer que mesmo fenômeno é observado nas escolas: regimentos extensos apresentam regras e mais regras, algumas de origem moral, outras (a maioria) não, mas eles não apresentam os princípios (morais, pedagógicos, etc.) que dão sentido a essa "chuva de normas". Resultado, indesejado, mas psicologicamente esperado: há pouca obediência às regras por parte dos alunos (e de seus pais, que costumam defender a prole a todo custo). Então, criam-se mais regras, mais sanções e mais formas de controle, em uma dialética sem fim. Costumo dizer aos educadores que eles deveriam "apagar" os regimentos de suas escolas para poder exumar os princípios soterrados debaixo de tantas leis (exumar os bons, e cremar os outros!). Uma vez conhecidos os princípios, perceberão que nem é preciso formular muitas regras, pois se tornam evidentes. E, uma vez feito esse trabalho de "volta às origens", é imperativo que toda a comunidade escolar (diretores, coordenadores, professores, funcionários, alunos e seus pais) seja informada dos princípios que regem a instituição. Os resultados serão apreciáveis em termos de harmonia do convívio social.

Essa proposta que costumo dar aos educadores é, na verdade, aquela que é colocada em prática nas escolas democráticas, com a diferença de que, nelas, todos participam da gestão escolar. Mas participam da escolha dos princípios ou da elaboração das regras? Ora, essencialmente da elaboração das regras. Por exemplo, em Summerhill, diz-nos Singer, é proibido usar álcool e drogas, assim como é proibido o uso da força física contra outrem. Tais proibições não foram decididas em assembléias, mas são colocadas *a priori* para todos os membros da referida escola, e por uma razão bem simples: elas são oriundas de princípios claros e estes poderiam ser formulados como segue: cada pessoa *deve* cuidar de seu bem-estar e *deve* respeitar a liberdade de outrem. E há outros: por exemplo, toda decisão tomada deve ser *justa*, as pessoas são *iguais entre si*, todos merecem *respeito*. Logo, nas assembléias, que representam o "poder" das escolas democráticas, os participantes não têm o direito de propor ações que firam os princípios assumidos de antemão. Não poderão votar, por exemplo, que os culpados de alguma transgressão devem receber chibatadas, ou que cabe às crianças menores todas as tarefas de faxina, pela simples razão de que tais decisões seriam contraditórias com os princípios de dignidade e igualdade. É por isso que eu disse que nas assembléias as pessoas, inspiradas por princípios, elaboram as regras que melhor os traduzem na prática.

Creio ser evidente que se trata de uma atividade rica, do ponto de vista da educação moral, pois, para se elaborar regras, é preciso conhecer os princípios, ter clareza de seu sentido, perceber possíveis problemas que possam trazer e traduzi-los em práticas que concretizem valores como justiça, liberdade, igualdade, etc. E, como acrescenta Singer (p. 165), evita-se o moralismo, pois "as regras passam por constantes exames, não as condutas individuais". Nesse sentido, ela nos traz um interessante exemplo de decisão do "tribunal": tendo um aluno tomado sem permissão a bicicleta de um colega para dar um passeio, decidiu-se, em assembléia, não o castigar, mas sim fazer uma cotização para que ele pudesse comprar sua própria bicicleta. Eis um belo exemplo de *sensibilidade* moral: não se interpretou que o momentâneo furto tivesse sido promovido por uma índole individual perversa que devesse ser imperativamente castigada, mas sim em razão da enorme vontade de se dar uma volta nesse veículo que tantas alegrias traz, mas que era financeiramente inabordável. Os membros da comunidade entenderam tal motivação, ela própria legítima, e, tolerantes, resolveram tratar o problema do casual transgressor em vez de dar satisfação ao proprietário momentaneamente privado de seu bem. Imagino que deve ter sido da maior riqueza a discussão que deu lugar a essa decisão. Contudo, imagino também o que teria acontecido se esse furto tivesse ocorrido em uma dessas escolas, obesas de normas, entre as quais certamente haveria uma que dissesse "quem furtar será suspenso": ninguém tomaria consciência das possíveis motivações do furto, ninguém discutiria as dimensões boas e problemáticas da propriedade privada, e, para dar alguma satisfação ao aluno privado de seu bem (e, sobretudo, a seus pais, clientes inestimáveis), o pequeno transgressor seria suspenso, e todo mundo dormiria com a consciência em paz. Em paz, talvez, mas *que consciência*?

Assim está finalizada minha apreciação de qualidades que as escolas democráticas possuem, em termos de educação moral. Creio que elas podem inspirar outros tipos de escola que não querem aderir a essa forma bastante revolucionária de gestão: cooperação, dimensão do coletivo, responsabilidade, liberdade, consciência dos princípios e elaboração de regras coletivas podem ser incentivados sem que necessariamente se promova a prática das assembléias para tudo decidir. Elas podem ser mais esparsas e de poder decisório mais limitado, como o propõem Josep M. Puig e colaboradores, de cuja proposta de "democracia e participação escolar" falarei em seguida.

Antes, quero apontar três aspectos que podem ser problemáticos para o caráter educativo das assembléias.

Muitas das escolas democráticas recebem crianças pequenas, frequentadoras da pré-escola e das séries iniciais, crianças, portanto, na primeira fase de seu desenvolvimento moral. Ora, nessa primeira fase, figuras de autoridade desempenham papel importante. Como se sabe, a autonomia é uma conquista que se dá na superação da heteronomia, não em sua negação enquanto fase real do desenvolvimento. Logo, um primeiro perigo de tudo delegar a instâncias democráticas de decisão é desprezar a incontornável função das relações assimétricas no início da vida moral. Jean Piaget já se posicionou a esse respeito. Grande defensor da promoção das relações de cooperação, e isso desde a mais tenra infância, não deixou de se perguntar "se o respeito unilateral não desempenha um papel útil e necessário na medida em que é espontâneo" (1998, p. 38). Tendo respondido afirmativamente a sua própria pergunta, ele pondera que, "se nós colocamos em dúvida o valor dos procedimentos que consistem em impor o respeito unilateral durante toda a infância e a adolescência, nós devemos também permanecer céticos diante da tentativa inversa (...) A verdade nos parece estar entre as duas alternativas, e ela consiste em não negligenciar nem o respeito mútuo nem o respeito unilateral, essas duas fontes essenciais da vida moral infantil" (1998, p. 38). Trata-se de levar a criança a *abandonar* paulatinamente a referência ao respeito unilateral em favor do respeito mútuo, não de negar a fecundidade dessa primeira forma de respeito e considerá-la *a priori* inútil ou negativa. Ora, nas assembleias, não há lugar para figuras de *autoridade moralizadora*, como frisado constantemente por quem defende as escolas democráticas. Logo, elas não podem servir de alternativa exclusiva à função educativa dos adultos.

Um outro perigo da participação de crianças pequenas nas assembléias, complementar àquele que acabamos de ver, é bem expresso por Hannah Arendt (1972, p. 233): "Quando a criança está nesse grupo, é claro que está em uma situação pior do que antes (quando estava com os adultos), pois a autoridade de um grupo, mesmo de um grupo de crianças, é sempre muito mais forte e muito mais tirânica que aquela de um indivíduo, por mais severo que ele seja". Ora, uma assembleia é justamente um grupo que vai decidir, frequentemente pelo voto, o que deve ou não deve ser feito, logo um grupo ao qual os participantes deverão se submeter (e não a uma autoridade). Cabe nos perguntarmos se tal submissão é compreendida pelas crianças menores e perguntarmos também se ela é vivida tranquilamente.

Para responder a essas perguntas, permito-me dar um exemplo real, que aconteceu em uma pré-escola, excelente por sinal. A educadora promoveu um "combinado", que é uma espécie de pequena assembleia, e nessa atividade as crianças "votaram" que todas elas deveriam guardar os brinquedos depois das brincadeiras. Foram, então, brincar, mas no final do dia, duas crianças que haviam participado do combinado e aprovado a regra de guardar os brinquedos resolveram que não participariam da arrumação da sala. Elas "descombinaram", por contra própria, o combinado. O que fazer em um caso desses, no qual se está descumprindo, não a ordem de um adulto, mas sim a "vontade" da maioria. Foi o que a educadora responsável pelo grupo se perguntou. Infelizmente sua resposta foi de certa forma catastrófica. Ela pegou uma folha e disse a todo o grupo que, do lado direito, deveriam colocar o nome daqueles que haviam guardado os brinquedos e, do outro, o nome dos dois recalcitrantes. Resultado imediato: em vez de se penalizarem por "ter faltado com a palavra", e "aprender a lição", as duas crianças que haviam quebrado a regras se sentiram excluídas do grupo, colocadas na "lista dos maus" e abandonadas e, de volta para suas respectivas casas, abriram o berreiro dizendo a seus pais que não queriam mais voltar à pré-escola, onde ninguém gostava delas. E a "democrática" educadora teve certo trabalho para restabelecer a paz e a ordem (e os pais dos dois "excluídos" também).

Analisemos esse pequeno "drama", começando por lembrar que crianças pequenas ainda não entendem o que vem a ser a *reciprocidade*. Para elas, existe o obedecer e o desobedecer a ordens, mas não existe ainda a ideia clara de "quebra de relação de confiança". Logo, os dois alunos que resolveram não guardar os brinquedos, por mais que tenham desobedecido a uma "decisão de assembleia", não interpretaram seu gesto como quebra de relação de reciprocidade, como também não compreenderam que seu nome do lado esquerdo da folha poderia ser interpretado apenas como lembrete de que tinham, um dia, "faltado com a palavra". Interpretaram tal gesto, não tanto como reprovação, mas como prova de desamor, de desprezo, de exclusão, de fim da relação. Em suma, o erro que a educadora cometeu foi o de *abdicar de seu lugar de autoridade*, foi o de não entender que os "combinados" são apenas protótipos do que serão as relações de reciprocidade futuras, foi o de *atribuir simbolicamente ao grupo a exclusão momentânea das duas crianças desobedientes*. Tivesse ela, de seu lugar de autoridade, dado uma bronca ou simplesmente obrigado as duas a recolher os brinquedos, elas teriam obedecido, ressabiadas talvez, mas não desesperadas como aconteceu, pois, como bem diz Arendt (1972, p. 233), "há uma autoridade bem mais assustadora e realmente tirânica: a tirania da maioria".

Do que acabo de relatar e analisar, decorre que a participação de crianças pequenas em assembleias deve ser minuciosamente monitorada pelos adultos. Para elas, desobedecer a uma "ordem coletiva" ou "perder uma votação" pode, além de não fazer real sentido democrático, ser vivido como desamor, desprezo e exclusão. Como no desenvolvimento não se queimam etapas, todo cuidado é pouco.

Também diz respeito às votações um último cuidado a ser tomado na condução das assembleias para que suas potenciais qualidades como estratégia de educação moral não sejam desvirtuadas.

Idealmente, em uma assembleia, todos podem tomar a palavra, todos podem apresentar propostas e defendê-las, todos podem dialogar entre si, e as decisões devem ser tomadas após madura reflexão de todos a respeito do bem coletivo que as propostas apresentadas poderão acarretar. *Idealmente*, portanto, uma assembleia pode ser rica oportunidade de cooperação e zelo pelo bem comum.

Porém, basta ter participado de assembleias "reais" – refiro-me àquelas de organizações estudantis, sindicais e outras – para perceber que nem sempre isso acontece! Aliás, eu diria que é bem raro que aconteça.

É o que minha experiência pessoal, que não é pequena, me leva a afirmar. Observa-se, por exemplo, não apenas que nem todos tomam a palavra (seria inviável), mas que são sempre os mesmos que o fazem. Quem são? Em geral líderes de determinados grupos (partidos, movimentos, chapas, etc.). Verifica-se também que não raro eles tomam a palavra, não para acrescentar algo ao que já foi dito anteriormente, mas porque parecem não "aguentar" ficar em silêncio e não "marcar presença": vaidade para alguns, estratégia política para outros. Certos oradores fazem um esforço de clareza e concisão – qualidade comunicativa necessária à cooperação –, mas outros lançam mão de artifícios retóricos de sedução – forma disfarçada de coação. Quanto à busca do "bem comum", embora todos falem nela, nem sempre é o real objetivo de parte dos participantes das assembleias, pois interesses corporativos de toda sorte estão em jogo: por exemplo, "ganhar" uma assembleia e sair politicamente fortalecido da contenda. Por fim, com frequência se repara que, durante certas assembleias, não são sentimentos de solidariedade e companheirismo que dominam, mas sim o ódio e a raiva.

Isso posto, seria moralismo condenar a prática das assembleias em razão dos defeitos que muitas apresentam. Não há democracia real sem elas. Em compensação, não é moralismo afirmar que nas escolas, democráticas ou não, a prática de reuniões de decisões coletivas devem imperativamente ser, na medida do possível, poupadas das mazelas que acabo de apontar e que se traduzem pela ausência de cooperação e desprezo pela busca de bem coletivo. Ora, uma boa maneira de poupá-las *é priorizar a busca de consenso em relação às votações*. Concordo com Josep Maria Puig e colaboradores (2000, p. 138) quando escrevem que "o importante é que as discussões acabem no momento oportuno, com os resultados que queríamos e com a sensação de haver avançado. Para isso, não é conveniente utilizar sempre o sistema de votação ao encerrar os temas. É melhor buscar uma discussão equilibrada e deixar as votações somente para temas muito pontuais". O perigo do abuso de votações reside no enfraquecimento das relações de cooperação e solidariedade.

Acabamos de analisar algumas qualidades e alguns perigos, em termos de educação moral, da proposta de "escolas democráticas", lembrando que somente merecem esse nome aquelas nas quais, como o afirma Singer, o poder de decisão é direito de *toda a comunidade*, inclusive alunos. Nesse tipo de escola, as assembleias ocupam lugar central.

Porém, a proposta de assembleias para a educação moral não se limita às escolas democráticas. Puig e colaboradores, que acabo de citar, especialistas em educação moral, atribuem extremo valor a essa prática democrática, sem com isso pretender "revolucionar" a estrutura escolar. Para diferenciar a proposta desses autores daquela das "repúblicas de crianças", daria a ela o nome "democracia *na* escola". Trata-se não de dividir o poder entre todos, mas sim de abrir, para cada classe, espaço de discussão e tomada de decisão coletiva a respeito de alguns temas, em geral de interesse específico dos alunos. Puig e colaboradores (2000, p. 118) falam em "destinar uma pequena parte do tempo para esse tipo de reunião de tal maneira que todos a considerem uma atividade habitual da classe, como ferramenta útil às relações do grupo". Note-se que os autores falam em assembleias de classe, e não da escola, embora assembleias gerais também possam ser chamadas. Do que se fala nas assembleias de classe? Segundo Puig e colaboradores (2000, p. 131), "o conteúdo manifestado em uma assembleia é o conjunto de questões que uma turma propõe: temas que foram anotados no quadro e que devem ser incorporados à ordem do dia (...) A assembleia dever ser uma caixa de ressonância de suas (dos alunos) angústias, dos seus interesses, de suas paixões, de seus desejos e de suas vontades, enfim de sua vida".

Reencontram-se nessa proposta de assembleias de classe as virtudes, e também os perigos, daquelas promovidas pelas escolas democráticas. Vale, portanto, para ela tudo o que analisamos anteriormente, com um adendo: que a qualidade moral do convívio escolar não seja reduzida à prática das assembleias de classe. Nas escolas democráticas, *tudo é resolvi-*

do pela comunidade. No entanto, como na perspectiva da "democracia na escola", apenas alguns temas são objeto de discussão e decisão conjuntas e que a prática das assembleias se dá prioritariamente por classe, permanecem fora de seu alcance variadas dimensões do convívio escolar, que devem ser contempladas com cuidado pelos educadores, para que nelas não se introduzam injustiças, humilhações, individualismo egoísta, enfim, para que nelas não se façam presentes elementos contraditórios com a educação moral.

Chegamos ao fim dessa parte dedicada à educação moral, com ênfase no desenvolvimento do *juízo moral*. As principais ideias defendidas foram:

- A escola *não pode silenciar* sobre a educação moral.
- Tal educação não precisa *nem deve ser assimilada ao ensino religioso*.
- Em compensação, a partir do ensino médio, *aulas de Filosofia e Ciências Humanas*, com ênfase na ética e na moral, são bem-vindas.
- No entanto, como tais aulas são *aulas de Filosofia e de Ciências Humanas*, não de educação moral, deve haver outras estratégias educacionais.
- Uma delas, erroneamente associada ao autoritarismo e ao dogmatismo, é a presença de uma *disciplina específica*, na qual, de forma inteligente e reflexiva, se pensa sobre virtudes como justiça, dignidade, solidariedade (presentes na Constituição brasileira) e sobre suas articulação com a vida real.
- O mesmo pode ser feito, *se houver reais condições para tanto*, de forma transversal.
- Porém, transversais ou não, os momentos de reflexão moral não são suficientes, sendo imperativo que o *convívio escolar seja a expressão concreta da moral que se pretende legitimar*. Nesse convívio, a cooperação e o zelo pelo bem coletivo são essenciais.
- A proposta de "escolas democráticas" ou de "democracia na escola", cujo ponto central é a participação dos alunos em assembleias, apresenta muitos pontos positivos (cooperação, responsabilidade, igualdade, liberdade, tomada de consciência da relação entre regras e princípios) e alguns perigos (negação da função da autoridade para as crianças pequenas, "tirania" da maioria, tirania retórica de alguns e assembleias desvirtuadas pelo excesso de votações).
- Não obstante, voltemos a sublinhá-lo, com ou sem assembleias, *a qualidade moral do convívio escolar é dimensão incontornável para a educação do juízo moral*.

E também é dimensão incontornável para se trabalhar a dimensão afetiva da ação moral e favorecer a construção da *personalidade ética*.

O "QUERER FAZER"

Antes de prosseguirmos, façamos algumas perguntas, começando por indagar se, na hipótese de uma instituição escolar ter êxito em promover itens de educação moral aqui arrolados, isso pode, de fato, servir como espécie de "antídoto" a uma "cultura da vaidade"?

Penso que a resposta é afirmativa.

A "cultura da vaidade", aliada à "cultura do tédio", caracteriza-se pela superficialidade, pela frivolidade, pelo modismo, pela ilusão, pelo espetáculo, pelas modas. Ora, ao dar aos alunos a oportunidade de refletir sobre a moral, de entrar em contato com reflexões éticas buriladas ao longo da história, de discutir dilemas, de participar de decisões coletivas, etc., apresenta a eles alternativas outras de pensar e de agir que, por sua própria natureza, se opõem à superficialidade e à moda.

Na "cultura da vaidade", assiste-se à tirania das regras em relação aos princípios. Ora, notadamente graças à resolução de dilemas e à participação em formas de gestão democrática, inverte-se essa tendência, pois apenas se equacionam problemas morais e se estabelecem regras por intermédio da apreensão, compreensão e discussão dos princípios.

Na "cultura da vaidade", o outro tende a ser "invisível" ou ser "platéia", a não ter saliência aos olhos alheios. Ora, tal invisibilidade por definição inexiste quando o convívio escolar é pautado pela justiça, pela solidariedade, pela dignidade, pelo zelo do bem comum.

Enfim, a "cultura da vaidade" é acometida pelo "crepúsculo do dever". Ora, o anoitecer da moral será tanto mais rápido se a escola silenciar a respeito dela. Contudo, propomos exatamente o contrário: que, de variadas maneiras, ela traga novamente à luz temas morais, seja por intermédio da Filosofia e das Ciências Humanas, seja por momentos de reflexão, e imperiosamente pela gestão respeitosa das relações interindividuais.

Em suma, ao propor que a moral seja objeto de reflexão e de inspiração, estamos em direção diametralmente oposta ao que se observa e se promove em uma "cultura da vaidade". Ao propor que a escola seja, de fato, *uma instituição justa*, e que, nela, o convívio seja pautado pelo *estar com e para outrem*, estamos na contramão de uma sociedade que tende a colocar as instituições a serviço de interesses particulares e a privilegiar a competição e a " visibilidade pessoal", em detrimento da cooperação e da solidariedade. Ora, a não ser que se julgue a escola totalmente inócua em termos de influência sobre os valores de seus alunos, não se vê por que não seria útil ela propor formas alternativas de se pensar e experimentar o convívio social. Digo "útil" para não cair em um certo messianismo educacional que atribuiria à escola plenos poderes derivados de alguma "vontade política" inabalável. A "cultura da vaidade", com seu regimento de "vencedores" e "celebridades" que ocupam os postos-chave da sociedade (política, mídia, etc.), é forte. Forte, mas não toda-poderosa; muito presente, mas não estação derradeira do "fim da história".

Segunda pergunta: sendo a "cultura da vaidade" fenômeno recente, não serão, para superá-la, necessárias ações educacionais *radicalmente novas*? Entretanto, se for o caso, pouco do que foi escrito nas páginas anteriores pode ter valia, pois, verdade seja dita, nada de realmente novo foi apresentado: nada há de novo em considerar potencialmente produtivas aulas de Filosofia e até mesmo aulas de Ciências Humanas, como nada de inédito há em serem propostas aulas de educação moral; cuidar do convívio escolar já era preocupação de educadores como Célestin Freinet no início do século XX, e data do século XIX a proposta de escolas democráticas; e até mesmo a "transversalidade" já era, embora não com esse nome, alternativa pensada há praticamente 100 anos. Estaremos nós – ou estarei eu – cruelmente acometidos de absoluta falta de criatividade pedagógica?

Não creio por uma razão bem simples já apresentada anteriormente: para se pensar práticas educacionais, deve-se, como o pensava Piaget, *partir da própria criança e pensar a pedagogia moral por intermédio da psicologia infantil*. Ora, na área do desenvolvimento do juízo moral, à qual, por enquanto, me ative, os conhecimentos científicos de que dispomos levam, sim, a propostas educacionais como as descritas anteriormente. E os autores que citei, muitos contemporâneos nossos, ainda não foram levados a vislumbrar estratégias "radicalmente novas" pela simples razão de que aquelas já criadas o foram como decorrência do que sabemos sobre o juízo moral humano. E até mesmo um pesquisador como Howard Gardner, apesar do caráter (polemicamente) inovador de sua abordagem, quando, bem a seu estilo, fala em *Cinco mentes para o futuro* e em disposições pedagógicas necessárias a seu desabrochar, apresenta-nos propostas educacionais também "clássicas". Escreve ele que, para promover uma "mente respeitosa", "os modelos estabelecidos por professores continuam sendo um ponto de partida crucial, [pois] os alunos prestam muita atenção ao modo como os professores tratam uns aos outros, como tratam outros adultos e como tratam os alunos, especialmente os que não vêm de um grupo majoritário (como uma minoria religiosa ou um grupo de imigrantes recém-chegados)" (2007, p. 97). Encontra-se ideia parecida nos PCNS, que são de inspiração piagetiana e kohlberguiana. E, quando fala em "mente ética", Gardner escreve que "a aquisição de uma mente ética fica mais fácil quando foi criado um ambiente onde o bom trabalho é a norma" (p. 113). Um "tradicionalista" não diria o contrário, tampouco um "construtivista". Devemos ter, portanto, cuidado em "não reinventar a roda" a cada década e cair na ilusão de que se está "revolucionando" a educação, que mais precisa de seriedade, memória e paciência do que de constantes guinadas didáticas. E, se há um "crepúsculo do dever" até mesmo entre os quatro muros das escolas, tal fato se deve antes a seu "silêncio" do que à falta de alternativas educacionais viáveis, pois baseadas em conhecimentos – eles mesmos – pacientemente acumulados.

Mas o leitor talvez diga aqui que, se é certo que devemos partir dos conhecimentos da psicologia infantil para elaborar estratégias pedagógicas, também é verdade que devemos ficar atentos ao contexto no qual evoluem as crianças e os jovens. Concordo totalmente com essa assertiva, o que me leva a formular uma terceira pergunta: o fato de estarmos educando em uma "cultura da vaidade" não deveria nos levar a priorizar certos aspectos morais particularmente problematizados pela referida cultura? Sem dúvida, e é por essa razão que já destaquei o quanto um convívio escolar inspirado pelo respeito mútuo e o quanto disposições pedagógicas e apreensão racional da moral, notadamente de seus princípios, colocam-se na contramão de uma sociedade que se contenta com o superficial e o espetáculo e se atém a regras. Trata-se de estratégias educacionais que valeriam em toda e qualquer cultura (pelo menos ocidental), e que valem mais ainda para uma "cultura da vaidade".

Porém, nosso "programa" educacional mesmo assim talvez ainda não esteja completo; para saber se, de fato, outras estratégias devem ser acrescentadas, devemos responder a uma quarta e última pergunta, a mais importante de todas: disposições educacionais que se dirijam à dimensão intelectual da moralidade (aulas de Filosofia e Ciências Humanas, discussões de dilemas, assembléias, etc.) terão algum impacto sobre a dimensão afetiva da mesma? Terão influência sobre o "querer fazer" moral em uma "cultura da vaidade" que leva as pessoas a *quererem* outras coisas, a *quererem* ser "vencedores", a *quererem* ser "celebridades", a *quererem* se destacar?

Enfim, tudo o que foi proposto até agora é suficiente para promover o "respeito de si"?

Não é suficiente, e são necessárias algumas *estratégias complementares dedicadas à dimensão afetiva da moralidade*.

Mas, cuidado, digo *complementares*, pois, ao contrário do que se pode pensar, todo trabalho desenvolvido na dimensão intelectual tem decorrências na própria dimensão afetiva. É verdade que, como o canta Ângela Maria na bela canção *Aos pés da Santa Cruz* (de Marino Pinto e Zé da Zilda), "o coração tem razões que a própria razão desconhece", aforismo tomado emprestado de Pascal com o qual o filósofo, antecipando Freud, quis enfatizar que a consciência não é toda-poderosa e que nossos sentimentos às vezes seguem trilhas que somos os primeiros a estranhar. Porém, seria um erro reduzir a afetividade a uma força energética com "lógica" e circuitos totalmente estranhos à dimensão intelectual e, em decorrência, pensar que uma "educação sentimental", se ela for possível, exigiria métodos totalmente diferentes daqueles empregados para o desenvolvimento da inteligência. Não apenas a afetividade é investida em objetos concebidos pela razão (se nos apegamos a algum objeto, é porque ele existe para nós, e ele existe para nós porque nossa inteligência o assimilou) como a própria razão, por intermédio de seus juízos, regula em parte a afetividade (por exemplo, somente sentimos compaixão por pessoas em situação que concebemos como dignas de sofrimento e somente gostamos e somos amigos de indivíduos que julgamos dignos de confiança). Em contrapartida, pode-se dizer que *a razão tem coração*, pois ela se dirige prioritariamente ao que se atribui valor. Em suma, embora razão e afetividade não se confundam e sejam irredutíveis uma à outra, mesmo assim são indissociáveis. Trabalhar a afetividade pode ter decorrências na qualidade da inteligência, e trabalhar a inteligência pode desencadear novas "descargas" afetivas. Se há "inteligência emocional", também há "emoção inteligente".

É por essa razão que se pode dizer que as empreitadas educacionais dirigidas prioritariamente ao juízo moral podem ter efeitos no "querer agir" moral. Por exemplo, nas aulas de Filosofia e Ciências Humanas, ao apresentar aos alunos sistemas morais e éticos, abre-se a possibilidade de que eles se *interessem* por eles, de que eles os *comovam* de alguma forma e inspirem suas ações e atitudes. Contudo, é claro, pode também acontecer que os deixem "frios", desinteressados ou até indispostos com eles. O fato de não haver garantia de "adesão", porém, não reduz à inutilidade a estratégia educacional. Mesma coisa pode ser dita da discussão de dilemas: para alguns alunos, tal exercício de reflexão poderá abrir novos e atraentes horizontes, novos interesses, até novas paixões, enquanto, para outros, não passará de trabalho moroso.

Isso posto, entre as propostas de intervenção educacional apresentadas até agora, o leitor terá reparado que sempre enfatizei o caráter destacado de uma delas, a *qualidade moral do convívio escolar*, e que finalizei as páginas dedicadas à dimensão intelectual da moralidade dizendo que tal convívio é *dimensão incontornável* para a educação do juízo moral *e também para trabalhar a dimensão afetiva da ação moral e favorecer a construção da personalidade ética*. Com efeito, diferentemente de propostas como discussão de dilemas e estudo de sistemas morais e éticos, não se pode afirmar que cuidar da qualidade do convívio social na escola priorize uma abordagem racional. É toda uma *experiência de vida* que está pressuposta e, como tal, pode ter consequências diretas tanto sobre o "saber fazer" quanto sobre o "querer fazer" morais, notadamente porque circunscreve a própria construção das "representações de si", entre as quais deve estar o "respeito de si".

Voltarei, portanto, à dimensão afetiva do convívio escolar. Antes, porém, devo falar das anunciadas estratégias complementares dedicadas a trabalhar com a afetividade.

EDUCAÇÃO SENTIMENTAL?

O leitor terá reconhecido na expressão "educação sentimental" o título de um famoso romance de Gustave Flaubert. Todavia, não é de literatura que quero falar, mas sim da possibilidade de os sentimentos e as emoções serem objeto de educação.

Na definição ampla de educação (tudo aquilo que sobrepõe à constituição inata do indivíduo), é evidente que sentimentos e emoções são "educáveis", pois não permanecemos a vida toda limitados às emoções primárias que experimentamos quando bebês. Em uma definição mais restrita, que implica algum método, também há propostas, como atesta a existência do enfoque socioafetivo no qual é, entre outros procedimentos, pedido aos alunos que tomem consciência de seus próprios sentimentos, que sejam capazes de analisá-los e de comunicá-los (ver Jares, 2002; Chenoy, 1990). Esse tipo de proposta costuma estar no contexto da educação moral, do qual representa um dos métodos, mas também pode ser defendido em termos mais amplos, como o fazem Genoveva Sastre e Montserrat Moreno, pesquisadoras espanholas que criticam a escola porque nela "não fazemos nada para que também eles [os alunos] tenham uma boa formação emocional: desenvolvemos seu pensamento para que possam entender o científico, mas não tentamos fazê-los compreender o cotidiano" (2003, p. 134). As autoras lembram as estatísticas alarmantes sobre suicídios (as mesmas que comentamos no Capítulo 1), e julgam que, "sem dúvida, talvez isso tenha muito a ver com a ausência de recursos para administrar as próprias emoções e para solucionar os conflitos inter ou intrapessoais que, com muita frequência, surgem em nossa vida cotidiana" (p. 134).

Como o leitor pode ter notado, quando falei da "cultura do sentido", contrapondo a uma "cultura do tédio", diferentemente de Sastre e Moreno, nada falei sobre uma "educação sentimental". E permanecerei não falando nela no contexto de uma "cultura do respeito de si". Em compensação falarei em "virtudes", como veremos em breve.

Algumas razões me levam a não endossar uma "educação sentimental" entendida como proposta de os alunos elegerem *explicitamente seus* próprios sentimentos e emoções como objeto de tomada de consciência e reflexão.

A primeira é a prudência acadêmica: não tendo intimidade com esse tipo de abordagem pedagógica, não posso criteriosamente nem defender e nem criticar do ponto de vista das estratégias pedagógicas empregadas e dos resultados obtidos.

Em compensação, posso me posicionar a respeito de um diagnóstico que alguns fazem para defender a necessidade de um enfoque socioafetivo. Acabamos de ver na citação de Sastre e Moreno que elas associam o *mal de vivre* contemporâneo (referência aos suicídios) à ausência de recursos para administrar as próprias emoções e atribuem, pelo menos em parte, tal ausência ao fato de "as emoções e os sentimentos raramente constituírem um objeto de reflexão no âmbito escolar, como se seu conhecimento fosse inadequado ou desnecessário" (p. 144). Ora, é claro que o conhecimento de emoções e sentimentos nada tem de inadequado e desnecessário, todavia, como nunca foram objeto de atenção escolar, como explicar que em décadas passadas não se verificavam os problemas existenciais que, hoje, se observam? Fosse a ausência de tentar fazer que as crianças e jovens trabalhem seus próprios sentimentos que os levasse ao desespero, uma vez que a educação sempre desconheceu ou desprezou essa possibilidade de trabalho, deveríamos ter notícias de um *mal de vivre* perene, e não conjuntural. É por essa razão que atribuí o "mal-estar existencial" que acomete muitos de nossos contemporâneos (e não apenas os jovens) ao *tédio*, entendido como falta de sentido (direção e significação) para a vida. Não se trata, ou não se trata apenas, de falta de recursos para administrar a própria vida sentimental, falta essa que a educação pudesse talvez remediar, mas sim de algo mais profundo – e mais grave – relacionado ao *modus vivendi* contemporâneo, que deve ser abordado em sua amplitude. Dito de outra forma, a infelicidade pessoal contemporânea não é fruto de uma suposta "incompetência" em trabalhar a própria afetividade, mas é consequência da dificuldade de eleger objetos para investi-la, o que é bem diferente.

No entanto, alguém poderia me dizer que trabalhar sentimentos na escola poderia ajudar os jovens a tomar consciência de seu próprio *tédio* e trabalhá-lo. Sem dúvida, mas eu acrescentaria que tal perspectiva me causa certo *medo*, medo esse que vou explicitar por intermédio de um exemplo real. Uma professora de Língua Portuguesa um dia me contou que pediu a seus alunos (pré-adolescentes) que escrevessem uma redação na qual "simplesmente" deveriam falar de si próprios, de suas vidas, de suas ideias, de seus sentimentos. Uma vez realizado o trabalho de escrita, cujo objetivo não era trabalhar a afetividade, mas sim ensiná-los a redigir, pediu a alguns alunos que lessem, em voz alta, seu texto. Alguns o fizeram sem problemas, mas um rapaz chamado a fazê-lo, claramente incomodado, se recusou a ler sua redação. A professora, centrada no aspecto literário da tarefa, não aceitou a recusa, pois esta lhe impediria de prosseguir o seu trabalho didático de correção de possíveis erros de redação. Constrangido e visivelmente abalado, o aluno acabou por ler, soluçando, seu trabalho, no qual fazia um relato sincero e dramático de alguns aspectos de sua vida pessoal. Foi então que a professora tomou consciência de dois erros que havia cometido. O primeiro: obrigar o jovem a abrir a fronteira que protege sua intimidade, fronteira essa absolutamente necessária para o equilíbrio psicológico de qualquer pessoa (ver La Taille, 1998). O segundo: obrigar o aluno a entrar em contato com alguns aspectos de sua vida, notadamente aspectos emocionais e sentimentais, sem, em contrapartida, lhe oferecer algum apoio psicológico em caso de tomada de consciência angustiante e talvez até insuportável. Em suma, a professora – que nunca mais repetiu a estratégica didática, que antes considerava simpática e anódina – compreendeu que o aluno estava sentindo-se humilhado por ter de falar de si, e também angustiado com aquilo que havia escrito.

Imagino que o leitor terá entendido o medo a que me referi: trabalhar sentimentos, além de "adentrar" a intimidade dos alunos, pode, em certos casos, equivaler a abrir uma verdadeira "caixa de Pandora", notadamente em tempos de "cultura do tédio". Com efeito, se, como o pensam Sastre e Moreno, a ausência de um trabalho com os sentimentos pode estar correlacionada a fenômenos gravíssimos como o aumento do número de suicídios, que competência têm a escola e seus professores para lidar com aspectos tão dramáticos da vida psíquica de seus alunos? E o que professores podem fazer quando um aluno se angustia sobremaneira em razão desse contato íntimo consigo próprio? Encaminhá-lo para um psicanalista? Mas que competência tem a maioria dos docentes para sequer diagnosticar tal profundo desconforto? E que legitimidade tem a escola para correr o risco de desencadeá-lo? É claro que tal risco a rigor existe em todas as disciplinas, até a todo momento, mas é forçoso admitir que ele é maior quando se pede aos alunos para se debruçarem sobre sua vida emocional.

Em suma, assim como não penso que o "tédio" reinante seja decorrência, ou apenas decorrência de uma ausência de um "contato consigo mesmo", de tomada de consciência dos próprios sentimentos e valores, tampouco creio que a escola possa despreocupadamente tomar para si a "educação sentimental", entendida como trabalho explícito sobre os sentimentos experimentados pelos alunos. Logo, não vou propor tal forma de educação para a moralidade.

Falta acrescentar que também não vou propô-la em razão do que analisei no início do capítulo dedicado à "cultura da vaidade": não convence a ideia segundo a qual comportamentos que firam a moral sejam necessariamente decorrentes de um *mal de vivre*, pois há pessoas que estão "de bem consigo mesmas" e, mesmo assim, agridem, desrespeitam, são injustas ou egoístas e carecem de "respeito de si". Logo, por mais interessante que possa ser uma "educação sentimental" para ajudar os alunos a "administrar seus sentimentos", não creio que seja o caminho para ser trabalhada a dimensão afetiva da moralidade.

Em compensação, vou defender a ideia de que a educação moral – para além de suas empreitadas para levar os alunos a pensar sobre deveres – deve, por um lado, procurar *garantir a expressão e o desabrochar de certos sentimentos morais* (simpatia, confiança, etc.) e, por outro lado, fazer os alunos refletirem sobre o valor humano desses mesmos sentimentos e de outros, que, por alimentarem *virtudes*, são passíveis de participar da construção de uma personalidade ética. Digo bem *refletir sobre o valor humano de certos sentimentos*, não se debruçarem necessariamente sobre os próprios. Isso também é, vamos vê-lo, estratégia para trabalhar a afetividade, o "querer fazer". Comecemos então por falar dela, para, em seguida, tratar da garantia de expressão e desabrochar de certos sentimentos morais, uma vez que tal garantia voltará a nos remeter a formas de convívio escolar.

VIRTUDES MORAIS

Quanto tratamos da "cultura do sentido", tivemos a oportunidade de falar em algumas virtudes – boa-fé, exatidão, paciência, simplicidade, humildade, fidelidade – que consideramos necessárias à busca da verdade e ao cultivo da memória. Porém, como, no referido capítulo, o foco não era o relacionamento interindividual, mas sim a busca pessoal de sentido para a vida, não analisamos tais virtudes como virtudes morais. Vamos agora delas falar.

Afinal, o que viria a ser uma virtude que mereça o nome moral? Ora, depende dos conteúdos que elegemos para a moralidade. E tal eleição não só decidirá as virtudes a serem consideradas morais como também participará de sua própria definição. Tomemos o exemplo da "humildade". Se, em um determinado sistema moral de inspiração religiosa, considerar a si "inferior" e "pequeno" em relação a Deus for visto como dever, a humildade, definida com ausência de orgulho, será considerada virtude moral e, logo, o orgulho, vício ou pecado. Em compensação, em outros sistemas, a humildade não deixará de ser vista como virtude, mas deixará de ser "virtude moral", deixará, portanto, de ser "dever", e poderá receber outra definição: por exemplo, "esforço pelo qual o 'eu' procura se liberar das ilusões que ele faz sobre si próprio e pelas quais ele se dissolve" (Comte-Sponville, 1995, p. 197). Nessa definição, humildade não se opõe a orgulho ou a amor próprio, mas sim a fatuidade. Uma vez que os conteúdos que, no presente texto, assumimos para a moral são justiça, generosidade e dignidade, decorre que ser justo, ser generoso e ter respeito moral por si próprio e pelos outros correspondem a virtudes morais necessárias.

Todavia, a eleição desse conteúdo não implica que outras virtudes sejam descartáveis para a educação moral, e isso por quatro razões iniciais.

A primeira, algumas virtudes participam da gênese da moralidade: a título de elemento essencial em um determinado momento e, em seguida, colocado no segundo plano. É o caso da "polidez", entendida como conjunto de regras de civilidade: se trabalhada, ocupa lugar importante no despertar do juízo moral, para, em seguida, ser vista como virtude "menor" e até não genuinamente moral. Voltarei a ela.

A segunda: embora não necessariamente relacionadas à justiça, à generosidade e à dignidade, virtudes como gratidão, tolerância, fidelidade, misericórdia, boa-fé (no sentido de não enganar outrem) não podem não ser consideradas também pertencentes ao plano moral, uma vez que traduzem formas desejáveis de relacionamento humano e configuram, para algumas pessoas, deveres. Tomemos o exemplo da gratidão: não temos o direito de *exigir* de outrem o reconhecimento agradecido da ajuda que lhe fornecemos, mas tal reconhecimento traduz uma postura universalmente admirada, socialmente valorizada e que certas pessoas consideram, para si, dever moral. O mesmo pode ser dito das demais virtudes que acabei de arrolar: não são exigíveis e nem sempre são absolutamente boas (o valor da fidelidade, por exemplo, depende do "objeto" ao qual se é fiel), mas se referem a formas harmoniosas e respeitosas de relacionamento interpessoal e, volto a dizê-lo, para algumas pessoas, representam genuínos deveres. Referem-se ao plano moral, portanto.

A terceira: determinadas virtudes, embora não morais em si, desempenham papel para o exercício de outras, essas sim, morais. É o caso da "coragem": não raro é a ausência dessa virtude que nos leva a não agir conforme mandaria a justiça. Por exemplo, não defendemos um colega injustiçado porque temos *medo* das consequências negativas que poderiam se abater sobre nós. Como poderiam ter existido pessoas como Rosa Parks e Martin Luther King, que lutaram pela justiça, se elas não fossem também corajosas? Escrevi em outro lugar que, "se não houvesse pessoas corajosas, a moral seria outra, ou não seria" (La Taille, 2000). Permaneço pensando da mesma forma. Lembremo-nos de Olendino de Souza, que, arriscando-se com seu helicóptero, salvou mais de trezentas pessoas de morte certa quando do incêndio do Edifício Andraus no dia 24 de fevereiro de 1972 (na cidade de São Paulo): foi um ato de generosidade que, sem a coragem, não poderia ter sido realizado. Porém, isso não torna a coragem em si virtude moral, não torna ser corajoso um dever, mas destaca a importância dessa qualidade pessoal para que haja justiça e outras virtudes no mundo. Também voltarei à coragem mais adiante.

Quarta razão: as próprias crianças, ainda pequenas, são espontaneamente atentas ao tema das virtudes. Andréa Felix Dias (2002), pediu a crianças de 1ª série que listassem características que julgavam admiráveis nas pessoas e que, depois, as classificassem (ou seja, colocassem juntas aquelas que julgavam pertencer a uma mesma categoria). Como características admiráveis, as crianças se lembraram de temas como "ter uma piscina em casa", "ter um sítio", "cantar bem", "correr rápido", "ajudar os outros", "ser companheiro", etc. Não faltaram exemplos, o que já mostra que a questão da admiração está bem presente no universo infantil. Ora, o tema das virtudes se relaciona intimamente com a admiração. Não obstante, a pesquisa de Dias reservaria mais duas surpresas moralmente preciosas.

Por um lado, em suas classificações, as crianças foram capazes de distinguir o que poderíamos chamar "qualidades do ter" (casa com piscina, casa na praia, etc.) de "qualidades do fazer" (cantar bem, ser craque de bola, etc.) e de "qualidades de convívio" (ser bom companheiro, ser amigo, ser prestativo, etc.). Tal capacidade de classificação depõe não só a favor da inteligência dessas crianças, como também mostra que o tema das virtudes não lhes é estranho. Por outro lado, a *lista com mais exemplos* foi justamente aquela das "qualidades do convívio", aquelas pertencentes, portanto, ao plano moral. Tal resultado não deixa de ser surpreendente em uma "cultura da vaidade", na qual mais se cantam as glórias do "ter" e do "fazer". Mas o fato é que as crianças estão atentas às virtudes e que, mesmo na ausência de saberem nomeá-las, as qualidades a que se referem também são preocupações infantis. Foi o que pude verificar em outra ampla pesquisa na qual, com uma equipe de alunos do Instituto de Psicologia da USP, entrevistamos dezenas de crianças de 6 a 12 anos sobre polidez, generosidade, coragem, humildade, gratidão e fidelidade: a interpretação do que são essas virtudes evolui conforme a idade, mas mesmo as crianças menores já têm avaliações sobre as qualidades humanas que lhes apresentamos.[10]

Em suma, embora a educação moral não deva se confundir com o desenvolvimento de um "leque de virtudes", mas sim priorizar aquelas atinentes ao convívio justo, generoso e respeitoso, seria contradizer a própria moral e o próprio desenvolvimento moral descartar um trabalho pedagógico que contemplasse qualidades pessoais como a coragem, a gratidão, a polidez, a fidelidade, entre outras mais.

Há mais uma razão que me leva a propor tal trabalho: as virtudes morais e aquelas a elas relacionadas, uma vez que falam de qualidades que caracterizam uma pessoa, podem ocupar lugar de destaque na *construção das representações de si*. Esse ponto é essencial.

Lembremos rapidamente o quadro teórico no qual nos inserimos (para análises detalhadas, ver ME e também La Taille, 2002).

As representações de si são imagens por intermédio das quais um indivíduo *define a si próprio*. Elas podem ser mais ou menos conforme a realidade, podem ser objetivas ou ilusórias, mas o que importa para nosso propósito é que são imagens por meio das quais um indivíduo *vê* a si.

Não apenas vê, como também *julga a si*. Como o afirma Roger Perron (1991, p. 24, grifos do autor), "as imagens de si são construídas como conjunto de valores. Todas as características pelas quais o sujeito pode se definir são, com efeito, sentidas, em graus diversos, como desejáveis ou não. E há mais: no mais íntimo da consciência de si – do sentimento de ser um Eu, distinto de todos os outros – reside a sensação de *ser valor como pessoa*. O sentimento de coerência e de permanência, que define aos olhos da pessoa a própria existência, tende a coincidir com o sentimento de ser *valor*, enquanto pessoa; e, desta vez, trata-se do valor, no singular e tomado no sentido absoluto. Esse fato pode ser expresso de forma lapidar: sou valor porque sou, sou porque sou valor".

O fato de as representações de si serem valor é fácil de ser entendido: uma vez que valor é investimento afetivo e que o "si próprio" é sempre objeto de tal investimento, as representações de si são inevitavelmente valores, ou seja, são passadas pelo crivo do desejável ou indesejável, do querido ou não querido, do bem ou do mal, etc.

Para completar o quadro teórico, devemos também lembrar que uma das motivações básicas de todo ser humano é ver a si *por meio de representações de si com valor positivo*, e que essa é uma das condições necessárias para usufruir de uma "vida boa" (plano ético). Quando as representações de si são julgadas negativas, o sentimento experimentado é a *vergonha*. A vergonha é um sentimento penoso decorrente da avaliação que cada pessoa faz da distância que há, ou poderia ter, entre o que ela julga ser e o que, idealmente, ela desejaria ser. Como analisa Elizabeth Harkot-de-La-Taille (1999), quando houve, de fato, distância entre o "ser" e a "boa imagem" idealizada, fala-se em *vergonha retrospectiva*. Por exemplo, um jogador de futebol pode sentir vergonha de sua fraca *performance* em uma partida, pois, tendo jogado mal, se sente inferior ao jogador ideal que pensava ou queria ser. Todavia, a vergonha também pode ser *prospectiva*: nesse caso, antecipa-se a vergonha que se experimentaria se determinada ação fosse, ou não, realizada ou se alguma atitude fosse, ou não, tomada. Por exemplo, alguém pode sentir vergonha só de pensar em não conseguir dar uma boa aula (e, então, prepara-a com esmero) ou de pensar em "levar desaforo para casa" (e, então, está sempre pronto e disposto a responder a formas de humilhação).

Assim sendo, verifica-se por que eu disse que as virtudes morais e aquelas que a elas se relacionam podem se associar às representações de si. Um indivíduo pode sentir vergonha prospectiva de não ser leal a um amigo, outro de não ser justo, outro ainda de sucumbir ao egoísmo e mais outro de não poder superar seu medo. Tal vergonha prospectiva demonstra que, para esses indivíduos, ser leal, ser justo, ser generoso e ser corajoso representam valores associados às representações de si e, portanto, inspiram suas ações. Nesse caso dizemos que eles têm uma "personalidade ética". Mas, evidentemente, pode acontecer de essas virtudes não estarem presentes nas referidas representações e, nesse caso, elas não motivam as ações, pois o fato de não ser leal, de ser injusto, egoísta ou medroso em nada compromete o valor que a pessoa tem aos próprios olhos.[11]

Logo, todo problema educacional reside em propiciar a construção de representações de si entre as quais as virtudes morais e outras que lhes sejam úteis ocupem lugar de destaque nas representações de si dos alunos. E isso é trabalhar com a afetividade, com os sentimentos.

É trabalhar com a afetividade uma vez que, como vimos, as representações de si são *valores*, e que valores são investimentos afetivos. Levar o aluno a se debruçar sobre essas "qualidades do ser", que são as virtudes, certamente também o levará a pensar as qualidades que ele mesmo pensa ter ou desejaria ter.

E é trabalhar com sentimentos uma vez que variadas virtudes implicam a lapidação de alguns sentimentos e a superação de outros. Por exemplo, a generosidade tem, na infância, como base afetiva o sentimento da "simpatia", capacidade de se comover com os estados afetivos alheios. Porém, a generosidade, como virtude, não pode se limitar a simpatias passageiras: deve-se, portanto, lapidar esse sentimento para que se transforme no desejo de fazer um "dom de si", que, segundo Comte-Sponville, define moralmente a generosidade. Pensemos agora na coragem, intimamente associada ao medo. Para ser corajoso, é preciso trabalhar os próprios medos, avaliá-los, deslocá-los e, quando necessário, superá-los.

Em suma, aprender a ser virtuoso depende de todo um trabalho a ser efetuado sobre a própria vida afetiva: *sobre as próprias representações de si e sobre os próprios sentimentos*.

Isso posto, devem ser observadas duas diferenças importantes entre o que chamei "educação sentimental" e um trabalho a ser realizado com virtudes.

Como vimos, Genoveva Sastre e Montserrat Moreno falam em ensinar os alunos a *administrar as próprias emoções*. Entretanto o que significa exatamente essa "administração"? Pode ter vários sentidos. Por exemplo, tomar consciência de que está sob o domínio de determinados sentimentos: está com medo, está com raiva, está apaixonado, etc. Pode também perceber que alguns deles trazem mais tristeza e infelicidade do que acarretam uma vida afetiva positiva: é melhor viver sem raiva, é melhor não insistir em paixões impossíveis, etc. Pode ser ainda compreender o caráter inevitável de certos sentimentos e saber com eles conviver. Isso pode ser bom para os alunos, mas, como já comentado, *não necessariamente útil para seu desenvolvimento moral*. Para tal desenvolvimento, importam essencialmente os sentimentos relacionados à própria moral. Ora, estes ficam evidenciados pelo trabalho com as virtudes. Se um aluno percebe que se apaixonou pela pessoa "errada" e que deve fazer o luto de seu amor impossível, ótimo para ele, mas isso não o torna um "ser moral". Em compensação, se ele perceber que o medo o paralisa mesmo quando temas como justiça e dignidade estão em jogo, ele pode querer superar tal medo, não apenas para "viver melhor", mas sobretudo para participar de relações sociais inspiradas pelas referidas virtudes. Se ele chegar a julgar que ter orgulho de "ser bonito", embora legítimo, é inferior a ter dignidade, ele poderá rever a hierarquia valorativa de suas representações de si. Em resumo, não apenas o trabalho com virtudes dá *um rumo* ao trabalho com afetividade e sentimentos como permite que a vida afetiva seja pensada a partir de algo que transcende cada indivíduo, pois as virtudes correspondem a modelos ideais humanos e não opções meramente individuais.

Isso nos leva à segunda diferença entre "educação sentimental" e trabalho com virtudes: a *abordagem metodológica*.

Comentei que a empreitada de levar os alunos a se debruçarem sobre e falar de seus próprios sentimentos podia implicar a invasão de sua intimidade (a escola é espaço público) e, em certos casos, o desencadear de angústias difíceis ou impossíveis de serem trabalhadas na sala de aula (a escola não é consultório).

Como fazer para que não seja invadida a intimidade? Ora, *simplesmente* não *pedindo aos alunos que falem de si*! Se quiserem falar, que falem, mas em razão do exercício de sua liberdade, não como decorrência necessária de um método que implica tal exposição.[12]

Mas, então, como fazer que, segundo minhas próprias palavras, eles efetuem todo um trabalho sobre *as próprias* representações de si e sobre *os próprios* sentimentos?

A essa pergunta, começo por responder com outras: Por que seria necessário *expor* os próprios sentimentos para poder trabalhá-los? Por que tal trabalho não poderia ser realizado na esfera secreta da *intimidade*? Por que seria necessário *começar* por pensar na própria afetividade, para poder com ela lidar? Por que não seria possível *partir* da reflexão sobre valores outros que os seus para, em seguida, avaliar e reavaliar os próprios? Por que não seria rico refletir sobre si tendo como *interlocutor* pessoas que analisaram as paixões humanas e seu possível porvir? Por que partir do próprio egoísmo, do próprio medo, da própria vaidade para começar a pensar a generosidade, a coragem e a humildade em vez de *partir dessas virtudes* para, em seguida, tomar consciência crítica da possível indigência dos próprios sentimentos? Afinal, não será no contato com o *outro*, com a *alteridade* e com o que causa *admiração* que melhor se toma consciência de si, consciência da própria singularidade e das próprias limitações?

Outras perguntas mais poderiam ser formuladas, mas creio que o leitor já terá compreendido onde quero chegar: não é necessário "falar de si" para trabalhar a própria afetividade, e nem é preciso partir dos próprios sentimentos para trabalhá-los. Pode-se pensar sobre a afetividade pessoal de forma indireta e secreta. Ora, é isso que pensar sobre as virtudes humanas em geral e morais em particular possibilita. E creio que é melhor partir do mais elaborado para, depois, analisar o mais rudimentar, do que percorrer o caminho inverso. Pensar sobre o medo é mais produtivo se, antes, se pensou sobre sua superação, sobre a coragem. Pensar sobre o egoísmo é mais produtivo se, antes, se percebeu que é possível não ser egoísta, mas sim ser generoso. Pensar sobre sentimentos de vingança é mais produtivo se, antes, se tomou consciência de que a justiça pode com ela não se confundir. Enfim, o "superior", o "sofisticado", o "elaborado" jogam luzes sobre o "inferior", o "rudimentar", "o primitivo", e não o contrário.

Em suma, um trabalho com virtudes pode, sim, levar os alunos a pensarem as próprias representações de si e os próprios sentimentos, sem por isso precisarem se expor, sem com isso correrem o risco de permanecer ensimesmados na própria afetividade. E também correndo menos riscos de abrir a "caixa de Pandora" das angústias irrefreáveis: menos riscos porque não se escancaram os sentimentos, porque são trabalhados indiretamente e porque são projetados no coletivo, no humano, na busca de excelência, na superação. Cada um pensa em si próprio em relação ao todo, em vez de pensar o todo a partir das idiossincrasias de cada um. Quando se abordam sentimentos, riscos sempre há, mas são menores quando trabalhados pelo tema das virtudes.

Falta tecer alguns comentários gerais a respeito de *como* as virtudes devem ser trabalhadas na escola. Digo comentários *gerais*, pois, não sendo especialista em didática, deixo aos que são a tarefa de pormenorizar as possíveis ações educacionais.

Em primeiro lugar, uma vez que a proposta de trabalhar virtudes na sala de aula não é nova, é preciso imperativamente nos demarcar do emprego doutrinário de que já foi objeto. Em seu interessante livro *Petite histoire de l'enseignement de la morale à l'école* (2000 – Pequena história do ensino da moral na escola), Michel Jeury e Jean-Daniel Baltassat nos falam de antigas práticas de educação moral, baseadas no "verbo" docente e na apresentação sem nuances do que é a "boa pessoa" e o "bom cidadão". Nessa tradicional empreitada, fala-se bastante em virtudes, que quase sempre são apresentadas por intermédio de citações escolhidas a dedo, de máximas e de histórias edificantes. São também especialmente elaborados pequenos textos "cívicos" dedicados a cantar as glórias do patriotismo, que os alunos deverão aprender de cor e recitar para o professor, assim como são dados a eles brochuras nas quais há explicações ético-biológicas a respeito de males como o alcoolismo. Em uma delas, na qual há desenhos representando um homem "são" e outro "alcoólatra", lê-se a respeito desse último e de seus "congêneres" que "todas essas pessoas, mais ou menos doentes de corpo e de alma, são numerosas. Pelo sufrágio ou pelo tumulto, elas intervêm poderosamente nos assuntos públicos. É delas que saem periodicamente a anarquia ou a ditadura" (Jeury e Baltassat, 2000, p. 92). Interessantemente, havia também uma proposta de "transversalidade" *avant la lettre*, pois era pedido aos futuros brilhantes cidadãos que conjugassem em vários tempos e modos frases do tipo "eu preferiria me matar a faltar com o meu nome" e pequenos textos como "Seja bom. Seja forte. Não seja maldoso. Tenha confiança. Não tenha medo. Escute. Não se mexa! Acorde! Acabe sua lição. Não se queixe" (p. 73). Eu não ficaria surpreso se me contassem que algum professor, amante da gramática, mas desatento, um dia tenha pedido a seus alunos que conjugassem esses textos no modo imperativo negativo!

Não ficaria surpreso nem preocupado, pois, como frisado no início do capítulo, além de eu ser contrário a qualquer forma de doutrinação, não penso que elas sejam muito eficazes. E se, na época em que foram criadas essas alternativas didáticas de educação moral, os homens, de fato, iam matar e morrer por seu país, tal fenômeno certamente mais se deveu ao ambiente religioso, ético e político vigente do que à eficácia pedagógica do "método" que acabei de comentar.

Portanto, seja em nome da inteligência e da liberdade, seja em prol da eficácia pedagógica, nada de máximas a serem passivamente admiradas e aceitas, nada de recitações sobre coragem, justiça e lealdade, nada de ditados que falem da compaixão e da humildade, nada de conjugações imperativas do verbo "ser" seguido de alguma qualidade de caráter, nada de discursos inflamados, nada de lições sobre o que é um "bom menino" e uma "boa menina"; enfim, nada de hinos às virtudes.

E também nada de "engessamento" das virtudes em textos nos quais, supostamente, uma ou outra ficariam evidenciadas. Penso, por exemplo, no *Livro das virtudes*, volumes 1 e 2, publicados por William Bennett (1995, 1996). Trata-se de duas antologias, com textos de excelentes autores como La Fontaine, Esopo, Homero, Tolstói, Shakespeare, Aristóteles, Irmãos Grimm, Dickens, Monteiro Lobato, Andersen, Cecília Meirelles, Manuel Bandeira, Camões e muitos outros que dispensam apresentações (há também excertos do Antigo e Novo Testamentos e lendas antigas). Não se pode, portanto, acusar Bennett de doutrinário, não se pode criticá-lo por apresentar uma visão unilateral ou unidimensional das virtudes e tampouco reduzir seus dois livros a receitas de civismo.

Todavia, vejo um sério problema nessa antologia: nela há um índice que classifica os diversos excertos e lendas em textos que tratam da disciplina, outros da compaixão, outros ainda da amizade, e mais outros da coragem, etc. Ora, tal classificação, que fica por conta de Bennett, não só fere a complexidade do tema das virtudes como dirige, *a priori*, o olhar do leitor em direções arbitrariamente decididas.

Para que minha crítica fique mais clara, vou comentar outra pesquisa que minha equipe de alunos do Instituto de Psicologia da USP (ver nota 11, p. 309) e eu realizamos em 1999. Tomamos várias fábulas e contos (alguns do *Livro das virtudes*), retiramos deles toda e qualquer referência explícita a virtudes (ou seja, deixamos somente elementos das histórias) e pedimos a sujeitos de 6 e 9 anos que julgassem moralmente as personagens e os fatos. Ora, isso nos permitiu verificar que, entre outros fatos, eram várias as virtudes identificadas nos diversos textos. No caso da famosa fábula *A cigarra e a formiga*, por exemplo, houve sujeitos que falaram da "amizade", outros da "generosidade", outros da "justiça", outros ainda do "arrependimento", o que mostra bem que bons textos, longe de "fecharem" sua narrativa sobre uma única virtude, podem inspirar leituras múltiplas. Logo, ao fazer um índice que relaciona univocamente textos e uma determinada virtude, empobrece-se sobremaneira o trabalho que poderia ser realizado e tende-se a apresentar como "edificantes" textos que não foram escritos para pontificar, mas sim para despertar. Assim, William Bennet, ao decidir que a fábula *A cigarra e a formiga* fala da virtude "trabalho", que *A menina dos fósforos* trata de ou inspira "compaixão" e que a história de Rosa Parks fala apenas de "coragem", "engessa" tanto os textos quanto as virtudes, e, a despeito dos bons e democráticos critérios que empregou para selecionar os textos, sua proposta corre o risco de soar como parcialmente doutrinária: isso seria coragem, aquilo, justiça, aquilo mais, lealdade, etc.

Porém, retirado o "autoritário" índice, o *Livro das virtudes*, de Bennett, traz preciosos textos que podem ser objeto de reflexão para alunos de diferentes idades e que, portanto, podem ter lugar em aulas de educação moral, transversais ou não. E há outros, como *Ética para meu filho*, de Savater (1994); *O bem e o mal, o que são?*, de Brenifier e Devaux (2005); o *Pequeno tratado das grandes virtudes*, de Comte-Sponville (1995); as *Fábulas* de La Fontaine, de Esopo, os contos de Andersen, dos Irmãos Grimm, de Perrault, de Lobato, etc.; e há filmes, há canções, há peças de teatro, há poemas, há aforismo a serem analisados e discutidos. Enfim, material não falta como não faltam alternativas de como trabalhar com ele de forma inteligente e generosa (ver, por exemplo, Tognetta, 2004, 2007 e Dias, 2002), trabalho esse que eu recomendaria ser feito desde a pré-escola (ou primeiro ano), pois as pesquisas mostram que as crianças pequenas já estão atentas às qualidades humanas, entre elas as virtudes morais e conexas (ver ME e La Taille, 2000, 2006b).

Haveria algumas virtudes a serem priorizadas? A resposta é evidentemente afirmativa para a justiça,[13] a generosidade e a dignidade, que ocupam o núcleo central da moral, tal como a definimos do ponto de vista do conteúdo. Todavia, tanto em razão de fatores do desenvolvimento quanto em função de algumas características da "cultura da vaidade", eu proporia que algumas fossem especialmente contempladas.

Vejamos rapidamente quais, começando pela *polidez*, que Comte-Sponville diz talvez ser a origem de todas.

A polidez

Não será fazer demasiada honraria à polidez colocá-la ao lado de valores como a justiça, a generosidade, a fidelidade, a boa-fé, a coragem, e outros mais? A pergunta cabe. Com efeito, como comparar um simples "obrigado" com o dividir o pão? Como colocar lado a lado um mero "comer de boca fechada" e um ato de coragem? Como colocar na mesma lista um singelo "bom dia" e um ato de justiça. Enfim, como dar o nome de virtude a um conjunto de atitudes, em geral mecânicas e que dispensam a sinceridade, e reservar o mesmo nome para ações por vezes complexas, que exigem reflexão e sempre implicam a intenção de fazer o bem? Comte-Sponville, que inicia seu "pequeno tratado das grandes virtudes" pela chamada "boa educação", também se pergunta: *"Será ela uma virtude?"* (1995, p. 15). O filósofo acaba por não descartar a polidez de sua lista pessoal, mas classifica-a como "pequena virtude".

"Pequena", sem dúvida, mas, mesmo assim, importante. E, para se avaliar tal importância, basta imaginar relacionamentos sociais *sem ela*, como fizemos no capítulo anterior lembrando o quão humilhante é ver alguém e não cumprimentar, o quão desrespeitoso é nele esbarrar e não pedir desculpas, o quão agressivo é partir sem dele se despedir, etc. Não é preciso, é claro, desejar sinceramente um "bom dia" quando se emprega tal cumprimento, não é preciso estar realmente arrependido quando se diz "desculpe", não profundamente grato quando se fala "obrigado" e nem com genuína vontade de rever a pessoa quando se diz a ela "até logo". Porém, o fato é que a ausência do uso desses pequenos vocábulos convencionais, mesmo que devida ao simples descuido, torna as relações sociais, se não insuportáveis, pelo menos desagradáveis e tensas.

E essa tensão é verificada em outras situações como, por exemplo, falar ao telefone celular enquanto se é atendido em um balcão, colocar o som do carro no último volume, dormir durante uma aula, não acusar nem agradecer o recebimento de mensagens eletrônicas, etc. Se não quisermos aplicar a esse tipo de comportamento o grave adjetivo de "imorais", podemos muito bem chamá-los de "falta de educação", de impolidez, de incivilidade, para empregar termos sinônimos.

O que esses últimos exemplos têm em comum com os anteriores, relacionados ao uso de expressões como "desculpe", "obrigado" e outras? Ora, é a falta daquilo que se poderia chamar "marco zero" da moralidade: *reconhecer a existência de outrem*. Não se trata de ser justo com ele, não se trata de ajudá-lo, não se trata de ser fiel a ele, trata-se de reconhecer que ele existe e que, portanto, merece ser tratado com *deferência*, com *consideração*.

Em suma, a polidez se traduz por *marcas de respeito*. Marcas superficiais, sem dúvida, mas mesmo assim incontornáveis. Logo, embora "pequena", ela merece ao menos seu "pequeno lugar" entre virtudes mais nobres, pois, sem ela não há sociabilidade minimamente digna desse nome.

Há outra razão, porém, para dar-lhe atenção educacional: ela ocupa lugar importante na fase de "despertar do senso moral". Para avaliar esse lugar, falemos de uma pesquisa publicada há alguns anos (La Taille, 2001).

Contamos a crianças de 6, 9 e 12 anos a seguinte história:

Rodolfo (Márcia)[14] *e Luís (Patrícia) são irmãos, mas são muito diferentes. Rodolfo sempre cumprimenta as pessoas, diz obrigado e pede por favor. Luís não faz nada disto: não costuma dizer obrigado, não pede por favor e nunca cumprimenta as pessoas. Um dia, a mãe deles percebe que seu canteiro de flores foi pisoteado por um de seus filhos.*

Em seguida, fizemo-lhes as seguintes perguntas:

– Quem você acha que pisoteou o canteiro?
– Você tem certeza?

Como se pode observar, queríamos avaliar se a impolidez de alguém era, para nossos sujeitos, *indício* de uma índole que o levaria a cometer atos condenáveis moralmente. Havia três respostas possíveis:

1. foi o "mal-educado" que pisoteou o canteiro;
2. foi o "bem-educado";
3. não há como saber.

Como era de se esperar, nenhum sujeito optou pelo "bem-educado". Todavia, eles se dividiram com relação às opções 1 e 3. A maioria dos sujeitos de 12 anos (63%) afirmou que não era possível saber quem foi. Em compensação, 100% das crianças de 6 anos e 86% das de 9 anos apontaram o "mal-educado" como culpado. E, quando perguntados se tinham *certeza* de seu juízo, apenas 20% das crianças de 6 anos, já 72% das de 9 anos e 100% das de 12 anos se mostraram prudentes e disseram que não se poderia saber ao certo quem era o transgressor.

Esses dados mostram que, quanto menor a criança, mais a "boa educação" é sinal, não apenas de ter "bons modos", mas também de índole moral. Dito de outra forma, o "mal-educado" é, para elas, um ser suspeito de cometer transgressões morais em geral.

E também de faltar com a generosidade!

Na mesma pesquisa, e com o mesmo tipo de método, também procuramos verificar se ser "mal-educado" podia ser sinal de egoísmo. Encontramos resultados parecidos com os anteriores: quanto menor a criança, mais ela julga que o impolido também não é pessoa generosa, enquanto o polido tende a ajudar os outros. Os mais velhos abandonam essa hipótese.

Último dado: para os sujeitos de todas as idades, faltar com a polidez (não agradecer por um favor) é mais condenável do que cometer um dano material por desleixo (no caso, brincar de equilibrar uma xícara na mão e assim deixar que se quebre em vez de trazê-la cuidadosamente por conter o açúcar de que a mãe precisa).

Em resumo, enquanto as crianças maiores deixam de ver na polidez um forte indício de índole moral, as menores tendem a estar convencidas do valor desse indício. Há duas razões complementares para tal assimilação recíproca entre polidez e índole moral. A primeira: a dificuldade, em parte causada pelo pouco desenvolvimento cognitivo, de separar elementos de um todo; a pessoa seria moral ou não seria, sem nuances. A segunda, e mais importante para nosso intento: *a polidez é intimamente associada à moral*. Essa última razão é fácil de ser compreendida: como nessa fase do desenvolvimento a moral é entendida como conjunto de *regras de convívio*, e que a polidez geralmente se limita a tal tipo de regras, a "boa educação" ganha caráter plenamente moral. Logo, em fase de despertar de senso moral, a polidez ocupa lugar importante, notadamente por ser facilmente compreensível em sua aplicação. Por intermédio dela (mas não somente dela), a criança começa a aprender formas de respeito e a pensar sobre elas. Nesse sentido, tem certa razão Comte-Sponville em considerá-la como "origem" de todas as outras. Digo "certa" razão porque outras sensibilidades precoces também estão presentes, como o atestam os sentimentos de simpatia e indignação. A polidez é uma das origens, não a única. E, em fases posteriores, como mostram nossos dados, a "boa educação", por traduzir uma forma exterior de *respeito*, não perderá totalmente seu caráter moral, embora passe a ser considerada virtude "menor" do que outras e pouco representativa da índole de uma pessoa.

Aceitas essas considerações, deduz-se que é importante e desejável que as crianças sejam ensinadas a ser "bem-educadas". Não se trata de "fazer bonito" diante das visitas: trata-se de iniciá-las ao trato respeitoso de outrem. E não há nenhuma novidade educacional nisso, muito pelo contrário até, pois é sabido que antigamente o ensino da polidez – e também da etiqueta – era rígido e quem falava palavrões era duramente castigado. Hoje, somos mais tolerantes nesse quesito. No entanto, talvez sejamos tolerantes demais!

Lembro-me de um dia, no contexto de uma creche, um menininho se aproximar de mim e dizer: "Amarre o meu cadarço". Reparando a ausência do "por favor" e para ver se lhe ocorreria empregá-lo, pedi à criança que repetisse o que queria. E, de fato, ela repetiu: "Amarre o meu cadarço". Fiz mais uma ou duas tentativas para ver se apareceria o "por favor", mas somente consegui deixar a criança desentendida. Ela deve ter pensado que estava falando com um deficiente auditivo, e foi embora. Sem dizer "até logo". Será essa cena rara nos dias de hoje? Não creio. Com frequência vejo crianças adentrarem um recinto sem cumprimentar ninguém e receberem coisas sem agradecer. Vejo outras que até cumprimentam, mas apenas após a iniciativa ter partido de um adulto. Com frequência também assisto a meninos praticando esporte e ouço-os falarem um palavrão atrás do outro. Não me refiro a insultos dirigidos aos outros, mas a imprecações, por vezes "pesadas", e, logo, deselegantes, proferidas sem maiores cerimônias. E qual é uma das queixas frequentes nas escolas? A incivilidade (um dos itens do *bullying*).

Enfim, sem termos de voltar a tempos de rigidez semântica e de posturas emperrigadas, a tempos de meninas "delicadas" e meninos "urbanos", creio ser necessário não abdicarmos do ensino da polidez, sobretudo em uma "cultura da vaidade", que se caracteriza em parte pela *falta de saliência de outros aos próprios olhos*.

Coragem

Escreveu Comte-Sponville (1995, p. 59) que, "de todas as virtudes, a coragem é provavelmente a mais universalmente admirada. (...) Em todo lugar a covardia é desprezada". É verdade, e esse fenômeno talvez se deva ao fato de a coragem estar relacionada a esse sentimento, também universal, que é o medo. Universal em vários sentidos: os animais sentem medo; os homens e as mulheres sentem medo; o bebê, a criança, o adolescente, o adulto e o velho sentem medo. E inúmeras são as causas do medo: medo de morrer, medo de sofrer, medo de fracassar, medo de ser rejeitado, medo de trovão, medo de raios, medo de aranhas, medo de fantasmas, medo de passar debaixo da escada, medo de castigos divinos, medo de ter medo. Viver implica experimentar o medo e o risco de ser por ele ser dominado: ora, como não admirar quem consegue dominar o que domina os demais? Como não admirar a coragem que, por ser superação, expressa claramente o sucesso do processo de expansão de si próprio?

A coragem, todavia, não é necessariamente virtude moral. Oscar Schindler foi corajoso ao salvar judeus dos campos de concentração durante a Segunda Guerra Mundial, e sua coragem, por estar a serviço da justiça, tem valor moral. O mesmo não se pode dizer, porém, do traficante que se arrisca ao enfrentar a polícia: ele também é corajoso, mas sua motivação não é a justiça, não é a generosidade, não é a dignidade, mas sim o lucro e a visibilidade social. "A coragem", escreve Comte-Sponville, "apenas é *moralmente* estimável quando é colocada, pelo menos parcialmente, a serviço de outrem, quando ela escapa, ao menos parcialmente, ao interesse egoísta imediato" (p. 63, grifo do autor). Sem dúvida. Eu apenas acrescentaria que ser corajoso para defender seus próprios *direitos* morais e sua própria *dignidade* também é moralmente estimável. Quando defendemos o direito de sermos tratados de forma justa e quando lutamos contra humilhações para fazer valer a nossa dignidade, não somos os únicos interessados, pois, na prática, estamos lutando pela justiça e pela dignidade de todos. Quando Rosa Parks resolveu dar um basta à humilhação de ter de ceder seu lugar no ônibus a um branco, agiu para afirmar sua própria dignidade, mas seu ato redimiu a dignidade de todos os negros.

Se todo ato corajoso não é necessariamente moral, em compensação, acontece às vezes de o ato moral requerer coragem. Os exemplos que acabamos de dar, Schindler e Parks, atestam-no: somente puderam agir em nome da justiça e da dignidade porque tiveram a coragem de arriscar a própria liberdade e até a própria vida. É mais fácil reconhecer o valor moral de seus atos do que realizá-los. Quantas vezes não é o medo que nos faz abandonar nossos deveres?

Em suma, a moral precisa da coragem, e a coragem precisa da moral para se guiar e se legitimar.

É possível ensinar alguém a ser corajoso? Sinceramente, não sei. Mas é possível ensinar a refletir sobre a coragem. Todavia, como fazer essa reflexão? Pode-se fazê-lo de maneira geral, ao modo dos filósofos, mas também se pode fazê-lo de forma contextualizada. Em época de guerra, por exemplo, as batalhas evidenciam o alcance e os limites da coragem. Mesma coisa acontece em tempos de epidemia, em tempos de catástrofes naturais, em tempos de ditaduras.

E nos tempos atuais? Estará a coragem na "ordem do dia"? E, se estiver, de que forma?

"A coragem está de volta. A conjuntura atual eleva essa virtude, antes esquecida, ao primeiro lugar das nossas preocupações", responde Michel Lacroix (2005, p. 9).[15] Eu não chegaria a dizer que ela ocupa o *primeiro lugar* de nossas preocupações, mas concordo com Lacroix quando ele afirma que o tema da coragem está entre nós: ele nos inquieta e, às vezes, infelizmente, se associa à violência. Vejamos exemplos dessa presença.

Começo, assim como o faz Lacroix, com os atentados do dia 11 de setembro de 2001 em solo americano. Em muitos discursos, os terroristas eram apontados como *covardes*: sem deixar nenhuma chance a suas vítimas, sejam elas os passageiros dos aviões, sejam os que trabalhavam nas Torres, mataram-nas impiedosamente. Com efeito, esses atentados, e outros, equivalem a "atacar pelas costas", atributo da covardia. No entanto, indagaram-se outras pessoas, não será preciso real coragem para enfrentar o inevitável medo da morte e se suicidar, não por desespero, mas por uma "causa", por mais suspeita que ela possa ser? Será possível negar que os terroristas são corajosos? Não há dúvidas de que esse argumento, que esse "lado do problema", é relevante para se refletir sobre o que é e o que não é a coragem. E como os atentados terroristas suicidas permanecem na (terrível) ordem do dia, essa dimensão problemática da coragem também permanece nos inquietando. O terrorismo é abominável. Contudo, seria o terrorista um suicida em alguma medida admirável?

Outro tema social que se associa à coragem é o atual recuo do Estado protetor, recuo esse tão vangloriado pela corrente chamada de "neoliberalismo". Escreve Lacroix (p. 56) que "mais ninguém crê ser possível se abrigar indefinidamente em um estado de providência e segurança integral". Cada um é cada vez mais levado a cuidar de si próprio, a pagar um plano de saúde, a poupar para a própria aposentadoria, a tomar arriscados empréstimos nos bancos. É cada vez mais difícil "se acomodar", é preciso enfrentar o futuro "sozinho", e isso requer coragem. No mundo do trabalho, fenômeno parecido também se verifica: é preciso abrir sua própria empresa ou mudar constantemente de emprego para fortalecer o próprio *curriculum vitae*. Ser um "vencedor" é associado a tomar riscos, e ser um "perdedor" a priorizar a segurança. Os empresários bem-sucedidos são mais admirados que os cientistas de valor: os primeiros enfrentam a cruel concorrência, os segundos permanecem tranquilamente com seus salários pagos regularmente pelo Estado. Os primeiros estariam prenhes de coragem, os segundos, apenas de paciência. Uma vez que os chamados "vencedores" são, hoje em dia, figuras de destaque e de admiração, e não raro "celebridades", o fato de a eles estar associada a coragem levanta reflexões necessárias a respeito do lugar social ocupado por essa virtude. Afinal, será mais corajoso um empresário que se arrisca no mercado do que um assalariado que suporta os chefes com seus "pequenos poderes" e salário modesto para sustentar sua família? Eis o que certamente muitos jovens se perguntam.

A coragem também está atualmente muito associada ao esporte. Relata Lacroix que depois de que foi noticiado que o Everest havia sido escalado por 180 pessoas em uma única semana (maio, 2001), "as escolas de paraquedismo, de esqui acrobático, de alpinismo, de *rafting*, de *surf* foram submergidas pelos pedidos de inscrição" (p. 30). Ele se refere à França, mas no Brasil também se verifica o prestígio de que usufruem os esportes chamados "radicais". Há programas de televisão dedicados a eles, e são altamente valorizados os "choques" de adrenalina, atrativo principal de práticas como o *bungee jumping*, antes consideradas mero divertimento, e hoje com *status* de esporte. O perigo presente nesse tipo de esporte é evidente e claramente anunciado pelas academias nas quais ele é praticado. No entanto, isso, ao que parece, somente faz aumentar seu prestígio e seu número de adeptos. Há algo de violência nesses esportes radicais. E as artes marciais, essas sim escancaradamente violentas, também têm atraído número cada vez maior de "lutadores" que praticam aiquidô, caratê, *kendo*, jiu-jítsu, *kung fu*, etc. E as lutas de "vale-tudo", que merecem o nome, tomaram o lugar da cômica e até pacífica "luta livre" de outrora.

E é justamente no âmbito da violência que a coragem recebe sua mais preocupante versão. No capítulo dedicado à "cultura da vaidade", analisamos o fato de que "ser violento" se associa, hoje, a "ser alguém", a "ser um vencedor". Ora, existe íntima relação entre ser violento e ser corajoso. A maioria dos "heróis" dos filmes e das histórias em quadrinhos demonstram sua coragem lutando, socando, atirando, esgrimindo, matando. E, na vida real, sobretudo masculina, monta-se um terrível trinômio: ser violento/ser corajoso/ser superior. Escreve Lacroix (p. 11): "Os criminologistas observam que os roubos, as agressões, os enfrentamentos com a polícia são frequentemente considerados por seus autores como provas de bravura e meios de adquirir prestígio". O mesmo vale para brigas entre gangues, "rachas" de carros, querer se alistar no tráfico de drogas e até mesmo atos de humilhação pelos quais, nas escolas, os mais "fortes" fazem passar os mais "fracos".[16]

Por essas razões conjunturais e também por aquelas que colocam a coragem como qualidade humana universalmente admirada, eu tenho a firme convicção de que essa virtude deve ser tema de reflexão por parte dos alunos. E isso desde a pré-escola.

Como fiz para a polidez, vou apresentar alguns dados de pesquisa que sustentam minha opção (ver nota 10, na p. 309, para referência bibliográfica).

Nossos dados mostram que, desde os 6 anos, a coragem é tema conhecido e sobre o qual as crianças gostam de falar. Não somente elas conhecem bem a palavra "coragem" como são capazes de dar muitos exemplos de atos que consideram corajosos. E, como era de se esperar, as crianças de 6 anos associam a coragem a não ter medo, enquanto as de 12 assimilam-na à superação do medo.

Porém, nem tudo é clara evolução nos juízos relacionados à coragem. Se classificarmos os exemplos que foram dados a respeito dela, verificaremos que, nos sujeitos de 6 e 9 anos, a totalidade deles se refere a dimensões físicas ("lutar", "entrar em caverna escura", "caçar animais", "ter força", etc.). É preciso esperar a idade de 12 anos para que a dimensão "espiritual" da coragem ("ter confiança em si mesmo", "encarar as coisas", enfrentar um problema", "desafiar a mãe", etc.) apareça, ainda assim, permanecendo menos citada que a dimensão física.

Outro dado que não apresenta evolução se refere ao beneficiário do ato corajoso: nas três faixas etárias, em mais de 90% das respostas a coragem não é associada a ajudar outrem, mas sim a realizar uma proeza pessoal. A coragem não é associada à moral, portanto.

Nas três faixas etárias também, os meninos são considerados mais corajosos que as meninas. E note-se que as próprias meninas concordam com esse diagnóstico! Aos 6 e 9 anos, 66% delas julgam ser os meninos mais corajosos do que elas; aos 12 anos, essa porcentagem cai para 40%, número que é praticamente o mesmo daquelas que pensam que ambos os sexos são igualmente dotados dessa virtude (46%).

Falta dizer que, de quatro xingamentos – ser chamado de burro, de egoísta, de mal-educado e de covarde –, os dois considerados piores são, em todas as idades, mal-educado e covarde.

Os dados que acabo de relatar mostram pelo menos duas coisas. A primeira: que a coragem é conhecida e valorizada. A segunda: sua apreensão é limitada a aspectos físicos, a proezas pessoais (não morais) e ao gênero masculino.

Ora, esse segundo aspecto demonstra certa "pobreza" das reflexões infantis, notadamente por parte dos sujeitos de 12 anos dos quais poderiam ser esperadas maiores nuances. Com efeito, que a coragem possa ser associada a dimensões físicas, não há dúvida, mas ela também é atributo das pessoas que, como nos disseram alguns sujeitos, devem enfrentar problemas pessoais, superar a falta de confiança, desafiar autoridades, etc. Como ser corajoso é universalmente admirável, seria útil a escola ajudar seus alunos a ampliar seu leque de exemplos de coragem e adentrarem dimensões menos "aventurosas", o que Andréa Felix Dias (2002) mostrou ser possível e, além do mais, bem-vindo por parte das crianças. Mesma ajuda dever ser dada para atenuar a associação entre coragem e proezas pessoais, para resgatar a dimensão moral dessa virtude que, como dizia Comte-Sponville, apenas é moralmente estimável quando é colocada, pelo menos parcialmente, ao serviço de outrem. E mais importante ainda talvez seja "reabilitar" a coragem feminina perante os olhos de todos e das próprias interessadas!

Todavia, *é também do interesse dos meninos* – que se tornarão homens!

É de seu interesse que a coragem não lhes seja prioritariamente atribuída, pois tal atribuição, associada à dimensão física à qual a coragem tende a ser reduzida, aumenta a probabilidade de alguns (não poucos) elegerem a violência como prova de virilidade, de quererem ser "*homem com H*", que "*não tem medo de lobisomem*", como sugere a canção bem-humorada interpretada por Ney Matogrosso.[17]

Felizmente, também não poucos querem ser "homem com H", mas com H de *humildade*.

Humildade

Se eu coloco a humildade entre as virtudes a serem contempladas pela educação moral, não é por que a abordagem teórica que sigo me leve a essa opção, mas sim por que os próprios alunos, adolescentes, dão-lhe destaque.

Em uma pesquisa que minha equipe e eu realizamos em 2000,[18] pedimos a 438 alunos do ensino médio de duas escolas, uma particular e outra pública, que classificassem por *ordem de importância* as seguintes virtudes: coragem, gratidão, fidelidade, humildade, generosidade, justiça, honra, prudência e polidez. Os resultados mostram que tanto os alunos da escola particular quanto aqueles da escola pública colocaram como primeira do *"ranking"* das virtudes a *humildade*, seguida da justiça e da fidelidade. Verificamos que também não houve diferença entre meninos e meninas: ambos colocam a humildade como a mais importante das virtudes. Em seguida pedimos aos sujeitos que se *auto-atribuissem* três virtudes: novamente a humildade, ao lado da justiça, foi a mais citada. Pedimo-lhes também que listassem as virtudes que julgam ser as que *mais faltam à maioria das pessoas*: mais uma vez, a humildade foi a mais citada, acompanhada da justiça. Em outra pergunta, nossos sujeitos revelaram que pensam ser a humildade uma das virtudes mais difíceis de exercer nos dias de hoje (com a justiça e a fidelidade).

Ficamos surpresos com esses resultados, não no que se refere ao lugar privilegiado reservado à justiça, é claro, mas sim em relação ao grande valor atribuído à humildade, que "desbancara" virtudes como a generosidade, a gratidão e a fidelidade. Seria decorrência do nosso método?

Seis anos mais tarde, em 2006, em outra pesquisa já citada anteriormente (ver ME), resolvemos recolocar a humildade em foco pedindo a mais 5 mil alunos do ensino médio que, de cinco virtudes (generosidade, coragem, lealdade, honestidade e humildade), elegessem a mais importante: a humildade, com 30%, somente ficou atrás da honestidade (com 51,5%), e ficou bem à frente da coragem (2,1%), da generosidade (4,4%), e da lealdade (12%*)*. Reaplicamos a pesquisa com alunos universitários, e os resultados foram equivalentes.

Falta dizer que Natália Felix de Carvalho Noguchi (2006), em sua pesquisa, também já citada, com meninos internos da antiga FEBEM, verificou que uma das qualidades humanas que seus entrevistados mais valorizam é, mais uma vez, a humildade.

Portanto, os resultados das pesquisas convergem: a humildade está entre as virtudes mais prezadas pelos jovens. Qual será a razão?

A primeira razão que costuma ocorrer é atribuir o lugar de destaque da humildade à influência da religião católica. Embora ela não esteja entre as virtudes teologais (fé, esperança e caridade), e nem entre as cardinais (prudência, força, justiça e temperança), seu oposto, o orgulho (ou soberba), está entre os sete pecados capitais, assim chamados porque a Igreja julga que os demais deles decorrem. Todavia, essa explicação não parece ser a melhor, pois outros dados levantados nas pesquisas citadas mostram que a religião não é muito lembrada como instituição social merecedora de admiração e de confiança, tampouco a ela atribui-se grande influência social. Na pesquisa de 2000, pedimos aos alunos que dessem exemplos de pessoas virtuosas: apareceu "de tudo", mas, de uma lista de mais de 120 personagens, apenas cinco têm relação com a religião (Padre Marcelo Rossi, o Papa, Madre Tereza de Calcutá, Sônia Hernandes e Estevam Hernandes),[19] e, mesmo assim, foram lembrados por pouquíssimos sujeitos (diferentemente de nomes como Ayrton Senna, Betinho, Renato Aragão, entre outros). Na pesquisa de 2006, pudemos verificar que, para os jovens, no quesito "importância como agentes sociais para o progresso social", os religiosos ficam atrás dos médicos, dos cientistas, dos professores, dos políticos, dos juízes e dos economistas, e isso tanto entre os alunos de escola privada quanto da pública. Na mesma pesquisa, observamos que não mais de 55 % confia nas instituições religiosas, e também não mais de 48% acredita que elas tenham influência sobre seus próprios valores. Como são os mesmos sujeitos que, por um lado, deram valor à humildade e, por outro, não deram destaque especial algum à religião, podemos deduzir que a influência religiosa não explica o nobre lugar reservado à referida virtude.

Proponho duas outras explicações relacionadas à "cultura da vaidade".

A primeira é a própria vaidade. É tanto destaque, é tanta exibição, é tanto espetáculo, é tanta celebridade, é tanta adulação, é tanta aparência e é também tanta superficialidade, tanta frivolidade, tanta ilusão que tal cultura acaba por cansar e fazer as pessoas pensarem em seu oposto. Ora, a humildade é justamente o oposto da vaidade. Logo, não é de se estranhar que tal virtude esteja entre aquelas que os jovens mais julgam, com razão, faltar à maioria das pessoas, e também entre aquelas que julgam ser uma das mais importantes. Talvez muitos jovens estejam percebendo *a nulidade da glória imerecida*, como escreve Jurandir Freire Costa, e que também estejam começando a *não* a desejar, porque cientes de que ruim com ela, logo melhor sem ela. Creio que os dados de que dispomos apontam para uma boa possibilidade de trabalho para a educação promover uma "cultura do respeito de si".

A segunda razão, complementar anterior, é o lugar problemático que ocupa outrem na "cultura da vaidade". "O outro, de par e juiz, passa a adversário", escreveu Harkot-de-La-Taille (2004, p. 95), e "a negação da subjetividade do outro é colocada ao serviço da afirmação de si", observou Wieviorka (2005, p. 266), autores já citados no capítulo anterior. A "cultura da vaidade" é uma cultura do conflito, conflito de "egos" inflados. Ora, nesse contexto, mostrar-se humilde é atitude prudente para serem evitados conflitos. É pelo menos essa a interpretação que os meninos internos da FEBEM atribuem à humildade. "Você já tem que chegar bem mansinho, bem na moral, na boa, né, senhora", disse um deles. Mostrar-se demais, "cantar de galo", ser "abusado", dar espetáculo de si criam conflitos, e é, portanto, melhor ser discreto, não contar muita vantagem, não chamar muito a atenção, melhor se mostrar *humilde*, enfim. Os dados de que dispomos a respeito dos alunos do ensino médio não nos permitem avaliar se eles dão a mesma interpretação que seus infortunados colegas reclusos a respeito da definição e valorização da humildade. Todavia, é bem provável que sim, pois tanto se enfastiar com os constantes "espetáculos de si" quanto temer jogar ainda mais lenha na "fogueira de vaidades" são possíveis – e saudáveis – decorrências dos tempos atuais.

Paremos por aqui a pequena lista de virtudes a serem, para além daquelas morais, contempladas por um trabalho pedagógico. Acrescentaria apenas que, segundo alguns depoimentos de educadores, um trabalho desse tipo parece ter efeito pacificador nas relações na sala de aula, que se tornam mais respeitosas. Trata-se apenas de depoimentos, não de provas científicas, mas, na falta delas, creio ser sensato não os desconsiderar, pois, se tudo o que foi dito até agora fizer sentido, não é de se estranhar que dar aos alunos alternativas para a construção de suas representações de si – alternativas outras que aquelas presentes em uma "cultura da vaidade" – possa produzir algum efeito positivo. A referida cultura mais se aproveita das lacunas da educação familiar e escolar do que apresenta modelos imbatíveis.

Kant (1985, p. 84) dizia que a "voz da moral" é capaz de "fazer tremer o mais audacioso dos criminosos": talvez se possa dizer que a "voz das virtudes" pode fazer o mais vaidoso dos homens duvidar de seu próprio valor e nele despertar a vontade de, como ainda dizia Kant (p. 92), "ter o direito de não se desprezar secretamente perante os próprio olhos", a vontade de construir uma personalidade ética.

PERSONALIDADE ÉTICA

Finalizemos o presente capítulo voltando a falar do convívio escolar. Vimos que ele é essencial ao desenvolvimento do juízo moral, e assinalamos que também o é para a dimensão afetiva da moralidade. Ele também é essencial para a dimensão afetiva por uma razão bem simples: o trabalho com as virtudes pode permitir aos alunos, no segredo de sua intimidade, pensarem sobre seus próprios sentimentos e sobre suas próprias representações de si, mas, como os sentimentos também *se expressam* no dia-a-dia, e *se expressam no convívio social*, é preciso dele cuidar para que aqueles atinentes à moralidade sejam acolhidos, dirigidos e possam dar seus frutos.

Analisemos esse ponto começando por falar dos sentimentos presentes na fase do *despertar do senso moral*, que se inicia por volta dos 4 anos: medo e amor, simpatia, culpa, indignação e confiança (ver ME).

O binômio *medo/amor* é a fonte afetiva do respeito moral por figuras de autoridade que caracteriza a heteronomia infantil. Lembremos mais uma vez que a heteronomia é fase essencial do desenvolvimento moral, que não pode ser psicologicamente "pulada" e que, portanto, não pode ser ignorada pelos educadores. Ora, não a ignorar pressupõe que os educadores *não abram mão de seu papel de adultos*.

Quando falei das escolas democráticas, apontei, com as palavras de Hannah Arendt, a possível "tirania" que o grupo poderia exercer sobre as crianças e dei o exemplo de dois alunos de 5 anos, desobedientes a regras formuladas em um "combinado", que se desesperaram porque uma educadora de uma creche, em vez de chamar para si a responsabilidade de dar-lhes claramente as ordens de como agir, atribuiu simbolicamente ao grupo a tarefa de "castigá-los". Ou seja, essa educadora agiu como se as crianças pequenas fossem autônomas, como se realmente entendessem o significado moral dos contratos sociais e como se ela, adulta, não fosse referência cognitiva e afetiva central para elas. Porém, até aproximadamente 9 ou 10 anos, as crianças ainda não são autônomas o bastante para compreender o valor das relações de cooperação e, sobretudo, não o bastante para poder dispensar os adultos de seu lugar de guia e de *protetores*. Logo, é preciso não confundir o precoce incentivo para que haja relações de cooperação – que é pedagogicamente correto – com a *ausência* de figuras adultas que se considerem como tais. Tais figuras adultas não devem, a todo momento, tutelar as atividades dos alunos (ver Capítulo 2), mas tampouco devem "sumir", deixando as crianças nas mãos da tirania do grupo ou desnorteadas por falta de fonte inspiradora de seus primeiros passos no universo da moralidade.

Em resumo, o convívio escolar das crianças menores não pode carecer de figuras adultas que desempenham o papel de autoridade. Não se supera aquilo que não existe e não se vive bem se sentimentos naturais não encontram objetos nos quais devem ser investidos. Como o binômio afetivo medo/amor é realidade psicológica da criança menor, ela deve poder encontrar pessoas que o despertem e o acolham. E essas pessoas são necessariamente adultas.

Falemos agora da *simpatia*, essa *afinidade com toda paixão*, ou *faculdade de se compenetrar nas ideias ou sentimentos de outrem*. Assim como o binômio medo/amor, a simpatia é disposição afetiva espontânea e precoce. Porém, seu papel na moralidade não se relaciona a figuras de autoridade: pelo contrário até, pois, sem que nenhuma ordem moral seja dada, a criança fica atenta às necessidades alheias e motivada a supri-las. A simpatia é a base afetiva da generosidade: são as possíveis *faltas* que outrem experimenta que a desperta, não seus direitos (relacionados à justiça). Com isso não quero dizer que a criança menor esteja a todo momento experimentando a simpatia e motivada a ser incessantemente generosa. Por vezes, as crianças são cruelmente egoístas. O fato, porém, é que a simpatia é realidade afetiva e que, ao lado de momentos totalmente autocentrados, há outros nos quais esse sentimento leva a criança a prestar atenção aos desejos alheios.

Como a simpatia não nasce de relações de autoridade, não cabe evidentemente aos educadores despertá-la, mas sim acolhê-la, valorizá-la e, portanto, promover um convívio escolar no qual ela tenha lugar para desabrochar. Há muitas formas de isso ser feito, mas também, infelizmente, há outras que levam a contradizê-la e a estancá-la. Há duas formas negativas relacionadas à "cultura da vaidade" que devem ser evitadas: a profusão de regras de convívio e a competição precoce.

No capítulo anterior, falamos da "fúria normatizadora" dos tempos atuais, da "tirania" da regra em detrimento dos princípios; no presente capítulo, julgamos que um dos méritos das propostas de escolas democráticas ou de momentos de democracia na escola era o de inverter esse processo e dar visibilidade aos princípios. Ora, embora em tempos de "despertar do senso moral" ainda haja prevalência das regras, pois a apreensão dos princípios virá mais tarde, disso não decorre que deva haver uma profusão delas, notadamente em relação a comportamentos que são espontâneos. E esse é o caso daqueles despertados pela simpatia. Por exemplo, "ajudar os outros" não deve ser objeto de um mandamento adulto e muito menos objeto de uma regra. Ser colocado como mandamento adulto equivaleria a uma espécie de plágio: o adulto mandando a criança fazer o que ela, por sua própria natureza, faria às vezes espontaneamente. E, se for regra, engessam-se atos de generosidade cuja essência é não se balizar por normas, mas sim ser guiada pela sensibilidade moral. Em suma, se regras morais são necessárias na faixa etária que estamos analisando, também vale para ela o cuidado geral de não se inflacionar seu número e o cuidado específico de não normatizar de antemão aquilo que nasce espontaneamente.

Outro cuidado essencial é não "treinar" as crianças para que sejam futuros "vencedores" por meio do incentivo precoce à competitividade e à frieza afetiva em relação aos outros. Se, desde cedo, outrem é impiedosamente associado a um perigoso concorrente, a uma pessoa da qual se deve incessantemente "ganhar", a um ser que se deve necessariamente ultrapassar, matam-se "no ovo" a simpatia e a generosidade decorrente. Sei que há pais que se preocupam com a generosidade demonstrada por seus filhos, não por falta de admiração por essa virtude, mas porque fantasiam que tal tendência afetiva possa privá-los das forças necessárias à competitividade. A esses pais, costumo dizer o seguinte: a verdadeira "força" para se dar bem na vida, por mais competição que haja, é a paixão pelo que se faz, é o sentido que se atribui às próprias ações. O tédio, e não a generosidade, é o grande inimigo. Logo, é preocupante ver crianças desde cedo convencidas de que devem estudar isso ou aquilo para "não ficarem para trás", crianças a quem são mostradas imagens cruéis do mundo violento para que sejam o mais cedo possível "fortes", "frias" e preparadas para os "combates",[20] crianças obrigadas a participar de competições esportivas "federadas" e que treinam horas por dia na esperança (quase sempre frustrada) de logo atingirem índices olímpicos ou profissionalização precoce. Em tais contextos, não é de se estranhar que sua disposição à simpatia definhe, que a generosidade murche e que, em vez de sentir compaixão, fiquem impassíveis ou até "vibrem" cada vez que outrem se dá mal. É claro que a escola pouco pode influenciar as decisões fantasiosas e ferozes dos pais de seus alunos. No entanto, pelo menos ela pode não reproduzir, em seu seio, as mazelas do mundo exterior. Por essa razão, é melhor que, no *hall* de entrada, estejam à mostra trabalhos dos alunos do que os troféus ganhos em competições esportivas. O "nós" deve estar no lugar de honra, não o "nós contra eles".

Para falar da *culpa*, vou retomar um exemplo que dei no meu livro sobre moral e ética (ME). Trata-se de um menino que, na fila da cantina, percebeu uma nota de dez reais esquecida por alguém. Não resistiu à tentação e, sem que ninguém o visse, pegou o dinheiro. A fila andou; quando foi a sua vez de ser atendido, resolveu tirar os dez reais do bolso e disse: "Peguei esta nota, mas não é minha, estou devolvendo". Por que será que nosso pequeno protagonista resolveu voltar atrás e não ficar com o dinheiro? Ora, provavelmente porque sentiu, entre outras coisas, *culpa*. Essa culpa pode ser decorrência do binômio medo/amor: ele sabe que transgrediu uma regra que pessoas, legítimas a seus olhos, disseram-lhe ser boa e necessária. A culpa pode também ser decorrência da simpatia: ele pensa na tristeza que o proprietário do dinheiro, sobretudo se for criança, experimentará ao perceber sua falta. E a culpa pode ser decorrência das duas coisas ao mesmo tempo. Porém, o fato é que esse sentimento penoso "fermentou" internamente enquanto ele estava na fila, e acabou por se impor: arrependido, ele devolveu o dinheiro momentaneamente furtado.

Infelizmente para ele, a responsável pela cantina resolveu contar o acontecido à coordenadora pedagógica e esta, mais infelizmente ainda, resolveu chamar os pais do pequeno arrependido para dizer-lhe: "Seu filho roubou". Ou seja, em vez de perceber nessa pequena cena um salto de qualidade na vida moral de nosso pequeno personagem, em vez de reconhecer a importância do sentimento de culpa, os educadores negaram totalmente seu valor e resolveram que deveriam encontrar alguma forma de castigar o aluno (e, como é frequente, jogando toda a responsabilidade aos pais, que, por isso, foram chamados). Ora, deveriam ter feito exatamente o contrário! Deveriam ter percebido o caráter moral do arrependimento e, se fosse o caso, até dizer ao aluno que agira bem ao devolver o dinheiro.

Em resumo, uma vez que a culpa é indício de vida moral, ela deve ser acolhida no convívio escolar, e não desprezada ou, pior ainda, ser interpretada como sinal de "má índole".

Assim como tampouco devem ser interpretadas como sinais de "má índole", de egoísmo ou de insensata birra expressões de *indignação*.

A criança começa a aprender a respeitar direitos alheios essencialmente graças aos ensinamentos das figuras de autoridade. Em compensação, ela está espontaneamente atenta ao que considera, com ou sem razão, ser *a ela devido*. E, quando verifica, também com ou sem razão, que está sendo lesada, dá mostras de indignação, sentimento genuinamente moral. Ora, essa atenção ao que lhe é devido é precursora do que, mais tarde, será o conceito de *direito*. Pode-se dizer, portanto, que a criança desde cedo mostra ter um esboço de senso de justiça. Digo esboço porque esse senso é *autocentrado*: não é o desrespeito aos direitos alheios que lhe causa indignação, mas o que ela considera desrespeito aos próprios direitos. Piaget, por exemplo, já havia observado que as crianças não se conformam em ser, nas lojas, sempre atendidas depois dos adultos. Ficam literalmente indignadas, mas não achariam de todo ruim serem atendidas antes... Outro exemplo: as crianças pequenas mostram sinais de indignação quando percebem que o irmão ganhou mais chocolate no jantar ou mais presentes no Natal do que elas. Acontecesse o mesmo com outra criança, é possível que, em razão da simpatia, sentissem compaixão, mas não indignação. Falta lembrar que uma fonte essencial do sentimento infantil de indignação é a necessidade de a criança ser reconhecida por outrem como *valor*. Quando ela se indigna por receber menos chocolate do que o irmão, não é porque *precise* de mais guloseima, não é porque esteja com fome nem porque, por algum motivo, o chocolate ocupe lugar importante em sua vida: ela sente indignação porque pensa que, ao receber menos, ela é desvalorizada em relação ao irmão. Mesma coisa quando ela cobra indignada uma promessa não cumprida que lhe foi feita: não é somente a vontade frustrada que a comove, mas também, e sobretudo, o fato de ela se considerar negligenciada. Em suma, há na indignação infantil tanto uma preocupação com o que ela considera que lhe é devido como uma reivindicação de reconhecimento de seu valor como pessoa, um reivindicação de *respeito*, portanto.

Isso posto, alguns adultos, inspirados pela velha fórmula segundo a qual "criança não deve querer, mas sim obedecer", pensam que toda firme reivindicação infantil é birra e que a expressão da indignação é insolência. Pensam eles que é preciso, o mais cedo possível, sufocar toda tentativa de afirmação de si para que a criança não se torne "geniosa". Eles estão errados, tanto do ponto de vista da educação em geral quanto do ponto de vista da educação moral em particular. Contudo, também estão errados aqueles outros que sempre cedem às reivindicações de seus filhos ou alunos, mesmo quando claramente a recusa não equivaleria ao desrespeito de um direito ou a uma desvalorização. Como eu disse, a criança reivindica coisas que ela considera devidas a ela, mas nem sempre com razão. Ela nem sempre se baseia em critérios ponderados de igualdade e de valorização para suas exigências. Ora, cabe ao adulto, por um lado reconhecer no fato de ela exigir coisas uma tendência afetiva rica de promessas para seu desenvolvimento do senso de justiça, e, por outro, dar balizas morais para tais reivindicações e, consequentemente para a expressão da indignação.

Se não o fizer, corre-se o risco de haver um desequilíbrio entre direitos e deveres, em favor dos primeiros.

Dos dois erros educacionais – associar reivindicação e indignação à birra e à insolência ou ceder a todas as exigências infantis –, o mais frequente, ou pelo menos o mais lembrado hoje em dia, parece ser o segundo, do qual provém a constante queixa de "falta de limites" e do qual também derivam as exigências de liberdade de ação sem a contrapartida da responsabilidade. Não pode a escola interferir no autoritarismo cego das famílias ou em seu amedrontado laxismo, mas ela pode cuidar do convívio escolar para que as expressões de indignação de seus alunos sejam acolhidas e "buriladas".

Finalmente, se os educadores não abdicarem de seu lugar de figuras adultas, se não sufocarem a simpatia e nem desprezarem a culpa e a indignação de seus alunos, e se também os tratarem de forma generosa, justa e respeitosa, a escola será um lugar no qual eles sentirão *confiança*, sentimento essencial ao despertar da vida moral, e também ao percurso posterior.

Tudo o que acabamos de ver diz respeito à primeira fase do desenvolvimento moral. Porém, como a conquista da autonomia é paulatina, muito do que foi escrito também vale para crianças maiores.

Há, entretanto, a partir dos 9 ou 10 anos, um outro sentimento que vai poder paulatinamente se associar à moral: a *vergonha*. Digo que *vai poder* porque, como vimos quando falamos das virtudes, esse sentimento, inevitavelmente relacionado às representações de si, pode se associar aos mais diversos valores. Ora, como o "respeito de si" pressupõe que as representações de caráter moral estejam entre aquelas que mais valor têm para o sujeito, temos que esse sujeito sentirá vergonha se, por ventura, falhar moralmente (vergonha retrospectiva) ou antecipará a vergonha que inevitavelmente sentiria se agisse contra a moral (vergonha prospectiva) para, como escrevia Kant, *ter o direito de não se desprezar secretamente perante os próprio olhos*.

Todo o problema reside em saber que fatores fazem que determinados valores, e não outros, se associem às representações de si. Como, no caso, está em jogo toda dinâmica da construção da identidade, há vários fatores, alguns de ordem inconsciente. Quero apenas sublinhar um deles, talvez o mais evidente: *o olhar alheio*.

Uma pessoa autônoma não é "refém" dos olhares alheios para julgar a si própria. Não quero dizer com isso que ela dispense a aprovação de outrem para permanecer atribuindo-se valor, pois como bem o escreveu Audard, citada no capítulo anterior, *é preciso ser herói para continuar acreditando no próprio valor quando as marcas exteriores do reconhecimento social desaparecem*. Porém, uma coisa é *regular* os juízos sobre si em função do juízo dos outros, outra é depender totalmente deles, radical heteronomia.

Não obstante, a pessoa autônoma *foi* heterônoma. Logo, o olhar e o juízo alheios participaram da construção de suas representações de si. E, se ela conseguiu, como o queria Sartre, *fazer alguma coisa com o que haviam feito dela*, é em parte porque *o que fizeram dela facilitou a conquista da autonomia*. E o que *fizeram dela* ocorreu sobretudo durante sua infância e adolescência.

Decorre do que acabo de escrever que, para aumentar a probabilidade de o "respeito de si" inspirar as ações e as condutas, é preciso, na medida do possível, "cuidar" do olhar alheio a que a criança é submetida, pois são esses olhares suas primeiras e importantes referências para a construção de suas representações de si. Ora, imersa em uma "cultura da vaidade", ela não apenas se verá valorizada por intermédio de frivolidades, de marcas associadas aos "vencedores", pelo fato de ela dar um "espetáculo de si mesma" ou, quando for o caso, de conseguir "destacar-se na paisagem", como também será levada a *viver uma vida imaginária no pensamento dos outros*, como escrevia Pascal, pois, em uma "cultura da vaidade", a heteronomia prevalece; por isso, cada um *se esforça em parecer*. Não há autonomia nem "respeito de si" realmente possíveis em uma cultura desse tipo. Logo, a escola, em vez de se render ao modelo dominante, deve se esforçar em dar alternativas, e ela somente pode fazê-lo cuidando do *convívio escolar tanto no plano moral quanto no plano ético*.

Como? Ora, vale tudo o que já escrevi a respeito do referido convívio no presente capítulo. Acrescentaria rapidamente apenas uma questão: *o mérito*.

Uma pessoa pode ter orgulho de ser bonita, de ser rica por ter sido sorteada na loteria ou por ter nascido em uma família de posses, por ter familiares famosos ou ter celebridades entre suas relações sociais: trata-se de sorte, não de mérito. Outra pode ter orgulho de ter "vencido" alguma contenda graças ao *doping*, à trapaça, à corrupção, à manipulação: trata-se de desonestidade, não de mérito. Outra pessoa ainda pode se valorizar por ter superado limitações, por ter se esforçado no estudo, por ter vencido obstáculos, por ter investido em um ofício, por ter suportado pacientemente anos de "vacas magras": nesses casos sim, trata-se de mérito. Em suma, as representações de si podem ser, ou não, relacionadas ao mérito.

Todavia, *quando se trata de moral, o mérito sempre está presente*. Ninguém é justo por acaso, ninguém é genuinamente generoso por interesse, ninguém é digno sem querer sê-lo. Em uma frase: *"o respeito de si" depende necessariamente do mérito*. Ora, sem ainda poder oferecer provas empíricas, compartilho com o leitor a seguinte hipótese: *as pessoas dotadas de personalidade ética somente valorizam, seja em que campo de atividade for, representações de si associadas ao mérito*. Para elas de nada vale vencer uma partida contra um adversário fraco ou fisicamente lesado, de nada vale ser aplaudido quando sabem que estiveram abaixo do que poderiam fazer; para elas pouco vale ter a sorte de ter nascido em uma família rica ou nobre, de serem bonitos ou fortes; e, evidentemente, para elas é impensável, porque vergonhoso, buscar a admiração alheia por ações bem-sucedidas devido a truques escusos.

Se tal hipótese for correta – o que parece verossímil –, a escola deve dar valor ao mérito.

Cuidado: não estou defendendo, longe disso, o que se chama "meritocracia", sistema educacional que diz empregar o critério do mérito, não para incentivar o desenvolvimento de seus alunos, mas para segregar aqueles considerados "mais fracos" (por exemplo, colocando-os em classes separadas). Aliás, seria melhor chamar esse sistema de "exitocracia", pois são aqueles que têm melhores resultados os "escolhidos", sejam quais forem as razões pelas quais obtiveram sucesso. E, na "cultura da vaidade", tal "exitocracia" ocupa lugar importante. Um jogador marcou um gol? Não se quer saber se foi com um drible genial, se foi com a "mão de Deus" ou se foi "cavando" um pênalti. Um presidente foi eleito? Não importa tanto se foi graças a seu valor, ou se foi com "caixa dois", com *marketing* melhor que o de seus concorrentes ou por intermédio de promessas impossíveis de serem cumpridas. Alguém é "vencedor"? Pouco importa se foi boa fortuna, se foi com embuste, ou se foi talento. Em uma "cultura da vaidade" o mérito não é condição necessária ao "sucesso" e nem para o orgulho que dele se retira.

Ora, proponho exatamente o contrário: que em vez de autoestimas artificiais serem fomentadas por meio de elogios vazios ou em vez de o valor das pessoas ser reduzido a seus desempenhos, que se valorizem também o processo, o esforço, a superação, a lisura, enfim, que, assim como sempre se faz quando se trata de moral, se valorize o mérito. Esse é um dos aspectos do convívio escolar a ser contemplado para se opor à "cultura da vaidade".

Um aspecto entre vários outros.

Em escolas onde há vida coletiva, onde há relações de cooperação, princípios evidenciados, virtudes valorizadas, sentimentos morais acolhidos, o mérito exigido, o ser humano respeitado, a "cultura da vaidade" *pode recuar*.

Em escolas que são reais *instituições justas*, são maiores as chances de os alunos se convencerem de que a *vida vale a pena ser vivida para e com outrem*, maiores as chances de quererem ser inspirados pelo *"respeito de si"*.

E, como para valer a pena ser vivida, a vida também deve ser *"vida boa"*, uma educação para uma *"cultura do respeito de si"* deve vir acompanhada de uma educação para uma *"cultura do sentido"*.

É o que procurei mostrar ao escrever este livro.

NOTAS

1. As leis criadas para reger as instituições podem ser justas (e com frequência o são), mas isso de pouco adianta se quem as dirige não é, também, inspirado pelo ideal de justiça.
2. Os animais são eximidos de responsabilidade moral, porém são cada vez mais considerados como seres dignos de respeito moral. Tal fenômeno se nota nas discussões a respeito da "ética na pesquisa com animais": criam-se normas para que os bichos sejam bem tratados, para que não sofram, etc.
3. Sabe-se que as crianças são alvos muito valorizados pelos criadores de propagandas porque exercem grande influência sobre as opções de consumo de seus pais. Não raro são os filhos que pressionam seus genitores para adquirir carros, televisões, equipamentos de som, etc., sem falar de suas exigências para que os pais lhes comprem toda gama de objetos destinados a crianças e adolescentes.
4. Jornal *Folha de São Paulo*, em 29 de setembro de 2007, p. 3, grifos meus.
5. Anedota contada por Lucien François (1990).
6. Como se vê, não me alio à "onda corporativista", na qual cada área das Ciência Humanas reivindica sua presença nos currículos escolares. Filósofos querem a disciplina Filosofia, psicólogos, a Psicologia, sociólogos, a Sociologia, e assim por diante. Como não vejo critério honesto para privilegiar umas em detrimento de outras, somente sobrariam duas soluções. Um seria abrir novas disciplinas, uma para cada área, o que acarretaria uma sobrecarga curricular altamente indesejável. Outra opção, que defendo, seria juntar em uma só disciplina as contribuições de cada área. Tal disciplina poderia ser organizada por temas e, para cada um deles, seriam agregados elementos de Filosofia, Antropologia, Psicologia, etc.
7. Experimentos como esses foram realizados por outros pesquisadores com variados conteúdos (noção de conservação, por exemplo) e deram resultados semelhantes: os sujeitos de raciocínio menos evoluído, colocados em situação de conflito cognitivo pelos sujeitos mais evoluídos, com frequência sofisticam seu raciocínio e atingem estágios mais avançados (ver Doise e Mugny, 1981).
8. Definição da *Enciclopédia Digital Estadão 2005*.
9. Na área do Direito, a questão da liberdade de ação e, por conseguinte, da atribuição de culpa (e a decorrente condenação jurídica) também passa pela questão do "conhecimento da lei". Por exemplo, um *cocalero* boliviano que tenha entrado no Brasil com folhas de coca, prática permitida em seu país, estará infringindo uma lei brasileira. No entanto, ele pode não ter agido de má-fé porque, privado do conhecimento da lei de outro país, ele não teria critérios para decidir agir de outra forma. Logo, a liberdade de ação, para além da capacidade intelectual de julgar, pressupõe conhecimentos a respeito das regras. Porém, se situações como essa são frequentes quando se trata de normas jurídicas (há tantas!), são bem mais raras quando se trata de moralidade: as regras básicas costumam ser conhecidas de todos.
10. A pesquisa, financiada pela FAPESP em 1998, foi objeto de um relatório intitulado "As virtudes morais segundo as crianças", foi assinado por mim e

por Adriana Micelli, Claudia Domingues, Denise Kravosac, Flávia Jumra, Flávia Fiorini, Marina Bronstein e Sebastião Neto.
11. Embora sua pesquisa não tenha incidido diretamente sobre as ações morais, Luciene Tognetta (2007) encontrou evidências de que há correlação entre a valorização de virtudes enquanto atributo do próprio ser e maior sofisticação nas avaliações morais das ações e, reciprocamente, correlação entre a valorização de aspectos não morais do "ser" e menor sofisticação no juízo moral.
12. Penso que a norma de não propor, em nenhuma disciplina, atividades que pressuponham, por parte dos alunos, a exposição de si ou da história pessoal deve ser sempre respeitada. Lembro ter assistido a uma palestra na qual o orador contava que um aluno, ao qual, no contexto de aula de História, se havia pedido que falasse a respeito das origens de sua família, não havia feito a tarefa alegando falta de tempo e até preguiça. Como se tratava de aluno sério e esforçado, o professor desconfiou de que deveria haver outro motivo para a não-realização do trabalho e, conversando a sós com ele, ficou sabendo que a sua família era "problemática", com mãe que se prostituía e pai alcoólatra. O menino tinha vergonha de ter de falar sobre sua família, e – como, em boa lógica, não podia confessar publicamente sua vergonha (que, por si só, já revelaria possíveis problemas familiares) – ele preferiu passar por preguiçoso e relapso e preferiu tirar um "zero". Exemplos como esse, mais ou menos intensos, devem acontecer com mais frequência do que se pensa.
13. A respeito da justiça, vale a pena ler o trabalho de Maria Suzana de Stefano Menin sobre as representações sociais que os adolescentes fazem da lei, dos crimes e da injustiça (Menin, 2005).
14. Colocamos entre parênteses o nome feminino que empregamos para entrevistar sujeitos do sexo feminino.
15. Pode-se também dizer que o "medo está de volta", pois vivemos em um mundo no qual informações sobre ameaças cotidianas a nossa tranquilidade e até a nossa vida – ameaças reais ou imaginárias – são constantemente veiculadas pela mídia: bolsas que vão ruir, gripe aviária que se espalha, a "vaca louca" que pode voltar, terroristas que podem empregar armas nucleares, o aquecimento global, o buraco na camada de ozônio, os perigos das placas de amianto, da gordura "trans", etc. Passamos ilesos pelo anunciado "*bug* do milênio", talvez o primeiro "boato planetário", mas isso não aumentou nosso ceticismo a respeito de tantos perigos, pois na "cultura do tédio" não temos certeza de nada. A esse tipo de medo, o antídoto não é a coragem, mas sim a serenidade e a reflexão.
16. Poderíamos acrescentar que a coragem, às vezes, se associa à cultura do espetáculo: veem-se, por exemplo, em programas supostamente dedicados a mostrar a vida dos animais, os protagonistas se aproximarem perigosamente de bichos ferozes, pegarem cobras venenosas nas mãos, desafiarem crocodilos, e outras proezas mais, deixando claro ao "pobre" telespectador que ele não seria capaz de tanta ousadia. Tais programas podem ser antipedagógicos para crianças menores que correm o risco de imitar os "corajosos" apresentadores.
17. Música de Antônio Barros.
18. Pesquisa financiada pela FAPESP, cujo relatório "As virtudes segundo os jovens" foi escrito pelos meus orientandos de Iniciação Científica Claudia Domingues, Flávia Jamra, Flávia Fiorini e Denise Kravopsac.

19. Na época, não havia acusações contra os Hernandes, da Igreja Renascer em Cristo.
20. Contaram-me que vários pais adquiriram o vídeo do filme *Tropa de elite* – violentíssimo – e fizeram seus filhos pequenos assisti-lo! Com isso, entende-se por que, como também me contaram, em plena sessão de cinema, pessoas aplaudem os feitos do BOPE, mesmo quando incluem tortura e execuções sumárias.

Referências

Adler Alfred. (1991) *Le sens de la vie*. Paris Payot.

Adorno, Sérgio. (2002). *Adolescentes, crime e violência*. In (orgs) OLIVEIRA, I., PAVEZ G. & SCHILLING F. *Reflexões sobre justiça e violência*. São Paulo: EDUC, pp97-109.

Aquino, Júlio Groppa (1996). *Confronto na sala de aula: uma leitura institucional da relação professor aluno*. São Paulo: Summus.

Alain (1948). *Propos sur l'éducation*. Paris: PUF.

Araújo, Ulisses & Aquino, Júlio (2001). *Os direitos humanos na sala de aula*. São Paulo: Moderna.

Arendt, Hannah (1972). *La crise de la culture*. Paris: Gallimard.

Aubert, Nicole (2006). *L'individu post-moderne : une mutation anthropologique ?*. In : Molénat, Xavier (org) *L'invidu contemporain*. Auxerre: Editions Sciences Humaines, PUF.

Audard, Catherine (1993). *Préface*. Paris : Editions Autrement, Série Morale, n10, pp:12-16.

Baudelot, Christian & Establet, Roger (2006). *Suicide : l'envers de notre monde*. Paris: Seuil.

Bauman, Zygmunt (2004). *Amor líquido: sobre a fragilidade dos laços humanos*. Rio de Janeiro: Zahar.

Bauman, Zygmunt (2003). *La vie en miettes: expérience postmoderne e moralité*. Rodez: Le Rouerge/Chambon.

Bauman, Zygmunt (1998). *O mal-estar da pós-modernidade*. Rio de Janeiro: Zahar.

Bauman, Zygmunt (2006). *Entretien avez Zygmunt Bauman*. In : Molénat, X. (org) *L'invidu contemporain*. Auxerre: Editions Sciences Humaines.

Beaudoin, Marie-Natalie (2007). Qual a abordagem mais adequada para lidar com o bullying na escola – Ponto de vista. *Pátio revista pedagógica*, ano 11, número 42, pp.44-47.

Bennet, William. (1995, 1996). *Livro das virtudes (volumes 1 e 2)*. Rio de Janeiro: Nova Fronteira.

Biaggio, Ângela Maria (2002). *Lawrence Kohlberg: ética e educação*. São Paulo: Moderna.

Bowlby, John (1952). *Maternal care and mental health*. Genève: O.M.S.

Brenifier, Oscar & Devaux, Clément (2005). *O bem e o mal, o que são?* São Paulo: Caramelo, livros educativos.

Brasil, MEC (1997). *Parâmetros Curriculares Nacionais, volume 8.*

Cardinale, Thaís Branco (2006). *Relação entre condições de vida e representação da violência em jovens em bairro de periferia de São Paulo* – Dissertação de mestrado, Instituto de Psicologia da Universidade de São Paulo.

Carraher, Terezinha; Schliemann, Ana Lúcia e Carraher, David (1993) *Na vida dez, na escola zero.* São Paulo, Cortez.

Castel, Robert (2006). *La précarité ou l'individu par défaut.* In Moléntat, Xavier (org) *L'individu contemporain: regards sociologiques.* Paris: Editions Sciences Humaines, PUF.

Charles, Sébastien (2004). *L'individualisme paradoxal.* In Lipovetsky, Gilles. *Les temps Hypermodernes.* Paris: Grasset.

Chenoy, Jean-Jacques (1990). *Le cours de morale : quel programme pour quels enjeux ?.* In : Lemaire, Jacques (org). *Le cours de morale, aspects théoriques.* Bruxelles: Université de Bruxelles, p63-76.

Cohen, Daniel (2006). *Trois leçons sur la société post-industrielle.* Paris: Seuil.

Comte-Sponville, André (1995). *Petit traité des grandes vertus.* Paris: PUF.

Cortella, Mário Sérgio & La Taille, Yves de (2005). *Labirintos da moral.* Campinas: Papirus.

Costa, Jurandir, Freire (2004). *O vestígio e a aura: corpo e consumismo na moral do espetáculo.* Rio de Janeiro: Garamond.

Damásio, Antonio (1996). *O erro de Descartes.* São Paulo: Companhia das Letras.

Damon, William (1995). *Greater expectactions.* New York: The Free Press.

Deleuze, Gilles (2004). *L'Abécédaire de Gilles Deleuze.* Paris: Editions Montparnasse (DVD).

Descartes, René (1966). *Les passions de l'âme.* Paris: Flamarion.

Dias, Andréa, Felix (2002). *Estudo psicológico sobre o lugar das virtudes no universo moral aos 7 anos de idade: as crianças de primeira série discutem coragem e generosidade* – Dissertação de mestrado – Instituto de Psicologia – USP.

Dias, Ana Cristina & La Taille, Yves de (2006). O uso das salas de bate-papo na internet: um estudo exploratório acerca das motivações, hábitos e atitudes dos adolescentes. *Interação em Psicologia*, 10(1), pp.43-51.

Doise, Willem & Mugny, Gabriel (1981). *Le development social de l'intelligence.* Genève: InterEditions.

Duhamel, Georges (1930). *Scènes de la vie future.* Paris: Mille et une nuits.

Durkheim, Emile (1974) *L'Education Morale.* Paris: PUF.

Elkind, David (2004). *Sem tempo para ser criança.* Porto Alegre: Artmed.

Feffermann, Marisa (2006). *Vidas arriscadas.* Petrópolis: Vozes.

Ferry, Luc (2003). *Lettre à tous ceux qui aiment l'école.* Paris: Odille Jacob.

Ferry, Luc (2002). *Qu'est-ce qu'une vie réussie?.* Paris: Grasset.

Ferry, Luc (2006). *Vaincre les peurs.* Paris: Odille Jacob.

Finkielkraut, Alain (2005). *Nous autres modernes.* Paris: Ellipses/Ecole Polytchnique.

Forrester, Viviane (1997). *O horror econômico.* São Paulo: Unesp.

François, Lucien (1990). *Morale laïque et morale commune.* In : Lemaire, Jacques (org). *Le cours de morale, aspects théoriques.* Bruxelles: Université de Bruxelles, p.9-31.

Freud, Sigmund. (1929/1971) *Malaise dans la civilisation*. Paris: PUF.

Gardner, Howard (2007). *Cinco mentes para o futuro*. Porto Alegre: Artmed.

Giannetti, Eduardo (2002). *Felicidade*. São Paulo: Companhia das letras.

Harkot-de-La-Taille, Elizabeth & La Taille, Yves de (2004). *A construção moral e ética de si mesmo*. In: de Souza, M. T. C. de (org.) *Os sentidos de construção: o si mesmo e o mundo*. São Paulo: Casa do Psicólogo.

Hirigoyen, Marie France (1998). *Le harcèlement moral : la violence perverse au quotidien*. Paris: Syros.

Hobsbawn, Eric (1995). *A era dos extremos: a breve história do século XX*. São Paulo: Companhia das Letras.

Huntington, Samuel (1997). *Le choc des civilisations*. Paris: Odile Jacob.

Inhelder, Barbel. & Piaget, Jean. (1955). *De la logique de l'enfant à la logique de l'adolescent*. Paris: PUF.

Jares, Xesus R. (2002). *Educação para a paz : sua teoria e sua prática*. Porto Alegre: Artmed.

Jeambar, Denis & Rémy, Jacqueline (2006). *Nos enfants nous haïront*. Paris: Seuil.

Jelen, Christian (1999). *La guerre des rues: la violence et "les jeunes"*. Paris: Plon.

Jeury, Michel & Baltassat, Jean-Daniel (2000). *Petite histoire de l'enseignement de la morale à l'école*. Paris: Robert Laffont.

Jung, Gustav (1981). *A prática da psicoterapia*. Petrópolis: Vozes.

Kamii, Constance & DeVries, Rheta (1991). *Jogos em grupo na educação infantil*. São Paulo: Tragetória Cultural.

Kant, Emmanuel (1981). *Traité de pédagogie*. Paris: Hachette.

Kant, Emmanuel (1985). *Critique de la raison pratique*. Paris: PUF.

Kant, Emmanuel (1985). *Métaphysique des moeurs : doctrine de la vertu*. Paris: Vrin.

Karli, Pierre (1987). *L'homme agressif*. Paris: Editions Odile Jacob.

Kohlberg, Lawrence (1981, 1984, 1987). *Essays on moral development*. S. Francisco: Harper & Row.

Lacroix, Michel (2005). *Le courage réinventé*. Paris: Flamarion.

La Taille, Yves de (2001). Desenvolvimento moral: a polidez segundo das crianças. *Cadernos de Pesquisa da Fundação Carlos Chagas*, n.114, pp.89-119.

La Taille, Yves de (2006). *Moral e ética: dimensões intelectuais e afetivas*. Porto Alegre: Artmed.

La Taille, Yves de (2002). *Vergonha, a ferida moral*. Petrópolis: Vozes.

La Taille, Yves de (1998). *Limites: três dimensões educacionais*. São Paulo: Ática.

La Taille, Yves de; Justo, José Sterzo, & Pedro-Silva, Nelson (2006). *Indisciplina, ética, moral e ação do professor, disciplina*. Porto Alegre: Mediação.

La Taille, Yves de (2000). Para um estudo psicológico das virtudes morais. *Educação e Pesquisa, revista da Faculdade de Educação da USP*.volume 26, número 2, p.109-122.

La Taille, Yves de (2006b). A importância da generosidade no início da gênese da moralidade na criança. *Psicologia: reflexão e crítica*, volume 19, número 1, p.9-17.

La Taille, Yves de (2007). Qual a abordagem mais adequada para lidar com o bullying na escola – Ponto de vista. *Pátio revista pedagógica*, ano 11, número 42, pp.44-47.

La Taille, Yves de (2001). Honte e morale. *Anales du Colloque Construtivisme: usages et perspectives en éducation*. Genève, Archives Jean Piaget.

Le Bon, Gustave (1963). *Psychologie des foules*. Paris: PUF.

Lipovetsky Gilles (1992). *Le crépuscule du devoir*. Paris: Gallimard.

Lipovetsky, Gilles (2004). *Les temps Hypermodernes*. Paris : Grasset.

Lorenz Konrad (1969). *L'Agression. Une histoire naturelle du mal*. Paris : Flamarion.

Maffesoli, Michel (2000). *L'instant éternel*. Paris: La Table Ronde.

Maffesoli, Michel (1998). *Le temps des tribus*. Paris: Libre de Poche.

Menin, Maria Suzana de Stefano (2005). *Representações sociais de lei, crime e injustiça em adolescentes*. Campinas: Mercado de Letras e Fapesp.

Milgram, Stanley (1974), *Soumission à l'autorité*. Paris: Calmann Levy.

Mucchielli, Roger (1965). *Comment ils deviennent délinquants*. Paris: Editions ESF.

Minois, Georges (2005). *Histoire du Mal de vivre: de la mélancolie à la dépression*. Paris: Editions de La Martinière.

Michaud, Yves (2002). *Changements dans la violence*. Paris: Odile Jacob.

Mucchielli, Roger (1986). *Comment ils deviennent délinquants*. Paris: Les Editions ESF.

Noguchi, Natália Felix de Carvalho (2006). *Seguro na Febem-SP: universo moral e relações de poder entre adolescentes*. – Dissertação de Mestrado, Instituto de Psicologia da Universidade de São Paulo.

Nucci, Larry (2001). *Education in moral domain*. Cambridge: University Press.

Pascal (1670/1972). *Pensées*. Paris: Librairie Générale Française.

Pascalet, Yves (2006). *L'humanité disparaitra: bon débarras*. Paris: Arthaud.

Perron, Roger (1991). *Les représentations de soi*. Toulouse: Privat.

Pezzi, Marcela & Tackiani, Milena (2006). *Valores dos universitários de São Paulo* (relatório de pesquisa CNPQ).

Piaget, Jean. (1992). *Le Jugement Moral chez l'Enfant*. Paris: PUF.

Piaget, Jean. (1954). *Les relations entre l'affectivité et l'intelligence*. Paris: Sorbonne.

Piaget, Jean (1998). *De la pédagogie*. Paris: Odile Jacob.

Postman, Neil (2002). *O desaparecimento da infância*. Rio de Janeiro: Graphia.

Puig, Josep M., Martín, Xus, Escardpibul, Susagna & Novella, Anna N. (2000). *Democracia e participação escolar*. São Paulo: Moderna.

Revel, Jean-François & Ricard, Matthieu (1997) *Le mone et le philosophe*. Paris: Nil Editions.

Ricoeur, Paul (1995). *La critique et la conviction*. Paris: Hachette.

Ricoeur, Paul (199o). *Soi-même comme um autre*. Paris: Seuil.

Rioufol, Ivan (2000). *La tyranie de l'impudeur*. Paris Anne-Carrière.

Roché, Sebastian (1998). *Sociologie politique de l'insécurité*. Paris: PUF.

Rousseau, Jean-Jacque (1966). *Emile ou de l'éducation*. Paris: Garnier-Flamarion.

Sartre, Jean-Paul (1952) *Saint Genet, Comédien et Martyr*. Paris: Gallimard.

Sastre, Genoveva & Moreno, Montserrat (2003). *O significado afetivo e cognitivo das ações*. In: Arantes, V. & Aquino, J. (orgs), *Afetividade na escola: alternativas teóricas e práticas*. São Paulo: Summus, p.129-154.

Savater, Fernando (1994). *Ethique à l'usage de mon fils*. Paris : Seuil.

Sayão, Rosely & Aquino, Julio Groppa (2006). *Família: modo de usar*. Campinas: Papirus.

Sebastien, Charles (2004). *L'individualismo paradoxal*. In Lipovetsky, G. *Les temps Hipermodernes*. Paris: Grasset.

Seligman, Martin (2002). *Felicidade autêntica: usando a nova psicologia positiva para a realização permanente*. Rio de Janeiro: Objetiva.

Sennett, Richard (1999). *A corrosão do caráter*. Rio de Janeiro: Record.

Singer, Helena (1997) *República de crianças: sobre experiências escolares de resistência*. São Paulo: Hucitec e Fapesp.

Sloterdjik, Peter & Finkielkraut, Alain (2003). *Les battements du coeur*. Paris: Fayard.

Soares, Luiz Eduardo, Bill, MV & Athayde, Celso (2005). *Cabeça de Porco*. Rio de Janeiro: Objetiva.

Spaemann, Robert (1994). *Notions fondamentales de morale*. Paris: Flamarion.

Svendsen, Lars Fr. H. (2003). *Petite philosophie de l'ennui*. Fayard: Livre de Poche.

Tardelli, Denise (2007). *O herói na sala de aula*. Santos: Editora Universitária Leopoldianum.

Taylor, Charles (1998). *Les sources du moi*. Paris: Seuil.

Tognetta, Luciene & Vinha, Telma (2007). *Quando a escola é democrática*. Campinas: Mercado de Letras.

Tognetta, Luciene (2004) *A construção da solidariedade e a educação do sentimento moral*. Campinas: Mercado de Letras.

Tognetta, Luciene (org) (2007). *Virtudes na educação*. Campinas: Mercado de Letras.

Tognetta, Luciene (2006). *Sentimentos e virtudes: um estudo sobre a generosidade ligada a representações de si*. Tese de Doutorado, Instituto de Psicologia da Universidade de São Paulo.

Touraine, Alain (2000). *Prefácio do livro Violência e Democracia: o paradoxo brasileiro*. In: Peralva, A *Violência e Democracia: o paradoxo brasileiro*. São Paulo: Paz e Terra.

Touraine, Alain (2005). *Um nouveau paradigme pour comprendre de monde d'aujoud'hui*. Paris: Fayard.

Twiss Miranda (2004). *Os mais perversos da história*. São Paulo: Planeta.

Valéry, Paul (1941). *Tel quel*. Paris: Gallimard.

Varela, Drauzio (2000). *Estação Carandiru*. São Paulo: Companhia das Letras.

Vinha, Telma (2003). *Os conflitos interpessoais na relação educativa*. Tese de Doutorado, Faculdade de Educação da Universidade Estadual de Campinas.

Wieviorka, Michel. (2005). *La violence*. Paris: Hachette.

Williams, Bernard (2006). *Vérité e véracité*. Paris: Gallimard.

Zaluar, Alba. (1985). *A máquina e a revolta: as organizações populares e o significado da pobreza*. São Paulo: Braziliense.